Kooperation kompakt

Ueli Merten
Urs Kaegi (Hrsg.)

Kooperation kompakt

Professionelle Kooperation als Strukturmerkmal und Handlungsprinzip der Sozialen Arbeit

Verlag Barbara Budrich
Opladen • Berlin • Toronto 2015

Bibliografische Information der Deutschen Nationalbibliothek
Die Deutsche Nationalbibliothek verzeichnet diese Publikation in der Deutschen Nationalbibliografie; detaillierte bibliografische Daten sind im Internet über http://dnb.d-nb.de abrufbar.

Gedruckt auf säurefreiem und alterungsbeständigem Papier.

Alle Rechte vorbehalten.
© 2015 Verlag Barbara Budrich, Opladen, Berlin & Toronto
www.budrich-verlag.de

    ISBN   **978-3-8474-0658-7 (Paperback)**
    eISBN 978-3-8474-0805-5 (eBook)

Das Werk einschließlich aller seiner Teile ist urheberrechtlich geschützt. Jede Verwertung außerhalb der engen Grenzen des Urheberrechtsgesetzes ist ohne Zustimmung des Verlages unzulässig und strafbar. Das gilt insbesondere für Vervielfältigungen, Übersetzungen, Mikroverfilmungen und die Einspeicherung und Verarbeitung in elektronischen Systemen.

Umschlaggestaltung: Bettina Lehfeldt, Kleinmachnow – www.lehfeldtgraphic.de
Satz: Anja Borkam, Jena
Druck: paper & tinta, Warschau
Printed in Europe

Alle reden über Kooperation, in der festen Überzeugung, genau zu wissen, was damit zum Ausdruck gebracht wird, aber jeder meint etwas anderes, und manchmal bedeutet die Rede über Kooperation auch gar nichts.
(Janet A. Weiss)

Der Meister sagte: Es gibt einige, mit denen man zwar gemeinsam lernen, aber nicht auf dem gleichen Weg fortschreiten kann; mit anderen kann man zwar gemeinsam auf dem Weg fortschreiten, aber man kann nicht mit ihnen zusammenarbeiten; und wieder andere, denen man zwar zur Seite stehen, mit denen man sich aber nicht verständigen kann.
(Konfuzius)

Jede Wissenschaft hat, wie jede Person, eine Pflicht gegenüber ihren Nachbarn; vielleicht nicht die, sie zu lieben wie sich selbst, aber doch die, ihnen Werkzeuge auszuleihen, Werkzeuge von ihnen zu borgen und, ganz allgemein, den Nachbarwissenschaften auf ihrem Weg zu helfen.
(Gregory Bateson)

Vorwort aus der Hochschule

Zentrale Aufgabe der Profession Soziale Arbeit ist es, Handlungsfähigkeit von Menschen (wieder-)herzustellen, damit sie ihre Bedürfnisse befriedigen und ihre Lebensverhältnisse selbstbestimmt gestalten können. Dies schliesst die Teilhabe an gesellschaftlichen Prozessen, Integration und den Erhalt von Entwicklungsmöglichkeiten ein. Soziale Arbeit interveniert auf der individuellen Ebene mit direkt Betroffenen und ihren Bezugspersonen, auf der Ebene von Gruppen und Kollektiven – und auch auf der gesellschaftlichen Ebene. Die Interventionsmethoden sind vielfältig und richten sich auf Veränderungen in sozialen Beziehungen. Professionelle der Sozialen Arbeit verfügen über eine Reihe von Kernkompetenzen für ihre Aufgaben: Analyse und Beurteilung von Situationen und Prozessen, Steuerung von Prozessen, Erschliessung von Ressourcen, Kooperation, sozialpolitisches Engagement sowie Reflexion und Veränderung des eigenen beruflichen Handelns. Das Arbeitsfeld besteht in der professionellen Bearbeitung sozialer Probleme im Bildungs-, Sozial- und Gesundheitsbereich. Daraus ergibt sich, dass wohl keine Profession derart auf Kooperation angewiesen und davon geprägt ist wie die Soziale Arbeit, und zwar auf zwei Ebenen: zum einen Kooperation mit Klientinnen, Klienten und Klientensystemen und zum andern intra-, interprofessionelle und interorganisationale Kooperation mit den im Bereich der Sozialen Arbeit tätigen Berufsgruppen und Dienstleistungsorganisationen.

Die Hochschule für Soziale Arbeit der Fachhochschule Nordwestschweiz (FHNW) bietet einen Studiengang in Sozialer Arbeit mit den beiden Studienstufen Bachelor of Arts und Master of Arts mit dem Schwerpunkt »Soziale Innovation« an. Das Bachelor-Studium zielt darauf ab, grundlegendes Erklärungswissen und hauptsächliche methodische Fachkenntnisse und -fähigkeiten für das professionelle Handeln in den verschiedenen Berufsfeldern der Sozialen Arbeit zu vermitteln. Das für die Interventionspraxis notwendige Wissen geht über die Aneignung von wissenschaftlichem Erklärungs- und methodischem Handlungswissen hinaus. Wissen wird im Prozess der Verwendung mit beruflichen Erfahrungswerten und institutionellen Rahmenbedingungen verknüpft. Um dies zu erreichen, braucht es während des Studiums unterschiedliche Möglichkeiten, sich mit praktischen Herausforderungen auseinanderzusetzen.

Das Bachelor-Studium basiert auf einem Kompetenzprofil, das die zentralen Kompetenzen für ein professionelles Handeln in der Sozialen Arbeit benennt und so die Bildungsziele der Bachelor-Stufe beschreibt. Die Fähigkeit zur Kooperation wird im Kompetenzprofil zweifach genannt:

Zum einen als Teil der *Fähigkeit zur Prozessgestaltung*: Die Studierenden können mithilfe von Fachwissen und von Analysemethoden die Lebens- und

Bedarfslagen sowie die Sozialisations- und Bildungsbedingungen von Zielgruppen und Adressatinnen und Adressaten der Sozialen Arbeit analysieren und verstehen. Sie können darauf aufbauend mithilfe spezifischer Handlungsmethoden Interventionen zielgerichtet, in Zusammenarbeit mit den Adressatinnen, Adressaten und Adressatensystemen (Arbeitsbündnis/Beziehungsgestaltung) sowie in Kooperation mit anderen beteiligten Fachkräften und Dritten planen, durchführen und evaluieren.

Und zum andern als *Fähigkeit zur Kooperation*: Die Studierenden sind in der Lage, mit anderen Fachkräften und/oder Dritten adäquat zusammenzuarbeiten und auch bei unterschiedlichen Interessen fair und transparent zu verhandeln. Sie begründen eigene Entscheidungen und können Zusammenarbeitsprozesse aktiv initiieren. Sie nehmen dabei Konflikte wahr und übernehmen Verantwortung für eine konstruktive Konfliktbearbeitung.

Die Studierenden lernen das relevante Wissen in den Modulen an der Hochschule, die Fähigkeit zur Kooperation mit den Klientinnen und Klienten sowie die Fähigkeit zur Kooperation mit Fachvertretern und -vertreterinnen der eigenen und fachfremder Professionen und ihren organisationalen Systemen vor allem während der Praxisausbildung, die rund ein Drittel der gesamten Ausbildung ausmacht. Während der Praxisausbildung und den begleitenden Angeboten, wie Kasuistik und Ausbildungssupervision, lernen die Studierenden, dem Problemlösungsprozess zu folgen, die interaktiven Problemlösungsschritte auf verschiedenen Stufen zu reflektieren und anzupassen, und üben professionelles Handeln.

Die Fähigkeit zur Kooperation wird nicht nur in den Modulen an der Hochschule, während der Praxisausbildung und den begleitenden Angeboten thematisiert, sie ist in der Curriculumskonzeption als Querschnittsthema gefasst: Es werden dabei diejenigen Themen benannt, die für das professionelle Handeln von zentraler Bedeutung sind und nicht in einzelnen Modulen abgehandelt werden können. Diese Themen sind den Pflichtmodulen, unabhängig von spezifischen Handlungsfeldern, zugrunde gelegt, und sie werden anschließend in den Vertiefungsrichtungen handlungsfeldspezifisch vertieft. Das Curriculum benennt folgende Querschnittsthemen: Ethik, Gewalt, Konzepte, Verfahren und Methoden des professionellen Handelns, Sozialpolitik und Sozialrecht, kommunikative Kompetenz, Kooperation und Organisation. Mit den Querschnittsthemen wird erreicht, dass neben der inhaltlichen Profilbildung wichtige Themen kohärent und kontinuierlich während des ganzen Studiums gelehrt werden.

Damit wird dem Thema Kooperation eine mehrfache Bedeutung im Curriculum zugewiesen, die sich auch in diesem Buch niederschlägt. In den verschiedenen Kapiteln wird dargelegt, unter welch unterschiedlichen Perspektiven Kooperation in der Sozialen Arbeit verstanden wird. Das soll dazu beitragen, Kooperation als Leitprinzip und Strukturmerkmal der Sozialen Arbeit zu verstehen und das professionelle Handeln danach auszurichten. Damit erhebt das Buch den Anspruch, ein Lehrbuch für Studierende und Praxisvertretende zu sein. Es legt Kooperation in seiner Komplexität verständlich und praxisbezogen dar und wird den Kompetenzerwerb durch das ganze Curriculum hindurch begleiten.

Professor Ueli Merten und Professor Dr. Urs Kaegi setzen sich seit vielen Jahren in Lehre, Praxis und Forschung mit dem Thema Kooperation auseinander und lehren im Bachelor-Studium. Die Autorinnen und Autoren der verschiedenen Beiträge sind größtenteils Mitarbeitende der Hochschule für Soziale Arbeit, die in ihren Themen lehren und forschen. Sie alle verfügen über fundierte Praxiserfahrung in der Sozialen Arbeit, legen das Thema aus den Perspektiven Forschung und Praxis dar und machen es für die Lehre fruchtbar. Sie stellen mit ihrem Beitrag ihre Expertise und Erfahrung der bewussten Nachwuchsförderung von Professionellen der Sozialen Arbeit zur Verfügung.

Ich wünsche allen Studierenden und allen interessierten Leserinnen und Lesern eine aufschlussreiche Lektüre und wertvolle Hinweise und Anregungen für ihre anspruchsvolle Tätigkeit.

Prof. Dr. Barbara Fäh, im August 2014
Leiterin Bachelor of Arts in Sozialer Arbeit (bis August 2014)
Hochschule für Soziale Arbeit FHNW

Das Runde muss ins Eckige: Das andere Vorwort

Einfacher lässt sich Fussball nicht erklären, nicht für F-Junioren, die noch kaum über den Ball hinaussehen, nicht für schwergewichtige Veteranen, die, fehlende Fitness hin oder her, vor dem Bier noch immer zwei, drei Viertelstunden trainieren möchten. Und schon gar nicht für die Profis – zum Beispiel des FCB aus Spanien, des FCB aus Deutschland oder des FCB aus der Schweiz, die 2013 allesamt Meister ihrer Ligen wurden. Für sie alle gilt die gleiche Maxime: Das Runde muss ins Eckige.

Erfunden vor rund hundertfünfzig Jahren in England, hat sich das, was einst ein Spiel war, im zwanzigsten Jahrhundert zum beliebtesten weltweit betriebenen Volks- und Hochleistungssport entwickelt. Der Siegeszug des Fussballs über alle Gesellschaftsschichten und Kontinente hinweg scheint unaufhaltsam. Auf der Basis eines sehr simplen Spiels bildete sich ein professionell organisierter Wettbewerbssport, der dank seiner globalen und rasant wachsenden Bedeutung zur Milliardenindustrie gewachsen ist und heute weltweit unter sämtlichen Wirtschaftsfaktoren ungefähr an zwanzigster Stelle steht.

Erstaunlich ist dabei, dass die Regeln und Ideen des Fussballs in ihrer Essenz trotz (oder wegen?) der weltweiten Verbreitung und Kommerzialisierung unverändert geblieben sind – vor allem unverändert einfach. Zwei gegeneinander spielende Teams versuchen, einen Ball ins fremde Tor zu befördern. Sie möchten dieses Ziel durch möglichst geschicktes und effizientes Zusammenwirken erreichen, denn die einzelnen Spieler jeder Mannschaft übernehmen verschiedene Aufgaben und unterschiedliche Rollen. Erschwert wird die Aufgabe durch die Tatsache, dass die zehn Feldspieler jeder Mannschaft den Ball nur mit Kopf, Beinen, Rumpf und Fuss berühren dürfen, einzig der Torhüter darf die Hände zu Hilfe nehmen.

Mit der Entwicklung von einer reinen Freizeitbeschäftigung zum kommerzialisierten Sport haben sich vor allem jene Clubs verändert, die sich dem hohen Wettbewerbsniveau, der Professionalität verschrieben haben. Aus Vereinen, die allein dem ideellen Zweck der Förderung der Geselligkeit und körperlichen Ertüchtigung durch gemeinsames Fussballspielen verpflichtet waren, sind nach wirtschaftlichen Grundsätzen operierende Unternehmen geworden. Gemeinsam ist allen Fussballclubs ihre ausgeprägte Abhängigkeit von den Leistungen der clubeigenen Mannschaft.

In aller Deutlichkeit und in glasklarer Einfachheit ist es nicht zuletzt der Fussball, der uns vor Augen führt, wie sehr Image und Wirtschaftlichkeit eines Unternehmens von der *funktionierenden Kooperation unter den Mitarbeitenden* bestimmt werden.

Dieses Zusammenarbeiten wird im Fussball allwöchentlich, nicht selten sogar an jedem dritten Tag vor den Augen der Öffentlichkeit durch den direkten Vergleich mit Teams anderer Clubs auf die Probe gestellt und danach beurteilt. Das Ergebnis des Vergleichs wirkt sich sehr unmittelbar auf die Wahrnehmung des Clubs und seiner Leitung aus. Die hohe Transparenz der Mannschaftsleistung und ihre Auswirkung, die durch mediale Begleitung verstärkt wird, fördern die Einsicht, dass Führung namentlich in einem Fussballunternehmen im Prinzip nichts anderes heisst, als die Kooperation der Teammitglieder zu ermöglichen, sie zu fördern und zu optimieren. Etwas überspitzt formuliert, können Führung und Management eines Fussballclubs deshalb als Dienstleistungsstelle zur Optimierung der Leistung ihrer Fussballmannschaft bezeichnet werden.

Wer im Fussball Führungsverantwortung übernimmt, muss komplexen Ansprüchen genügen. Zum einen gilt es, die beschriebene Präponderanz des Teamworks der Fussballmannschaft zu akzeptieren, zum andern darf sich die Unternehmensführung weder dem Diktat des Spiels noch dem seiner mächtigen Hauptakteure (Spieler, Trainer) ausliefern. Wer diesen Spagat schafft, sieht sich in der Lage, einen Fussballclub rational und im Interesse des Unternehmens und seiner Stakeholder nachhaltig zu führen und weiterzuentwickeln, auch wenn die emotionalen Wogen einmal hochgehen, wie das in der Branche nur zu oft geschieht.

Es ist diese Kombination zwischen Demut und Respekt gegenüber dem Spiel, und es ist anderseits das Selbstverständnis der Clubführung, für das Unternehmen allein die höchste Verantwortung zu tragen, was ihr die Legitimation und Kraft verleiht, Entscheide zu fällen, die für die Existenz und Weiterentwicklung wesentlich sind. Dabei handelt es sich um Entscheide, die zwar Individuen betreffen, aber in letzter Konsequenz immer nur dem Ziel dienen müssen, Kooperation zu fördern und damit das Kollektiv in der Gestalt des Teams und des Clubs zu stärken.

Mein Dank gehört meinen Mitspielern – ohne sie wäre das nicht möglich gewesen.

Was uns wie eine Plattitüde, eine abgedroschene Phrase eines Fussballers nach einer spielentscheidenden Aktion erscheint, bringt die Bedeutung der Kooperation im Team für den Erfolg des Einzelnen auf den Punkt. Im Unterschied zu anderen Teamsportarten, deren Resultate aus der Addition von Einzelleistungen entstehen, und erst recht im Kontrast zu Einzelsportarten kann die Leistung eines einzelnen Spielers im Fussball nie wichtiger sein als diejenige des Teams. Daran ändert auch die Tatsache nichts, dass Fussballteams heute aus Spielern bestehen, die aus zahlreichen, ganz verschiedenen Nationen stammen. Beim FC Basel werden im Kader derzeit zwölf verschiedene Muttersprachen gesprochen. Dass die Kooperative dennoch funktioniert und Titel in Serie gewonnen hat, belegt die unglaublich integrative Kraft des Fussballs – des Fussballs als Teamwork. In dieser Beziehung kann kein Roger Federer, kein Simon Ammann, keine Lara Gut mithalten – es gibt fast nichts auf der Welt, was so viel integrative Kraft entwickelt wie der Fussball als Teamwork. Denn im Fussball entwickelt das Team seine besondere Stärke dadurch, dass sich die Teammitglieder als Individuen aus unterschiedlichen Kulturen und mit verschiedener Herkunft in völlig ungleichen Rollen zusammenfinden. Die offensichtliche Unterschiedlichkeit der Rollen und Aufgaben der einzelnen Teammitglieder macht die Leistung des Individuums neben der Teamleistung gut sichtbar.

Mit der Kommerzialisierung und medialen Durchdringung des Fussballs hat die Leistung des einzelnen Teammitglieds indessen an Bedeutung gewonnen. Sie ist neben dem Teamergebnis auch Gegenstand öffentlicher Beurteilung, bestimmt die Position des Spielers in der internen und externen Hierarchie und kann gar Einfluss auf sein Salär haben. Überdies bestimmt sie die oberflächliche Reflexion der eigenen Bedeutung als Fussballer in den Medien und letztlich auch den »Marktwert« eines Spielers, also seine individuellen Chancen, die ganz persönlichen Karriereziele zu erreichen.

Es versteht sich, dass die ausgeprägte Fokussierung auf die individuelle Leistung der Teammitglieder auf den Zusammenhalt des Teams Sprengwirkung entfalten kann. Die übermässige Belohnung und Bewertung der individuellen Leistung verleitet den einzelnen Spieler dazu, der äusseren Wahrnehmung von ihm als Individuum grössere Bedeutung beizumessen als seinem Beitrag fürs Kollektiv. Bedroht wird dadurch der für das Funktionieren des Teams absolut wesentliche »Teamspirit«, der aus dem Bewusstsein der einzelnen Teammitglieder resultiert, primär eine Aufgabe im Interesse des Ganzen zu erfüllen. Mit einer Schwächung oder gar dem Wegfall dieses Bewusstseins, also der kollektiven Einsicht in das Gemeinsame, entfällt die besondere Kraft der Kooperation. Dadurch ist der Teamerfolg gefährdet.

All diese Kräfte, die positiv oder negativ auf die Kooperation des Teams wirken, bestimmen den hauptsächlichen Anspruch, dem die Führungsperson des Teams, aber auch die oberste Leitung des Clubs genügen muss: Gemeinsam müssen sie – jede und jeder in seiner Führungsverantwortung – die Rahmenbedingungen schaffen, in denen individuelles und kollektives Aufgabenbewusstsein und Freude an der Kooperation gefördert werden. Egoismen und Konkurrenz unter den Teammitgliedern sind als Reizpunkte so weit zu fördern und zu tolerieren, als sie sich in einem positiven Beitrag zum Ganzen äussern.

Ein Sieg der besseren Elf gegen die elf besseren Fussballer.

Es gilt als Binsenwahrheit des Fussballsports, dass nicht selten Teams aus besseren Einzelsportlern Teams unterliegen, deren Spieler in ihren individuellen Fähigkeiten und Qualitäten tiefer bewertet werden. In diesen Fällen, die medial zur »Schmach« oder, häufiger noch, zur »Blamage« (für die Verlierer) oder aber als »Sensation« (aus Sicht der Sieger) übersteigert werden, finden wir exakt die Bestätigung, wie bedeutend die Kooperation für den Teamerfolg im Fussball ist. Bestätigt wird zudem die These, wonach sich die Stärke eines Teams nicht durch die Addition von Einzelleistungen quasi mathematisch ermitteln lässt, sondern dass sie eben in einer möglichst optimalen Kombination von Talenten, Kompetenzen, Rollen und Temperamenten besteht.

Auch aus diesem Erfahrungswert des Fussballteamsports resultiert ein Anspruch an jene Personen, die in der Führungsverantwortung stehen. Es ist ihre zentrale Managementaufgabe, die richtigen Mitglieder ins Team aufzunehmen und für deren Integration zu sorgen. Bei der Selektion oder Rekrutierung muss selbstverständlich die Fachkompetenz, das heisst die fussballerische Fähigkeit, ein bedeutendes Kriterium bilden. Allerdings darf dabei die Frage, wie weit ein Spieler-Mensch zur Kooperationskultur eines Teams oder Clubs passt, nicht ausser Acht gelassen werden. Die Antworten bringen entscheidende Aspekte wie Teamfähigkeit und Integrierbarkeit des Spielerkandidaten ans Licht. So gilt im Fussball, wie anderorts auch, dass vorbestehende Charaktereigenschaften und Persönlichkeit grundsätzlich bleiben, während Fähigkeiten trainierbar sind. Im Angelsächsischen wird diese These präzise auf den Punkt gebracht: »Hire for attitude, train for skills.«

Die Zusammensetzung des Teams ist für die Clubführung also die Kernaufgabe schlechthin. Dabei darf man nie davor zurückschrecken, starke Persönlichkeiten und erfolgreiche Individuen für sein Team zu gewinnen. Starke Führungspersonen sehen in der Heterogenität ihrer Gruppe und der Stärke einzelner Teammitglieder keine Bedrohung, sondern vielmehr eine Chance, das Team zu leiten. Sie suchen den direkten menschlichen Kontakt mit den Teammitgliedern, ohne die Rollenverteilung zu verwischen. Sie müssen die Fähigkeit entwickeln, das Individuum ebenso anzusprechen wie die Gruppe als Ganzes. Sie stärken das Team und die einzelnen Teammitglieder in ihrem Selbstbewusstsein, indem sie ihnen Vertrauen schenken, was in letzter Konsequenz auch erfordert, der Kooperation ohne ständiges Intervenieren ihren Lauf zu lassen.

Durch eine menschliche, vertrauensbasierte und glaubwürdige Führung wird den Teammitgliedern das Alibi genommen, im Falle eines Misserfolgs ihre eigene ungenügende Leistung für das Team mit Fehlern der Führung zu entschuldigen. Als starke Führungsperson verkommt der Trainer damit nicht zum einsamen Helden. Er ist Teil des Teams, aber in seinem Naturell ein Fremdoptimierer, indem auch er – in seinem eigenen Bewusstsein der gemeinsamen Aufgabe – die Interessen des Teams über seine Individualinteressen stellt. In dieser Kultur und Atmosphäre kann sich eine vertrauensbasierte und freudvolle Kooperation entwickeln, ohne die – wie schon gesagt – Erfolge eines Teams die Ausnahmen bleiben.

Dr. iur. Bernhard Heusler, Präsident Fussballclub Basel

Inhalt

Vorwort aus der Hochschule 7

Das Runde muss ins Eckige: Das andere Vorwort 11

Editorial 17

Ueli Merten
Professionelle Kooperation: Eine Antwort auf die Zersplitterung und
Ausdifferenzierung sozialer Dienstleistungen 21

Erika Spiess
Voraussetzungen gelingender Kooperation 71

Peter Zängl
Organisation: Ansätze, Theorien und ihre Bedeutung für die
Soziale Arbeit 89

Agnès Fritze und Beat Uebelhart
Wirkungsorientierung in der Kooperation 119

Ursula Hochuli Freund
Multiperspektivität in der Kooperation 135

Stefan Armenti
Partizipation als ethisches Leitprinzip von Kooperation 153

Erika Götz
Kommunikation und Verhandeln in Kooperationsprozessen 175

Urs Kaegi
Soziale Konflikte und Kooperation 199

Urs Kaegi
Führung unterstützt kooperatives Verhalten 223

Ueli Merten
Intraprofessionelle Kooperation und Teamarbeit –
eine Herausforderung 245

Marcello Schumacher
Projektmanagement erfordert Kooperation 285

Jeremias Amstutz
Kooperation im Case Management 313

Beat Uebelhart
Netzwerkarbeit, Kooperation und Versorgungsketten 335

Daniel Oberholzer
Kooperative Praxisentwicklung 357

Autoren und Autorinnen 377

Editorial

Kooperation ist zugleich Strukturmerkmal und Handlungsmaxime der Sozialen Arbeit, so weit sind sich die meisten Fachvertreter und -vertreterinnen einig. Der Begriff der Kooperation bleibt allerdings diffus, er scheint ein Spannungsfeld zwischen ethischer Grundhaltung, beabsichtigter Zusammenarbeitsform und strategischer Ausrichtung zu bezeichnen. Dass wir uns entschieden haben, über Kooperation ein Lehrbuch zu schreiben, hat mehrere Gründe.

Schon früh provozierte uns Kaiser (1993)[1] in *Psycho-Logik helfender Institutionen – Beiträge zu einer besseren Nutzerfreundlichkeit der Organisationen im Sozial- und Gesundheitswesen* mit der Aussage:

> Alle wissen es, die wenigsten sprechen es aus: Vieles, was in Einrichtungen des Sozial- und Gesundheitswesen schiefläuft, geht auf Mängel zurück, die in der Zusammenarbeit von Institutionen, der Arbeitsorganisation liegen und von gruppendynamischen Problemen bis zu individueller Unfähigkeit oder Schlamperei reichen.

Kaiser macht auf die unzulängliche interprofessioneller und interorganisationaler Zusammenarbeit und die mangelhafte Nutzerfreundlichkeit und Professionalität der sozialen Organisationen im Sozial- und Gesundheitswesen aufmerksam und moniert den Mangel an psychologischen und systemtheoretischen Grundlagen von Interaktion und Kooperation in Ausbildung und Praxis.

Ein zweiter Grund für diese Publikation liegt in unseren Beobachtungen der institutionellen und organisationalen Strukturen, Arbeitskonzepte und individuellen Dispositionen der Fachkräfte der Sozialen Arbeit, die oft mit den Anforderungen von entwicklungsorientierten Zusammenarbeitsformen im Widerstreit stehen. Hintergrund dieser Problematik ist, dass aktuell innerhalb der grundständigen Ausbildungen der Berufe im Feld der Sozialen Arbeit sowie des Gesundheits- und Bildungswesens wohl die wichtigsten theoretischen Grundlagen zur Behandlung individueller Problem- und Lebenslagen von Klientinnen und Klienten gelehrt werden, die kontextbezogenen Rahmenbedingungen intra- und interprofessioneller Kooperation, Grundlagen der Organisationslehre und des Managements, Case-Management und Netzwerkarbeit aber meist der postgradualen Fort- und Weiterbildung überlassen werden. Dies war für uns Anlass genug, die Grundlagen der professionellen Kooperation für die Lehre im Bachelor-Studium systematisch aufzuarbeiten, die wichtigsten Aspekte und Kontextbezüge zusammenzutragen und in die Entwicklungen des Curriculums an der Hochschule für Soziale Arbeit FHNW einfliessen zu lassen.

---

1 Quellenhinweise sind im Literaturverzeichnis des ersten Artikels dieser Publikation vermerkt.

Weiter haben uns Aussagen in Publikationen wie *Mythos Kooperation* (van Santen/Seckinger 2003), *Kooperation als dilemmahafte Behandlungssituation* (Schweitzer 1998), *Kooperation als Koproduktion* (Brocke 2003), *Die Evolution der Kooperation* (Axelrod 2009), *Kooperation als Strategiebegriff* (von Kardoff 1998) und *Kooperation als Möglichkeitsbedingung zur Integration* (Kobi 2002) stutzig und neugierig zugleich gemacht und liess uns für die Lehre, Praxis und Forschung die Frage stellen, was wohl hinter diesen teils recht kritischen und skeptischen Überlegungen zur unbestrittenen Forderung nach fachlicher und organisationaler Zusammenarbeit steckt. Aber auch methodische Ansätze mit ihrer Systematik und Struktur wie *Kooperative Pädagogik* (AKoP 2002) oder *Kooperative Prozessgestaltung* (Hochuli Freund/Stotz 2011) oder laufende hochschulinterne Projekte wie *Kooperative Wissensbildung* und *Kooperative Praxisentwicklung* liessen uns aufhorchen und nach gemeinsamen Aspekten hinterfragen. Wir haben uns mit dieser Publikation der Herausforderung gestellt und eine eigene fachliche Position erarbeitet, um den Begriff der Kooperation für die Lehre der Soziale Arbeit und deren Arbeitsfelder zu fassen, Leitprinzipien zu formulieren und Kompetenzanforderungen zu klären.

Durch unsere langjährige Auseinandersetzung und Arbeit in Lehre, Forschung und Praxis mit Themen der Kooperation wurde uns klar, dass sich die Notwendigkeit zu kooperativem Handeln aus den sich wandelnden Bedingungen im Dienstleistungs- und Versorgungssystem der Sozialen Arbeit, aber auch des Gesundheits- und des Bildungswesens ergeben hat. Die gewandelten psychosoziale Lebenslagen, die Komplexität der Problemstellungen der Klientinnen und Klienten sowie die Forderung nach einer ganzheitlichen Sicht auf deren Situation stellen neue und komplexere Aufgaben und Anforderungen an die unterschiedlichen Tätigkeitsfelder der Sozialen Arbeit. Diese machen ein Denken in erweiterten Systemzusammenhängen notwendig und verlangen von den Professionellen Kompetenz zu Kooperation, Verhandlung und Netzwerkarbeit mit Fachleuten der eigenen und anderer Professionen. Weiter folgt auch aus dem anhaltenden Trend zu Spezialisierung und Ausdifferenzierung der Angebote ein steigender Bedarf an intra- und interprofessioneller und interdisziplinärer Zusammenarbeit, Koordination und Vernetzung der (teil-)stationären und ambulanten Dienstleistungen.

Die Zunahme der Querschnittsaufgaben und der finanzpolitische Druck machen die Abstimmung und Aushandlung von Zielsetzungen und Handlungsoptionen schwieriger. Vergleichbares gilt für die Klärung von Zuständigkeiten und Finanzierungsfragen. Dies führte uns zur Überzeugung, dass die professionelle Anbahnung erfolgreicher Kooperationsbeziehungen einige kompetenzorientierte Grundschritte und die Entwicklung einer Handlungsstrategie voraussetzt. Diese beiden Elemente müssen ressourcen- und lösungsorientiert an den Zielen und Interessen der Kooperationspartner ansetzen und die Attraktivität der Kooperation für alle Beteiligten in den Vordergrund stellen. Diese Erkenntnis ist für diese Publikation handlungsleitend, ebenso die Aussage von Balz und Spieß, dass das Gelingen von Kooperationen von Möglichkeiten der Zielabstimmung und des Informationsaustauschs, von wechselseitiger Kommunikation und gegenseitiger Unterstützung, von konstruktiven Problemdiskussionen und einer längeren Zeitperspektive abhängig ist, in der die Form der Kooperation erprobt wird und sich das Vertrauen in den jeweiligen Kooperationspartner entwickeln kann. Eine kooperative Situation setzt zudem Entscheidungs- und Handlungsfreiheit der beteiligten Personen voraus (vgl. Balz/Spieß 2009: 20).

Im Zentrum dieses Lehr- und Fachbuches über intra- und interprofessionelle sowie interorganisationale Kooperation stehen also Kenntnis und Wissen über die Bedeutung und Begrifflichkeit von Kooperation, ihre Leitprinzipien und theoretisch-methodischen Aspekte sowie über Interaktions- und Verhandlungsprozesse und konstruktive Konfliktbearbeitung. Andererseits wird die kooperative Haltung und das entsprechende Verhalten und Handeln exemplarisch in der Gestaltung von effizienter und effektiver Teamarbeit, in der erfolgreichen Projektbearbeitung, in der koordinierenden Arbeit des Case-Management und der zielorientierten Netzwerkarbeit bearbeitet.

Da jedem Kapitel ein Abstract vorangestellt wurde, verzichten wir an dieser Stelle auf Hinweise zu den entsprechenden Inhalten. Die Autorinnen und Autoren der einzelnen Beiträge werden in einem Verzeichnis am Schluss des Bandes kurz vorgestellt.

Als Herausgeber dieser Publikation verantworten wir mit Kolleginnen und Kollegen im Bachelor-Studium Soziale Arbeit an der Hochschule für Soziale Arbeit der Fachhochschule Nordwestschweiz (FHNW) das Pflichtmodul »Grundlagen der professionellen Kooperation«. Nach nun rund sechs Jahren Aufbau- und Weiterentwicklungsarbeit war es an der Zeit, die gesammelten Erfahrungen, Erkenntnisse und Positionen zusammenzutragen und als Lehr- und Fachbuch für Studierende, Praxisausbildende und Fachkräfte der Sozialen Arbeit und verwandter Berufsgruppen zu veröffentlichen. Das Buch versucht, anwendungs- und praxisorientiert, mit Hinweisen, praktischen Übungen und weiterführender Literatur die herausfordernden Aufgaben der Sozialen Arbeit aus der Sicht von Kooperation und Koordination zu unterstützen und zu begleiten.

Sämtliche Autorinnen und Autoren vertreten übereinstimmend die Auffassung, dass eine verbesserte Vorbereitung und Auseinandersetzung helfender Berufe in der Aus- und Weiterbildung notwendig ist, damit die Professionellen Herausforderungen und Spannungsfelder kooperativer Zusammenarbeit meistern und mit organisationalen Systemkontexten bewusst und verantwortungsvoll umgehen können.

Wir hoffen, dass mit dieser Publikation neue Erkenntnisse und Anregungen für die Ausbildung und die Praxis der Sozialen Arbeit nutzbar gemacht werden. In den gehaltvollen Beiträgen sehen wir unsere Sichtweise bestätigt, dass *professionelle Kooperation* Strukturmerkmal und zugleich Handlungsmaxime für Sozialarbeitende ist, und möchten uns auf diesem Weg bei allen Autorinnen und Autoren für ihre Mitarbeit ganz herzlich bedanken.

Im September 2014: Ueli Merten und Urs Kaegi

Professionelle Kooperation: Eine Antwort auf die Zersplitterung und Ausdifferenzierung sozialer Dienstleistungen

Ueli Merten

Wenn wir professionelle Kooperation als Strukturmerkmal der Sozialen Arbeit und als Handlungsmaxime der professionellen Fachvertreterinnen und -vertreter fassen wollen, bedingt das einen Blick auf die Entwicklung sozialer Dienstleistungsangebote, auf ihre gesellschaftlichen und sozialpolitischen Wirkfaktoren sowie auf Begriffe und Sichtweisen zu Kooperation. Dieses einführende Kapitel befasst sich mit den Zusammenhängen und den Begründungen, warum Kooperation in der Sozialen Arbeit notwendig ist. Es liefert eine Auswahl von Begriffen, Deutungen und fachlichen Positionen zu Kooperation als unabdingbarer Form einer bewusst gewählten Zusammenarbeit. Die Herausgeberschaft definiert ihre Position von Kooperation als »intendierter Zusammenarbeit«, sie beschreibt ihre Leitprinzipien und formuliert die einzelnen Faktoren der Fähigkeit zur Kooperation von Professionellen der Sozialen Arbeit. Zusammenfassende Gedanken beschließen den Artikel.

1 Einleitung

Dass Kooperation mit Klienten, Klientinnen und Klientensystemen, dass intra-, interprofessionelle und interorganisationale Kooperation der im Bereich der Sozialen Arbeit tätigen Berufsgruppen unabdingbar ist, ergibt sich aus den täglichen Handlungsimplikationen, aber vermehrt auch aus den veränderten Bedingungen im Dienstleistungs- und Versorgungssystem der Sozialen Arbeit und des Gesundheits- und Bildungswesens. Das sich wandelnde Panorama psychosozialer Lebenslagen und Probleme, die Notwendigkeit einer ganzheitlichen Sicht auf die Situation der Klienten und Klientinnen, die Zunahme und Komplexität der »Fälle«, der Querschnittsaufgaben und schließlich der struktur- und finanzpolitische Druck auf die Dienstleistungsangebote – all dies bringt neue und komplexere Aufgaben und Anforderungen mit sich. Nach van Santen und Seckinger steigt aufgrund von Veränderungen in modernen Gesellschaften der gesellschaftlich bedingte Bedarf an professioneller Unterstützung bei der Bewältigung des Alltags. Die bekannten Schlagworte dazu sind unter anderem: Individualisierung, Auflösung tradierter Netzwerke, Freisetzung aus traditionellen Bindungen, Erhöhung der Komplexität des Alltags, neue Problemlagen (van Santen/Seckinger 2003: 13f.).

Diese Anforderungen erfordern ein Denken in Systemzusammenhängen, ein Überdenken der gewachsenen Strukturen, der organisationalen und institutionellen Rahmenbedingungen und die Entwicklung von Kompetenzen zur Kooperation und Verhandlung mit Fachleuten anderer Professionen. Auch der teilweise immer noch anhaltende Trend zu Spezialisierung und Differenzierung hat einerseits zu einem steigenden Bedarf an Koordination geführt; andererseits muss durch eine vermehrte und verbesserte intraprofessionelle, interprofessionelle und interdisziplinäre Zusammenarbeit der im Bereich Sozialer Arbeit tätigen Fachpersonen eine stärkere Vernetzung der verschiedenen Dienstleistungen und ihrer Organisationsformen angestrebt werden.

An den Schnittstellen der Zusammenarbeit im Sozialbereich, bei Abklärung, Beratung, Zuweisung, Planung, Durchführung und Evaluation der Behandlungsprozesse, wächst also in den verschiedenen Praxisfeldern das Bedürfnis nach Kooperation und Vernetzung. Die Vertreterinnen und Vertreter der entsprechenden Praxisfelder arbeiten jedoch mit unterschiedlichen Einschätzungs-, Handlungs- und Interventionsmodellen und je anderen Zielperspektiven. Trotz spürbarer Bemühungen besteht Abstimmungsbedarf; es gibt Zuständigkeits- und wettbewerbsbedingte Abgrenzungsprobleme, die darin begründet sind, dass die Problemsituationen von Klientinnen und Klienten zunehmend komplexer werden, was wiederum mit der Auflösung struktureller Fixierungen und kultureller Bindungen und mit Individualisierungsprozessen zusammenhängt.

> Die Ausdifferenzierung sozialer Dienste erhält auch aus dem Konkurrenzdruck der verschiedenen Anbieter eine eigene Dynamik. Das Anbieten immer neuer Angebote erscheint oftmals als einziger Weg, das materielle Überleben einzelner KollegInnen sowie ganzer Träger zu sichern. Diversifikation und Spezialisierung werden als Mittel eingesetzt, die eigene Marktposition zu verbessern. Spezialisierung wird hier zu einem Wettbewerbsparameter für die eigene Positionierung in einer der Nischen des Marktes sozialer Dienstleistungen. (van Santen/Seckinger 2003: 14)

Die Handlungskulturen der Berufsgruppen der Sozialen Arbeit, des Gesundheits- und Bildungswesens sind stark mit den entsprechenden Ausbildungen und den Anforderungen beruflicher Sozialisation verknüpft. Die Anzahl von Studierenden im psychosozialen Bereich wächst stetig, ebenso das Wissen im Bereich der Theoriebildung und der empirischen Erkenntnisse. Damit einher geht eine Professionalisierung der Handlungsfelder der Sozialen Arbeit, die sich zudem stark gewandelt haben. Dies bedeutet, dass in den Ausbildungen der verschiedenen Berufsgruppen neben der Vermittlung des spezifischen Fachwissens und dem Aufbau entsprechender Handlungskompetenzen auch interprofessionelle und interdisziplinäre Fähigkeiten gefördert, unterstützt und vermittelt werden müssen. Die Vermittlung dieser Kompetenzen ist durch fachwissenschaftliche Ausbildung allein nicht zu gewährleisten. Professionelles Vertreten der eigenen berufsspezifischen Sichtweise – die »professionelle Eigenwährung« (Schweitzer 1998) innerhalb der interprofessionellen und interorganisationalen Zusammenarbeit – erfordert auch Kenntnisse der praxisbezogenen Problemlösungsstrategien und kooperativen Handlungsmodelle der verschiedenen Helfersysteme.

Intra- und interprofessionelle sowie interorganisationale Kooperation setzt deshalb nicht nur Wissen über Interaktions- und Verhandlungsprozesse voraus, sondern auch das Verständnis von Organisationen als Kontext von Kooperationsbemühungen, Kenntnis der Methoden zur Gestaltung von effizienter und effektiver Teamarbeit, Grundlagen konstruktiver Konfliktbearbeitung und erfolgreicher Projektbearbeitung sowie die Fähigkeit zu strategischer Arbeit in zielorientierter Netzwerkarbeit.

Zusammenfassend lässt sich sagen, dass die Pluralisierung der Gesellschaft, die Ausdifferenzierung, Diversifikation und Spezialisierung des Handlungsbereichs der Sozialen Arbeit, die Diskussion um Strukturfragen, um Effizienz und Effektivität der unterschiedlichen Handlungsfelder umfassende Kooperations-, Koordinations- und Vernetzungsbemühungen notwendig macht.

In dieser Entwicklung zeigt sich nicht nur der erhebliche Bedarf an Abstimmung, sondern auch, dass sich Kooperation, Koordination und Vernetzung zu einem eigenständigen Bereich mit eigenen Brücken, Drehscheiben oder intermediären Instanzen mit den Aufgaben interinstitutioneller, interdisziplinärer, interprofessioneller und intersektionaler Verknüpfungen ausdifferenziert sowie zur Entwicklung eines bislang noch nicht systematisierten Praxiswissens von KoordinatorInnen und VernetzerInnen entwickelt hat. (Von Kardorff 1998: 205)

Professionelle Kooperation in der Sozialen Arbeit hat damit die Hauptaufgabe, die Anschlussfähigkeit von Hilfsangeboten und Dienstleistungen an die immer stärker sich ausdifferenzierenden gesellschaftlichen Subsysteme herzustellen, »damit es überhaupt zu einer gemeinsamen und wirkungsvollen Bearbeitung von Problemen, Krisen und Entwicklungsaufgaben kommen kann« (ebd.: 204).

2 Kooperation: Ausgewählte Begriffe, Deutungen, Positionen

Kooperation im Sinne von gemeinsamem Handeln, Mitarbeit und Zusammenarbeit ist ein Wort der Alltagssprache und (noch) kein wissenschaftlicher Terminus. Der Begriff leitet sich vom lateinischen Wort *cooperatio* ab und bedeutet »zusammenwirken«, »gemeinschaftliches Erfüllen einer Aufgabe«. Kooperationen können auf verschiedenen sozialen Ebenen zwischen Individuen, Gruppen, Organisationen, Kantonen und Nationen stattfinden. Das

Wort wird in zwei Hauptbedeutungen gebraucht. Zum einen im Kontext von Arbeit und Produktion, wobei Kooperation als *Sammelbegriff für unterschiedlichste Formen der Koordination arbeitsteiliger Leistungen* dient. Zum andern bezeichnet das Wort auch das Zusammenwirken *(Koaktion) als eine dem Kampf, der Rivalität, der Konkurrenz entgegengesetzte Form der Interaktion*, als bewusst gewählte Haltung hinter dem professionellen Handeln (vgl. Merten 2005: 107). Im Folgenden wird versucht, mit Unterstützung ausgewählter Begriffe, Handlungsaspekte und Positionen die Bedeutung von Kooperation in der Sozialen Arbeit zu erhellen.

2.1 Kooperation als menschliche Herausforderung

Schon früh hat sich Moor (1965, 1974) mit den Fragen begründeter Zusammenarbeit in der Heilpädagogik auseinandergesetzt. Nicht einfach ein Zusammenwirken von Heilen und Erziehen steht nach Moor im Vordergrund, sondern die Frage, wie die komplexen Aufgaben der Erziehung, des ärztlichen Heilens und der therapeutischen Beeinflussung »synthetisch« bearbeitet werden und Tendenzen zur Abgrenzung der Kompetenzbereiche überwunden werden können.

> Es kann weder darum gehen, Kompetenzbereiche abzugrenzen noch die Einzelziele einander anzugleichen, sondern darum, dass jeder der an der Hilfe Beteiligten sich klar ist darüber, was sein zentrales Anliegen ist und welches die ebenso berechtigten Anliegen der anderen sind. Zwischen diesen Zentren der Hilfe sollen keine Grenzen verlaufen; sondern zwischen ihnen liegen die Bereiche der Zusammenarbeit, einer Zusammenarbeit, die in erster Linie ein menschliches Problem ist und erst in zweiter Linie auch ein wissenschaftliches. Jeder hat sich offen zu halten, in der praktischen Arbeit, in jeder einzelnen konkreten Situation das hier und jetzt Notwendige mit den anderen zusammen zu suchen. (Moor 1974: 13)

Hier wird deutlich, dass neben der notwendigen fachlichen, professionsbezogenen Zusammenarbeit ein »koaktives Verhalten« aus einer akzeptierenden und anerkennenden Haltung der Fachkräfte gefordert wird, das zu einer Zusammenarbeit mit »integrierendem Charakter« führen kann.

2.2 Kooperation als Reaktion auf Komplexität

Bach (1979a) fordert in seinem Buch *Sonderpädagogik im Grundriss* intra- und interprofessionelle Kooperation statt »isolierten, gegenseitige Anregungen und Korrekturen verhinderndes Vorgehens« (Bach 1979a: 67) und begründet dies in dreierlei Hinsicht: (1) durch die Mehrdimensionalität von Beeinträchtigungen und sozialen Problemen; (2) durch die Komplexität der Entstehungs-, Verstärkungs- und Erscheinungsbedingungen; und (3) durch die Pluralität der multiperspektivischen Betrachtungsweisen und erforderlichen Interventionen (vgl. Bach 1979b: 196). Daraus lassen sich drei für diese Publikation grundlegenden Arbeitsthesen zur Notwendigkeit von Kooperation ableiten:

1. Intra- und interprofessionelle Zusammenarbeit ist begründet durch die Mehrdimensionalität von psychosozialen, physischen und intellektuellen Beeinträchtigungen, durch die Komplexität der Entstehungs- und Verstärkungsbedingungen und durch die Pluralität der erforderlichen Massnahmen.
2. Die Komplexität psychosozialer Störungen und deren starke Verwobenheit in die Alltagsbezüge der Klientinnen und Klienten sowie ihres weiteren Umfeldes legen integrierte multidisziplinäre und multiperspektivische Behandlungsangebote nahe. Dazu ist eine kooperative Grundhaltung unabdingbar.
3. Das professionelle Handeln von Fachleuten der Sozialen Arbeit findet in einem arbeitsteiligen und multiparadigmatischen Praxisfeld mit unterschiedlichen Zielen, Programmen und Arbeitsabläufen statt, entsprechend dem Behandlungsauftrag der jeweiligen Berufsgruppe oder Fachrichtung. Steht die erschwerte Lebenssituation der Klienten und Klientinnen im Zentrum des Auftrages, so ist eine gemeinsame Zielsetzung nur durch Kooperation zu erreichen.

In der Arbeit mit Menschen mit kognitiver Beeinträchtigung sieht Bach vier Formen von ineffizientem Kooperationsverhalten, die wohl auch in diffusen (professionellen) Statusproblemen verankert sind: die *Konfrontation* (Unterstellung gravierender Mängel an Kenntnissen über die andere Profession), die *Okkupation* (Vereinnahmung der benachbarten Disziplin durch eigene Studien und Erfahrungen), die *Subordination* (fehlende Rollenklärung und diffuse Reklamation einer übergeordneten Zuständigkeit) und die *Addition* (blosse Kenntnisnahme fachfremder Befunde, Berücksichtigung dieser Befunde nach Gutdünken) (vgl. ebd.: 198f.).

2.3 Kooperation als »Möglichkeitsbedingung zur Integration«

Im Rahmen methodischer Denkansätze der »kooperativen Pädagogik« in der Behindertenhilfe stellt der Kooperationsbegriff die (sozial)pädagogische Leitidee im Sinne einer allgemeinen Orientierungsgrundlage für die Bearbeitung von Fragen der Integration von Menschen mit Behinderungen dar. Kobi (2002) spricht von einer »Möglichkeitsbedingung« der Integration. Die Zielperspektive dieses ermöglichenden Handelns erkennt er im Austausch von Unterschieden, Differenzen, professionsbezogenen und organisationalen Grenzen, nicht aber in einer Auflösung, Abschaffung oder Nichtanerkennung von Standpunkten der Kooperationspartner oder um Gleichschaltung in den Handlungsoptionen und -vollzügen. Was Kooperation somit unabdingbar voraussetzt, ist gegenseitige Existenzwahrnehmung, Existenzanerkennung und Existenzbestätigung (vgl. Kobi 2002: 20). Kobi betrachtet Kooperation auf unterschiedlichen Ebenen als herausforderungsreich: *intrapersonal* als die dilemmahafte Auseinandersetzung mit sich selbst und als Dialog zwischen konflikthaften Persönlichkeitsanteilen, situativen Empfindungen, Wahrnehmungen und Wertungen; *interpersonell* als Austausch unterschiedlicher Standpunkte, Perspektiven, Richtigkeitsvorstellungen der beteiligten Professionen und deren fachlicher Ziele; *interkollektiv* als Abstimmung und Abgleichung unterschiedlicher Ansprüche und Interessen zwischen den beteiligten Gruppen; *intersystemisch* als Austausch von unterschiedlich gearteten Systemen und Wirklichkeitskonstrukten, die freilich auch in ihren kooperativ unabdingbaren Schnittstellenbereichen ihre Integrität bewahren (vgl. ebd.: 19f.).

Kobi betrachtet Kooperation immer auch als handlungsbezogen. Es geht um den Austausch und die Abstimmung von Handlungsbedürfnissen und -möglichkeiten, von Handlungsfähigkeiten und Handlungszuständigkeiten der beteiligten Professionen und beteiligter Dritter. Kooperation wird als »ermöglichend, nicht fertigend« betrachtet, sie ermöglicht Produktivitätssteigerung, Solidarität und Integration. Manchmal ermöglicht sie auch die viel bemühte Vernunft. Kooperation ist im ursprünglichsten Sinn von Vernunft (vernehmen) abzuleiten: »Vernünftig bin ich da, wo ich den anderen vernehme und mich ihm gegenüber vernehmlich mache. Vernünftig sein kann ich nur im Verein mit anderen: in Kooperation« (ebd.: 22). Kooperation lebt vom Austausch von Alternativen; *»Denken in Alternativen«* erscheint hier als Grundvoraussetzung des Handelns in komplexen Situationen.

2.4 Kooperation als kommunikatives Geschehen

Kooperation bedeutet Austauschbeziehungen, deswegen wird die Beziehungsqualität von der Qualität und vom Umgang der Kommunikation unter den Kooperationspartnern beeinflusst. Träger der Kooperationsbeziehungen sind Menschen. Austauschbeziehungen beinhalten daher Werte, Normen, Gefühle und Unvernünftiges. (Sacharowa 2003: 7)

Speck (1991) untersucht in seinem Werk *System Heilpädagogik* unter dem Stichwort »Interdisziplinäre Kooperation« das »relativ selbstständige« Nebeneinander von Disziplinen und Professionen in sozialen Einrichtungen und ortet in der Zusammenarbeit tiefer liegende zentrale Problemtendenzen vor allem kommunikativer und struktureller Natur. Er versteht den interprofessionellen und interorganisationalen Austausch auch als »strukturelle Koppelung koexistierender Teilsysteme«, verstanden als mögliche Erweiterung und Differenzierung des eigenen Systems (vgl. Speck 1991: 416). Dabei stösst er auf unterschiedliche Verständigungsschwierigkeiten. Er unterscheidet dabei vordergründige und hintergründige Verständigungshindernisse:

Vordergründige Verständigungshindernisse

- Arbeitszeitprobleme: Gesetzmässigkeiten der diversen Berufsgruppen
- Statusprobleme: Vergleiche und ideologische Wertungen bei den Bestrebungen der Berufsgruppen, Einstellungen zu den Statusunterschieden
- Persönlichkeitspsychologische Barrieren: Eigenheiten in den jeweiligen Persönlichkeiten der Berufsgruppen, (Berufs-)Identitätsprobleme
- Abgrenzungsbedürfnisse: Bedrohung der beruflichen Identität, Verdrängungsängste, Kompetenzüberschreitungen
- Falsche gegenseitige Erwartungen: »Mit zunehmender Einsicht in die Unzulänglichkeit der eigenen Disziplin können die Erwartungen gegenüber der anderen Disziplin unangemessen steigen« (ebd.: 119)
- Hierarchieprobleme: Rollenkonflikte, die sich aus der Differenz des professionellen Status ergeben können. Hierarchisierung der spezialisierten Ansätze der Professionen
- Fortschreitende Verrechtlichung: verwaltungsmässige Fixierung der sich ausdifferenzierenden Aufgaben
- Explosion des Fachwissens: Fülle eigener Begriffe, Theorieansätze, Denkmodelle und Methoden der Professionen, begleitet durch fehlenden Fachdiskurs
- Barrieren der Fachsprache: »Die Ausdifferenzierung des Fachwissens pro Disziplin musste eine terminologische Differenzierung und Komplizierung nach sich ziehen« (ebd.: 420).

Hintergründige Verständigungshindernisse

- Anthropologische Ungeklärtheiten: Fragen des gesellschaftlichen Bezugsrahmens der disziplinären Überlegungen über das Bild des Menschen in seiner Ganzheit, fehlende Werte und Normendiskussion, unklares Bild des Menschen in der Wissenschaft. »Ohne ein gemeinsames oder angenähertes Bild vom Menschen und von seiner Bestimmung ist eigentlich Zusammenarbeit nicht möglich, jedenfalls Zusammenarbeit, die umfassende Hilfe für die existenzielle Not des behinderten Menschen werden kann« (vgl. ebd.: 527–542).

Kooperation ist harte Arbeit an Inhalten, Konzepten und Methoden der eigenen professionellen Fachlichkeit im konstruktiven Austausch mit anderen Meinungen und Standpunkten. Kooperation ist, wenn selbstständige Personen und/oder Organisationen aufgrund gemeinsamer Zwecke durch Verhandlungen und Abmachungen über die Erfüllung von Teilaufgaben der Beteiligten bestimmen und/oder eine Organisationsform zur Erfüllung dieser Teilaufgaben bilden. (Schwarz 1994: 73ff.)

Müller und Riedel (2005) hinterlegen ihren Überlegungen ein nachvollziehbares Denkmodell, das den Begriff Kooperation mit den Begriffen Koordination und Kommunikation in Verbindung bringt.

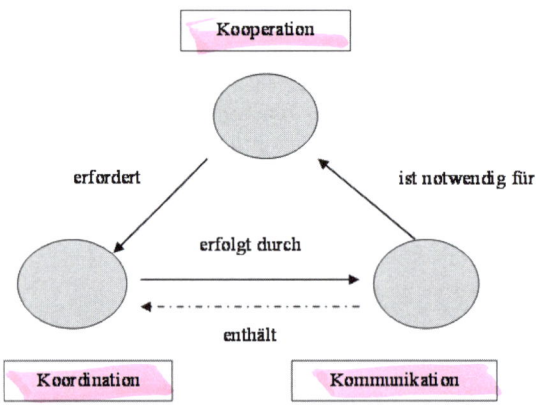

Abbildung 1: Kooperation – Koordination – Kommunikation (eigene Darstellung in Anlehnung an Müller/Riedel 2005)

Koordination kann hier verstanden werden als das Sich-Ausrichten verschiedener Akteure auf ein Ziel, das zielgerichtete Zuordnen und Beiordnen aller für die Zielerreichung relevanten Sachverhalte, um ein System in Bezug auf seine Umgebung entsprechend den intendierten Zielen zu positionieren. Es geht also um ein Managen von Abhängigkeiten zwischen Aktivitäten und Akteuren. Für diesen Prozess sind folgende Komponenten notwendig: abgestimmte Ziele; zur Verfügung stehende Daten und Informationen; vereinbarte Aktivitäten, Handlungen und Interventionen; Klärung der Verantwortlichkeiten und Zuständigkeiten, Beziehungen und klare Kommunikationsstrukturen (vgl. Müller/Riedel 2005: 14).

2.5 Kooperation als systemisches Handeln

Im Zuge des einleitend skizzierten Wandels der Handlungsimplikationen sozial Tätiger und angesichts veränderter Bedingungen im Dienstleistungs- und Versorgungssystem der Sozialen Arbeit hat die sich vermehrt systemische Denk- und Handlungsansätze angeeignet. Systemisch arbeiten heisst eine ganzheitliche Sicht auf die Situation der Klienten und Klientinnen zu entwickeln und alle an einem Problem oder einer Angelegenheit beteiligten Personen im Geflecht ihrer Wechselseitigkeiten und in der Vielseitigkeit ihrer Beziehungen zu berücksichtigen (vgl. Wendt 1992: 115). In seinem Modell des systemisch geprägten Unterstützungsmanagements sieht Wendt durch das beteiligende Arrangement einer Mehrzahl von Vertretern und Vertreterinnen von Hilfssystemen in der Beteiligung von Klientinnen und Klienten und ihrer Angehörigen ein wichtiges Helfernetz, in dem es vorkommen kann, dass »Unterstützer auch die zu Unterstützenden sind« (ebd: 118). Das Modell einer linearen Beziehung von unterstützenden Helfenden und der Klientel wird durch ein Modell von Kooperation und Organisation des Vernetzens abgelöst, »bei welcher im Feld der Bedürftigkeit zugleich Bewältigung *(coping)* und Unterstützung *(social support)* geleistet wird. Danach stellt das Arrangement der Unterstützung die methodisch erreichte soziale Bewältigung einer Problematik dar« (ebd.: 116). Im Rahmen der intensiven Hilfeplandiskussionen um die Kinder- und Jugendhilfegesetzgebung (§ 36 KJHG) in Deutschland formuliert Rebbe treffend:

> Für sozialpädagogisches Handeln ist damit ein fundamentaler Perspektivenwechsel verbunden: An die Stelle der Definitionsmacht sozialer Fachkräfte tritt die Kooperation mit den Betroffenen. Fachlichkeit verwirklicht sich in erster Linie durch die Fähigkeit, die an der Entscheidung beteiligten Menschen mit all ihren Ambivalenzen und Schwächen ernst zu nehmen und sie auch tatsächlich in die Lage zu versetzen, ihre Rechte wahrzunehmen. In dieser Sichtweise ist die Verfahrensgestaltung nicht bürokratischer Selbstzweck, sondern ein wesentliches Mittel zur Verwirklichung grundrechtlich geschützter Positionen der am Verfahren Beteiligten. (Rebbe 1995: 40)

Lüssi (1995) nimmt den Gedanken des Unterstützungsmanagements auf der Basis des systemischen Denkmodells auf und propagiert in seinem Praxisbuch zur systemischen Sozialarbeit mit seinem *Kooperationsprinzip* ein eigentliches kooperatives Problemlösungssystem, in dem die Vertreter und Vertreterinnen der Sozialen Arbeit eine zentrale Koordinationsposition innehaben. Lüssi betrachtet es als zentrale methodische Pflicht, fallbezogen Kooperation zu implementieren und alle helfenden Kräfte zu einem effizienten problemlösenden Zusammenwirken zu führen (vgl. Lüssi: 321). Sozialarbeiter und Sozialarbeiterinnen werden zum Dreh- und Angelpunkt der Koordination von Unterstützungsleistungen und Helferkonferenzen der diversen Problembeteiligten, was sich in späteren Entwicklungen im methodischen Verfahren des Case-Management (Wendt 1992; Neuffer 2005; Löcherbach et al. 2005) widerspiegelt.

> Der Sozialarbeiter sucht aktiv die Zusammenarbeit mit helfenden Dritten und ist überall bereit, mit ihnen zusammenzuarbeiten, wenn diese darum bitten – sofern und soweit er dabei im Sinne der sozialarbeiterischen Aufgabe tätig sein kann. Aufmerksam hält er seinen Blick offen für das, was neben ihnen selbst andere, nicht problembeteiligte Menschen helfend für die Problembeteiligten tun; und er ist bestrebt, durch Kooperation mit ihnen nicht nur Doppelspuriges und Gegensätzliches zu beseitigen und zu

vermeiden, sondern darüber hinaus die problemlösende Wirkung der einzelnen helfenden Tätigkeiten zu steigern, also synergetische Effekte zustande zu bringen. Entsprechend bemüht er sich motivierend und organisierend um eine konzertierte Problemlösung, in der die lösungsbeteiligten Drittpersonen ihr Handeln auf ein gemeinsames Ziel hin ausrichten und untereinander abstimmen. (Lüssi 1995: 321)

Lüssi sieht die Sozialarbeiterin oder den Sozialarbeiter in unterschiedlichen Rollen, kritisch bemerkt: auch in etwas überhöhter Allzuständigkeit: als motivierende Triebkraft, welche die Beteiligten zu Problemlösungsbereitschaft bringt; als Informationsdrehscheibe, welche die relevanten Informationen sammelt, bündelt und verteilt; als zentrale Koordinationsstelle, die aus Kosten-Nutzen-Sicht Doppelspurigkeiten zu vermeiden sucht; als Klärungsstelle, um das diffuse Funktions-, Rolle und »Zuständigkeitsmischmasch« zu beseitigen (vgl. ebd.: 329) sowie als Organisator von Round-Table-Gesprächen (Kooperationskonferenzen) für die notwendigen Austausch-, Abstimmungs- und Entscheidungsprozesse. Damit sieht Lüssi die Sozialarbeitenden in der verantwortlichen Koordinationsrolle fachbezogener und fallsteuernder Kooperation.

2.6 Kooperation als »dilemmahafte Behandlungssituation«

Schweitzer lieferte mit seiner Publikation *Gelingende Kooperation* (1998) einen wichtigen und wegweisenden Diskussionsbeitrag zur Kooperationsthematik. Er steht dem Begriff der Kooperation eher skeptisch gegenüber und hinterfragt eingehend die »systemspezifischen Nutzererwägungen«, das Lohnenswerte der Kooperation. Der Versuch, sich aus Vorteilen unabhängig (independent) zu machen und abzuschotten, steht im Bereich der Sozialen Arbeit und des Gesundheitswesens dem Versuch gegenüber, sich aus ergebnis- und gewinnorientierten Aspekten zu verbünden. Schweitzer begründet seine Skepsis gegenüber dem Begriff Kooperation mit der Feststellung, dass Kooperation als Begriff moralisch und ideologisch diffusen Wertvorstellungen unterliegt, und formuliert drei theoretisch begründete kritische Perspektiven:

1. *Systemtheoretisch* gesehen, folgen autonome, sich selbst erhaltende Systeme ihrer spezifischen Eigendynamik, Eigengesetzlichkeit, Eigeninteressiertheit. Ein sie verbindendes Gesamtinteresse ist zunächst einmal unwahrscheinlich.
2. *Austauschtheoretisch* sind alle Organisationen immer mit knappen Ressourcen konfrontiert und versuchen daher ihre Erträge zu maximieren und ihre Kosten zu minimieren. Dauerhafte Kooperation ist danach nur befriedigend, wenn beide Seiten im gleichen Maße aus dieser Beziehung profitieren.

3. *Radikal-marktwirtschaftlich* gesehen, bewerten Interaktionspartner stets das eigene und das Verhalten der anderen nach ihrem privaten, nicht konvertiblen Währungssystem. Was der eine für freundliche Kooperationsangebote hält, kann dem anderen als Unverschämtheit erscheinen, auf die er keinesfalls mit Kooperation reagieren möchte. (Schweitzer 1998: 29)

Daraus lässt sich schliessen, dass kooperatives Verhalten zwischen zwei Interaktionspartnern sich lohnen muss, damit diese sich zu einer bewussten und intendierten Zusammenarbeit entscheiden. Das heisst: Es gilt zu untersuchen und zu überprüfen, unter welchen Rahmenbedingungen es sich für die direkt beteiligten Akteure lohnt, miteinander zu kooperieren – beziehungsweise unter welchen Bedingungen es sich »nicht rächt«, *nicht* miteinander zu kooperieren. Schweitzer spricht daher in diesem Zusammenhang innerhalb des Sozial- und Gesundheitswesens von »*dilemmahaften Behandlungssituationen*«, die sich auszeichnen durch drei Formen der Kooperation: (1) Pseudo-Kooperation mit hoher Skepsis, (2) keine Kooperation und (3) offene Konkurrenz (vgl. ebd: 251). Es ist also meist ein gewisses strategisches Taktieren festzustellen, in einer oft unsicheren Aushandlungssituation mit begrenzten Informationen, um Entscheidungen über Kooperation oder Abschottung zu treffen – Entscheidungen, die durch Aspekte von Zuständigkeitsfragen und Statusüberlegungen stark beeinflusst werden.

Schweitzer beschreibt im Felde der Gesundheits- und Sozialberufe vier zentrale Kooperationsprobleme aus systemischer Perspektive, die mit den Schwierigkeiten von gelingender Kooperation zusammenhängen: (1) die Expansion und Spezialisierung der beteiligten Professionen, durch welche »*Hyperkomplexität entstehen kann*«, die zu mangelnder Koordination und widersprüchlichen Zielperspektiven führt; (2) die »*Problemfokussierung*«, die zu einseitiger Ausrichtung auf Pathologie und Chronizität führt; (3) der »*hohe Interventionsdruck*«, der leicht zu akuter oder chronischer Überintervention führen kann; und (4) die »*Vermischung von Hilfe und Zwang*« in Organisationen, die zugleich Dienstleistungs- und Kontrollfunktionen ausüben, was zu komplementärer bzw. symmetrischer Eskalation von Interventionen führen kann (vgl. ebd.: 186).

Ein wichtiger Aspekt der Ausführungen von Schweitzer ergibt sich aus der Abgrenzung des Begriffes Kooperation zu Gegen- und Mitbegriffen.

- Kooperation wird zunächst als Zusammenarbeit, als eine zwischen mindestens zwei Parteien abgestimmte, auf ein Ergebnis gerichtete Tätigkeit definiert, somit zielt Kooperation notwendigerweise auf ein gemeinsames Arbeitsprodukt ab.
- Kooperation wird als »kommunikative Verständigung auf wechselseitig anschlussfähige – also nicht notwendigerweise übereinstimmende – Präferenzen« beschrieben, im Gegensatz zu einem Konflikt, der als Kommunikation eines Widerspruchs, eines Dilemmas verstanden wird.

- Kooperation liegt vor, wenn erwartet wird, die Zielerreichung des einen fördere zugleich die Zielerreichung der andern (Erwartung der Zielinterdependenz). Konkurrenz liegt vor, wenn die beteiligten Akteure die Erreichung ihrer eigenen Ziele eher im Widerspruch zur Zielerreichung der anderen erwarten.
- Ideologiekritisch betrachtet Schweitzer Kooperation als Ausdruck eines unehrlichen Harmoniebedürfnisses, der traditionsreichen Bevorzugung von Konsens gegenüber Dissens in menschlichen Auseinandersetzungen. Das heisst, dass sich hinter sogenannter Kooperation oft ein Ausweichen vor Konflikten versteckt, eine Schein-Kooperation, verbunden mit »Sich-Anschwärzen«. Dies könnte Teil der traditionsreichen Vorliebe für Konsens-Findung statt Dissens-Präzisierung als Ziel sozialer Fachdiskurse sein.
- Schweitzer fasst Kooperation auch als strategischen Kampfbegriff, nämlich als Aufforderung statusschwächerer Berufsgruppen oder Institutionen an die statusstärkeren, sie doch ernster zu nehmen und besser zu behandeln. Umgekehrt fordern etablierte Fachleute, Berufsgruppen und Institutionen im Lichte der Kooperationsbegriffs die jüngeren und neueren auf, nicht zu sehr vom traditionellen Kurs abzuweichen (vgl. ebd.: 24–27).

Dies führt Schweitzer zu einer relativ offen gefassten Definition von Kooperation:

> Ich will professionelle Kooperation definieren als: die Handlungen mindestens zweier Parteien (davon mindestens ein Fachmensch), die in einem Kontext professioneller Dienstleistungen sich auf dasselbe (nicht unbedingt ähnlich definierte) Problem beziehen und bezüglich dieses Problems ein Arbeitsergebnis erzielen wollen (über das keine Einigung bestehen muss). Diese Handlungen können mehr oder weniger koordiniert erfolgen, gleichzeitig oder kurz nacheinander folgen. Die Parteien können, müssen aber nicht voneinander Kenntnis nehmen. Diese Definition ist sehr weit. Sie ermöglicht es, relativ frei von moralisch-ideologischen Wertvorstellungen (Kooperation ist gut, Nicht-Kooperation ist schlecht) das Phänomen zu untersuchen. Wo immer der Begriff Kooperation in einem engeren und spezielleren Sinn benutzt wird, nämlich als absichtliches Zusammenwirken auf ein Ziel hin mit wenig Konflikt und Konkurrenz, mache ich dies als Kooperation i. e. S. deutlich. (Schweitzer 1998: 26)

2.7 Kooperation als »Koproduktion«

Hochuli Freund und Stotz (2011) nehmen in ihrem Buch *Kooperative Prozessgestaltung* die von Schweitzer (1998) formulierte Begrifflichkeit von Kooperation als einer zwischen mindestens zwei Personen abgestimmten, auf ein Ergebnis gerichteten Tätigkeit auf. In ihren Ausführungen legen sie den

Hauptfokus auf die personenbezogene soziale Dienstleistung, die sich in der Kinder- und Jugendhilfe, in der Behindertenhilfe und in den vielfältigen Beratungstätigkeiten der Sozialen Arbeit vollzieht, also auf die Kooperation mit Klientinnen und Klienten.

Personenbezogene soziale Dienstleistungen zeichnen sich dadurch aus, dass die Leistungen nicht gegenständlicher Natur sind, dass sie weder übertragen noch gelagert noch transportiert werden können, sondern im Moment entstehen und sich stets auf eine ganze »untrennbare« Person beziehen. Ein weiteres und zugleich folgenreiches Charakteristikum besteht darin, dass Prozesse gleichzeitig »produziert« und »konsumiert« werden. Diese Gleichzeitigkeit von Produktion und Konsumption ist als Uno-actu-Prinzip bekannt. Die Sozialarbeiterin als Produzentin und der Klient als Konsument agieren gleichzeitig. Ohne Zutun des Klienten kann die Leistung nicht zustande kommen, kann kein befriedigendes Ergebnis erzielt werden. (Hochuli Freund/Stotz 2011: 54)

Diese personenbezogenen Interventionsleistungen können nur in geklärten Arbeitsbeziehungen durch einen dialogischen Verständigungs-, Abstimmungs- und Aushandlungsprozess von Fachkräften der Sozialen Arbeit und ihren Klientinnen und Klienten realisiert werden. Die gemeinsam zu produzierende Leistung *(»Koproduktion«)* verweist auf die Notwendigkeit von Kooperation, auf die gemeinsame Ausrichtung des Handelns auf ein vereinbartes Ziel hin. Der Wille, Kooperation herzustellen, »dieses strukturelle Angewiesensein auf Kooperationswilligkeit und -fähigkeit der Klienten«, verweist auf einen spezifischen Aspekt professioneller Grundhaltung und Kompetenz der Professionellen, »zunächst das zu erarbeiten und zu ermöglichen, worauf sie unabdingbar angewiesen sind: die Kooperationsbereitschaft eines Klienten« (ebd.: 55). Aufgrund der diffusen Allzuständigkeit für komplexe Problemlagen ist es eine kontinuierliche Aufgabe von Professionellen der Sozialen Arbeit, fallbezogen die eigene Zuständigkeit zu klären und auftragsorientiert mit Fachkräften anderer Professionen und Berufe zusammenzuarbeiten. Dabei nehmen Professionelle der Sozialen Arbeit die Aufgabe wahr, intra- und interprofessionelle Kooperationsprozesse aufzugleisen und zu koordinieren. Sie sind herausgefordert, ihre Kompetenzen und ihre professionsspezifischen Sichtweisen und Positionen in die Abstimmungs- und Zuständigkeitsprozesse einzubringen (vgl. ebd.: 112).

Während Hochuli Freund und Stotz die personenbezogene Koproduktion, die bilaterale Beziehung zwischen Professionellen und Klientinnen und Klienten in den Vordergrund stellen, erweitert Ross (2013) die Sicht auf die Ebenen des Koproduzierens von professionellen Akteuren sozialer Dienstleistungen mit anderen professionellen Organisationen und Fachkräften, mit anderen Betroffenen, Angehörigen und Dritten. »Dabei bezieht sich Koproduktion auf den gesamten Leistungszyklus, von Bedarfseinschätzung und

Massnahmenplanung über die Intervention bis zu deren Monitoring und Evaluation« (Ross 2013: 567). Die sozialen Unterstützungsleistungen betrachtet Ross als notwendige, strategisch intendierte Arrangements und argumentiert: »Soziale Unterstützungs- bzw. öffentliche Dienstleistungen, die in multilateraler Koproduktion (d.h. unter Einbeziehung der Ressourcen verschiedener relevanter Akteure) erbracht werden, führen zu einem qualitativ besseren Outcome« (ebd.: 568). Diese Ansicht, die einer ökonomischen Denkweise entspringt, fordert ein entsprechendes Professionsverständnis und klare Fähigkeiten zur Koproduktion: (1) die Kompetenz, Unterstützungsleistungen fachgerecht aus der eigenen Organisation und der eigenen Profession heraus zu initiieren und zu leisten, sich dabei aber gleichzeitig als Koproduzent zu verstehen und mit anderen Akteuren zusammenzuarbeiten; (2) die Fähigkeit, andere zur Koproduktion zu befähigen und zu unterstützen; (3) die Kompetenz, koproduktive Prozesse theoriegeleitet, fachlich reflektiert und ethisch begründet zu arrangieren (vgl. ebd.: 569).

Kooperation ist somit nach Ross der interdisziplinäre beziehungsweise interprofessionelle Austausch und die Zusammenarbeit verschiedener Fachdisziplinen, im Sinne einer strukturellen Koppelung koexistierender Teilsysteme, auf die jedes Teilsystem angewiesen ist, da es für sich allein seinen Sinn und Zweck nicht erfüllt.

Kooperation kann nur zwischen autonomen Partnern stattfinden. Kooperation bedeutet des Weiteren Interdependenz insofern, als der eigene Zielerreichungsgrad – bewusst freiwillig herbeigeführt – auch von den Massnahmen anderer abhängt. Diese Interdependenz kann entweder über Tauschbeziehungen, über die Ressourcenzusammenlegung für ein oder mehrere gemeinsame Projekte sowie über beide Arten gleichzeitig hervorgerufen werden. (Rabeneck 2001: 1)

Dies setzt voraus, dass jedes System handlungsautonom bleibt. Es kann keine Eingriffe brauchen, vielmehr ist es auf Anregungen, Anstöße, Unterstützung und auch Kritik angewiesen, freilich aus dem anderen System heraus, das heisst nicht unter Anmassung fachfremder Kompetenz. Es müssen Austauschprozesse stattfinden können, die über Selbstdarstellung und Rechtfertigung das Interesse des anderen Systems hervorrufen und somit eine notwendige permanente Reflexion des eigenen Systems möglich und notwendig macht.

2.8 Unklares berufliches Profil als Erschwernis von Kooperation

Heiner (2004; 2010) betrachtet die Herausforderung der Kooperation, die auch sie als gemeinsames, bewusst gewähltes Arbeiten verschiedener Akteure auf ein definiertes Ziel hin sieht, aus zwei Blickwinkeln. Einerseits erwähnt sie die Komplexität der Problemstellungen und »die doppelte Aufgabenstellung der Beeinflussung von Klientensystem und Hilfssystem« als fachtypische Merkmale der Sozialen Arbeit, die in hohem Mass die Kompetenz erfordern, mit Fachkräften anderer Professionen, Organisationen mit ihren Dienstleistungsangeboten zu kooperieren, um »entsprechend ganzheitliche Problemlösungen zu initiieren und zu koordinieren« (vgl. Heiner 2010: 472). Andererseits schätzt sie die Ausgangslage aufseiten der Sozialen Arbeit als schwierig ein, da ihr umfassender Arbeitsauftrag ein berufliches Profil darstellt, dass weniger klar ist als bei anderen Professionen: Das Selbstverständnis des Berufes, der gesellschaftlich anerkannte Status, die professionelle »Habitusbildung«, seine definierten Zuständigkeiten und Kompetenzen im doppelten Sinne sind umstritten (ebd: 274). Heiner hebt hervor, dass der Sozialen Arbeit in Kooperationszusammenhängen am meisten die Fähigkeit zu fehlen scheint, das eigene Profil zu verdeutlichen und die Offenheit und Flexibilität des alltagsorientierten Vorgehens offensiv zu begründen und in ein Konzept ganzheitlicher Problembearbeitung einzuordnen (vgl. ebd.: 122). Dies erschwere jedoch die wechselseitige Akzeptanz, Anerkennung und Konsensfindung in Kooperationen, zumal jeder Fachbereich seine eigene Fachkultur, sein eigenes Selbstverständnis und damit verbundene Auftragsziele verfolge. Heiner stellt fest, dass die methodischen Besonderheiten einer oftmals alltagsbegleitenden Tätigkeit oder die umfeldbezogene, koordinierende, planende und infrastrukturbezogene Vorgehensweise der Sozialen Arbeit charakteristische Elemente einer ganzheitlichen, lebensweltorientierten und sozialökologischen ausgerichteten Problembearbeitung darstellten, die benachbarten Berufen eher fremd sei (vgl. ebd.: 122).

Für von Spiegel (2013) erscheint es schwierig, »einen Beruf, dessen Gegenstand Menschen und deren unversicherbare Alltagsrisiken sind, dessen Zuständigkeit nicht scharf konturiert werden kann und der darüber hinaus nicht über spezifische Technologien verfügt, derart zu profilieren, dass die Berufsangehörigen daraus ein berufliches Selbstverständnis entwickeln können« (von Spiegel 2013: 36). Es sei nicht leicht, »Kompetenzansprüche hinsichtlich eines Berufes durchzusetzen, der den Alltag und die Lebenswelt der Adressaten fokussiert, weil allgemein die Einsicht fehlt, dass man dafür besondere Fähigkeiten und Methoden und somit Expertinnen braucht« (ebd.: 37). Hier lässt sich ein Mangel vor allem in der Transparenz und Fachlichkeit des Sozialarbeitenden, feststellen, der es erschwert, die eigene spezifische sozialarbeiterische beziehungsweise sozialpädagogische Vorgehensweise mit entsprechenden Zielen und Methoden im Rahmen eigenständiger Prozesse anderen gegenüber zu verdeutlichen (vgl. Heiner 2004: 122). Sommerfeld macht diesbezüglich ein professionsspezifisches Problem des disziplinären Entwicklungsstandes der Sozialen Arbeit (in folgendem Sinne: die Soziale Arbeit ist auf dem Weg zur Disziplin und Profession) geltend und meint, dass die durch Austausch und Kooperationsprozesse geförderte Integration von wissenschaftlicher Praxis (Theorie) und anwendungsorientiertem Handeln (Praxis) der Sozialen Arbeit erst eine identitätsstiftende Integrationsleistung entsteht. Interprofessionelle und interdisziplinäre Zusammenarbeit werde nur möglich, wenn diese Identitätsproblematik vorgängig gelöst werde (vgl. Sommerfeld 2004: 203).

Heiner hebt in dieser spannungsvollen Konstellation drei Formen der Kooperation hervor: (1) die *kontinuierliche Kooperation* – bewusst gewählte, auftragsbezogene intra- und interprofessionelle Zusammenarbeitsprozesse innerhalb der Fachbereiche in der Organisation; (2) die *kurzfristig punktuelle Kooperation* – relevante Prozesse auftragsbezogener Zusammenarbeit mit Fachkräften und Dienstleistungsangeboten ausserhalb der Organisation; (3) die *dauerhafte, jedoch inhaltlich begrenzte Kooperation* mit Fachbereichen, die sich ausserhalb der eigenen Organisation befinden und als Auftraggebende an sie herantreten. Um bei Zuständigkeits- und Abstimmungsproblemen für eine erfolgreiche Kooperation bei ungeklärten Erwartungen der Kooperationspartner und bei Problemsituationen mit hohem Dissens (vor allem auch in Kooperation mit statushöheren Professionen) zu entscheiden, bedarf es einer aus dem Professionsverständnis angemessenen und begründeten Positionierung der Sozialen Arbeit zwischen folgenden Alternativen:

1. eigenverantwortliche Fachlichkeit oder abhängige Zuarbeit,
2. Spezialisierung oder umfassende Zuständigkeit,
3. Aufgabenerledigung oder Aufgabendelegation,
4. segmentäre oder komplementäre Spezialisierung,
5. Konsenssuche oder Konfrontation,
6. Profilierung oder Zurückhaltung (vgl. Heiner 2010: 472ff.).

3 Kooperation als intendierte Zusammenarbeit – Die Position der Herausgeberschaft

Vor dem Hintergrund dieser Ausführungen wird deutlich, dass Soziale Arbeit immer aus einem professionsspezifischen und organisationalen Kontext heraus erbracht wird und dass demnach Kooperation integrativer Bestandteil, Strukturmerkmal und Handlungsoption der Sozialen Arbeit ist. Soziale Arbeit ist konfrontiert mit komplexen Problem- und Lebenslagen der Klientel, mit der Zersplitterung, Ausdifferenzierung und Spezialisierung von Dienstleistungsangeboten und ihren unterschiedlichen politischen Vorgaben und Finanzierungsmodellen, mit Zuständigkeits- und Abgrenzungsfragen sowie mit unterschiedlichen Ausbildungsstandards und Qualitätsansprüchen. Nur durch Kooperation im Sinne von *bewusst gewählter, beabsichtigter und fachlich begründeter Zusammenarbeit* sowie durch daraus resultierende Prozesse gegenseitiger Abstimmung, die durch vertragliche Verpflichtungen und formale Kontrollstrukturen, Hierarchien und Regeln strukturiert sind (vgl.

Balz/Spiess 2009: 19ff.), können die zunehmenden Querschnitts-, Koordinations- und Vernetzungsaufgaben wahrgenommen und die strukturellen Anforderungen der Sozialen Arbeit erfüllt werden. Dabei lassen sich im Wesentlichen vier Formen der Kooperation in der Sozialen Arbeit unterscheiden, wobei die Aspekte immer unter dem Blickwinkel der Optimierung klientenbezogener Behandlungsprozesse einerseits und der Entwicklung wirksamer Versorgungsleistungen andererseits zu betrachten sind: Kooperation zwischen Professionellen und Klientinnen/Klienten; intraprofessionelle, interprofessionelle und interorganisationale Kooperation.

3.1 Kooperation zwischen Professionellen und Klientinnen/Klienten

Personenbezogene Dienstleistungen in der Sozialen Arbeit kommen ohne aktive Beteiligung der Klienten und Klientinnen nicht zustande. Es handelt sich stets um eine durch die Fachkräfte der Sozialen Arbeit und Klientinnen, Klienten gemeinsam produzierte Leistung (»Koproduktion«). Arbeitsbeziehungen zwischen Professionellen und Klientinnen, Klienten sind eingebettet in die professionsbezogenen Zielperspektiven, in die organisationalen Rahmenbedingungen und können sich hinsichtlich Freiwilligkeit, Intensität, Dauer und Verbindlichkeit stark unterscheiden. Der Organisationsauftrag bildet den Kontext der Arbeitsbeziehung. Dies verweist auf die Notwendigkeit von Kooperation: Professionelles Handeln zeichnet sich aus durch die Ausrichtung auf ein gemeinsam ausgehandeltes Ziel. Der hierfür notwendige dialogische Aushandlungs- und Verständigungsprozess ist nur auf der Basis einer gelingenden Beziehung zwischen Sozialarbeitenden und Klientinnen beziehungsweise Klienten unter den strukturellen Bedingungen der Asymmetrie möglich. In Zwangskontexten kann die Kooperationsbereitschaft von Klienten und Klientinnen nicht vorausgesetzt werden, vielmehr muss sie erst ermöglicht werden (vgl. Hochuli Freund/Stotz 2011: 60).

Die Herausgeberschaft unterscheidet weiter zwischen intra- und interprofessioneller Kooperation. *Intraprofessionelle Kooperation* meint die intendierte Zusammenarbeit zwischen Professionellen derselben Profession in derselben Organisation (zum Beispiel Teamarbeit in der stationären Erziehungshilfe), *interprofessionelle Kooperation* diejenige zwischen Fachkräften unterschiedlicher Professionen in der gleichen Organisation und zwischen Professionellen der Sozialen Arbeit verschiedener Unterstützungssysteme bei Abklärung, Beratung, Zuweisung, Planung, Realisierung und Evaluation der Behandlungsprozesse.

> Interprofessionelle Kooperation heisst, dass Angehörige unterschiedlicher Berufsgruppen mit unterschiedlichen Spezialisierungen, beruflichen Selbst- und Fremdbildern, Kompetenzbereichen, Tätigkeitsfeldern und unterschiedlichen Status im Sinne einer sich ergänzenden, qualitativ hoch-

wertigen, klienten- und patientenorientierten Versorgung unmittelbar zusammenarbeiten, damit die spezifischen Kompetenzen jedes einzelnen Berufes für den Klienten bzw. Patienten nutzbar gemacht werden. (Kälble 2004: 40)

Als *interorganisationale Kooperation* bezeichnen wir die gegenstands- und organisationsbezogene Koordination und Vernetzung diverser Dienstleistungsanbieter unterschiedlicher Organisationen zur Optimierung der klientelbezogenen Behandlungsprozesse und Entwicklung wirksamer Versorgungsleistungen.

Auf einer sozialpolitischen Ebene verbinden sich mit dem Kooperations-, Koordinations- und Vernetzungsbedarf Forderungen und Erwartungen nach Rationalisierung, Kosteneinsparungen, Vermeidung von Fehl- und Doppelversorgungen, Steigerung von Wirksamkeit und Effizienz sowie die Nutzung von Synergieeffekten durch gezielte Formen der Vernetzung. (Von Kardorff 1998: 204)

Professionelles und kooperatives Handeln in komplexen Systemen zeichnet sich durch kompetente Bearbeitung eines gemeinsamen Gegenstandes in verschiedenen Tätigkeitsfeldern aus. Die gegenseitige Abstimmung, Unterstützung und wechselseitigen Partizipationsbemühungen sind ebenso zu beachten wie die Zielperspektiven und jeweiligen Denk- und Handlungslogiken (einschließlich der jeweiligen professionsspezifischen Wertvorstellungen) der beteiligten Fachkräfte und Professionen in ihrem jeweiligen organisationalen Kontext. In der Literatur wird dann von Kooperation gesprochen, wenn die Erfüllung einer gemeinschaftlichen Aufgabe durch bewusst gewählte Zusammenarbeit, die Bearbeitung eines gemeinsamen Gegenstands beschrieben wird. Grunwald (1981) bemerkt zu Recht: »Eine präzise, intersubjektiv akzeptable Begriffsbestimmung von Kooperation ist kaum möglich, da es sich um ein ebenso normatives, vages, mehrdeutiges und mehrdimensionales Konzept handelt wie Konflikt und Konkurrenz« (Grunwald 1981:72).

Um Kooperation als Handlungs-, Verhaltens- und Haltungsbegriff zu fassen und ein breiteres Verständnis von Kooperation herzustellen, greift die Herausgeberschaft die Überlegungen von van Santen und Seckinger (2003), Balz und Spiess (2009) und von Eppel und Hamer (1997) auf. Einerseits verstehen van Santen und Seckinger Kooperation als »Verfahren«, also nicht als inhaltlich definierbaren Handlungsansatz – und zwar als

> Verfahren […] der intendierten Zusammenarbeit, bei dem im Hinblick auf geteilte oder sich überschneidende Zielsetzungen durch Abstimmung der Beteiligten eine Optimierung von Handlungsabläufen oder eine Erhöhung von Handlungsfähigkeit bzw. Problemlösungskompetenz angestrebt wird. (van Santen/Seckinger 2003: 29)

Andererseits zeichnet sich Kooperation durch ein bewusstes und planvolles Herangehen bei der Zusammenarbeit sowie durch Prozesse des wechselseitigen Austausches und der gegenseitigen Abstimmung aus. Von den Partnern der Kooperation sollen die öffentlich anerkannten Regeln und Verfahren akzeptiert werden.

> Kooperation besteht aus dem Grundgedanken von Gegenseitigkeit beziehungsweise Reziprozität. Kooperation gilt somit auch als sozialethische Norm, als Strukturprinzip von Gruppen und Organisationen sowie als Verhalten beziehungsweise Interaktionsform. (Balz/Spiess 2009: 20)

Reziprozität wird hier verstanden als Prinzip der Wechselseitigkeit, der gegenseitigen Ausrichtung der Handlungen. Axelrod bezeichnet Kooperation aus dem Blickwinkel der biologischen Evolution als Grundlage unserer Zivilisation und Gesellschaft, denn der Mensch »denkt und handelt in sozialen, politischen und ökonomischen Beziehungen mit anderen« (Axelrod 2009: 3). Der Anreiz zur Kooperation ist nach Axelrod also die Reziprozität, die Unterstützung aufgrund einer Gegenleistung, um individuelle Interessen zu verfolgen. Der Mensch kooperiert aus einem ökonomischen Selbstinteresse heraus, wenn durch Zusammenarbeit ein vereinbartes Ziel mit besserem Ergebnis erreicht werden kann, als das in Einzelarbeit möglich wäre (vgl. ebd.: 5).

Zudem wird hier Kooperation auf Haltung bezogen, auf eine ethische Grundeinstellung, da die Soziale Arbeit auf diese Gegenleistungen und fachlichen Unterstützungen anderer Fachkräfte und Professionen angewiesen ist, um einen wirkungsorientierten Handlungsalltag zu gestalten.

> Partnerschaftliche Kooperation bedeutet die Verständigung, die auf Grundlage des Respekts vor der Gleichwertigkeit der Einzelnen beruht, mit dem Ziel, einen gelingenderen Alltag zu realisieren. Nur eine Kooperation, die als gleichwertige [nicht gleichberechtigte, U.M.] Beziehung gestaltet ist, führt zur Zufriedenheit der Teilnehmenden und zu bedeutsamen Veränderungen in der beruflichen Praxis. (Eppel/Hamer 1997: 182)

»Respekt vor der Gleichwertigkeit« der Beteiligten setzt die innere Überzeugung voraus, dass Kooperation Wirkungen beeinflussen kann, und die grundsätzliche Fähigkeit zur Empathie; den gegenseitigen Respekt und die Akzeptanz gegenüber der Kompetenz, Verschiedenheit und den fachlichen Positionen der Kooperationspartner; die Bereitschaft, von anderen zu lernen, und auch die Bereitschaft zur situationsbezogenen Übernahme anderer fachlicher Standpunkte und Lösungsalternativen in der Situation. *»Verständigung«* meint, im Sinne eines dialogischen Handelns den Sinn von Werten, Prinzipien, Normen und Fakten der Kooperationspartner kritisch zu hinterfragen und zu reflektieren, die Klärung und Verständigung auf gemeinsame Inten-

tionen und Arbeitsweisen voranzutreiben mit dem Ziel, einen Konsens für das praktische Handeln (Zielinterdependenz) zu erzielen.

Eine neutrale, neugierige, nicht wertende Haltung gegenüber verschiedenen im Konflikt liegenden Kooperationsparteien (Neutralität gegenüber Personen), gegenüber verschiedenen zur Diskussion stehenden Ideen (Neutralität gegenüber Ideen) und gegenüber der Frage, ob etwas ein Problem ist oder keins (Neutralität gegenüber dem Problem), ist für systemische Berater unerlässlich und für Akteure oft hilfreich, um aus eingefahrenen Gedankenbahnen auszusteigen. (Schweitzer 1998: 57)

Eingangs haben wir festgehalten, dass der rasante gesellschaftliche Wandel, die Ausdifferenzierung und Spezialisierung der Tätigkeitsfelder der Sozialen Arbeit, das Hinterfragen von gegebenen Strukturen und die Forderung nach Effizienz und Effektivität einen bedeutenden Bedarf an Kooperations-, Koordinations- und Vernetzungsbemühungen nach sich zieht. Es gilt hier, die entsprechenden Begriffe *Koordination, Vernetzung und Netzwerk* in Ergänzung zum Kooperationsbegriff zu definieren und abzugrenzen.

> *Koordination* bezieht sich auf eine in Aushandlungsprozessen zu klärende sachliche, fachliche, institutionelle und/oder regionale Aufteilung von Zuständigkeiten und Verantwortlichkeiten zwischen zwei oder mehr beteiligten Handlungssystemen, die nur lose miteinander gekoppelt sind und in ihrer internen Arbeitsweise ansonsten selbstständig handeln. (von Kardorff 1998: 210)

Bei der Koordination stehen die Optimierung von Verfahrens- und Organisationsabläufen, das Vermeiden von Doppelspurigkeiten im Bereich der Verantwortungsübernahme und der Behandlungsabläufe, die Kosten-Nutzen-Frage und die Frage der Erhaltung von Handlungs- und Entscheidungsautonomie im Vordergrund.

> *Vernetzung* als weitestgehende Form der Verknüpfung beinhaltet das organisierte Zusammenwirken verschiedener aufeinander abgestimmter Angebote in einer Versorgungsregion innerhalb eines Versorgungssystems, idealerweise vor dem Hintergrund eines gemeinsamen konzeptionellen Grundverständnisses. (ebd.: 210f.)

Bei der Vernetzung wird der Fokus auf die Herausbildung, Aufrechterhaltung und Unterstützung einer Struktur gelegt, die der Förderung und Entwicklung von verbindlichen kooperativen Arrangements unterschiedlicher Fachpersonen und Dienstleistungsangebote im Feld der Sozialen Arbeit dienlich ist.

> Als *Netzwerk* bezeichnet man in der Regel den losen Zusammenschluss von eigenständigen Akteuren mit unterschiedlichen, eigenständigen Interessen und mindestens einem gemeinsamen Ziel oder einer gemeinsamen Vision. Die *Netzwerkarbeit* hat dabei die Aufgabe, Wissen und andere Ressourcen der verschiedenen Akteure zusammenzutragen, in einem neuen, übergreifenden Kontext unterschiedlicher Problemwahrnehmungen und Interessen einzubringen und über Sektorgrenzen hinweg neue Lösungsansätze zu entwickeln. (Brocke 2003: 14)

Die Stärke der unterschiedlichen Akteure in Netzwerken beruht darauf, bei einem gemeinsamen Ziel selbstständig Ressourcen zu akquirieren, zu mobilisieren und zu bündeln, unabhängig von der Art der Steuerung der Beziehungen unter den Beteiligten. Durch den Kollektivcharakter des Netzwerks selbst entsteht etwas qualitativ Neues, ohne dass die Handlungspartner ihre Eigenständigkeit verlieren. Jede Partei operiert einerseits für sich selbst und andererseits für das Netzwerk. Die Zusammenarbeit in Netzwerken ist kein einfacher Prozess und geschieht nicht automatisch (vgl. Quilling et al. 2013: 80).

3.2 Kooperation als intendierte Zusammenarbeit und ihre Leitprinzipien

Ausgehend von van Santen und Seckingers Definition von Kooperation (2003) und basierend auf den bisherigen Ausführungen, lassen sich in Analogie und Erweiterung der Leitprinzipien des Handelns in und von Organisationen nach dem Social-Impact-Modell (Fritze/Maelicke/Uebelhart 2011: 275; Uebelhart/Zängl 2013: 17ff.) sieben Leitprinzipien ableiten, anhand deren sich aufzeigen lässt, inwieweit Kooperation gelingt, beziehungsweise verwirklicht ist.

Diese Prinzipien lassen sich wie folgt beschreiben:
1. *Prinzip der Professionsorientierung:* Dieses Prinzip fokussiert auf die Verpflichtung gegenüber der eigenen Profession, die Wertschätzung, das Einhalten und Vertreten der *»professionellen Eigenwährung«* – dies in der *»unübersichtlichen Währungsszenerie«* (Schweitzer 1998: 38) des Sozial-, Gesundheits- und Bildungswesens.
2. *Prinzip der Organisationsorientierung:* Hier steht Verpflichtung gegenüber dem Kontext der eigenen Organisation (Leitbild, Auftrag, Konzept, Umwelt) im Blickfeld, Vertreterinnen und Vertreter einer sozialen Organisation sind dazu angehalten, ihre *»organisationale und institutionelle Grammatik«* zu respektieren.

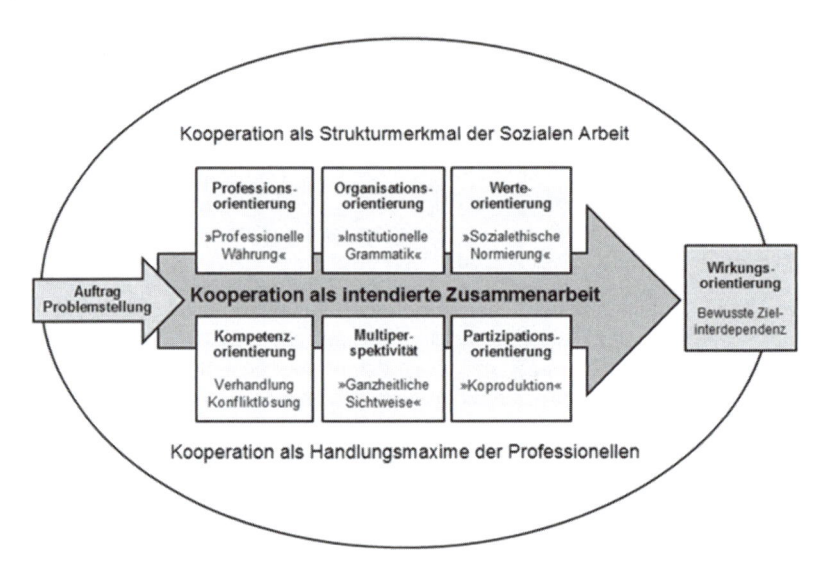

Abbildung 2: Kooperation als intendierte Zusammenarbeit und ihre Leitprinzipien (eigene Darstellung)

3. *Prinzip der Wirkungsorientierung:* Diese Leitidee zielt darauf ab, eine gemeinschaftliche Aufgabe zu erfüllen, einen gemeinsamen Gegenstand zu bearbeiten und sich auf die Erfüllung eigener und gemeinsamer Ziele zu konzentrieren. *Kooperation muss etwas Lohnenswertes sein.* Es geht immer um die Optimierung klientelbezogener Behandlungsprozesse, um die »Erhöhung von Handlungsfähigkeit beziehungsweise Problemlösungskompetenz« (van Santen/Seckinger 2003: 29) und die Erhaltung oder Steigerung der Wettbewerbsfähigkeit im Versorgungssystem. Wirksamkeit wird als zentrale Leitorientierung von Professionen betrachtet, somit muss professionelles Handeln darauf achten, dass es nicht irgendwelche Wirkungen, sondern bessere, begründete und kostengünstigere Problemlösungen aus der Sicht der eigenen Profession hervorbringt.
4. *Prinzip der Partizipation:* Soziale Arbeit als eigenständiges Dienstleistungssystem muss Teilhabe gewähren, die Sichtweisen der Akteure einbeziehen und Partizipation ermöglichen. Der Begriff »Partizipation« steht grundsätzlich für Mitsprache, Mitbeteiligung, Mitbestimmung oder Mitentscheidung, verstanden als den Einbezug von Individuen und Organisationen in Entscheidungs-, Willensbildungs- und Willensdurchsetzungsprozesse. Kooperationen müssen zum Ziel haben, die *»Betroffenensicht einzubeziehen beziehungsweise die Betroffenenmacht zu stärken«.* Soziale Arbeit hat in kooperativen Prozesse dafür zu sorgen, dass Partizipation für die einzelnen Menschen möglich wird (Befähigung, Ermöglichung, Ein-

flussnahme), dass sie selbstwirksam werden und im Rahmen ihrer Möglichkeiten entscheiden können, welche Organisation beizuziehen ist, um soziale Herausforderungen zu lösen (vgl. Uebelhart/Zängl 2013: 21).

5. *Prinzip der Multiperspektivität*: Kooperationen sind erfolgreicher, wenn einerseits im Sinne von interdisziplinärer und multiperspektivischer Arbeitsweisen die Sichtweisen und Handlungslogiken der vielfältigen Funktionssysteme transparent und einsichtig gemacht werden und andererseits die jeweiligen Methoden und Instrumente für die Analyse sozialer Probleme, die Lösungskonstruktionen, die Realisierung und Evaluation spezifisch genutzt und eingesetzt werden (vgl. Uebelhart/Zängl 2013: 20). Hier liegt die Überzeugung zugrunde, dass sich durch multiple Wirklichkeitskonstruktionen Handlungsoptionen vermehren lassen. »Das laute Andenken bislang ungedachter, tabuisierter, für absurd oder abwegig gehaltener Erklärungen und Handlungsalternativen vermehrt die Zahl möglicher Kooperationsstrategien, aus denen ausgewählt werden kann« (Schweitzer 1998: 57).

6. *Prinzip der Werteorientierung:* Jede Profession, somit auch die Soziale Arbeit, muss ihre Wertentscheidungen, die zur Anerkennung sozialer Probleme und bestimmter Lösungsalternativen führen, transparent und nachvollziehbar machen; sie muss ihre Kompetenz zur Analyse, Bearbeitung, Verwaltung und Linderung sozialer Probleme einsichtig, vergleichbar und überprüfbar machen und ist darin den ethischen Prinzipien der eigenen Profession (Berufskodex) verpflichtet. »Entscheidungen hinsichtlich der Konstruktion eines sozialen Problems, der Anerkennung eines Bedarfs sowie seines Ausgleichs basieren in erster Linie auf Werturteilen« und nicht so sehr auf fachlichen Begründungen« (Uebelhart/Zängl 2013: 302).

7. *Prinzip der Kompetenzorientierung:* Der Begriff »Kompetenz« beschreibt das Vermögen einer Person, in einer bestimmten Handlungssituation persönliche Ressourcen und Fähigkeiten entsprechend den Umweltanforderungen und Zielperspektiven einzusetzen, also die Fähigkeit, in kooperativen Aushandlungs- und Abstimmungsprozessen aus einer geklärten *Haltung* mit einem bewussten, ethisch begründeten *Verhalten Handlungen* zu unterstützen und zu beeinflussen. Dazu ist ein kooperationsspezifisches Kompetenzprofil zu entwerfen und in Ausbildungs- und Weiterbildungsangebote zu integrieren.

Die Herausgeberschaft orientiert sich zudem an den von Seckinger (2008) postulierten Möglichkeiten der strukturellen und handlungsorientierten Voraussetzungen für eine Erfolg versprechende Kooperation. Erfolgreiche interprofessionelle und interorganisationale Kooperationsbeziehungen

- bedürfen der Klärung der unterschiedlichen *Erwartungshaltungen* und des geplanten *Ressourceneinsatzes*.

Die Kooperationspartner selbst

- erstellen eine zeitlich *realistische Arbeitsplanung* und orientieren sich gegenseitig über Modelle der eigenen *Problemlösungssystematik*;
- regeln miteinander die adressatengerechte *Ergebnissicherung* und sichern den *Informationsfluss*;
- organisieren und garantieren das *Wissen übereinander* (Aufträge, Zielperspektiven, Arbeitsweisen, Zuständigkeitsbereiche, ethische Prinzipien, u.a.m.).
- bereiten aus der Haltung eines notwendigen Vorschusses an Vertrauen Maßnahmen zur *Vertrauensbildung und Beziehungsklärung* vor;
- einigen sich über eine angestrebte *Laufzeit der Kooperation* und helfen über die Sicherung *personeller Kontinuität,* Kooperationsbeziehungen stabil zu halten;
- garantieren systematische *Rückkoppelungsprozesse,* in denen die Ergebnisse der Zusammenarbeit in die Organisationen hineingetragen werden;
- klären die unterschiedlichen Zielperspektiven, fassen die Zielinterdependenz und stellen daraus die *doppelte Zielkongruenz* her;
- greifen die durch möglicherweise auftretende Loyalitätskonflikt entstehenden Spannungen der *multiplen Adhärenz* (Beziehungsebenen) aktiv auf und reflektieren mögliche Konsequenzen;
- entwickeln ein von aussen *erkennbares Kooperationsprofil* und erhöhen dadurch Identifikation und Legitimation;
- übernehmen Verantwortung, um mögliche *negative Konsequenzen* der Kooperationsbeziehungen für Dritte zu erkennen und die entsprechenden Zuständigkeiten zu regeln (vgl. Seckinger 2008: 9ff.).

Leitprinzip Professionsverständnis

Das Glossar des Departementes Soziale Arbeit der Fachhochschule Aargau Nordwestschweiz (2005) bezeichnet als Profession eine Berufsgruppe, die sich durch spezifische Merkmale von anderen Berufen unterscheidet. Professionen stellen ein gesellschaftliches Teilsystem der problembearbeitenden Berufspraxis dar und verfügen über exklusive Dienstleistungen zur »Bewältigung kritischer Schwellen und Gefährdungen menschlicher Lebensführung« (Stichweh 1994: 296). Sie verfügen weiter über eine akademische Ausbildung, die systematisch entwickeltes Wissen zur Problembewältigung vermittelt (Konzepte, Methoden und Verfahren), über ein hohes Mass an Handlungsautonomie gegenüber der Klientel und gegenüber Dritten, über die Zielperspektive »Wirksamkeit«, über die Organisation der Fachkräfte in einem Berufsverband (»professional community«) und über verbindliche ethische Prinzipien (Berufskodex). Die Professionen sind der wichtigste Ort gesellschaftlicher Praxis, wo eine Vermittlung von Theorie und Praxis stattfindet.

Soziale Arbeit wird da zur Profession, wo sich das Handeln der professionell Tätigen auf wissenschaftliches Erklärungs- und Handlungswissen stützt und auf dieser Grundlage systematisch angewendet, evaluiert und weiterentwickelt wird. Dabei werden professionsspezifische Kompetenzen gebildet, welche

- das Beschreiben und Erkennen von sozialen Aufgaben-, Frage- und Problemstellungen umfassen;
- das Verstehen und Erklären dieser Aufgaben-, Frage- und Problemstellungen ermöglichen;
- Interventionen und Aktionen erlauben, welche die zu bearbeitende Aufgaben-, Frage- und Problemstellungen in einer zu bestimmenden und zu legitimierenden Weise und Absicht zu verbessern oder präventiv zu beeinflussen vermögen;
- und welche die Evaluation und Reflexion der geleisteten Arbeit in allen Teilen und im Prozess erlauben. (Oberholzer 2002: 2)

Daneben ist jede Profession einer Reihe weiterer Strukturprobleme ausgesetzt, die oft in der Verbindung widersprüchlicher Logiken bestehen. Heiner (2004) nennt sechs berufsspezifische Anforderungen, welche die Professionellen der Sozialen Arbeit in ihrem Handeln beeinflussen:

- reflektierte Parteilichkeit und hilfreiche Kontrolle als Vermittlung zwischen Individuum und Gesellschaft (»doppeltes Mandat«);
- Entwicklung realisierbarer und herausfordernder Ziele angesichts ungewisser Erfolgsaussichten in unterstrukturierten Tätigkeitsfeldern;
- aufgabenorientierte, partizipative Beziehungsgestaltung und begrenzte Hilfe in alltagsnahen Situationen;
- multiprofessionelle Kooperation und Vermittlung von Dienstleistungen bei
unklarem und/oder umstrittenem beruflichem Profil;
- Weiterentwicklung der institutionellen und infrastrukturellen Rahmenbedingungen eines wohlfahrtsstaatlich nachrangig tätigen Berufes;
- Nutzung ganzheitlicher und mehrperspektivischer Deutungsmuster als Fundament entwicklungsoffener Problemlösungsansätze auf empirischer Basis (vgl. Heiner 2004: 162ff.).

Die Herausgeberschaft folgt in ihrem Verständnis von Sozialer Arbeit der Hochschule für Soziale Arbeit der Fachhochschule Nordwestschweiz (FHNW), die anlässlich einer curricularen Weiterentwicklung des Bachelor-Studiums Soziale Arbeit wie folgt definiert hat:

Soziale Arbeit befasst sich mit einzelnen Menschen, mit Familien und Gruppen in Problemsituationen und erschwerten Lebenslagen, mit Organisationen und komplexen sozialen Systemen sowie politischen, rechtlichen und ökonomischen Bedingungen. Professionelle der Sozialen Arbeit wirken im Spannungsfeld von Individuum und Gesellschaft und intervenieren mit gezielten Maßnahmen, wenn die eigenständige Lebensbewältigung und die soziale Integration bedroht, eingeschränkt oder verunmöglicht sind. Als zentrale Aufgaben und Praxisbereiche werden dabei folgende gesehen: Die Soziale Arbeit umfasst unterschiedliche Angebote und Praxisbereiche in öffentlich-rechtlichen und privaten Organisationen des Erziehungs-, Bildungs-, Sozial-, Gesundheits- und Justizwesens. Die Tätigkeit in den einzelnen Praxisbereichen erfordert sowohl generelle, theoretische, methodische als auch berufsfeldspezifische Kompetenzen. (HSA FHNW 2010: 10)

Die Soziale Arbeit befragt diesen Gegenstand, also soziale Problemstellungen von Menschen, nach der Beschaffenheit, der Entstehung, den Erscheinungsformen, den Bearbeitungsmöglichkeiten und Entwicklungsperspektiven und ist damit auf die Beschreibung, Erklärung und in Ansätzen auch auf die Prognose von sozialen Problemstellungen gerichtet. Sie beschränkt sich jedoch nicht auf die Analyse, sondern fragt auch immer nach Möglichkeiten zur *Veränderung* der untersuchten Problemlagen – mit dem Ziel der Förderung, Erhaltung oder Wiederherstellung der Handlungsfähigkeit und Selbstbestimmung von problembelasteten Menschen und Systemen. *Sie bearbeitet demnach die sozialen Problemstellungen und erschwerten Lebenslagen durch spezifische Handlungs- und Interventionsmethoden sowie durch bewusst gewählte Kooperationsformen.*

In Kooperationen müssen die Vertreterinnen und Vertreter einer Profession ihr je spezifisches Verständnis der eigenen Berufsaufgabe mit ihren spezifischen Anforderungen, ihre gesellschaftlichen Zielperspektiven, ihr Veränderungswissen im Sinne von theoretischen Konzepten, Verfahren und Methoden sowie ihre berufsethischen Grundsätze bei der Gestaltung der Unterstützungsbeziehungen einbringen, vertreten und anwenden. Schweitzer (1998) spricht in diesem Zusammenhang von der »*professionellen Eigenwährung*«, einer Währung, von der aus zu überprüfen ist, ob es sich lohnt, diesen »*Tauschhandel der Fachlichkeit*«, diese Koordination von Interaktionen zur Erreichung von Handlungszielen einzugehen (vgl. Balz/Spiess 2009: 26).

Leitprinzip Organisationsorientierung

Soziale Arbeit wird definiert als gesellschaftliches Funktionssystem. Organisationen der Sozialen Arbeit sind demnach soziale Subfunktionssysteme. Sie werden verstanden als arbeitsteilige, offene soziale Systeme zur Verwirklichung bestimmter Ziele, mit einem definierten Kreis beteiligter Akteure und Mitglieder, die nach bestimmten, festgelegten Regeln und internen Rollendifferenzierungen zur Erreichung dieser Ziele möglichst rational und effizient zusammenarbeiten. Ihr Handeln ist, zumindest der Absicht nach, bewusst auf die gesetzten Ziele hin geplant, in den Arbeitsabläufen und Steuerungsprozessen funktional durchdacht und rational gestaltet. Organisationen bilden eine formale und informelle Struktur, durch die sie die Handlungen und Verhaltensweisen ihrer Mitglieder bestimmen und normieren (vgl. Schwarz 1994: 21). Soziale Organisationen bieten durch spezifisch ausgerichtete Organisationsformen bedarfsgerechte soziale Dienstleistungen an, mit denen sich soziale Problemstellungen beziehungsweise erschwerte Lebenslagen von Menschen und Gruppen bearbeiten lassen, die im Spannungsfeld von Individuum und gesellschaftlichen Rahmenbedingungen entstanden sind. Die Organisationen sind einerseits aus ihrer historischen, professionsbezogenen und gesellschaftlichen Perspektive zu betrachten und zu verstehen, sie müssen andererseits in ihrer Binnenlogik und Funktionsweise sowie mit Blick auf die sozial- und finanzpolitischen Faktoren wahrgenommen werden, die Einfluss und Wirkung auf ihre Versorgungsstrukturen ausüben.

Der Struktur- und Wertewandel, die komplexen sozialen Problemstellungen, die öffentliche Aufmerksamkeit und die beschränkt zur Verfügung stehenden finanziellen Ressourcen fordern ein geklärtes Verständnis des organisationalen Handelns und dessen Kontextbedingungen. Gefordert sind zudem Einsicht in die Bedeutung von Leistungsaufträgen, in die Nachvollziehbarkeit von Qualitäts- und Professionalisierungsansprüchen sowie in die differenzierten Kommunikationsstrukturen in sozialen Dienstleistungsorganisationen. Die gesellschaftlichen Veränderungen verlangen von den sozialen Organisationen Methoden, Instrumente und Strukturen, die Kosten- und Sachdiskussion miteinander verbinden. Zudem bringen die aktuellen politischen und professionsbezogenen Sachlagen aufgrund von Optimierungsvorgaben hinsichtlich Effizienz und Effektivität bei Abläufen und Personal vermehrten *Kooperations-, Koordinations-, und Vernetzungsbedarf* mit sich und zwingen zu konsequenter Bedarfsorientierung und zur Auseinandersetzung mit ausgewählten Anspruchsgruppen.

Organisationen sind zielgerichtete soziale Systeme mit bewusst gewählten Systemprozessen und -grenzen, sie stehen in einem wechselseitigen Austausch mit ihren *»Orientierungsumwelten«*. Fünf relevante Orientierungsumwelten prägen Organisationen des Sozial-, Gesundheits- und Bildungswesens direkt und indirekt:

- *Politik:* Verfassung, Gesetze und Verordnungen, gesellschaftliche Bedarfe an Dienstleistungen des Wohlfahrtsstaates, Leistungsvereinbarungen, politische Forderungen, Sozial- und Finanzpolitik, politische Trends
- *Wirtschaft:* Arbeitsmarkt, Wirtschaftslage, Geldmarkt, Ansprüche an Qualifikationen von Arbeitnehmenden, Subventionsgrundlagen, Versorgungssysteme, Konkurrenz der potenziellen Anbieter von sozialen Dienstleistungen
- *Soziokultur:* Erwartungen, Anerkennung, Ansprüche und Achtung von Organisationen und Professionellen des Sozial-, Gesundheits- und Bildungswesens; Lebenslagen und -weisen aktueller und potenzieller Klientinnen und Klienten

- *Wissenschaft:* Bildungspolitik, Forschungs- und Entwicklungsstand des Sozial-, Gesundheits- und Bildungswesens, aktuelle Theoriebildung und professionelle Axiome, aktuelle Handlungsparadigmen (Konzepte, Methoden und Verfahren).
- *Umwelt:* Lebensgrundlagen, Ökologie.

Organisationen erhalten von ihrer Umwelt (Beschaffungsumwelt) *Inputs* in unterschiedlichster Form: Finanzen, Arbeitskräfte, Vorgaben, Leistungsvereinbarungen, Aufgaben und Anweisungen, Kunden oder Klienten und Klientinnen, Wissen über Verfahrensweisen usw. Alle diese Inputs sind notwendig, um Leistungen an die Aussenwelt (Abgabeumwelt) abzugeben – *Outputs,* entsprechend den spezifischen Produkten der Organisationen. Innerhalb der Organisation findet der eigentliche Transformationsprozess statt: In ihrem Inneren bestehen Organisationen aus unterschiedlichen Teilsystemen mit differenzierten Dienstleistungen. Diese bilden ein Netzwerk unterschiedlichster Kräfte, die nicht nur aufgaben- oder sachbezogene, sondern auch machtorientierte und partikuläre Ziele verfolgen. Mittels ihrer Ressourcen und Prozesse erstellt die Organisation ihre Produkte und Leistungen. Dieser Prozess stellt die eigentliche Wertschöpfung der Organisation dar. Soziale Organisationen sind also sogenannte *»Input-Output-Systeme«.*

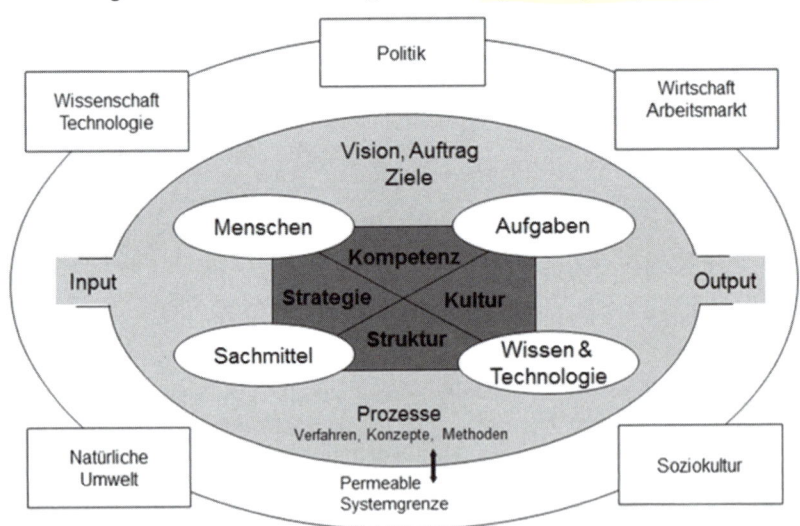

Abbildung 3: Die Innenwelt und Außenwelt der Organisation (eigene Darstellung)

Vertreterinnen und Vertreter von Organisationen, die von diesen für Kooperationsprozesse beauftragt werden, sind an die Kontextbedingungen der eigenen Organisation gebunden, sie haben die entsprechende »*organisationale und institutionelle Grammatik*« einzubringen und zu vertreten. Kooperationsabsichten und -aufträge müssen in der Organisation grundsätzlich strategisch verankert werden, um eine grösstmögliche Unabhängigkeit von der kooperierenden Person zu erreichen und die Kontinuität auch bei einem Wechsel von Personen zu gewährleisten. Organisationale, aus einer entsprechenden Kooperationsstrategie abgeleitete Unterstützung und dienstrechtliche Kompetenzen der kooperierenden Person sind vorausgesetzt, damit sie auch als Vertretung der Organisation auftreten und entscheiden kann.

Der notwendige Zeitaufwand und Arbeitseinsatz ist als ausgewiesener Bestandteil der Arbeitszeit anzuerkennen. Auf der Ebene der Organisation sind systematische Rückkoppelungsprozesse zwischen dem strategischen Kooperationszweck, der kooperierenden Person und der Organisation herzustellen. Ergebnisse aus Kooperationsprozessen sind zu akzeptieren und bei künftigen Entscheidungen und Entwicklungen zu berücksichtigen (vgl. van Santen/ Seckinger 2003: 428).

Leitprinzip Wirkungsorientierung

Schweitzer formuliert: »Kooperation findet statt, wenn es sich für die beteiligten Parteien lohnt« (Schweitzer 1998: 38). Van Santen und Seckinger (2003) beschreiben als Ziele von Kooperation die Optimierung von Handlungsabläufen, eine Erhöhung der Handlungsfähigkeit beziehungsweise Problemlösungskompetenz, immer ausgehend vom Bedarf der Klienten und Klientinnen sowie vom verbindlichen Handlungsrahmen des organisationalen Kontextes. Daraus lässt sich ein eindeutiger Hinweis auf die Hinwendung zu intendierten Ergebnissen und Wirkungen durch ein geplantes Zusammenlegen von fachlichen Kräftefaktoren ableiten. In der Sozialen Arbeit werden seit Ende der Neunzigerjahre zunehmend eine stärkere Adressaten- und Adressatinnen-, Nutzer- und Nutzerinnenorientierung, fachliche Qualitätsmassstäbe, rationalere Planungsinstrumente, wirtschaftlicheres Handeln und die Einführung wirkungsorientierter Evaluations- und Controllinginstrumente eingefordert. Zugleich ist neben dieser ökonomischen Sichtweise wirkungsorientierter Steuerung auch eine fachliche Hinwendung zur wirkungsorientierten Qualifizierung von Prozessen der Hilfeplanung und Hilfegestaltung zu beobachten (vgl. Polutta 2013: 1108). Wirkungsorientierung wird vermehrt zu einem notwendigen konzeptionellen, methodischen, fachlichen und sozialpolitischen Programm.

> Wirksamkeit ist die zentrale Leitorientierung aller Professionen und damit die conditio sine qua non jeglicher Professionalität schlechthin. Da professionelles Handeln berufliches Handeln ist und daher Kosten hervorruft, steht professionelles Handeln zudem unter der Erwartung, dass es nicht nur irgendwelche Wirkungen oder irgendeinen Nutzen erzeugt, sondern

dass es bessere Problemlösungen hervorbringt als andere, kostengünstigere oder gar kostenlose Formen. (Baumgartner/Sommerfeld 2010: 1163)

Einerseits ist Wirkungsorientierung damit ein Professionalisierungsgrundsatz für die Soziale Arbeit, andererseits gilt es gerade angesichts abnehmender finanzieller Mittel, eines feststellbaren Solidaritätsschwunds und der Zunahme neuer Problemzonen und neuer Zielgruppen, mit den bestehenden Ressourcen mehr Wirkung zu erzielen. (Uebelhart/Zängl 2013: 22)

Im Fokus des wirkungsorientierten Handelns in Kooperationen steht der Begriff der Wirkung, der verstanden werden kann als mittelbares Ergebnis erbrachter Leistungen, als intendierte und geplante Zustandsänderung, die beobachtbar, messbar, beschreibbar und kommunizierbar ist und nach plausiblen und hypothesengeleiteten Annahmen über nachvollziehbare Zusammenhänge bewertet werden kann. In der Sozialen Arbeit werden die gewünschten Wirkungen auf der Basis eines sozialwissenschaftlichen Wirkungsmodells nach vier Systemebenen unterschieden, die auch die Notwendigkeit der differenzierten Betrachtungsweise des doppelten Mandats der Sozialen Arbeit berücksichtigt, also die Wirkungen aufseiten des Leistungsempfängers (Klientel) und des Leistungserstellers (Gesellschaft).

- *Output:* Als Output wird die aufgrund eines Bedarfs bereitgestellte und erbrachte Leistung aus dem Blickwinkel von Dritten bezeichnet.
- *Effect:* Damit werden die unmittelbaren, direkt ersichtlichen und nachweisbaren (Aus-)Wirkungen der Leistungserbringung bezeichnet.
- *Impact:* Als Impact wird die subjektive Wirkung beim Empfänger oder bei der Empfängerin bezeichnet, zu der das Handeln des Leistungserstellers maßgeblich beigetragen hat.
- *Outcome:* Mit diesem Begriff wird die mittelbare Wirkung der Erbringung von Leistungen durch das Handeln des Leistungserstellers auf die Gesellschaft oder Umwelt bezeichnet (vgl. Kettiger/Schwander 2011: 115f.).

Gewünschte Wirkungen und geforderte Ergebnisse kooperativen Handelns bedingen, dass differenzierte und realistische Ziele entworfen und aufeinander abgestimmt werden. Das professionelle Handeln der Angehörigen der Sozialen Arbeit und ihrer Nachbarprofessionen findet in einem multiparadigmatischen Feld mit unterschiedlichen Zielen, Programmen und Arbeitsabläufen (professionelles Handeln) – entsprechend dem bedarfsorientierten Behandlungsauftrag der jeweiligen Berufsgruppe – statt. Die Bestimmung vom Kooperation über ein verbindliches gemeinsames Ziel weist aber auf ein immer wiederkehrendes Problem hin: *Im multiparadigmatischen Feld der Sozialen Arbeit und ihrer Nachbarprofessionen sind gemeinsame Ziele nicht ohne Weiteres gegeben.* Ein Ziel ist ein kooperatives Ziel einerseits, wenn die Kooperationspartner das eigene Ziel und die Ziele der anderen kennen und bereit sind, konstruktive Lösungen solidarisch anzustreben; andererseits, wenn kein Mitglied der Partnerschaft ohne unverhältnismäßig großen Aufwand allein das Ziel erreichen kann, hingegen unter bestimmten Umständen alle Mitglieder zusammen. Um dies zu erreichen, sind mindestens eine gemeinsame Arbeitsplanung der Kooperierenden einschließlich der Abstimmung gegenseitiger Zielsetzungen (Zielinterdependenz, Zielkongruenz) und Wirkungsabsichten sowie die Vereinbarung von Regelungen der Ergebnissicherung notwendig. Als Voraussetzung für Koopcration gilt ein gewisses Mass an Zielinterdependenz (eine Sonderform wäre die Zielidentität). Der Interdependenzbegriff meint hier im Gegensatz zu Abschottung eine strategische Form des Sich-Verbündens im Sinne der Ausrichtung auf gemeinsame Ziele und der Zusammenarbeit am gleichen Gegenstand. Bei einer gegenseitigen Abhängigkeit der Zielerreichung gibt es kein gemeinsames Ziel, jeder kann sein Ziel nur erreichen, wenn der andere seines erreicht.

Kooperation ist der interprofessionelle bzw. interdisziplinäre Austausch und die Zusammenarbeit verschiedener Fachdisziplinen, auf die jedes Teilsystem angewiesen ist, da es für sich allein seinen Sinn und Zweck nicht erfüllt.

Dies setzt voraus, dass jedes System relativ autonom ist und bleibt. Teilsysteme können also keine Eingriffe brauchen, sie sind jedoch auf Anregungen, Anstöße und auch Kritik aus dem anderen System heraus angewiesen, allerdings nicht unter Anmaßung fachfremder Kompetenz. Es muss sich dabei um Austausch-, Verhandlungs- und Abstimmungsprozesse handeln, die über Selbstdarstellung und Rechtfertigung der eigenen fachlichen Intentionen das Interesse des anderen Systems hervorrufen und somit eine notwendige permanente Reflexion des eigenen Systems möglich und notwendig machen, sodass erwünschte Wirkungen für Leistungsbestellende, Leistungserbringende und Leistungsempfangende erzielt werden können.

Leitprinzip Multiperspektivität

Das umfassende und komplexe Aufgabenfeld der Sozialen Arbeit hält grosse Herausforderungen bereit, die nur durch mehrperspektivische Problemanalyse und Diagnose sowie eine entsprechende Reflexion gemeistert werden können. Professionelles Handeln ist hier mit der Fähigkeit verbunden, Fach- und Methodenwissen fallspezifisch und in je besonderen Kontexten zu mobilisieren, zu generieren und differente Wissensinhalte und Wissensformen reflexiv – Dewe/Otto sprechen von »reflexiver Professionalität« – aufeinander zu beziehen, also mit der Fähigkeit, durch Interaktion mit problembeteiligten Adressatinnen und Adressaten eine Verständigung zu erreichen, was die je individuelle Problemkonstellation auszeichnet und was aus der Sicht der Beteiligten eine angemessene Bearbeitung und Lösung der Problemkonstellation sein könnte (vgl. Dewe/Otto 2010: 181). Die Sichtweisen und Handlungslogiken der vielfältigen Funktionssysteme und Dienstleistungsangebote müssen bei der Analyse sozialer Probleme, den Lösungsansätzen, der Umsetzung der Lösungen und bei der Evaluation integriert werden (vgl. Uebelhart/ Zängl 2013: 20).

Unter multiperspektivischem Vorgehen verstehe ich demnach, dass sozialpädagogisches Handeln bewusste Perspektivenwechsel zwischen unterschiedlichen Bezugsrahmen erfordert. Multiperspektivisches Vorgehen heisst, die leistungs- und verfahrensrechtlichen, die pädagogischen, die therapeutischen oder gegebenenfalls auch die medizinischen sowie die fiskalischen Bezugsrahmen eines Jugendhilfefalles nicht miteinander zu vermengen, aber sie dennoch als wechselseitig füreinander relevante Grössen zu behandeln und in gekonnter Kooperation mit anderen Fachleuten zu bearbeiten. (Müller 1994: 15)

Durch theorie- und methodengeleitetes Handeln hat die Soziale Arbeit mit den Klientinnen und Klienten Entwicklungsziele auszuhandeln, die zugleich deren Biografie, Lebensweise, aktuelle Lebenslage sowie längerfristige Lebensperspektiven mit einbeziehen. Dadurch können neben personenbezogenen auch kontextbezogene, systemische und sozialökologische Erklärungen erarbeitet werden, die eine ganzheitliche Problemsicht und -bearbeitung ermöglichen. Problemlösungsstrategien und Entwicklungen lassen sich jedoch in ihrer vollen Tragweite nur umsetzen, wenn sie neben den eigenen Sichtweisen und Einschätzungen und denen der Klientel auch die des familiären Umfeldes sowie der Fachkräfte anderer Fachrichtungen nachvollziehbar und nutzbar machen (vgl. Heiner 2004: 162ff.). Für Heiner ist »Multiperspektivität« ein Baustein eines grundlegenden Handlungskonzeptes der Sozialen Arbeit, das auf dem Prinzip der Ganzheitlichkeit aufbaut. Die Veränderungsbemühungen der Sozialen Arbeit richten sich aufgrund ihres doppelten Mandats auf das Klientensystem (Beeinflussung der Lebensbedingungen und Lebensweisen der Betroffenen) und auf das Leistungssystem der Gesellschaft, insbesondere auf die Koordination des arbeitsteiligen Vorgehens bei Leistungen des Sozialstaates zur Herstellung sozialer Gerechtigkeit.

Dieses ganzheitliche Konzept fordert neben einem partizipativen, verständigungs- und aushandlungsorientierten Vorgehen, das eine multiperspektivische Sichtweise verlangt, ebenso eine mehrdimensionale Problemanalyse, die Sicht auf die Multimodalität der Interventionen und der unterschiedlichen Niveaus, auf denen interveniert werden kann.

Mehrdimensionalität der Problemanalyse, bezogen auf das Klientensystem: physische, psychische, soziale, sozioökonomische, ökologische Dimensionen	*Mehrperspektivität der Interventionsplanung*, bezogen auf zielbezogene rollenbezogene Perspektiven der Beteiligten aus Klienten- und Leistungssystemen
Multiple Niveaus der Intervention, bezogen auf soziale Systeme unterschiedlicher Größenordnung auf unterschiedlichen Ebenen, Aktions- und Interventionssysteme, fallübergreifende Probleme	*Multimodalität der Intervention*, bezogen auf Organisationsformen der Angebote, Sozialformen der Interaktion und Interventionsmethode

Abbildung 4: Ganzheitlichkeit des beruflichen Handelns (vgl. Heiner 2010: 506/ 529)

Aus der Überzeugung heraus, dass in den lebensweltlichen Zusammenhängen und in differenzierten Versorgungkontexten der Sozialen Arbeit Problemlösungen nicht einfach aus der eigenen Disziplin und Profession zu bearbeiten sind, fordert Wendt ebenfalls ein transdisziplinäres Vorgehen und erklärt:

> In der Praxis von Wissenschaft und Forschung bedeutet Transdisziplinarität eine disziplinunabhängige Behandlung der Problemstellungen, insbesondere solcher, die zu komplex sind, als dass sie in einem Fachgebiet hinreichend behandelt werden können. Man muss über Disziplingrenzen hinweg und in der Problembewältigung kooperieren. (Wendt 2013: 30)

Soziale Arbeit hat in ihrem problembezogenen Diskurs und ihrem professionellen Handeln für problembetroffene Menschen und für die Gesellschaft offen zu sein für Bezüge aus anderen Bereichen und Professionen, um ihre angestrebten beruflichen Ziele und Wirksamkeit zu erreichen und auszuweisen. Die Kriterien dieser multiperspektivischen oder transdisziplinären Strategie im Kontext der Sozialen Arbeit beschreibt Wendt im Sinne (1) der Dimension der Analyse, Erfassung und Beschreibung der Voraussetzungen und Handlungsoptionen der Problemlösung beziehungsweise der Abstimmung von Versorgungsleistungen auf konkrete Lebenslagen und Bewältigungsaufgaben; (2) des Umfangs, in dem die Adressaten und Adressatinnen bei der konstruktiven Bearbeitung einer sozialen Problemstellung einbezogen und an der Entscheidungsfindung und Steuerung der Aufgabenerfüllung beteiligt werden; und (3) des Ausmasses, in dem Ergebnisse oder Wirkungen auf die Gestaltung und Steuerung weiterer Bearbeitungsprozesse sozialer Problemstellungen zurückgekoppelt werden können (vgl. Wendt 2013: 33). Dieser multiperspektivische Ansatz, diese Kombination verschiedener Ansätze und Sichtweisen der Problembeteiligten hat programmatischen Charakter, da zwischen Disziplinen und Professionen vermittelt werden soll, damit die Konklusion und Kohärenz verschiedener Handlungsansätze, Bereiche, Professionen und Disziplinen gewährleistet werden kann. Einzubeziehen sind je nach Problemstellung die Psychologie, die Gesundheitswissenschaft, die Ökonomie, generell Bereiche aus dem Kanon der Sozialwissenschaften, die

Soziale Arbeit ohnehin, die Rechts- und Verwaltungswissenschaften und möglicherweise viele andere (vgl. Zängl 2011: 322).

Leitprinzip Werteorientierung

Werte und Normen sind grundlegende Zielperspektiven und Orientierungsleitlinien für menschliches Handeln, für das soziale Zusammenleben und somit auch für professionsbezogene Interventionen. Aus soziologischer Sicht werden Werte und Normen als Ergebnisse komplexer soziokultureller Wandlungs- und Entwicklungsprozesse gebildet. Der fortschreitende gesellschaftliche, wirtschaftliche und sozialpolitische Wandel und die zunehmende Professionalisierung und Ausdifferenzierung von Professionen stellen viele Organisationen vor die Notwendigkeit, sich mit Angehörigen anderer soziokultureller und professionsbezogener Kulturen im Rahmen von Arbeitsprozessen auseinanderzusetzen. Dabei spielen die Werte und Normen aller Beteiligten eine zunehmend wichtige Rolle. Sie wirken als Standards selektiver Orientierung für Richtung, Ziele, Intensität und die Auswahl von Mitteln des Handelns für Angehörige einer bestimmten Kultur, Gesellschaft, Wissenschaft oder Profession; es handelt sich dabei um Vorstellungen und Intentionen über erstrebenswerte Zustände (vgl. Zwicky 2005: 209). Dies hat zur Folge, dass die entwickelten Fragestellungen und Leistungsaufträge zur Linderung, Vermeidung und Lösung sozialer Probleme immer wertegebunden sind und in Kooperationen verhandelt und ausformuliert werden müssen. »Diese Wertegebundenheit ist einerseits vor dem Hintergrund der für die Soziale Arbeit leitenden Grundsätze (Menschenrechte, Berufskodex), andererseits vor dem Hintergrund der aktuell gültigen Wertesysteme einer Gesellschaft zu verstehen« (Uebelhart/Zängl 2013: 57).

Die Soziale Arbeit ist als Praxis auf zwei wesentlichen Ebenen tätig. Sie versteht sich als Arbeit für oder mit einzelnen Menschen oder Gruppen in Organisationen sowie als Mitgestalterin sozialpolitischer, rechtlicher und ökonomischer Entwicklung; sie benötigt dabei bestimmte, spezifische Wissensbestände und bedient sich ausgewählter Konzepte, Methoden und Verfahren. Dabei übernimmt sie ein *»vierfaches Mandat«*: Verpflichtet ist sie (1) den impliziten oder offen ausgesprochenen Interessen (Bedarfsorientierung) und Bedürfnissen der Menschen, die Soziale Arbeit nutzen; (2) den durch den Staat und die Gesellschaft erteilten Aufträgen zur Bearbeitung und Linderung der sozialen Probleme; (3) der eigenen Profession mit ihrem Wissen, ihrer Berufsethik und den Prinzipien der Menschenrechte und der sozialen Gerechtigkeit; und (4) den Aufträgen und Zielvorstellungen der jeweiligen Organisationen und Dienstleistungsangebote (vgl. Avenir Social 2010: 7; Uebelhart/Zängl 2013: 57).

Der Anspruch auf Mitgestaltung gesellschaftlicher Entwicklung lässt sich dabei in der Tradition der Sozialen Arbeit nur vor dem Hintergrund einer angestrebten Verwirklichung von Werten *wie »selbstverantwortliche Lebens-*

führung«, »Solidarität«, »Partizipation«, »soziale Integration«, »Befreiung und Freiheit«, »soziale Verantwortung«, »Gleichheit und Nicht-Diskriminierung«, »Erfüllung der Menschenrechte« und *»Entwicklung von Frieden und Gewaltlosigkeit«* realisieren (vgl. Uebelhart/Zängl 2013: 57). Der Berufskodex von Avenir Social (2010), dem schweizerischen Berufsverband der Fachkräfte der Sozialen Arbeit, formuliert dazu:

> Die Professionellen der Sozialen Arbeit fordern bei den Verantwortlichen für die Herstellung einer politischen Ordnung, die alle Menschen als Gleiche berücksichtigt, die bedingungslose Einlösung der Menschen- und Sozialrechte ein. Sie leiten aus diesen wesentliche Grundsätze ab: *(a) Grundsatz der Gleichbehandlung, (b) Grundsatz der Selbstbestimmung, (c) Grundsatz der Partizipation, (d) Grundsatz der Integration und (e) den Grundsatz der Ermächtigung.*
>
> Die Professionellen der Sozialen Arbeit messen – vor dem Hintergrund der Ungleichheitsverhältnisse – der sozialen Gerechtigkeit besondere Bedeutung zu und leiten daraus wesentliche Verpflichtungen ab: *(a) Verpflichtung zur Zurückweisung von Diskriminierung, (b) Verpflichtung zur Anerkennung von Verschiedenheiten, (c) Verpflichtung zur gerechten Verteilung von Ressourcen, (d) Verpflichtung zur Aufdeckung von ungerechten Praktiken und (e) Verpflichtung zur Einlösung von Solidarität.* (vgl. AvenirSocial 2010: 8f.)

Abgeleitet von dieser Wertepalette des Berufskodex, der sich als »moralische Instanz« betrachtet, ergeben sich für die Professionellen der Sozialen Arbeit folgende Implikationen für das Handeln in interprofessioneller und interorganisationaler Kooperation:

> Die Professionellen der Sozialen Arbeit kooperieren im Hinblick auf die Lösung komplexer Probleme interdisziplinär und setzen sich dafür ein, dass Situationen möglichst umfassend und transdisziplinär in ihren Wechselwirkungen analysiert, bewertet und bearbeitet werden können.
>
> Die Professionellen der Sozialen Arbeit vertreten in der interprofessionellen Kooperation ihren fachspezifischen Standpunkt und stellen das aus ihrer Sicht gewonnene Wissen verständlich zur Verfügung, um in gemeinsamem Diskurs möglichst optimale Lösungen zu entwickeln.
>
> Die Professionellen der Sozialen Arbeit sind in der interprofessionellen Kooperation für wissenschaftsbasiertes methodisches Handeln besorgt, d.h., sie fordern die Einhaltung von Regeln der Steuerung einer geordneten Abfolge von Handlungen und die Koordination und Kontrolle von Interventionen innerhalb und außerhalb der Organisationen ein.

Abbildung 5: Auszug aus dem Berufskodex Soziale Arbeit Schweiz zur Kooperation (vgl. Avenir Social 2010: 13).

Ethische Kompetenz im Kontext professioneller Sozialer Arbeit kann somit gefasst werden als die

Fähigkeit, eine Situation vor dem Hintergrund von Werten und Normen als ethisch relevant wahrzunehmen. Diese Wahrnehmung sowie die Werte und Normen und die Fakten zu prüfen und zu einem – theoretisch und professionsethisch begründeten – Urteil zu gelangen und dieses dann wiederum einer kritischen Prüfung zu unterziehen. Zur ethischen Kompetenz kann auch der Wille gerechnet werden, dem Urteil entsprechend zu handeln. (Hug 2014: 220)

Leitprinzip Partizipation

In den Grundsätzen zur Partizipation und Ermächtigung formuliert der *Berufskodex Soziale Arbeit Schweiz* Folgendes:

> Die für den Lebensvollzug der Menschen notwendige Teilhabe am gesellschaftlichen Leben, sowie Entscheidungs- und Handlungsfähigkeit, verpflichtet zu Miteinbezug und Beteiligung der Klientinnen und Klienten, Adressatinnen und Adressaten. Die eigenständige und autonome Mitwirkung an der Gestaltung der Sozialstruktur setzt voraus, dass Individuen, Gruppen und Gemeinschaften ihre Stärken entwickeln und zur Wahrung ihrer Rechte befähigt und ermächtigt sind. (Avenir Social 2010: 9)

Soziale Arbeit als eigenständiges Funktionssystem muss im gesamten Problemlösungsprozess Teilhabe ermöglichen. Kooperation funktioniert nur, wenn den Akteurinnen und Akteuren Beteiligungsoptionen offenstehen, die je nach Kooperationsebene zwischen Professionellen und Klientel sowie intra- und interprofessionell und interorganisational sein können. In einem auch nach aussen sichtbaren Kooperationsprofil müssen Rollen, Zuständigkeiten und Aufgaben der Kooperierenden definiert, müssen zeitliche und personale Kontinuität gewährleistet sein. Wechselwirkungen (Reziprozität) zwischen den Beteiligten sind nicht nur Voraussetzung für Kooperation, sie müssen auch aktiv gestaltet werden.

Heiner hält den Begriff Partizipation für mehrdeutig, er impliziere Mitsprache, Mitgestaltung und Mitentscheidung. Sie vermerkt:

> Nur eine in allen Phasen der Interventionsprozesse gegebene Partizipation, die von der Zielfindung über die Abwägung der Handlungsalternativen bei der Umsetzung des Handlungsplanes bis zur Auswertung des Ergebnisses reicht, kann eine ausreichende Beteiligung gewährleisten, sonst verkommt Partizipation leicht zum Abnicken halbverstandener Vorschläge. Die KlientInnen kennen in der Regel weitaus weniger Handlungsalternativen als die Fachkräfte. Ihnen das Spektrum möglicher Vorgehensweisen darzulegen und diese in Beziehung zu setzen zu ihren Anliegen, ist – auch wenn es Zeit kostet – eine grundlegende, die Einsicht und Entscheidungsfähigkeit der KlientInnen fördernde Voraussetzung von Partizipation. (Heiner 2010: 464)

Die Herausgeberschaft folgt der soziologischen Definition des Partizipationsbegriffes von Odermatt (2013), die Partizipation einerseits als *verbindliche Einflussnahme* in Problemidentifikations- und Willensbildungsprozessen, andererseits als *aktive Teilhabe* an Entscheidungs-, Gestaltungs- und Validierungsprozessen versteht. In diesem Verständnis der Teilhabe übernehmen die Beteiligten anhand ihrer Kompetenzen und Ressourcen (Fähigkeiten und Fertigkeiten), Interessen und Bedürfnisse und ihrer Problemsicht und Ressourcen die *Mitverantwortung* für den Prozess gemeinsam mit Fachkräften und entwickeln zusammen mit ihnen Lösungs- und Bewältigungsstrategien. Der Grad an Mitsprache, Mitentscheidung, Mitgestaltung und Mitverantwortung, die Zuständigkeiten und Rollenklärung, die sich daraus ergeben, werden jeweils zu Beginn eines Partizipationsprozesses als *»Partizipationstiefe oder Beteiligungstiefe«* definiert. Wichtig ist, gemeinsam zu klären, welche Personen oder Fachkräfte teilhaben sollen und bei welchen es spezifische Aktivierungsmaßnahmen braucht, um sie für eine Beteiligung gewinnen zu können. Zudem erscheint es sinnvoll, die Machtverhältnisse zwischen allen Akteuren zu analysieren und mögliche Konfliktsituationen anzusprechen. Partizipationsprozesse zeichnen sich durch Information und Transparenz aus. Die beteiligten Akteure verfügen für alle Reichweiten der Teilhabe und Mitverantwortung über hinreichendes Wissen über den Problemlösungsprozess und relevante inhaltliche Informationen, um entsprechende Beschlüsse fassen und mittragen zu können (vgl. Odermatt 2013: 43ff.).

Qualitätsmerkmale von Partizipationsprozessen in Kooperationen sind: das Anknüpfen am Interesse und an der Betroffenheit der teilnehmenden Akteure, die Freiwilligkeit der Teilhabe, die Erhaltung der Autonomie der Akteure, die Klärung der Machtkonstellationen, Offenheit der Entscheidungswege, Relevanz der Entscheidungen, Klärung der Zuständigkeiten und Rollen, Verbindlichkeit der Beschlüsse, Regelmässigkeit und Verlässlichkeit. Ernst gemeinte Partizipation ist mit Machtverschiebungen gekoppelt: Die bisherigen Entscheidungsträger geben einen Teil ihrer Bestimmungsmacht ab, denn »wo dies nicht geschieht, besteht die Gefahr der Vereinnahmung, Manipulation und Dekoration« (Wettstein/Oberholzer 2005: 131).

Leitprinzip Kompetenzorientierung

Die Ausbildung in den Bachelor-Studiengängen und die funktions-, methoden- und handlungsfeldspezifischen Weiterbildungen in Sozialer Arbeit finden in der Regel an zwei Lernorten statt, an den Hochschulen und in der Praxis. An beiden Lernorten werden curricular festgelegte Kompetenzen aufgebaut, die sowohl Wissensbestandteile als auch handlungsbezogene Fähigkeiten umfassen und die für die Entwicklung der beruflichen Sozialisation und die Weiterentwicklung der Professionalität der Sozialen Arbeit unabdingbar sind. Dies gilt auch für die Fähigkeit zur Kooperation.

```
┌─────────────────────────────────────────────────────────────────────┐
│ Personen   Wissen                                                    │
│            Können                                                    │
│            Einstellungen/Haltungen (Werte und Normen)                │
│            Volition/Motivation                                       │
└─────────────────────────────────────────────────────────────────────┘
```

Situation I   Situation II   Situation III etc.

(Handeln und Reflexion) (Handeln und Reflexion) (Handeln und Reflexion)   **Kompetenzentwicklung** →

```
┌─────────────────────────────────────────────────────────────────────┐
│ Umwelt     Ressourcen                                                │
│            Rahmenbedingungen                                         │
│            Erwartungen (Normen und Werte)                            │
└─────────────────────────────────────────────────────────────────────┘
```

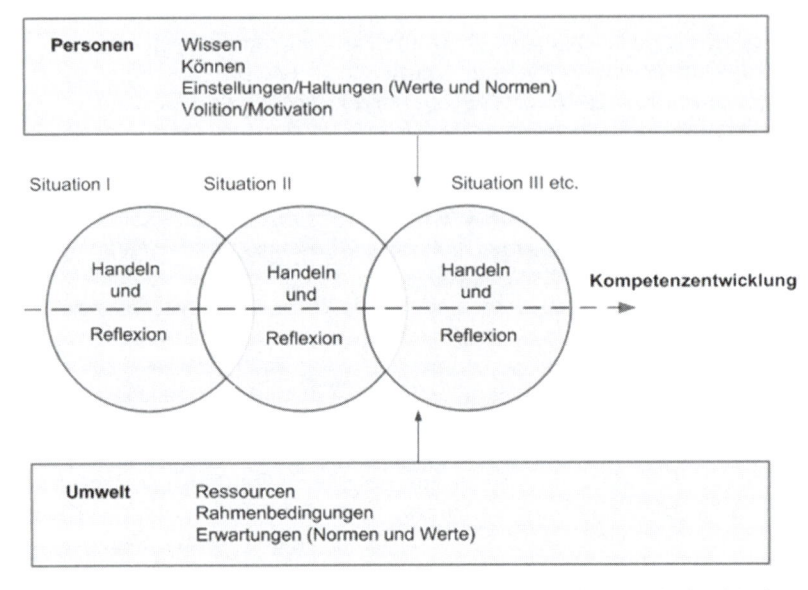

Abbildung 6: Kompetenz und Performanz in der Situation (Gerber/Markwalder/Müller 2011)

Der Begriff »*Kompetenz*« fasst das Vermögen einer Person, in einer bestimmten Handlungssituation persönliche Ressourcen und Fähigkeiten entsprechend den Umweltanforderungen einzusetzen. Gerber, Markwalder und Müller (2011) definieren in einem internen Dokument der Hochschule für Soziale Arbeit der Fachhochschule Nordwestschweiz »Kompetenz« wie folgt:

> Kompetenz wird verstanden als individuelle Disposition, die dazu befähigt, Handlungssituationen in enger Wechselwirkung mit gesellschaftlichen Erwartungen (Normen/Werte), Rahmenbedingungen und Ressourcen zu bewältigen. Eine Kompetenz wird durch Wissen, Fähigkeiten (Können) und Einstellungen/Haltungen fundiert und in Abhängigkeit von motivationalen/volitionalen Aspekten in bestimmten Situationen als Performanz realisiert. Dabei lässt die beobachtbare Leistung, die Performanz, gewisse Schlüsse ziehen auf die zugrunde liegende Kompetenz. Individuelle Kompetenz und in der Situation auftretende Performanz sind jedoch nicht zwingend deckungsgleich. Kompetenzentwicklung vollzieht sich über das Handeln und Reflektieren in konkreten Situationen. (Gerber/Markwalder/Müller 2011)

Beide Lern- und Handlungsorte – Praxis und Hochschule – bieten Gelegenheit, bestimmte Kompetenzbereiche in konkreten Handlungssituationen zu erwerben, zu konsolidieren und weiterzuentwickeln. Um nun die Fähigkeit zur Kooperation in den Blick zu nehmen, beschreiben van Santen und Seckinger (2003) diverse Voraussetzungen auf der Ebene des Individuums in der Kooperation, die eine Ausdifferenzierung und Operationalisierung von konkreten Kooperationskompetenzen ermöglichen.

- Kooperation erfordert grundsätzlich einmal eine gewisse Bereitschaft und Fähigkeit zur Kooperation. Gefordert sind insbesondere Kommunikationsfähigkeit und Verhandlungskompetenz, Offenheit und empathisches Vermögen.
- Die Kooperationsziele, die fachlichen und die individuellen Ziele (»professionelle Währung«, »organisationale Grammatik«) der konkreten Personen müssen gegenseitig anschlussfähig sein. Die Parteien müssen überzeugt sein, dass sich Kooperation lohnt, und dieser Nutzen muss auch erfahrbar und erlebbar sein, damit die notwendige Motivation zur Kooperation erhalten bleibt.
- Die Informationen aus der Herkunftsorganisation, das Wissen und die intendierten Anliegen der Organisation müssen innerhalb eines Kooperationszusammenhanges von einer einzelnen Person weitertransportiert, repräsentiert und vertreten werden.
- Die Ergebnisse, relevanten Informationen, Erfahrungen und Interessen aus dem Kooperationszusammenhang können nur durch die Vertreter und Vertreterinnen selbst in die Herkunftsorganisation zurückgetragen werden.
- Kooperierende Personen benötigen ein Wissen über die Auftragsziele, Arbeitsweisen und Handlungsmöglichkeiten, interne Organisations- und Ablaufstrukturen, Personalressourcen, Handlungslogiken, Handlungsgrundlagen sowie Zuständigkeiten der jeweiligen Kooperationspartner.
- Es muss allen Vorstellungen von Kooperationen gemeinsam sein, dass die Kooperationspartner bereit sein sollten, Informationen und Wissen auszutauschen. Ein gewisses Maß an Vertrauen und Verlässlichkeit zwischen den Partnern der Kooperation muss gegeben sein.
- Falsche Vorstellungen und Erwartungen behindern Kooperationen erheblich. Eine explizite Verständigung über gegenseitige Erwartungen, Ziele und Arbeitsformen ist notwendig. Dabei sichtbar werdende Unterschiede im gemeinsamen Verständnis von Kooperation werden so bearbeitbar.
- Es gilt, sich über Ressourcen (Arbeitszeit, Informationsfluss, Eigenständigkeit sowie Finanzen) und Einflussmöglichkeiten (Kompetenzen und Zuständigkeiten), die dem Kooperationszusammenhang zugebilligt werden, zu verständigen (vgl. van Santen/Seckinger 2003: 339-427).

Die Fähigkeit zur Kooperation ist im Kompetenzprofil des Bachelor-Studiums der Hochschule für Soziale Arbeit FHNW (2012) wie folgt formuliert:

Die Studierenden sind in der Lage, mit Klientinnen und Klienten, Kolleginnen und Kollegen, anderen Fachkräften und/oder Dritten adäquat zusammenzuarbeiten und auch bei unterschiedlichen Interessen fair und transparent zu verhandeln. Sie begründen eigene Zielperspektiven und Entscheidungen und können Zusammenarbeitsprozesse aktiv initiieren. Sie nehmen dabei Konflikte wahr und übernehmen die Verantwortung für eine konstruktive Konfliktbearbeitung. (Vgl. Kompetenzprofil Bachelor HSA FHNW 2012)

Gemäß einer weiterführenden Differenzierung und Operationalisierung sollen Professionelle der Sozialen Arbeit folgende *Kompetenzen zur Kooperation* erwerben oder weiterentwickeln:

- Sie verfügen über ein Grundlagenwissen zu Konzepten, Verfahren, Methoden Techniken und Instrumenten professioneller Kooperation innerhalb der Kontextbedingungen der eigenen Organisation und weiterer beteiligter Unterstützungsanbieter.
- Sie sind in der Lage, in Kooperationsprozessen Zuständigkeiten der eigenen Organisation zu beurteilen und zu vertreten. In arbeitsteiligen, kooperativen Prozessen können sie ihre Dienstleistung als Vertretung der eigenen Organisationseinheit und Profession einbringen, fachlich begründen und argumentieren.
- Sie anerkennen die für die Kooperation bestehenden organisationalen Normen, Konventionen und formalen Regeln und können diese professionell begründet diskutieren, reflektieren und, wo nötig, modifizieren.
- Sie können abschätzen, wann die Kooperation mit anderen Fachkräften erforderlich ist und unter welchen Umständen sie einen Mehrwert für die klientelbezogene Arbeit darstellt. Sie sind fähig, Kooperations-, Aushandlungs- und Zusammenarbeitsprozesse zu initiieren, aufrechtzuerhalten und zu evaluieren. Dabei können sie Datenschutz, Interessen und Auftrag der Klientinnen und Klienten berücksichtigen.
- Sie können sich in die Denk- und Handlungslogiken anderer Fachkräfte hineinversetzen, können eigene Intentionen darstellen und tragen zur Klärung unterschiedlicher Zielvorstellungen bei.
- Sie sind sich dessen bewusst, dass gegenseitige Akzeptanz, Wertschätzung, einseitige Vorleistung und Ungewissheit Grundlage der Kooperation sind, und verstehen Kooperation in ihrer Reziprozität und zeitlichen Dimension. Sie sind entsprechend fähig zu biografischer Selbstdistanzierung und stetiger Selbstreflexion.
- Sie verfügen über grundlegende kommunikative Fertigkeiten und über Verhandlungsgeschick; sie sind in der Lage, diese Fähigkeiten in Zusammenarbeit mit Fachkräften und/oder Dritten einzubringen. Sie können unterschiedliche Werte und (Rollen-)Erwartungen wahrnehmen und berücksichtigen. Sie sind fähig, einen eigenen Standpunkt zu begründen und sich

mit den Standpunkten anderer auseinanderzusetzen. Bei unterschiedlichen Interessen können sie fair und transparent verhandeln.
- Sie sind fähig, die Kooperationsbereitschaft der Klienten und Klientinnen (auch in Zwangskontexten) zu erarbeiten und zu gewinnen, um eine vertrauensbasierte Arbeitsbeziehung herzustellen und die erforderlichen Unterstützungs-, Verknüpfungs- und Entwicklungsprozesse einzuleiten, zu planen, zu steuern und abzuschließen.
- Sie sind fähig, Interventionen – aufbauend auf der Analyse und dem Verständnis einer bestimmten Situation und mithilfe von spezifischen Handlungsmethoden –, zielgerichtet und in Zusammenarbeit mit den Klienten, Klientinnen und Klientensystemen sowie in Kooperation mit anderen beteiligten Fachkräften und Organisationen zu planen, zu realisieren und zu evaluieren.

4 Zusammenfassende Gedanken zum Begriff Kooperation

Der spezifische Kooperations-, Koordinations- und Vernetzungsbedarf für die Organisationen der Sozialen Arbeit ergibt sich aus den komplexen Problemstellungen der Klientinnen und Klienten, aus dem Abstimmungs- und Aushandlungsbedarf mit Blick auf die Zielsetzungen und Handlungsoptionen der Kooperationspartner, aus den Zuständigkeits- und Finanzierungsfragen, aus der Ausdifferenzierung und Spezialisierung der Dienstleistungsangebote und deren strukturellen Anforderungen in den unterschiedlichen Handlungsfeldern der Sozialen Arbeit. Damit wird Kooperation zu einem *Strukturmerkmal* und zugleich zur *Handlungsmaxime* für Professionelle der Sozialen Arbeit.

Bezugnehmend auf und in Erweiterung von Eppel und Hamer (1997), Van Kardorf (1998), Schweitzer (1998), Van Santen und Seckinger (2003), Balz und Spiess (2009) und Féraud und Bolliger (2013) soll unter Kooperation verstanden werden:

- Eine problembezogene, zeitlich und sachlich abgegrenzte Form der gleichberechtigten, arbeitsteilig organisierten und intendierten Zusammenarbeitsform am gleichen Gegenstand, die bewusst gewählt sowie fachlich und professionsethisch begründet ist, deren Ziele und Zielkriterien und Strukturen der Arbeitsteilung in Prozessen gegenseitiger Abstimmung, Aushandlung und Einigung bestimmt werden, und bei der die Haltungen und Handlungen der Kooperationspartner nach den Prinzipien der Gleichwertigkeit, der Reziprozität, der Partizipation und der Multiperspektivität ausgerichtet sind und in den Zielerarbeitungsprozessen aktiv thematisiert werden.
- Die Kooperationen zielen in ihrer Wirkungsabsicht immer auf die Verbesserung der Lebenslage der Klientinnen und Klienten, auf die Optimierung

von Handlungsabläufen und auf eine Erhöhung von Handlungsfähigkeit bzw. Problemlösungskompetenz und werden im Interesse gesellschaftlicher Leistungssysteme (Profession und Organisation) erbracht.
- Die Kooperationen werden durch vertragliche Verpflichtungen, gemeinsame Rahmenbedingungen, formale Kontrollstrukturen, Hierarchien und Regeln strukturiert und geregelt.
- Die Anliegen und Informationen in der Kooperation müssen von der Herkunftsorganisation durch eine Person kompetent weitertransportiert, repräsentiert und vertreten werden. Die Ergebnisse müssen von der gleichen Person in die Herkunftsorganisation zurückgetragen werden und in die dortigen Sichtweise und Sprache übersetzt werden.

4.1 Anlässe zur Kooperation

Es lassen sich folgende Anlässe zur Gestaltung von kooperativen Prozessen unterscheiden:

- *Fachlich begründete Absicht:* Kooperation ist intendierte Zusammenarbeit, die aus der Einsicht und Nachvollziehbarkeit der handlungs- oder leistungssystembezogenen Zielinterdependenz entsteht.
- *Sachzwänge:* Politische, institutionelle und organisationale Vorgaben und die Verknappung der finanziellen Ressourcen fordern und fördern definierte Fachpartnerschaften.
- *Aufgabenkomplexität*: Klientelbezogener Handlungsbedarf und komplexe Problemstellung verlangen nach mehreren Spezialisten oder fachspezifischen Kompetenzen.
- *Zuständigkeitsprobleme und Abgrenzungsprobleme:* Der oft mehrschichtige Handlungsbedarf und die status- und auftragsbezogenen Positionen der beteiligten Fachkräfte erfordern Aushandlungs- und Abstimmungsprozesse zur Koordination der Fallsteuerung und Aufgabenteilung.
- *Effektivitätsforderungen:* Sozial- und finanzpolitische Vorgaben erfordern Partnerschaften, die durch Zusammenlegung ihrer Ressourcen und durch klares Kostenbewusstsein größere Effizienz und Effektivität der Handlungen garantieren.
- *Qualitätsansprüche:* Gesellschaftliche und professionsbezogene Qualitätsanforderungen machen Kooperation notwendig. Qualitätsarbeit kann nur durch vereinbartes Zusammenwirken (Zusammenlegen von strukturellen, kompetenzorientierten und personellen Ressourcen, institutionalisierte Austauschbeziehungen) gewährleistet werden.

4.2 Wirkungsziele der Kooperation

Es lassen sich folgende Wirkungsziele unterscheiden:

- Optimierung der klientelbezogenen Handlungsoptionen und Verbesserung der Problemlösungskompetenz der beteiligten Fachkräfte.
- Koordination der fachlichen, strukturellen und personalen Ressourcen und Vermeiden von Doppelspurigkeiten im Behandlungsprozess.
- Verbesserung des gegenseitigen Informationsflusses und Wissenstransfers sowie Steigerung des Wissens über die anderen Kooperationspartner.
- Verbesserung der Zielerreichung und Ergebnisqualität.
- Verbesserung der organisationalen und fachlichen Kompetenzen als lernende Organisation.
- Steigerung der gemeinsamen Wettbewerbsfähigkeit und Förderung des solidarischen Handelns.
- Verbesserung der wirtschaftlichen Situation (Kosten-Nutzen-Bewusstsein) und Sicherung der eigenen Zukunft durch gezielte Zusammenarbeit.

4.3 Anbahnung von Kooperation

Zur Anbahnung erfolgreicher Kooperationsbeziehungen bedarf es einiger kompetenzorientierter Grundschritte: (1) Bestimmen der eigenen Problemdefinition, der Zielsetzung und der erwünschten Kooperationspartner; (2) Abklärung der professionellen Eigenwährung, der eigenen kontextbezogenen Handlungsspielräume und des möglichen handlungsbezogenen Gewinns (lohnenswerte Kooperation); (3) Sich-Hineinversetzen in die gewünschten Kooperationspartner, ihre möglichen Arbeitsweisen (Konzepte, Verfahren, Methoden) und Zielperspektiven, Interessen und Widerstände; und (4) Entwicklung einer Handlungsstrategie, die ressourcen- und lösungsorientiert auch an den Zielen und Interessen der Kooperationspartner ansetzt und die Attraktivität einer Kooperation für alle Beteiligten in den Vordergrund stellt (vgl. Rabeneck 2001: 3).

> Mit Methode geschieht dies, indem Menschen gemeinsam und wiederholt einschätzen, was zu tun ist, das zu Leistende auf seine Machbarkeit hin planen und in ihrer Ausführung nach Kräften zusammenwirken. Es kann nicht mehr und nichts anderes geleistet werden, als die Beteiligten unter Beiziehung der von ihnen erreichbaren und nutzbaren Ressourcen fertigbringen. Dies geschieht inmitten von situativen Gegebenheiten, im Feld von individuellen und gesellschaftlichen Dispositionen. Von ihnen sind auch die beruflich Handelnden betroffen. Sie bewegen sich in einem Milieu von Problemen. Das Kunststück besteht darin, in diesem Kontext Besserung zu erreichen. (Wendt 1992: 92)

4.4 Gestaltungs- und Leitprinzipien von Kooperation

Kooperationspartner haben in ihrer professionellen Haltung, im gewählten Verhalten und bei ihrem Handeln folgende Prinzipien zu beachten:

- *Freiwilligkeit:* Kooperation ist fachlich fundiert, bewusst beabsichtigt und gewählt (intendierte Zusammenarbeit), ethisch begründet und zeitlich begrenzt, aus dem professionellen Handeln freiwillig entschiedene Koproduktion.
- *Reziprozität*: Gemeint ist das Prinzip der Wechselseitigkeit, die Annahme eines gegenseitigen Ausrichtens der Handlungen mit dem Anreiz einer erwarteten, aber nicht verpflichtenden Gegenleistung.
- *Autonomie:* Wichtig in der Kooperationsbeziehung ist, dass weitgehende Unabhängigkeit und Selbstständigkeit der Kooperationspartner auch während der Kooperation erhalten bleibt.
- *Akzeptanz:* Kooperation benötigt die gegenseitige Anerkennung der berufsfeldspezifischen Kompetenzen und Sichtweisen und der Gleichwertigkeit der Kooperationspartner.
- *Professionsorientierung:* Kooperation wird immer aus der Sichtweise und Zielperspektive der eigenen Profession erbracht.
- *Organisationsorientierung:* Kooperation ist auf den Kontext der eigenen Organisation bezogen; Vertreterinnen und Vertreter einer sozialen Organisation sind zur Einhaltung der organisationalen und institutionellen Grammatik verpflichtet.
- *Werteorientierung:* Kooperation basiert auf professionsspezifischen, organisationsbezogenen und persönlichen Werten und Normen der Kooperationspartner (sozial- und professionsethische Normierungsaspekte).
- *Wirkungsorientierung*: Kooperation zielt auf die Erfüllung einer gemeinschaftlichen Aufgabe, auf die Bearbeitung eines gemeinsamen Gegenstands und auf das Erreichen eigener und gemeinsamer Ziele (Zielinterdependenz). Kooperation muss lohnenswert sein, sie muss die klientelbezogenen Behandlungsprozesse optimieren, die Problemlösungsfähigkeit der Beteiligten sowie die Entwicklung wirksamer Versorgungsleistungen verbessern.
- *Partizipation:* Kooperation bezieht die Sichtweise aller Problembeteiligten gleichwertig mit ein und garantiert Teilhabe in Abstimmungs-, Entscheidungs- und Gestaltungsprozessen.
- *Koproduktion*: Die personenbezogenen Interventionsleistungen können nur in geklärten Arbeitsbeziehungen durch einen dialogischen Verständigungs-, Abstimmungs- und Aushandlungsprozess von Fachkräften der Sozialen Arbeit und ihren Klientinnen und Klienten realisiert werden.
- *Multiperspektivität:* Die Sichtweisen und Handlungslogiken der vielfältigen Funktionssysteme und Dienstleistungsangebote müssen bei der Analy-

se sozialer Probleme, den Lösungsansätzen, der Umsetzung der Lösungen und bei der Evaluation integriert werden.
- *Kompetenzorientierung*: Kooperation erfordert die Bereitschaft und Fähigkeit zur Kooperation. Gefordert sind insbesondere Kommunikations- und Konfliktfähigkeit sowie Verhandlungskompetenz, strategisches Denken, Offenheit, empathisches Vermögen und die dienstrechtliche Kompetenz der Organisation.

4.5 Erfolgsfaktoren von Kooperation

Kooperationen stellen an die involvierten Fachpersonen hohe Qualitätsanforderungen (methodische und soziale Kompetenzen; Wissen über Strukturen und Kulturen der an der Kooperation beteiligten Organisationen; diplomatisches und politisches Verhandlungsgeschick) und sind nur dann dauerhaft möglich, wenn damit für alle Beteiligten positive Effekte verbunden sind – berechtigte Gewinnerwartungen, die auch eingelöst werden. In Anlehnung an den Schlussbericht zur Untersuchung von Kooperationsmodellen in den Bereichen Prävention, Intervention, Repression im Rahmen des nationalen Programms zu Jugend und Gewalt (vgl. Féraud/Bolliger 2013: vii) lassen sich folgende Faktoren ableiten, die für das Bestehen und den Erfolg von Kooperationen eine Rolle spielen:

1. Klärung von Zweck und Inhalt der Kooperation: Die vorgängige Klärung des Kooperationszwecks und die Festlegung der inhaltlichen Ausrichtung sind entscheidend bei der Beantwortung der Frage, welche Akteure in den Prozess miteinbezogen werden und welche Regelungen in Bezug auf Informationsaustausch und Datenschutz getroffen werden müssen.
2. Festlegung von Zuständigkeiten, Verantwortungsbereichen, Prozess- und Ablaufmodellen: Vor allem hinsichtlich der Wirksamkeit ist die gemeinsame Vereinbarung von Zuständigkeiten und Abläufen eine entscheidende Voraussetzung.
3. Beteiligte Akteure: Kooperationen können dann als wirksam angesehen werden, wenn möglichst diejenigen Akteure zusammenarbeiten, die für die vorliegende Problemstellung einen substanziellen Lösungsbeitrag leisten können.
4. Gegenseitiges Kennen, Vertrauen: Für eine wirksame Kooperation besteht ein entscheidender und insgesamt wohl der wichtigste Erfolgsfaktor darin, dass sich die an der Kooperation beteiligten Akteure kennen, und zwar sowohl auf der persönlichen Ebene als auch bezüglich der unterschiedlichen Aufträge, Rollen, Zielperspektiven, Arbeitsweisen und Grenzen.
5. Feste Strukturen und Kontinuität: Kooperationen brauchen feste, vom Einzelfall unabhängige Strukturen. Institutionalisierte Meetings bieten die Möglichkeit zu einem Dialog über innere und äussere Perspektiven und sind eine Voraussetzung für die Vertrauensbildung.

6. Nutzen der Kooperation: Die Teilnahme wird im Wesentlichen durch den erwarteten Nutzen bestimmt, den die Kooperation einer Organsiation und deren Mitarbeitenden für ihren Kernauftrag stiftet.
7. Ressourcen: Ausreichende und längerfristig gesicherte zeitliche Ressourcen der an der Kooperation beteiligten Personen sind ein zentraler Erfolgsfaktor.
8. Personenbezogene Faktoren: Förderlich ist eine hohe Kooperationsfähigkeit und Kontinuität seitens der involvierten Personen.

Grundvoraussetzung für eine gelingende Kooperation ist die fachliche und personenbezogene Anerkennung, Akzeptanz und Vertrauensbasis des Kooperationspartners. Ohne die Bereitschaft, voneinander zu lernen, sich gegenseitig zu unterstützen und in einen respektvollen, reflektierten Austausch zu treten, können Vorurteile und statusbedingte Grabenkämpfe nicht abgebaut werden: So kann Kooperation nicht funktionieren. Massnahmen, die das gegenseitige Vertrauen und Verständnis fördern und reflektieren, optimieren jegliche Form der Kooperation.

Die Reflexion ist ein Prozess, in dem wir erkennen, wie wir erkennen, das heisst eine Handlung, bei der es uns möglich ist, unsere Blindheiten zu entdecken und anzuerkennen, dass die Gewissheiten und die Erkenntnisse der anderen ebenso überwältigend und ebenso unsicher sind wie unsere eigenen. Diese Erkenntnis verpflichtet. Sie verpflichtet uns zu einer Haltung ständiger Wachsamkeit gegenüber der Versuchung der Gewissheit. Sie verpflichtet dazu einzusehen, dass unsere Gewissheiten keine Beweise der Wahrheit sind, dass die Welt, die jedermann sieht, nicht die Welt ist, sondern eine Welt, die wir miteinander hervorbringen. (Maturana/Varela 1987)

Literatur

Arbeitskreis Kooperative Pädagogik (AKoP) (2002): Vom Wert der Kooperation: Gedanken zu Bildung und Erziehung. Frankfurt am Main: Lang.
AvenirSocial (2010): Berufskodex Soziale Arbeit Schweiz. Ein Argumentarium für die Praxis der Professionellen. Bern: AvenirSocial.
Axelrod, Robert (2009): Die Evolution der Kooperation. Studienausgabe (7. Auflage). München: Oldenbourg.
Bach, Heinz (1979a): Sonderpädagogik im Grundriss. Berlin: Marhold.
Bach, Heinz (Hrsg.) (1979b): Handbuch der Sonderpädagogik. Band 5: Pädagogik der Geistigbehinderten. Berlin: Marhold.
Balz, Hans-Jürgen/Spieß, Erika (2009): Kooperation in sozialen Organisationen. Grundlagen und Instrumente der Teamarbeit. Stuttgart: Kohlhammer.
Bateson, Gregory (1981): Ökologie des Geistes. Frankfurt am Main: Suhrkamp.
Baumgartner, Edgar/Sommerfeld, Peter (2010): Evaluation und evidenzbasierte Praxis. In: Thole, Werner (Hrsg.), Grundriss Soziale Arbeit. Ein einführendes Hand-

buch (3. Auflage) (S. 1163–1176). Wiesbaden: VS Verlag für Sozialwissenschaften.

Brocke, Helmut (2003): Soziale Arbeit als Koproduktion. In: Stiftung Sozialpädagogisches Institut (SPI), Jahresbericht 2002/2003 (S. 8–21). Berlin.

Dewe, Bernd/Otto, Hans Uwe (2010): Reflexive Sozialpädagogik. In: Thole, Werner (Hrsg.), Grundriss Soziale Arbeit. Ein einführendes Handbuch (3. Auflage) (S. 179–198). Wiesbaden: VS Verlag für Sozialwissenschaften.

Eppel, Heidi/Hamer, Beate (1997): Runter vom Ross – Raus aus dem Laufrad. Partnerschaftliche Kooperation in der Handlungsforschung. In: Neue Praxis, 27. Jahrgang, Heft 2, S. 182–189.

Féraud, Marius/Bolliger, Christian (2013): Kooperationsmodelle in den Bereichen Prävention, Intervention, Repression. Forschungsbericht 13/13, Schlussbericht. Bundesamt für Sozialversicherungen: Bern (Beiträge zur Sozialen Sicherheit. Nationales Programm Jugend und Gewalt).

Fritze, Agnès/Maelicke, Bernd/Uebelhart, Beat (Hrsg.) (2011): Management und Systementwicklung in der Sozialen Arbeit. Baden-Baden: Nomos.

Gerber, Andrea/Markwalder, Sonja/Müller, Elisabeth (2011): Der Kompetenzbegriff. Internes Dokument. Olten: Hochschule für Soziale Arbeit FHNW (unveröff.).

Grunwald, Wolfgang (1981): Konflikt – Konkurrenz – Kooperation. Eine theoretischempirische Konzeptanalyse. In: Grunewald, Wolfgang/Lilge, Hans-Georg (Hrsg.), Kooperation und Konkurrenz in Organisationen (S. 50–96). Bern: Haupt.

Heiner, Maja (2004): Professionalität in der Sozialen Arbeit. Theoretische Konzepte, Modelle und empirische Perspektiven. Stuttgart: Kohlhammer.

Heiner, Maja (2010): Soziale Arbeit als Beruf. Fälle – Felder – Fähigkeiten (2. Auflage). München: Reinhardt.

HSA FHNW (2010): Projekt »Weiterentwicklung Bachelor Soziale Arbeit«. Teilprojekt 1: Theoretische Grundlegung. Stand 6.3.2010, unveröffentlicht.

HSA FHNW (2012): Kompetenzprofil HSA FHNW. www.fhnw.ch/sozialearbeit/ bachelor-und-master/bachlorstudium/allg.-informationen/kompetenzprofil.

Hochuli Freund, Ursula/Stotz Walter (2011): Kooperative Prozessgestaltung in der Sozialen Arbeit. Ein methodenintegratives Lehrbuch. Stuttgart: Kohlhammer.

Hug, Sonja (2014): Vermittlung ethischer Kompetenz als Bestandteil der Praxisausbildung in der Sozialen Arbeit. In: Roth, Claudia/Merten, Ueli (Hrsg.), Praxisausbildung konkret. Opladen: Budrich.

Kaiser, Peter (Hrsg.) (1993): Psycho-Logik helfender Institutionen. Beiträge zu einer besseren Nutzerfreundlichkeit der Organisationen im Sozial- und Gesundheitswesen. Heidelberg: Asanger.

Kälble, Karl (2004): Berufsgruppen- und fachübergreifende Zusammenarbeit – terminologische Klärungen. In: Kaba-Schönstein, Lotte/Kälble, Karl (Hrsg.), Interdisziplinäre Kooperation im Gesundheitswesen. Frankfurt am Main: MESOP.

Kardorff, Ernst von (1998): Kooperation, Koordination und Vernetzung. Anmerkungen zur Schnittstellenproblematik in der psychosozialen Versorgung. In: Röhrle, Bernd/Sommer, Gert/Nestmann, Frank (Hrsg.), Netzwerkinterventionen (S. 203–222). Tübingen: DGTV.

Kettiger, Daniel/Schwander, Marianne (2011): Wirkungsorientierung in der Sozialen Arbeit – Möglichkeiten und Grenzen. In: Fritze, Agnès/Maelicke, Bernd/Uebelhart, Beat (Hrsg.), Management und Systementwicklung in der Sozialen Arbeit. Baden-Baden: Nomos.

Kobi, Emil (2002): Kooperation von vornherein und im Nachhinein zu Integration. In: Arbeitskreis Kooperative Pädagogik (AKoP): Vom Wert der Kooperation: Gedanken zu Bildung und Erziehung. Frankfurt am Main: Lang.

Löcherbach, Peter/Klug, Wolfgang/Remmel-Fassbender, Ruth/Wendt, Wolf-Rainer (Hrsg.) (2005): Case Management. Fall- und Systemsteuerung in Theorie und Praxis. München: Reinhardt.

Lüssi, Peter (1995): Systemische Sozialarbeit. Praktisches Lehrbuch der Sozialberatung (3., ergänzte Auflage). Bern: Haupt.

Maturana, Humberto/Varela, Francisco (1987): Der Baum der Erkenntnis. Die biologischen Wurzeln des menschlichen Erkennens. Bern: Scherz.

Merten, Ueli (2005): Kooperation. In: Wörter – Begriffe – Bedeutungen. Ein Glossar zur Sozialen Arbeit der Fachhochschule Aargau Nordwestschweiz. Brugg: FHA

Moor, Paul (1974): Heilpädagogik. Ein pädagogisches Lehrbuch (3., unveränderte Auflage). Bern: Huber.

Müller, Burkhard (1994): Sozialpädagogisches Können. Ein Lehrbuch zur multiperspektivischen Fallarbeit. Freiburg im Breisgau: Lambertus.

Müller, Egon/Riedel, Ralph (2005): Kooperation und Koordination. Institut für Betriebswirtschaften und Fabriksysteme. Chemnitz: Technische Universität.

Neuffer, Manfred (2005): Case Management. Soziale Arbeit mit Einzelnen und Familien. Weinheim: Juventa.

Oberholzer, Daniel (2002): Grundlagen für das Studium in Sozialer Arbeit. Brugg, unveröffentlicht.

Odermatt, Eveline (2013): Anforderungen an das Gütekriterium Partizipation. In: Beat Uebelhart/Peter Zängl (Hrsg.), Praxisbuch zum Social-Impact-Modell. Baden-Baden: Nomos.

Polutta, Andreas (2013): Wirkungsorientierung. In: Grunewald Klaus/Horcher, Klaus/Maelicke, Bernd (Hrsg.), Lexikon der Sozialwirtschaft (2. Auflage) (S. 1108–1109). Baden-Baden: Nomos.

Quilling, Eike/Graf, Christine/Nicolini, Hans J./Starke, Dagmar (2013): Praxiswissen Netzwerkarbeit. Gemeinnützige Netzwerke erfolgreich gestalten. Wiesbaden: VS Springer.

Rabeneck, Jörn (2001): Kooperation in der Jugendhilfe unter dem Fokus der Neuen Steuerungsmodelle. Stuttgart: Ibidem.

Rebbe, Friedrich-Wilhelm (1995): Der Hilfeplan nach § 36 KJHG als Steuerungselement einer outputorientierten Jugendhilfe. AFET, Nr. 3, S. 38–43.

Ross, Paul Stephan (2013): Koproduktion. In: Grunewald, Klaus/Horcher, Klaus/Maelicke, Bernd (Hrsg.), Lexikon der Sozialwirtschaft (2. Auflage) (S. 567–569). Baden-Baden: Nomos.

Sacharowa, Swetlana (2003): Internationale Kooperation. Voraussetzungen und Formen. Vorlesungsskript Uni Köln, unveröffentlicht.

Santen, Eric van/Seckinger, Mike (2003): Kooperation: Mythos und Realität einer Praxis. Leverkusen: DJI.

Schwarz, Gotthart (1994): Sozialmanagement. München: Fachhochschulschriften Sandmann.

Schweitzer, Jochen (1987): Therapie dissozialer Jugendlicher. Ein systemisches Behandlungsmodell für Jugendhilfe und Jugendpsychiatrie. Weinheim: Juventa.

Schweitzer, Jochen (1989): Professionelle (Nicht-)Kooperation. Ihr Beitrag zur Eskalation dissozialer Karrieren Jugendlicher. In: Zeitschrift für Systemische Therapie, Heft 4, S. 247–254.
Schweitzer, Jochen (1998): Gelingende Kooperation. Systemische Weiterbildung in Gesundheits- und Sozialberufen. Weinheim: Juventa.
Seckinger, Mike (2008): Strukturelle Voraussetzungen für Kooperation – Kinderschutz als kooperative Aufgabe. www.suchtfragen.de/fileadmin/content/suchtfragen/docs/Landesstellenbrief/2008/pdf/Seckinger_Vortrag_koop.pdf.
Sommerfeld, Peter (2004): Soziale Arbeit. Grundlagen und Perspektiven einer eigenständigen wissenschaftlichen Disziplin. In: Mühlum, Albert (Hrsg.), Sozialarbeitswissenschaft. Wissenschaft der Sozialen Arbeit (S. 175–203). Freiburg im Breisgau: Lambertus.
Speck, Otto (1991): System Heilpädagogik: eine ökologisch reflexive Grundlegung. München: Reinhardt.
Spiegel, Hiltrud von (2013): Methodisches Handeln in der Sozialen Arbeit (5. Auflage). München: Reinhardt.
Spiess, Erika (1996): Kooperatives Handeln in Organisationen: Theoriestränge und empirische Studien. München: Hampp.
Spiess, Erika (2004): Kooperation und Konflikt. In: Schuler, Heinz (Hrsg.), Enzyklopädie der Psychologie/Organisationspsychologie. Band 4: Organisationspsychologie – Gruppe und Organisation (S. 193–250). Göttingen: Hogrefe.
Stichweh, Rudolf (1994): Wissenschaft, Universität, Professionen. Soziologische Analysen. Frankfurt am Main: Suhrkamp.
Uebelhart, Beat/Zängl, Peter (Hrsg.) (2013): Praxisbuch zum Social-Impact-Modell. Baden-Baden: Nomos.
Wendt, Wolf Rainer (1992): Von der Defizitfixierung zur Ressourcenorientierung. In: Blätter der Wohlfahrtspflege. Deutsche Zeitschrift für Sozialarbeit, Heft 5, S. 115–119.
Wendt, Wolf Rainer (2013): Die transdisziplinäre Perspektive. In: Uebelhart, Beat/Zängl, Peter (Hrsg.), Praxisbuch zum Social-Impact-Modell (S. 29–35). Baden-Baden: Nomos.
Wettstein, Felix/Oberholzer, Daniel (2005): Partizipation. In: Wörter – Begriffe – Bedeutungen. Ein Glossar zur Sozialen Arbeit der Fachhochschule Aargau Nordwestschweiz. Brugg: FHA.
Wörter – Begriffe – Bedeutungen (2005). Ein Glossar zur Sozialen Arbeit der Fachhochschule Aargau Nordwestschweiz. Brugg: FHA.
Zängl, Peter (2011): Das Social-Impact-Modell und seine Anwendung in Deutschland. In: Fritze, Agnès/Maelicke, Bernd/Uebelhart, Beat (Hrsg.): Management und Systementwicklung in der Sozialen Arbeit (S. 312–335). Baden-Baden: Nomos.
Zwicky, Heinrich (2005): Werte. In: Wörter – Begriffe – Bedeutungen. Ein Glossar zur Sozialen Arbeit der Fachhochschule Aargau Nordwestschweiz. Brugg: FHA.

Voraussetzungen gelingender Kooperation

Erika Spiess

Angesichts einer sich ständig verändernden Arbeitswelt hat gute Kooperation heute einen hohen Stellenwert. In Anlehnung an die Feldtheorie von Kurt Lewin wird im folgenden Beitrag zwischen persönlichen und strukturellen Voraussetzungen gelingender Kooperation unterschieden. Als Voraussetzungen auf persönlicher Ebene werden soziale Werte, kooperative Einstellungen, Empathie, Vertrauen und Ziele angenommen, während die strukturellen Voraussetzungen in der Rolle und besonderen Verantwortung der Führungskräfte, einer offenen Unternehmenskultur und einer angemessenen Arbeitsgestaltung bestehen. Für beide Bereiche werden im folgenden Aufsatz die Besonderheiten der Kooperation in sozialen Organisationen diskutiert.

1 Problemstellung: Neue Arbeitswelt

Angesichts von Globalisierung, unsicheren Arbeitsverhältnissen und der zunehmenden Entgrenzung von Arbeit und Freizeit ist die Zusammenarbeit in Organisationen vor neue Herausforderungen gestellt. In der gewandelten Arbeitswelt sind Flexibilität, Projektarbeit und selbstorganisiertes Handeln inzwischen selbstverständlich. Diese neuen Arbeitsformen bringen neben den neu gewonnenen Freiheitsgraden auch Risiken und Belastungen für die Arbeitenden mit sich: zeitlich befristete Arbeitsverträge, schlecht gesteuerte Gruppenprozesse oder der Zwang, sich immer wieder auf neue Teamkolleginnen und -kollegen einstellen und sich in wechselnden informellen und formalen Hierarchien zurechtfinden zu müssen. Aber auch die häufig geforderte Mobilität und die damit einhergehende räumliche Trennung von Familie und Freundeskreis stellen hohe Anforderungen an die Selbststeuerung und die Frustrationstoleranz der Arbeitenden.

Mohr und Otto (2005) konstatieren folgende Merkmale, welche die neue Arbeitswelt auszeichnen: Es kommt zu einem schnellen Verfall des erworbenen Wissens, was ständige neue Lernanforderungen zur Folge hat. Das bedeutet, dass die Menschen lernen müssen, das Lernen zu lernen. Durch die Erweiterung des Dienstleistungssektors (vgl. Nerdinger 2005) gilt es, die Anforderungen der sogenannten Emotionsarbeit zu bewältigen. Ursprünglich stammt dieser Begriff von der amerikanischen Forscherin Hochschildt (1990), die in Interviews mit Stewardessen auf das Phänomen der »Gefühlsarbeit« *(emotional labor)* gestossen ist. Sie versteht darunter den Zwang, Gefühle zu steuern, um einen öffentlich sichtbaren Körper- und Gesichtsausdruck herzustellen. Wenn zum Beispiel die Kunden unmögliche Forderungen stellen, muss dennoch ein freundliches Gesicht gewahrt werden. Diese Gefühlsarbeit wird gegen Lohn verkauft und besitzt Tauschwertcharakter.

Die neuen Arbeitsbedingungen führen zu einer Auflösung des »Normalarbeitsverhältnisses«, das heisst, es erfolgt eine beständige Freisetzung von Arbeitskräften. Der »Patchwork-Lebenslauf« wird somit zur Normalbiografie, das heisst, es kommt zu einem Wechsel von Erwerbs- mit Nichterwerbsphasen. Die Grenzen zwischen Arbeit und Freizeit verschwimmen, man spricht von einer »24-Stunden-Gesellschaft«. Weiterhin wird ein Fachkräftemangel konstatiert, wobei sich der Anteil von qualifizierten jungen Frauen erhöht hat.

Für Organisationen im sozialen Bereich gibt es nun vor dem Hintergrund der wettbewerbs- und konkurrenzorientierten Umgestaltung des Sozialsektors einen erhöhten Innovationsbedarf der sozialen Arbeit (vgl. Balz/Spiess 2009).

2 Was bedeutet Kooperation?

Die Dynamik des ständigen Wandels in der Gesellschaft und in den Organisationen stellt erhöhte Anforderungen an die Kooperations- und Teamfähigkeit der Mitarbeitenden und auch an die Organisationen, die dafür die Voraussetzungen herstellen sollen. Zum Beispiel müssen Regeln der Zusammenarbeit stets wieder neu vereinbart und aufeinander abgestimmt werden.

Im allgemeinen Verständnis werden mit Kooperation meist positive Assoziationen verbunden, mit Konflikt eher negative. Dabei wird jedoch häufig übersehen, dass Kooperation hohe Anforderungen an alle beteiligten Partner stellt. Kooperation zeichnet sich durch bewusstes und planvolles Herangehen bei der Zusammenarbeit und durch Prozesse der gegenseitigen Abstimmung aus. Von den Partnern der Kooperation werden die öffentlich anerkannten Regeln und Verfahren akzeptiert. Kooperation beinhaltet den Grundgedanken von Gegenseitigkeit beziehungsweise Reziprozität. Kooperation gilt somit auch als eine sozialethische Norm, als Strukturprinzip von Gruppen und Organisationen sowie als Verhalten oder Interaktionsform (Spiess, 2004, 2007; Balz/Spiess, 2009).

Eine wesentliche Funktion von Kooperation besteht in der Erzeugung positiver Gefühle. Erfolgreiche Kooperation führt zu Anziehung zwischen denjenigen, die miteinander kooperieren, die Gruppenmitglieder schätzen sich wechselseitig, ermutigen sich gegenseitig und gewähren sich Hilfe (vgl. Lu/ Argyle 1991). Da das in einer Kooperation gegebene Verhältnis der Akteure einerseits durch autonome Entscheidungs- und Handlungsspielräume, andererseits aber auch durch gegenseitige Abhängigkeiten gekennzeichnet ist, kann hierdurch ein Übergang zum Konflikt angelegt sein (vgl. Spiess 2004).

Auch von Kardorff (1998) beschreibt Kooperation als eine gleichberechtigte und arbeitsteilig organisierte Zusammenarbeit, die problemorientiert, strukturiert, sachlich und zeitlich begrenzt ist. Kooperation weist – verglichen mit Vernetzung – einen höheren institutionellen Organisations- und Formalisierungsgrad auf. Wo Vernetzung von der Eigeninitiative der Beteiligten ausgeht, leitet sich Kooperation auch aus institutionellen Vorgaben, fachlichen und im Bereich öffentlicher Sozialleistungen aus gesetzlichen Grundlagen ab. Damit ist auf die strukturellen Bedingungen von Kooperation verwiesen (vgl. Abschnitt 4.2, Strukturelle Voraussetzungen).

3 Theoretischer Rahmen von Kooperation: Die Feldtheorie

Die Feldtheorie von Kurt Lewin (1963, 1982) bietet einen theoretischen Rahmen zur Strukturierung von Kooperation. Der Kerngedanke dieser Theorie besteht darin, dass Menschen sich von manchen Dingen in ihrer Umgebung angezogen fühlen und von anderen abgestossen werden. Als Vorzug des Feldbegriffes gilt, dass er den Menschen in Spannungsfeldern sieht; die Zug- und Druckkräfte in einem solchen Feld können das menschliche Verhalten gut beschreiben. Im Unterschied zum mechanistischen Menschenbild des Behaviorismus wird in der Feldtheorie die Person als aktiv vorausgesetzt, als Mensch, der seine Umwelt wahrnimmt und bewertet (Lewin 1982; Spiess/ von Rosenstiel 2010). Die feldtheoretische Sichtweise lässt sich besonders gut auch auf die Kooperation in sozialen Organisationen anwenden.

Das Feld, durch das ein Individuum bestimmt wird, lässt sich nicht in objektiven Begriffen beschreiben, sondern so, wie es für das Individuum in diesem Moment existiert. Es geht darum, die Welt des anderen mit eigenen Augen sehen zu lernen. Den Ausgangspunkt der feldtheoretischen Analyse bildet die Gesamtsituation. Nach dieser ersten Näherung werden die verschiedenen Aspekte der Situation genauer analysiert. Es geht darum, die psychologische Atmosphäre genauer zu bestimmen. Dabei wird das Verhalten als eine Funktion des je gegenwärtigen Feldes gesehen. Dieses wird zwar von der Vergangenheit beeinflusst, doch ist die Wirkung nur indirekt. Somit sieht Lewin Personen in einem komplexen Energiefeld, das durch Kräfte und Spannungen in einer dynamischen Beziehung gehalten wird. Dafür hat er seine berühmte Formel entwickelt: $V = f(LR) = f(P,U)$. Demnach ist Verhalten (V) nicht direkt eine Funktion des physischen Stimulus, sondern der psychischen Bedingungen des Lebensraums (LR), der sowohl die Person (P) als auch die Umwelt (U) umfasst (vgl. Lewin 1963). Dies schliesst eine dynamische Betrachtungsweise der Geschehnisse in Organisationen ein, die sich auf Akteure und Strukturen gleichermassen bezieht. Für die Betrachtung von Kooperation lässt sich daraus die Unterscheidung in persönliche und strukturelle Voraussetzungen ableiten.

4 Voraussetzungen gelingender Kooperation

Im Folgenden geht es um die Voraussetzungen gelingender Kooperationen. Begonnen wird mit der Person, die nach Schuler und Moser (2014) traditionell das primäre Erkenntnisobjekt der Psychologie darstellt.

4.1 Persönliche Voraussetzungen

Auf der persönlichen Ebene spielen für die Kooperation bestimmte Persönlichkeitsmerkmale wie Verträglichkeit, soziale Werthaltungen und Einstellungen, Vertrauen sowie die Fähigkeit zur Empathie, gemeinsame Ziele und deren Aushandeln eine wichtige Rolle.

Fünf zentrale nicht kognitive Persönlichkeitsmerkmale – die sog. »*Big Five*« – haben in der psychologischen Forschung Beachtung gefunden (Costa/McCrae 2009): *emotionale Stabilität, Extraversion, Offenheit für Erfahrungen, Freundlichkeit/Verträglichkeit* und *Beharrlichkeit/Gewissenhaftigkeit*. Dabei ist das Persönlichkeitsmerkmal *Verträglichkeit* für zwischenmenschliches Vertrauen und Kooperation bedeutsam. Neuere Studien (Hilbig/Glöckner/Zettler 2014) zeigen jedoch, dass Kooperation und prosoziales Verhalten zusätzlich noch durch weitere persönliche Merkmale wie *Ehrlichkeit* und *Bescheidenheit* erklärt werden können.

Kooperatives Verhalten wird vielfach gleichgesetzt mit einer *prosozialen Orientierung*, die wiederum durch *soziale Werte* und Einstellungen determiniert ist. Soziale Werte betonen kollektive Moral, soziales Interesse und soziale Verantwortung, prosoziale Orientierung sowie die Sorge um andere (Korsgaard/Meglino/Lester 1997). Muck und Wesche (2014) stellen das berufsbezogene Sozialverhalten und seine Vorhersagbarkeit durch Persönlichkeitseigenschaften vor. Die prosoziale Persönlichkeit ist so gekennzeichnet, dass sie eine »dispositionelle Neigung« zur Sorge um das Wohl anderer Menschen hat. Das Konstrukt umfasst zwei Faktoren – Empathie und Hilfsbereitschaft. Dadurch wird prosoziales Verhalten vorhergesagt, das wiederum einen positiven Einfluss auf die Organisation hat.

In den zahlreichen sozialpsychologischen Studien zu kooperativem und kompetitivem Verhalten wurden fünf zentrale *Einstellungen* untersucht: die *individualistische Einstellung*, die zum Beispiel bei Gewinnaufteilungsaufgaben vor allem den eigenen Vorteil maximiert, eine *Wettbewerbsorientierung*, die den anderen übertreffen möchte, die *kooperative Orientierung*, die an den eigenen Gewinnen und denen des Partners orientiert ist, die *altruistische Orientierung*, die das eigene Handeln vor allem am Wohlergehen des Partners ausrichtet, und das *Streben nach Gleichheit der Belohnungen*. Für diese sozialen Werthaltungen gibt es auch sogenannte Mischtypen, das heisst, es koexistieren zum Beispiel häufig eine individualistische und eine Wettbewerbsorientierung. Die Bereitschaft zur Kooperation wird darüber hinaus von den Erwartungen bezüglich des Verhaltens der anderen Gruppenmitglieder determiniert (Bierhoff/Müller 1993). Das kooperative Handeln wird in vielen sozialpsychologischen Studien dem wettbewerbsorientierten Verhalten entgegengesetzt. Psychologinnen und Psychologen haben in Experimenten zu Verhandlungen herausgefunden, dass kooperativ orientierte Personen ein flexibleres Verhaltensmuster zeigen als wettbewerbsorientierte Personen. Letztere gehen stets davon aus, dass alle anderen auch wettbewerbsorientiert sind, und handeln somit immer nach dem gleichen Handlungsmuster. Kooperativ eingestellte Personen hingegen geben der anderen Partei zunächst einen Vertrauensvorschuss. Erst wenn sie merken, dass das Gegenüber sich wettbewerbsorientiert verhält, schwenken sie auf dessen Verhaltenstaktik ein, um sich so vor Verlusten zu schützen (Bierhoff 1998).

Neuere Studien zeigen allerdings (z.B. Tauer/Harackiewicz 2004), dass Wettbewerb und Kooperation beide positive Aspekte haben können: So zeigte eine Metaanalyse von Stanne, Johnson und Johnson (1999), dass zwar unter kooperativen Bedingungen höhere Leistungen erzielt wurden als unter individuellen und wettbewerbsorientierten Bedingungen. Allerdings konnten sie auch für wettbewerbsorientierte Bedingungen Vorteile zeigen, und zwar in Abhängigkeit von der Art der Aufgaben und die Art und Weise, wie der Wettbewerb organisiert wird. Wenn die Aufgaben stark miteinander zusammenhängen, führt Kooperation zu besserer Leistung, bei Unabhängigkeit der Aufgaben gibt es jedoch keine Unterschiede. Tauer und Harackiewicz (2004) plädieren dafür, kein Entweder-oder von Wettbewerb und Kooperation zu sehen, sondern die Vorteile beider Verhaltensweisen zu betonen.

Vertrauen ist ein Persönlichkeitsmerkmal – es gibt Personen, denen man mehr Vertrauen schenkt als anderen. Ohne Vertrauen kann sich keine stabile und gesunde Persönlichkeit entwickeln (Erikson 1988). Vertrauen und eine sichere Bindung entwickeln sich in der Kindheit durch eine verlässliche, liebende und sorgende Zuwendung fester Bezugspersonen (Eltern, Pflegepersonen). Ergebnisse der Bindungsforschung zeigen, dass der Aufbau von Bindung eine Entwicklungsaufgabe darstellt und ein Teil der generellen Kompetenzentwicklung ist. Unterschiedliche Qualitäten einer Eltern-Kind-Bindung bedingen individuelle Unterschiede im Vertrauen gegenüber anderen (Grossmann/Grossmann 2007).

Vertrauensvolle Menschen räumen ihren Mitmenschen viel Kredit ein, den sie erst dann kündigen, wenn klare Beweise vorliegen, dass das Verhalten ausgenutzt wird. Misstrauische Menschen geben solchen Vorschuss nicht, deshalb haben sie auch meist weniger Freunde und Partner. Vertrauensvolle Menschen können natürlich auch leichter betrogen werden als misstrauische Personen. Dadurch, dass Letztere sich auf nichts einlassen, machen sie zwar keine negativen Erfahrungen, können aber häufig auch keine positiven Erlebnisse verbuchen.

Vertrauen ist nun – neben dem Tatbestand, dass es ein Persönlichkeitsmerkmal ist – vor allem ein Phänomen der zwischenmenschlichen Interaktion. Vertrauen ist für eine Kooperationsbeziehung sehr wichtig, denn man muss sich auf den Kooperationspartner verlassen können und ist zeitweilig auf die Arbeitsleistung anderer angewiesen (Bierhoff/Müller 1993). Vertrauen meint die Erwartung, dass man sich auf das Wort oder Versprechen eines anderen verlassen kann. Vertrauen ist aber nicht nur eine Erwartung in vorhersagbares Verhalten der anderen, sondern auch Zuversicht angesichts von möglichem Risiko (Luhmann 2000). Vertrauensvolles Verhalten enthält stets auch Risikobereitschaft, denn es besteht die Gefahr, dass das Vertrauen nicht erwidert, sondern ausgenutzt wird. Deshalb beinhaltet das Gewähren von Vertrauen auch die Gefahr, enttäuscht bzw. verletzt zu werden.

Empathie, die Fähigkeit, sich in andere hineinzuversetzen, ist ein weiteres wichtiges Persönlichkeitsmerkmal, das Kooperation erleichtert (Spiess 1998; 2004). Empathie gilt als eine Basiskompetenz für die Kommunikationsfähigkeit. Es geht darum, sich in den anderen hineinzuversetzen, ihn dadurch besser zu verstehen und seine Handlungen vorherzusagen. Empathie besteht aus dem Verstehen und der Kommunikation des Verstandenen. Beim empathischen Zuhören erhält zum Beispiel der Sprechende Rückmeldungen darüber, wie das Gesprochene vom Zuhörenden verstanden worden ist. Es kann sich hier sowohl um sprachliche als auch um nichtsprachliche Reaktionen des Zuhörenden handeln: Es wird Verständnis gezeigt, Gefühle werden angesprochen, Rückfragen gestellt, und insgesamt wird eine zugewandte Haltung gezeigt. Es geht darum, zum Ausdruck zu bringen, dass man den anderen akzeptiert. Diese Fähigkeit ist besonders bei Angehörigen sozialer Berufe gefragt.

Als weitere wichtige Voraussetzung für gelingende Kooperation sind *Ziele* zu nennen: Für eine gute Kooperation müssen sich die Kooperationspartner über die Ziele verständigen, um im Vollzug der Zusammenarbeit dann auch an den gemeinsam vereinbarten Zielen arbeiten zu können. Deutsch (1949) hat in seinen klassischen Experimenten zwischen kooperativen und wettbewerbsorientierten Situationen unterschieden. In der kooperativen Situation sind die Ziele der Akteure positiv aufeinander bezogen, in der wettbewerbsorientierten Situation stehen sie in einem negativen Zusammenhang zueinander. Instruktionsbedingte unterschiedliche Einstellungen – konkurrenzorientiert, kooperativ, individualistisch – bewirkten in Deutschs Versuchen drastische Verhaltensunterschiede. Neuere Studien aus China (Wong/Tjosvold/Liu 2009; Lu/Tjosvold/Shi 2010) bestätigen diese Theorie, nach der kooperative Ziele für Teams ein höheres Innovationspotenzial ermöglichen.

Nach Forschungen von Locke und Latham (1990) sollten Ziele präzise und eindeutig formuliert sein. Ein vages Ziel wäre: »Tun Sie Ihr Bestes!«, ein spezifisches Ziel: »Erstellen Sie den Arbeitsplan bis nächsten Dienstag.« Schwierige und herausfordernde Ziele führen zu besseren Leistungen als mittlere oder leicht zu erreichende Ziele. Dasselbe gilt für herausfordernde und präzise definierte Ziele. Ziele sollen widerspruchsfrei sein und müssen von den Mitarbeitenden akzeptiert werden, nur so können sie eine motivierende Funktion haben.

Das Offenlegen der gegenseitigen Zielvorstellungen zu Beginn einer Kooperation ist ungemein wichtig und nützlich, um eigene Vorstellungen zu klären und den oder die zukünftigen Partner besser kennenzulernen. Die Diskussion über die eigenen Absichten und die des anderen kann dann zu einer Einigung auf ein gemeinsames Ziel führen. Möglicherweise muss man aber auch erkennen, dass die Vorhaben doch zu verschieden sind und eine Kooperation nur Probleme mit sich bringen würde. Dann ist es aber hilfreich, wenn sich dies frühzeitig herausstellt (Spiess 2003).

Ziele können verhandelt werden, dies unterscheidet sie von blossen Befehlen. Unter Umständen müssen die Partner nach einer Verhandlung Abstriche von einigen Zielen machen oder diese modifizieren. Erst dann gelingt es, zu gemeinsamen Zielen zu gelangen und sich auch daran gebunden zu fühlen. Jeder sollte sich in diesen gemeinsamen Zielen mit seinen Interessen und Erwartungen wiederfinden. Dadurch wirken die Ziele besonders stark auf die Motivation. Zugleich ist für den Zielabgleich die Zeitperspektive zu berücksichtigen: Es braucht Zeit, um die wechselseitigen Zielvorstellungen besser kennenzulernen. Möglicherweise rücken im Laufe einer Zusammenarbeit weitere Vorhaben oder andere Perspektiven der Zusammenarbeit in den Blick.

Menschen verfolgen neben ihren beruflichen Zielen auch Ziele, die ihr Privatleben betreffen, sogenannt persönliche Ziele. Im besten Fall stimmen beide Bündel von Zielen überein – als Arzt beispielsweise habe ich das persönliche Ziel, Menschen zu helfen, was ich in meinem Beruf verwirklichen kann. Es gibt jedoch auch Konflikte zwischen den beiden Zielarten, beispielsweise wenn ich meine persönlichen Ziele nicht im Beruf verwirklichen kann. Diese Zielkonflikte lösen innere Spannungen aus, die der Einzelne als sehr unangenehm erlebt.

Beispiel: Qualifizierte Frauen sind besonders häufig von einem Konflikt zwischen privaten und beruflichen Zielen betroffen. Einerseits wünschen sie sich eine Familie und sehen sich für die Aufgaben der Kindererziehung in besonderem Masse verantwortlich. Andererseits wollen sie aber auch den beruflichen Erfolg. Dies setzt vielfach Flexibilität und Mobilität voraus – Aspekte, die insbesondere mit kleinen Kindern schwer zu vereinbaren sind (vgl. auch Kapitel 4.3, zum Thema »Work-Life-Balance«).

4.2 Strukturelle Voraussetzungen

Die strukturelle Ebene umfasst *Organisationen*, in denen sich Kooperation vollzieht, die in den Unternehmen vorherrschende *Unternehmenskultur*, die sich auf die Kooperationen in und zwischen Abteilungen auswirkt ebenso wie auf die *Führung* und die Formen der *Arbeitsgestaltung*. Kooperation ist somit auch in eine bestimmte Unternehmens- und Lernkultur eingebettet, in der sich gemeinsame Handlungs- und Erfahrungszusammenhänge herausbilden und sich formelle und informelle Regeln entwickeln, die einer ständigen sozialen Kontrolle unterliegen (Sonntag 1996).

> *Beispiel:* Ein stark ausgebauter Kontrollapparat in einer Organisation signalisiert Misstrauen gegenüber der Eigenverantwortung der Mitarbeiter und die Furcht, dass diese die Ressourcen im Unternehmen zu ihren Gunsten nutzen. Zugleich ist dies auch ein Ausdruck der in der Organisation gelebten Unternehmenskultur.

Dabei sind *Führungskräfte* wichtige Moderierende bei der Umsetzung einer entsprechenden Kultur im Unternehmen, denn sie haben Vorbildwirkung. So ist zum Beispiel die Art und Weise, wie Vorgesetzte mit Fehlern umgehen, wichtig für das Betriebsklima und die Arbeitsmotivation der Mitarbeitenden (Maier/von Rosenstiel 1997): Werden Schuldige gesucht, wird Angst verbreitet, oder bemüht man sich um einen problemorientierten Umgang mit Fehlern?

Es ist die Aufgabe von Führungskräften, Ziele nicht nur zu setzen und dem Mitarbeitenden zu verdeutlichen, sondern, besser noch, Ziele gemeinsam mit dem Mitarbeitenden festzulegen und zu vereinbaren. Wichtig ist für beide Seiten, dass sie von der Bedeutsamkeit eines Ziels – zum Beispiel die Interessen der Klientinnen und Klienten zu vertreten – überzeugt sind.

Führung vollzieht sich kommunikativ, in Interaktion mit den Strukturen der Organisation, den Persönlichkeitsmerkmalen und situativen Aspekten, *Führung ist kontextabhängig*. Kooperation in Organisationen ist auch davon beeinflusst, welches Verständnis von Führung vorherrscht, welches Klima dadurch entstanden ist und welchen Führungsstil einzelne Führungskräfte pflegen. Neue Technologien und schlanke Organisationen erfordern von den Mitarbeitenden erhöhte kognitive und soziale Kompetenzen, die Selbststeuerung von Mitarbeitenden wird also immer wichtiger und damit zu einem bedeutsamen Teil des Führungsprozesses (Balz/Spiess 2009).

Die Beziehung zwischen Individuum und der Organisation sieht der amerikanische Organisationspsychologe Chris Argyris (1975) als grundsätzlichen Konflikt, wobei sich dieser nicht auf den zwischen Kapital und Arbeit reduziert. Argyris geht davon aus, dass der Einzelne in seiner Entwicklung zunehmend durch folgende Ansprüche geprägt wird: Menschen möchten auch in Organisationen eine grössere Unabhängigkeit, mehr Aktivität, mehr Kontrolle über die eigene Situation und eine längerfristige Zeitperspektive. Diese Entwicklungstendenzen können in Konflikt mit den Anforderungen formaler Organisationen geraten, die ein hohes Mass an ökonomisch orientierter Verhaltensrationalität erwarten. Sie sind durch Arbeitsteilung und eine hierarchische Befehlskette gekennzeichnet (Spiess/von Rosenstiel 2010).

Somit ist eine Vorbedingung von gelingender Kooperation in Organisationen, dass die Führung das Spannungsverhältnis zwischen einzelnen Mitarbeitenden und den Zielen der Organisation ausbalanciert, um zu einem effektiven Arbeitsergebnis gerade auch in sozialen Organisationen zu gelangen.

Ein besonderer Kooperationsbedarf ergibt sich nun für *soziale Organisationen* (Balz/Spiess 2009), da deren Klientinnen und Klienten in komplexen Problemlagen stehen. So gibt es Klienten, die psychische und somatische Probleme haben, die Wissensdefizite mitbringen und aus schwierigen familiären Verhältnissen stammen. Es gibt eine Zergliederung der Institutionen, die an der Finanzierung der Förderung beteiligt sind. Daraus ergeben sich wiederum Zuständigkeits- und Finanzierungsfragen – beispielsweise zwischen örtlichen Jugendhilfe- und überörtlichen Sozialhilfeträgern. Ebenso sind eine Spezialisierung sozialer Berufe und damit einhergehende Unterschiede in der Ausbildung, den Konzepten und Theorien über Veränderungsprozesse sowie im Professionsverständnis der Fachkräfte zu verzeichnen. Damit verbunden ist eine Vielfalt der Hilfsangebote und der Institutionen, die diese bereitstellen, und deren Beziehung untereinander, die kooperierend, koexistierend oder konkurrierend sein kann.

Interdisziplinarität stellt den speziellen Fall einer Kooperation über die Professionsgrenzen dar. Gemischte professionelle Teams finden sich in zahlreichen sozialen Organisationen (Erziehungsberatung, Frühförderung, Psychiatrie, Altenpflege), woraus sich eine besondere Herausforderung für die Zusammenarbeit über die Organisationsgrenzen hinaus ergibt.

Auch wenn auf der individuellen Ebene der Helfenden prosoziale und altruistische Einstellungen und soziale Motive vorherrschen – oftmals die Basis für die Wahl eines helfenden Berufs –, so kann sich die methodische Gestaltung und institutionelle Umsetzung von Kooperation zumeist noch ungenügend auf professionelle Konzepte stützen. In einem zunehmend durch Wettbewerb und Anbieterkonkurrenz geprägten Umfeld sozialer Organisationen müssen hierfür Antworten gefunden werden (vgl. Balz/Spiess 2009).

Zwar haben soziale Organisationen mit Wirtschaftsunternehmen gemeinsam, dass sie durch produktive Prozesse Ziele verfolgen; anders als Wirtschaftsunternehmen, die sich an Gewinn und Rentabilität orientieren, verfolgen Organisationen der Sozialen Arbeit aber primär Sachziele. So sind soziale Organisationen der freien Wohlfahrtspflege aus humanitären Ideen der Nächstenliebe und der gesellschaftlichen Solidarität entstanden. Es ergeben sich Verpflichtungen gegenüber den Grundwerten, den Initiatoren der Organisation und den die Organisation tragenden Mitgliedern. Die Mitarbeitenden erleben nicht selten Zielkonflikte zwischen sozialer Orientierung und Begrenzung der Leistungserbringung (Beispiel: Können wir uns in der Altenpflege das Gespräch am Rande noch leisten?) (Balz/Spiess 2009).

Für das Gelingen von Kooperation in Organisationen bedarf es Möglichkeiten der Zielabstimmung und des Informationsaustauschs, wechselseitiger Kommunikation und gegenseitiger Unterstützung, konstruktiver Problemdiskussionen und einer längeren Zeitperspektive, in der die Form der Kooperation erprobt wird und sich das Vertrauen in den jeweiligen Kooperationspartner entwickeln kann (Spiess 2004).

> Dies lässt sich an folgenden Beispielen verdeutlichen: Ist eine Gruppe übereingekommen zusammenzuarbeiten und sind die Ziele klar definiert, dann muss doch immer wieder über den Stand der Arbeiten oder den Stand der aktuellen Zielerreichung gesprochen werden. Dazu muss man in ständigem Kontakt bleiben und Informationen austauschen.

4.3 Dimensionen von Kooperationen

Kooperation in Organisationen lässt sich in drei Dimensionen differenzieren: *die strategische, die empathische* und die *Pseudokooperation* (Spiess 2004).

Unter *strategischer Kooperation* wird ein Handeln verstanden, das rational und zielgerichtet seinen Nutzen kalkuliert und damit der Zweckrationalität in Organisationen entspricht. Der strategisch kooperativ Handelnde setzt sich Ziele, die er mit anderen erreichen will, er sucht sich Partner und ist darauf bedacht, dass beim gemeinsamen Handeln – im Unterschied zum alleinigen Handeln – effektiv gearbeitet wird. Strategische Kooperation kann als die bewusst gestaltete, geplante und kontrollierte Zusammenarbeit in Organisationen gesehen werden, um eigene Interessen voranzubringen. Die Fähigkeit, sich in den anderen hineinzuversetzen – Empathie – fehlt beim strategisch-kooperativen Handeln.

Empathischer Kooperation liegt wie in der strategischen Kooperation das gemeinsam zu erreichende Ziel beider Interaktionspartner zugrunde. Allerdings ist der Handelnde bemüht, im expliziten Einverständnis mit seinem Partner zu handeln, ihn als Partner zu gewinnen und sich in seine Intentionen hineinzuversetzen. Zentral sind zudem der Inhalt des angestrebten Zieles und die gemeinsame Verständigung über die Art und Weise, das Ziel zu erreichen. Der andere wird nicht lediglich in das eigene Zielvorhaben eingespannt, sondern es wird geprüft, inwieweit er das gleiche Ziel hat. Es findet also eine ausgeprägte Diskussion über die anzustrebenden Ziele statt.

Verschiedene Konstrukte wie das prosoziale Verhalten in Organisationen (Müller/Bierhoff 1994) oder das »Organizational Citizenship Behavior« (OCB) beziehungsweise das »Extra-Rollenverhalten« weisen eine Nähe zur empathischen Kooperation auf (Nerdinger 1998). Organ (1997) hat den Begriff des Organizational Citizenship Behavior geprägt; er versteht darunter Verhaltensweisen in Organisationen, die weder in formalen Stellenbeschreibungen noch vertraglich festgeschrieben sind und sich dennoch positiv auf das gesamte Unternehmen auswirken. Dieses Verhalten besteht zum Beispiel aus spontaner Hilfsbereitschaft Kolleginnen und Kollegen gegenüber, die mit ihrem Arbeitspensum nicht zurechtkommen. Dadurch wird der Arbeitsablauf nicht behindert, und das Unternehmen profitiert durch den ungestörten Produktionsprozess.

Für Personen, die in gemeinnützigen Organisationen arbeiten, kann nun Organizational Citizenship Behavior mitunter ein übermässiges Engagement bedeuten, das wenig bis keine Belohnung erhält und auf einen längeren Zeitraum hin zu Selbstausbeutung und Burn-out führen kann. Ein Beispiel aus dem sozialen Bereich: Ein Heimleiter stellt oftmals für »seine« Kinder auch einen Vaterersatz dar. Zugleich ist »Heimleiter« aber auch seine Berufsrolle mit festgelegten Zeiten, die mitunter mit den Bedürfnissen der Kinder nach Zuwendung in Konflikt geraten. Es muss eine Balance hergestellt werden zwischen den persönlichen Bedürfnissen des Heimleiters (z.B. dem Wunsch nach dem eigenen Privatleben) und den Erfordernissen der Arbeitsaufgabe (Balz/Spiess 2009).

Die in Unternehmen erforderliche Kooperation kann zu *Pseudokooperation* führen. Dabei wird von einer Gemeinsamkeit ausgegangen, die nicht oder nicht mehr vorhanden ist. Es erfolgt ein Als-ob-Handeln, das heisst, die Partner handeln so, als ob sie ein gemeinsames Anliegen hätten. Pseudokooperation bedeutet, dass bei Aufrechterhaltung des Anspruchsniveaus (»Wir arbeiten alle zusammen«) eine verzerrte Wahrnehmung der Situation vorliegt: Obgleich die Grundlagen für eine »echte Kooperation« (gemeinsame Ziele) gar nicht (mehr) gegeben sind, wird so getan, als ob sie noch vorhanden wären. Es findet jedoch kein wechselseitiger Austausch mehr statt, die Kommunikation erfolgt an der Oberfläche oder zum Schein beziehungsweise auf der formalen Ebene. Ebenso wenig besteht wechselseitiges Vertrauen.

Zu Pseudokooperation kann es gerade auch in sozialen Organisationen wie Erziehungsheimen, in der Altenpflege oder in Kindertagesstätten kommen. Von den Mitarbeitenden wird ständiges Überengagement erwartet – bei geringer Bezahlung. Dies führt dann zu Unzufriedenheit mit der Arbeitssituation. »Zum Schein« täuscht man positive Gefühle vor, um den Ansprüchen gerecht zu werden, in Wirklichkeit kann dies aber nicht mehr eingelöst werden. Mögliche Folge dieser Form von Kooperation kann Burn-out sein: Nach einer Phase sehr starken beruflichen Engagements, das aber keine entsprechende Anerkennung erhält, folgt ein Prozess der Enttäuschung bis hin zu einer depressiven Erkrankung (Burisch 2006).

Die *Arbeitsgestaltung* ist ebenfalls eine wichtige Voraussetzung für das Gelingen der Kooperation (Landau 2003; Ulich 2011). So kann eine Arbeitsgestaltung, die Kommunikation zwischen den Kollegen nicht vorsieht, beispielsweise in Form eines Einzelarbeitsplatzes, Kooperation behindern. Umgekehrt kann die Kooperation stark befördert werden, wenn auch räumliche Möglichkeiten zur Kommunikation und zum Informationsaustausch wie Besprechungsräume gegeben sind.

Ein weiterer wichtiger Aspekt für das Umfeld in Organisationen besteht in den Möglichkeiten, wie die *Work-Life-Balance* gesichert werden kann. So führen flexible Arbeitszeitmodelle unter Umständen zu Zeitproblemen im Privatleben. Hohe Mobilität hat ihren Preis, denn soziale Beziehungen können so weniger gepflegt werden. Betriebe führen zum Beispiel flexible und familienfreundliche Arbeitszeiten oder eine Unterstützung bei der Kinderbetreuung als ihren Beitrag zur Work-Life-Balance an.

In der älteren Forschungstradition wurde besonders die Vereinbarkeit von Erwerbstätigkeit bei Müttern und deren Betreuungspflichten gegenüber jüngeren Kindern thematisiert, während inzwischen das Zusammenspiel der verschiedenen Bereiche für Frauen und Männer im Vordergrund steht. Dadurch wird die Schwierigkeit, Familien- mit Berufsleben zu vereinbaren, nicht mehr nur als Aufgabe der Frauen angesehen. Entscheidend wird, wie man die Anforderungen beider Bereiche managen kann (Collatz/Gudat 2011).

Die theoretischen Annahmen der Work-Life-Balance-Forschung zeigen, dass die Zusammenhänge zwischen Arbeit und Privatleben ganz unterschiedlich betrachtet werden können (Sonntag 2014): Beide Bereiche können als getrennt und unabhängig voneinander aufgefasst werden (Segregationshypothese), es kann der eine Lebensbereich genutzt werden, um Defizite im anderen auszugleichen (Kompensationshypothese), es entstehen Konflikte zwischen den Lebensbereichen aufgrund knapper zeitlicher Ressourcen (Konflikthypothese), oder die Bereiche Arbeit und Privatleben beeinflussen sich ständig, indem beispielsweise Stimmungen der Arbeit auf das Privatleben übertragen werden und umgekehrt (Spill-over-Effekt), und es gibt auch die Bereicherungshypothese in dem Sinne, dass Erfahrungen oder Kompetenzen in einem Bereich sich positiv auf den andern auswirken können.

Neueste psychologische Forschungen auf diesem Gebiet untersuchen das Konzept des »detachment«, das heisst der Fähigkeit des außerhalb der Arbeit »Von-der-Arbeit-abschalten-Könnens«. Dies bedeutet, dass man zu Hause die Arbeit »draussen« lässt, und wird erfahren als mentales Abschalten im Alltag (Hahn/Dormann 2013).

Organisationen tragen zum einen ihren Teil dazu bei, wie die einzelnen Mitarbeitenden ihre Work-Life-Balance gestalten können, indem sie die Arbeitszeiten und Arbeitsaufgaben vorgeben. Die Einzelnen ihrerseits haben aufgrund ihrer Persönlichkeit und Lebenssituation Möglichkeiten, darauf zu reagieren beziehungsweise damit umzugehen (Weber/Hörmann 2007).

5 Zusammenfassung und Ausblick

In der sich stets wandelnden Arbeitswelt und durch Zunahme der Globalisierung steigen die Anforderungen an die Kooperationsfähigkeit und die Kompetenzen der einzelnen Mitarbeitenden, Konflikte zu lösen. Es bedarf der Stärkung und Qualifizierung des Einzelnen ebenso wie der Schaffung struktureller Voraussetzungen in den Unternehmen, um diesen Herausforderungen besser gerecht zu werden.

Bestimmte personale und strukturelle Bedingungen können gleichermassen zur Förderung von Kooperation in Unternehmen beitragen. Erfolgreiche Kooperation ist auf der personalen Ebene durch soziale Werte und kooperative Einstellungen sowie Vertrauen in die Kooperationspartner und die jeweilige Organisation gekennzeichnet. Von daher bedeutet es für die Einzelnen, Ressourcen zu aktivieren, Stressbewältigungsmethoden einzusetzen, Sinn im Leben zu finden und auf Work-Life-Balance achten.

In Konkurrenzsituationen, die auch in sozialen Berufen zum Arbeitsalltag gehören, entstehen leicht Konflikte (Spiess 2005). Besonders unbewältigte Konflikte können immer wieder einen neuen Ausgangspunkt für weitere Konflikte bilden. Umso wichtiger ist es, ein effizientes und möglichst prophylaktisches Konfliktmanagement zu betreiben, etwa durch den Abbau gegenseitiger Abhängigkeiten im Arbeitsablauf, durch mehr Informationen und Transparenz, klare Zieldefinitionen oder das Entwickeln einer Vertrauenskultur. Aufseiten der Organisationen sollten Handlungsspielräume geschaffen, sollte Partizipation ermöglicht, soziale Unterstützung gegeben und sollten die Führungskräfte eingebunden werden. Eine offene und kooperative Lernkultur in den Organisationen ist eine gute Bedingung für effiziente Kooperation, ebenso Führungskräfte, die das kooperative Verhalten auch vorleben, indem sie einen partizipations-, veränderungsorientierten und kooperativen Führungsstil praktizieren. Als Führungstechniken bewähren sich zur Erreichung unternehmerischer wie mitarbeiterbezogener Ziele das Führen durch Zielvereinbarungen, die Vorbildfunktion, eine ausgewiesene Feedbackkultur und Anerkennung. Eine Arbeitsgestaltung, die Absprachen und Abstimmungsprozesse zulässt, erleichtert die Kooperation und hilft, Pseudokooperation zu vermeiden.

Um den gestiegenen Anforderungen an Kooperation besser gerecht zu werden, sollten den Mitarbeitenden in den Betrieben Möglichkeiten zu selbstorganisiertem Lernen und kooperativem Verhalten gegeben werden. Dafür ist das Herausbilden übergeordneter Ziele wichtig, das Schaffen von Gruppenidentität und Vertrauen, Berechenbarkeit, Kommunikation und die Herstellung von entsprechenden Belohnungsstrukturen und Anreizen. Nach Balz und Spiess (2009) stellt die Förderung von Kooperation eine Kombination aus Massnahmen der Organisations- und Personalentwicklung dar, die auf Kompetenzerweiterung, kooperationsfördernde Gruppenprozesse und die

Schaffung beziehungsweise Stärkung kooperativer Organisationsstrukturen zielt. So bietet die Supervision ein Angebot sowohl für die Fallarbeit als auch für die Teamentwicklung. Besondere Bedeutung für die Selbstorganisation von Gruppen und Teams kommt der Intervision bzw. kollegialen Beratung zu. Gesellschaft und Kultur beeinflussen auch die Formen der Kooperation und die Art und Weise, wie miteinander gearbeitet wird. Zwar gibt es in der neueren Forschung auch gegenläufige Befunde dazu, welche Rolle die Kultur in Organisationen spielt. So untersuchten Loh, Smith und Restubog (2010) die Rolle der Kultur, der Mitgliedschaft in Arbeitsgruppen und der Zugehörigkeit zu Organisationen und fanden heraus, dass Vertrauen und Kooperation mehr durch die Arbeitsgruppe als durch die kulturelle Zugehörigkeit beeinflusst waren.

Die fortschreitende Globalisierung der Wirtschaft und die internationale Zusammenarbeit der Unternehmen bringen jedoch für die meisten Mitarbeitenden die Notwendigkeit mit sich, sich mit Angehörigen aus anderen Kulturen im Rahmen des Arbeitsprozesses auseinanderzusetzen (Beck 1997). Dies hat erhebliche Konsequenzen für die Zusammenarbeit der Menschen in Organisationen, denn neben fachlichen Aspekten spielt nun auch die interkulturelle Kompetenz eine zunehmende Rolle. Diese interkulturelle Kompetenz wird besonders für die Handlungsfelder sozialer Organisationen immer wichtiger. In Kindergärten und Schulen sowie im stationären Bereich der Kinder- und Jugendhilfe findet sich eine zunehmende Zahl an Kindern, Jugendlichen und Eltern mit Migrationshintergrund (Balz/Spiess 2009). Somit wäre diese Kompetenz auch als Voraussetzung auf der Personenseite für eine gelingende Kooperation mit aufzunehmen. Ebenso muss aufseiten der Organisation diese Tatsache in Rechnung gestellt werden: So sollten Mitarbeitende beispielsweise im Rahmen eines Personalentwicklungsprogrammes darauf vorbereitet werden.

Gelingende Kooperation heisst also, dass ganz im Sinne Lewins eine dynamische Betrachtungsweise auf Personen und Situationen gelegt wird, die Gesamtsituation im Blick zu behalten und das jeweilige Verhalten als Funktion bestimmter Wirkkräfte zu sehen.

Literatur

Argyris, Chris (1975): Das Individuum und die Organisation. In: Türk, Klaus (Hrsg.), Organisationstheorie (S. 215–233). Hamburg: Hoffmann & Campe.
Balz, Hans Jürgen/Spiess, Erika (2009): Kooperation in sozialen Organisationen – Grundlagen und Instrumente der Teamarbeit. Stuttgart: Kohlhammer.
Beck, Ulrich (1997): Was ist Globalisierung? Frankfurt am Main: Suhrkamp.
Bierhoff, Hans W. (1998): Sozialpsychologische Aspekte der Kooperation. In: Spiess, Erika (Hrsg.), Formen der Kooperation – Bedingungen und Perspektiven (S. 21–36). Göttingen: Hogrefe.

Bierhoff, Hans W./Müller, Günter F. (1993): Kooperation in Organisationen. In: Zeitschrift für Arbeits- und Organisationspsychologie, 37. Jg., H. 2, S. 42–51.
Burisch, Matthias (2006): Das Burnout-Syndrom (3., überarbeitete Auflage). Berlin: Springer.
Collatz, Annelen/Gudat, Karin (2011): Work-Life-Balance. Göttingen: Hogrefe.
Costa, Paul T./McCrae, Robert. R. (2009): The five-factor model and the NEO Inventories. In: Butcher, James N. (Hrsg.), Oxford handbook of personality assessment (S. 299–322). New York, NY: Oxford University
Deutsch, Morton (1949): A theory of cooperation and competition. In: Human Relations, Vol. 2, S. 129–151.
Erikson, Erik H. (1988): Der vollständige Lebenszyklus. Frankfurt am Main: Suhrkamp.
Grossmann, Klaus E./Grossmann, Karin (2007): Die Entwicklung psychischer Sicherheit in Bindungen – Ergebnisse und Folgerungen für die Therapie. In: Zeitschrift Psychosomatische Medizin und Psychotherapie, Bd. 53, H. 1E, S. 9–28.
Hahn, Verena C./Dormann, Christian (2013): The role of partners and children for employees detachment for work and well-being. In: Journal of Applied Psychology, Vol. 98, Nr. 1, S. 26–36.
Hilbig, Benjamin E./Glöckner, Andreas/Zettler, Ingo (2014): Personality and prosocial behavior: Linking basic traits and social value orientations. In: Journal of Personality and Social Psychology, Vol. 107, Nr. 3. http://dx.doi.org/10.1037/a0036074 [5.9.2014].
Hochschild, Arlie R. (1990): Das gekaufte Herz. Zur Kommerzialisierung der Gefühle. Frankfurt am Main: Campus.
Kardorff, Ernst von (1998): Kooperation, Koordination und Vernetzung. Anmerkungen zur Schnittstellenproblematik in der psychosozialen Versorgung. In: Röhrle, Bernd/Sommer, Gert/Nestmann, Frank (Hrsg.), Netzwerkintervention (S. 203–222). Tübingen: DGVT-Verlag.
Korsgaard, M. Audrey/Meglino, Bruce M./Lester, Scott W. (1997): Beyond helping: Do other-oriented values have broader implications in organizations? In: Journal of Applied Psychology, Vol. 82, Nr. 1, S. 160–177.
Landau, Kurt (2003): Good Practice. Ergonomie und Arbeitsgestaltung. Stuttgart: ergonomia.
Lewin, Kurt (1963): Feldtheorie in den Sozialwissenschaften. Bern: Huber.
Lewin, Kurt (1982): Feldtheorie des Lernens. In: ders., Werkausgabe, hrsg. von Carl Friedrich Graumann. Band 4 (S. 157–186). Bern: Huber.
Locke, Edwin A./Latham, Garry P. (1990): A theory of goal setting and task performance. Englewood Cliffs, N.J.: Prentice Hall.
Loh, Jennifer/Smith Joanne R./Restubog, Simon Lloyd D. (2010): The role of culture, workgroup membership, and organizational status on cooperation and trust: An experimental investigation. In: Journal of Applied Social Psychology, Vol. 40, Nr. 12, S. 2947–2968.
Lu, Jia-Fang/Tjosvold, Dean/Shi, Kan (2010): Team training in China: Testing and applying the theory of cooperation and competition. In: Journal of Applied Social Psychology, Vol. 40, Nr. 1, S. 101–134.
Lu, Luo/Argyle, Michael (1991): Happiness and cooperation. In: Personality and Individual Differences, Vol. 12, Nr. 10, S. 1019–1030.

Luhmann, Niklas (2000): Vertrauen – ein Mechanismus der Reduktion sozialer Komplexität (4. Auflage). Stuttgart: Lucius & Lucius.

Maier, Günter W./Rosenstiel, Lutz von (1997): Lernende Organisationen und der Umgang mit Fehlern. In: Dr. Wieselhuber und Partner (Hrsg.), Handbuch Lernende Organisation: Unternehmens- und Mitarbeiterpotentiale erfolgreich erschließen (S.101–107). Wiesbaden: Gabler.

Mohr, Gisela/Otto, Kathleen (2005): Schöne neue Arbeitswelt: Risiken und Nebenwirkungen. In: Report Psychologie, H. 6, S. 261–267.

Muck, Peter/Wesche, Jenny (2014): Berufsbezogenes Sozialverhalten. In: Heinz Schuler (Hrsg.), Lehrbuch der Personalpsychologie (S. 889–931). Göttingen: Hogrefe.

Müller, G. F./Bierhoff, H. W. (1994): Arbeitsengagement aus freien Stücken – psychologische Aspekte eines sensiblen Phänomens. In: Zeitschrift für Personalforschung, H. 4, S. 367–379.

Nerdinger, Friedemann W. (1998): Extra-Rollenverhalten und Kooperation in Organisationen. In: Spiess Erika (Hrsg.), Formen der Kooperation – Bedingungen und Perspektiven (S. 265–278). Göttingen: Hogrefe.

Nerdinger, Friedemann W. (2005): Dienstleistung. In: Dieter Frey, Lutz von Rosenstiel & Karl Graf Hoyos (Hrsg.), Wirtschaftspsychologie (S. 41–49). Weinheim: Beltz.

Organ, Dennis W. (1997): Organizational citizenship behavior: It's construct cleanup. In: Human Performance, Vol. 10, Nr. 2, S. 85–97.

Schuler, Heinz/Moser, Klaus (2014): Lehrbuch Organisationspsychologie (5., vollständig überarbeitete Auflage). Bern: Huber.

Sonntag, Karlheinz (1996): Lernen im Unternehmen. Effiziente Organisation durch Lernkultur. München: Beck.

Sonntag, Karlheinz (2014): Arbeit und Privatleben harmonisieren. Kröning: Asanger.

Spiess, Erika (Hrsg.) (1998): Empathie. In: Spiess, Erika (Hrsg.), Formen der Kooperation – Bedingungen und Perspektiven (S. 53–62). Göttingen: Hogrefe.

Spiess, Erika (2003): Effektiv kooperieren. Weinheim: Beltz.

Spiess, Erika (2004): Kooperation und Konflikt. In: Schuler, Heinz (Hrsg.), Enzyklopädie der Psychologie/Organisationspsychologie. Band 4: Organisationspsychologie – Gruppe und Organisation (S. 193–250). Göttingen: Hogrefe.

Spiess, Erika (2005): Kooperation und Konkurrenz. In: Frey, Dieter/von Rosenstiel, Lutz/Graf Hoyos, Karl (Hrsg.), Wirtschaftspsychologie (S. 209–214). Weinheim: Beltz.

Spiess, Erika (2007): Kooperation und Konflikt. In: Schuler, Heinz/Sonntag, Karl Heinz (Hrsg.), Handwörterbuch der Arbeits- und Organisationspsychologie (S. 339–347). Göttingen: Hogrefe.

Spiess, Erika/Rosenstiel, Lutz von (2010): Organisationspsychologie. München: Oldenbourg.

Stanne, Mary Beth/Johnson, David/Johnson, Roger (1999): Does competition enhance or inhibit motor performance: A meta-analysis. In: Psychological Bulletin, Nr. 125, Nr. 1, S. 133–154.

Tauer, John M./Harackiewicz, Judith M. (2004): The effects of cooperation and competition on intrinsic motivation and performance. In: Journal of Personality and Social Psychology, Nr. 86, Nr. 6, S. 849–861.

Ulich, Eberhard (2011): Arbeitspsychologie (7., überarbeitete und erweiterte Auflage). Stuttgart: Schäffer-Poeschel.
Weber, Andreas/Hörmann, Georg (Hrsg.) (2007): Psychosoziale Gesundheit im Beruf. Stuttgart: Genter.
Wong, Alfre/Tjosvold, Dean/Liu, Chunhong (2009): Innovation by teams in Shanghai, China: Cooperative goals for group confidence and persistence. In: British Journal of Management, Nr. 20, Nr. 2, S. 238–251.

Organisation: Ansätze, Theorien und ihre Bedeutung für die Soziale Arbeit

Peter Zängl

Wenn von intra-, interprofessioneller und interorganisationaler Kooperation als professionellem Handeln die Rede ist, sprechen wir immer auch von Organisationen, die dafür den Rahmen bilden. Im folgenden Beitrag lassen wir uns zunächst durch den Begriff der »Organisation« irritieren. In den weiteren Abschnitten werden klassische und neuere Theorien zur Entstehung und Entwicklung von Organisationen vorgestellt. Dabei wird auch das Handeln in und von Organisationen behandelt. Der Beitrag schliesst mit einem Ausblick auf die Organisationslandschaft der Schweiz. Da vieles thematisch nur gestreift werden kann, wird jedes Kapitel durch Lernfragen und bibliografische Hinweise ergänzt. So liegt es in der Verantwortung der Leserinnen und Leser, sich mit dem vorhandenen Material vertieft zu beschäftigen.

1 Irritation

Was ist eine Organisation? Eine Frage, deren Beantwortung zunächst einmal banal erscheint: Organisationen sind allgegenwärtig; sogar von einer Organisationsgesellschaft[1] ist die Rede (vgl. Jäger/Schimank 2005; Schimank 2001; Tyrell/Petzke 2008). Warum soll es also schwierig zu erklären sein, was Organisationen sind, wenn sie nun so wichtig sind und sogar die Gesellschaft aus ihnen besteht? Vielleicht, weil es »Organisationen«, wie Karl Weick – ein amerikanischer Professor für »Organizational Behavior and Psychology« – behauptet, in der Realität überhaupt nicht gibt?

Das Wort Organisation ist ein Substantiv und ein Mythos zugleich. Sieht man sich nach einer Organisation um, findet man keine. Was man findet, sind untereinander verknüpfte Geschehnisse, Vorgänge, die innerhalb fester Mauern ablaufen, und diese Vorgänge oder Abläufe, ihre Bahnen, ihre zeitliche Koordination sind die Formen und Formalitäten, aus denen wir fälschlich Inhalte machen, wenn wir von einer Organisation sprechen. (Weick 1985: 129)

---

1 »Organisationsgesellschaft« – ein Wortungetüm, das, wie Kühl (2010) es ausdrückt, die »Betonung der Wichtigkeit von Organisationen« zum Ziel hat. Kühl stellt sich allerdings der Diagnose der Gesellschaft als Organisationsgesellschaft entgegen und erkennt darin ein populäres (populistisches) Zeitgeistphänomen: »Dabei sind diese Diagnosen lediglich Teil einer Vermehrung von ›Ein-Wort-Zeitdiagnosen‹, mit denen die Gesellschaft beispielsweise in der Form der ›Risikogesellschaft‹, der ›Entscheidungsgesellschaft‹, der ›Weltgesellschaft‹ oder der ›Single-Gesellschaft‹ von einem Zentralphänomen aus beschrieben wird« (Kühl 2010: 1).

Weick betont das Prozesshafte einer Organisation. Anders ausgedrückt: Wichtig ist, was in einer (sogenannten) Organisation[2] (was immer das sein soll) passiert. Sehr viel pragmatischer ist da die Herangehensweise von Peter Drucker, der von seinesgleichen gerne als Pionier oder gar als Entdecker des Managements (Malik 2009) bezeichnet wird. Gewohnt markig beschreibt Drucker Organisationen als »ein Mittel, die Kräfte des Einzelnen zu vervielfältigen« (Drucker 2011: 361). Das kann so sein, könnte aber fatalerweise auch genau in eine unerwünschte Richtung führen, wenn die pointierte Aussage von Quadbeck-Seeger (2002) zutreffen sollte: »Die Klugen werden durch Organisation nicht klüger, aber die Dummen mächtiger«. Trotz dieser Uneinigkeit zum Begriff und Wesen von Organisationen fordert Kühl:

> Die moderne Gesellschaft mit ihren weltweiten Adressierbarkeiten von Kommunikationen, zunehmenden Vernetzungen, wachsenden Entscheidungslasten und damit zusammenhängenden anwachsenden Risiken werden wir nicht verstehen, wenn wir nicht begreifen, wie Organisationen in all ihrer Komplexität funktionieren. (Kühl 2010: 10)

Der folgende Text soll einen ersten Einblick in Organisationstheorien, -modelle, -prozesse, -metaphern geben sowie Bezüge zum Sozialwesen – besser: zu Organisationen des Sozialwesens – aufzeigen. Die Beispiele, Theorien und Methoden in den einzelnen Kapiteln liefern keine erschöpfende Übersicht. Es handelt sich vielmehr lediglich um eine kleine Auswahl, die einiges unberücksichtigt lässt. So wird beispielsweise nur in Ansätzen und mit illustrierenden Zitaten auf Niklas Luhmanns Organisationstheorie eingegangen. Ausführungen zu den Critical Management Studies, zur Giddens'sche Strukturationstheorie oder zur Foucault'schen Gouvernementalitätsdebatte fehlen ebenso wie eine Auseinandersetzung mit der Rolle von Organisationen bei der Gestaltung von Politik(en) im Sozialen – dem »social policy making« (vgl. Uebelhart/Zängl 2014).

2 Organisationen und der Berufskodex der Sozialen Arbeit

Sich mit Wesen und Funktionsweisen von Organisationen als »Ort der Kooperation« auseinanderzusetzen, ist auch für die Soziale Arbeit und für das Verständnis des Zusammenspiels von Profession und Organisation eine Notwendigkeit: Soziale Hilfen – von Professionellen der Sozialen Arbeit geleistet – sind in einer funktional differenzierten Gesellschaft fast immer an Organisationen gebunden; oder wie es Luhmann ausdrückt: Die moderne Gesell-

---

2 Giuseppe Bonazzi spricht im Zusammenhang mit dem Begriff der Organisation von einer »rhetorischen Figur« (Synekdoche), in der ein Wort (Organisation) für ein ganzes Begriffsfeld (Feld der Organisationen) steht (Bonazzi 2014: 11).

schaft »konstituiert eine Umwelt, in der sich organisierte Sozialsysteme bilden können, die sich aufs Helfen spezialisieren« (Luhmann 2009: 177). Folgerichtig misst auch der *Berufskodex der Sozialen Arbeit Schweiz* der organisationalen Seite der Sozialen Arbeit einen hohen Stellenwert[3] bei:

> Der Berufskodex regt den ethischen Diskurs zwischen den Professionellen der Sozialen Arbeit und den Organisationen des Sozialwesens, Aus- und Weiterbildungsstätten, anderen Disziplinen, Professionen und Berufsorganisationen an. Der Berufskodex stärkt die Berufsidentität und das Selbstverständnis der Professionellen sowie ihrer Netzwerke und Organisationen, in denen Soziale Arbeit praktiziert wird. (Avenir Social 2010: 4)

Der Berufsverband beschreibt die Aufgaben der Professionellen der Sozialen Arbeit in ihren Organisationen als »Dilemmata« (ebd.: 7)

Professionelle der Sozialen Arbeit sind gefordert, sich in unterschiedlichen Arbeitsfeldern, auf unterschiedlichen Organisationsebenen und in unterschiedlichen Sektoren einzusetzen, wo sie mit unterschiedlichen individuellen oder kollektiven Adressatinnen und Adressaten, die mit unterschiedlichen Themen, Aufgaben oder Herausforderungen konfrontiert sind, arbeiten. (ebd.: 7)

Themen/ Handlungsmaxime	Beschreibungen im Berufskodex Soziale Arbeit Schweiz	Fundstellen
Ethischer Diskurs	[...] zwischen den Professionellen der Sozialen Arbeit und den Organisationen des Sozialwesens, Aus- und Weiterbildungsstätten, anderen Disziplinen, Professionen und Berufsorganisationen.	1.4
	Die Professionellen der Sozialen Arbeit sprechen allfällige Zielkonflikte oder ethische Differenzen zwischen ihnen und der Organisation, in der sie arbeiten, an und versuchen, im Sinne des Berufskodexes Lösungen zu finden. Sie pflegen und fördern in ihrer Organisation den Dialog über die Ethik Sozialer Arbeit.	13.2
Stärkung der Berufsidentität/Selbstverständnis	[...] von Professionellen sowie ihrer Netzwerke und Organisationen [...]	1.5
Beteiligung/ Einmischung/ Mandatierung	[...] in unterschiedlichen Arbeitsfeldern, auf unterschiedlichen Organisationsebenen und in unterschiedlichen Sektoren [...]	6.1

---

[3] Dies zeigt sich schon darin, dass das Wort »Organisation« im Berufskodex insgesamt fünfzehnmal vorkommt – dreimal häufiger als der Begriff der »Kooperation«.

Themen/ Handlungsmaxime	Beschreibungen im Berufskodex Soziale Arbeit Schweiz	Fundstellen
Kontrolle	Die Professionellen der Sozialen Arbeit verpflichten sich gegenüber ihren Arbeitgebenden zur sorgfältigen Erfüllung ihrer Aufgaben gemäss den Normen und Prinzipien des Berufskodexes und setzen sich dafür ein, dass diese von der Organisation, in der sie arbeiten, respektiert und eingehalten werden.	13.1
Qualität der Arbeitsbedingungen	Die Professionellen der Sozialen Arbeit setzen sich innerhalb ihrer Organisation für Integrität und Gesundheit schützende Arbeitsverhältnisse, für befriedigende Arbeitsbedingungen und für die stete Weiterentwicklung und Verbesserung der Qualität ihrer Organisation ein.	13.3
Interprofessionelle Kooperation	Die Professionellen der Sozialen Arbeit sind in der interprofessionellen Kooperation für wissenschaftsbasiertes methodisches Handeln besorgt, d.h., sie fordern die Einhaltung von Regeln zur Steuerung einer geordneten Abfolge von Handlungen und die Koordination und Kontrolle der Interventionen innerhalb und ausserhalb der Organisationen ein.	16.3
Lernende Organisation	Alle Gremien von AvenirSocial unterstützen den konstruktiven Umgang mit Fehlern und fördern Verfahren der lernenden Organisation.	18.3

Abbildung 1: Themen/Aufgaben/Handlungsmaximen für Professionelle innerhalb und ausserhalb von Organisationen. Quelle: AvenirSocial (2010); (eigene Darstellung)

Vor diesem Hintergrund empfiehlt Röh sogar eine Erweiterung des Tripelmandats gegenüber Gesellschaft, Profession und Klientel (vgl. Staub-Bernasconi 1995) um ein viertes Mandat der Sozialen Arbeit, das sich aus dem Verhältnis der Profession zu den Organisationen und den Institutionen der Sozialen Arbeit ergibt (Röh 2006). Da Organisationen und Institutionen nicht das Gleiche sind – wie später noch gezeigt wird – , wäre hier sogar ein viertes (Organisation) und fünftes Mandat (Institution) zu proklamieren. Dies ist zumindest diskutabel, da ein Mandat gegenüber der Organisation im Sinne von betriebswirtschaftlicher Sicherung der Existenz der Organisation zu weit führen könnte und die Professionalität der Sozialarbeitenden überfrachten würde.

> *Fragen und Aufgaben zur kritischen Auseinandersetzung:* Diskutieren Sie die Mandate der Sozialen Arbeit in Bezug auf Organisationen und Institutionen. Welche Aufgaben sollten Ihrer Meinung nach Professionelle der Sozialen Arbeit mit Blick auf Organisationen und Institutionen haben? Wo sind Berührungspunkte, wo Abgrenzungen? Welche Auswirkungen auf die Profession hätte ein viertes bzw. fünftes Mandat?
> *Literaturtipps zur Vertiefung:* Bonazzi, Giuseppe (2014): Geschichte des organisatorischen Denkens. Wiesbaden: Springer VS; Kieser, Alfred/Walgenbach, Peter (2007): Organisation (5., überarbeitete Auflage). Stuttgart: Schäffer-Poeschel; Kühl, Stefan (2011): Organisationen. Eine sehr kurze Einführung. Wiesbaden: VS Verlag für Sozialwissenschaften: Ortmann, Günther/Sydow, Jörg/Türk, Klaus (2000): Theorien der Organisation. Wiesbaden: VS Verlag für Sozialwissenschaften.

3 Begriffliche Annäherung – Zweck, Mitgliedschaft, Hierarchie

Der Organisationssoziologe Stefan Kühl beschreibt die Bedeutung von Organisationen vor dem Hintergrund der Lebensspanne eines Menschen (vgl. Kühl 2011: 9ff.): Organisationen begleiten uns von der Geburt bis zum Tod. Die meisten von uns sind vermutlich in einem Krankenhaus zur Welt gekommen, und einige von uns werden vielleicht in einem Hospiz oder wiederum in einem Krankenhaus sterben. Auch innerhalb unserer Lebensspanne treten wir ständig, unwillkürlich und unausweichlich immer wieder mit Organisationen in Kontakt. Umso erstaunlicher ist, dass wir – wie Kühl es beschreibt – nirgends lernen, wie wir uns in Organisationen bewegen oder mit ihnen arbeiten können. Es gibt kein Schulfach »Organisationslehre«. Auch unsere Rollen in und gegenüber Organisationen wechseln: Bei unseren frühen Kontakten mit Organisationen nehmen wir zunächst eine teilnehmende Rolle ein. Die Organisation »macht« etwas mit uns (Krankenhaus bei Geburt, Kindergarten, Schule, Sportvereine usw.). Erst später beginnen wir Organisationen aktiv (mit) zu gestalten (Betrieb, soziale Dienste, Freizeitvereine usw.). Unsere Rollen wechseln. Wir werden selbst zum Treibenden des Wandels von Organisationen. Meist dreht sich diese Entwicklung im Alter dann wieder um. Wir ziehen uns in Teilen aus unseren gestaltenden Rollen zurück und werden wieder zu Teilnehmenden.

Es ist die Plastizität des Begriffs der Organisation, die dazu führt, dass seine Bedeutung nicht klar und selten eindeutig ist und in unterschiedlichen Lebenswelten unterschiedlich verstanden wird. Die Spannbreite reicht von »etwas organisieren« im Sinne von etwas besorgen (bisweilen sogar mit einer kriminellen Bedeutung) bis zum Organisieren als vermeintlich rationalem Handeln zur Erreichung eines vorab definierten Zwecks oder Zieles. Welche

Interpretation auch immer gewählt wird, hängt von unseren jeweiligen und organisationsspezifischen Rollen und Bildern (mentalen Modellen) ab, die sich zum Teil sogar in unserer Alltagssprache wiederfinden. Begreifen wir eine Organisation als Maschine, so suchen wir nach den berühmten Stellschrauben (gilt eher für stark arbeitsteilig geprägte Organisationen). Sehen wir Organisationen als Gehirn, dann erwarten wir von ihnen ein sehr zielgerichtetes, analytisches vielleicht sogar rationales Handeln. Haben wir eher das Bild eines Organismus vor Augen (zum Beispiel sogenannt atmende Unternehmen, Netzwerke usw.), dann ist auch unser Handeln eher biologistisch oder evolutionär geprägt.

Weitere Metaphern für Organisationen finden sich in den Studien von Morgan (1986):

- Organisationen als Maschinen,
- Organisationen als Organismen,
- Organisationen als Gehirn,
- Organisationen als Kulturen,
- Organisationen als politisches System,
- Organisationen als strömende Flüsse,
- Organisationen als Dominanzinstrumente.

Renate Mayntz, eine deutsche Soziologin, die bereits 1973 mit Niklas Luhmann über Personal im öffentlichen Dienst geforscht (Luhmann/Mayntz 1973) und sich über lange Zeit mit Modellen politischer Steuerung (und damit der Steuerung von Organisationen) auseinandergesetzt hat, beschreibt die Organisation als soziales Gebilde mit »einem angebbaren Mitgliederkreis und interner Rollendifferenzierung, das auf spezifische Zwecke und Ziele orientiert und […] rational gestaltet ist« (Mayntz 1963: 36). Mit dieser Sichtweise stimmt sie mit Luhmann überein, der Organisationen gekennzeichnet sieht durch Mitgliedschaft, Zweck und Hierarchie (Luhmann 2000). Mit dieser Kennzeichnung liefern Luhmann und Mayntz ein Kategorienschema, mit dem sich Organisationen von Gesellschaften und ihren Teilsystemen hinsichtlich ihrer Funktionsweisen grundsätzlich unterscheiden lassen. Zweck, Hierarchie und Mitgliedschaft dienen in diesem Sinne als Abgrenzungskriterien.

Organisationen sind zum grössten Teil autonom bei der Festlegung und Formulierung ihrer Ziele, bei der Gestaltung ihrer Bedingungen zur Mitgliedschaft und bei der Beschreibung und Durchsetzung der jeweiligen Rollenverständnisse ihrer Mitglieder (gleichzusetzen mit Hierarchie). Dies unterscheidet sie fundamental von anderen »Gebilden« wie Familie, Staat u.a.

Zu den Zielen

Organisationen können als Mittel zur Zielerreichung verstanden werden. Organisationen aus unterschiedlichen Teilsystemen haben unterschiedliche Ziele und erfüllen unterschiedliche Funktionen.

Gesellschaftliche Teilsysteme (nach Talcott Parsons 2009)	Organisationsziele und Funktionen
Wirtschaft	Profitmaximierung/Adaption
Politik	Umsetzung politischer Vorhaben/ *goal attainment*
Soziales	Wohlfahrt/Integration
Legitimation	Wertevermittlung/*latency pattern*

Abbildung 2: Ziele von Organisationen aus den gesellschaftlichen Teilsystemen (eigene Darstellung)

Organisationen des Sozialwesens haben immer die Lösung oder Linderung eines sozialen Problems zum Ziel – beziehungsweise sollten dies zum Ziel haben. Allerdings reicht diese allgemeine Zielbestimmung nicht aus, sondern sie muss konkretisiert werden. Um was für ein Problem handelt es sich? Geht es um die Vermeidung von Ausgrenzung, fehlende Teilhabe, Exklusion, Armutsbekämpfung? Wer ist von diesem Problem betroffen? Welche Folgen hat das Problem für andere Teilsysteme der Gesellschaft (vgl. Uebelhart/ Zängl 2013: 145ff.). Diese Konkretisierungen finden sich dann beispielsweise in Leitbildern, Strategiepapieren, Führungsmodellen und in Beschreibungen von Aufbau- und Ablauforganisation wieder.

Zur Mitgliedschaft

Mit der Formulierung der Bedingungen zur Mitgliedschaft entscheidet eine Organisation, welche Regeln sie aufstellt und wo ihre Grenzen liegen. Die beteiligten Akteure haben sich diesen Regeln »zu unterwerfen«, da sie sonst der Organisation nicht mehr angehören können (vgl. Luhmann 2000: 44f.). Diese Regeln sind in den Organisationen in erster Linie Gegenstand der Arbeitsverträge (Pensen-/Urlaubsregelungen, befristete/unbefristete Arbeitsverträge, Lohnregelungen usw.).

Zur Hierarchie

Mit der Festlegung der Hierarchie bestimmt die Organisation die Unter- und Überordnung ihrer Mitarbeitenden (Aufbauorganisation) und gibt zum Teil auch Hinweise auf die Aufgabenzuweisungen (Ablauforganisation). Hierarchien sorgen zudem für formal klare Zuständigkeiten der Aufgabenerledigung. Hierarchien zeigen sich in Organisationen beispielsweise in Organigrammen und Führungsmodellen. Nur wenn über Ziele, Mitgliedschaft und Hierarchie selbst und weitestgehend autonom entschieden werden kann, handelt es sich um eine Organisation. Diese Merkmale grenzen aber nicht nur Organisationen von anderen Teilsystemen der Gesellschaft ab, sie prägen massgeblich auch Strukturen, Kulturen und Strategien einer Organisation.

```
Zweckbestimmung  ⟶           ⟵  Strategien
Mitgliedschaft   ⟶  prägen   ⟵  Kulturen
Hierarchie       ⟶           ⟵  Strukturen
```

Abbildung 3: Merkmale einer Organisation (eigene Darstellung)

Abgrenzung zu Institutionen

Häufig werden die Begriffe Organisation und Institution synonym verwendet. Dies ist aus Sicht der Politikwissenschaft und der Soziologie falsch. Allerdings wird der Begriff der Institution uneinheitlich verwendet. Eine gute Definition für »Institution« findet sich bei Schubert und Klein:

> Institution ist ein politisch-soziologischer Begriff für stabile, auf Dauer angelegte Einrichtungen zur Regelung, Herstellung oder Durchführung bestimmter Zwecke. Im Einzelnen kann der Begriff unterschiedliche Bedeutungen haben:
> - Institution meint eine soziale Verhaltensweise oder Norm (wie z.B. Die I. »Ehe«);
> - Institution meint konkrete, materielle, zweckgerichtete Einrichtungen (wie z.B. das Parlament, das Amt des Bundeskanzlers, die öffentliche Verwaltung, die Parteien);
> - Institution meint abstrakte, immaterielle, zweckgerichtete Einrichtungen (wie z.B. das Grundgesetz, die demokratische Mehrheitsregel).
>
> (Schubert/Klein 2011: 33)

Nach dieser Definition kann eine Organisation eine Institution sein – zum Beispiel ist »Der braune Mutz« eine feste Institution in Basel, da nicht die Beiz als solche gemeint ist, sondern auf ihren geschichtlichen Hintergrund und auf ihren Charakter als ehrwürdige Begegnungsstätte hingewiesen werden soll. Eine Organisation kann eine Institution haben, nämlich dann, wenn zum Beispiel von abstrakten und immateriellen Regelwerken die Rede ist, etwa von institutionalisierten Verhaltensnormen im Sinne von Führungsgrundsätzen usw.

> Fragen und Aufgaben zur kritischen Auseinandersetzung: Grenzen Sie anhand der Kriterien »Art und Weise der Zielfestlegung«, »Regelungen der Mitgliedschaft« und »Bestimmung von Hierarchien« Organisationen von Familien und vom Staat ab. Finden Sie Beispiele für das Zusammenspiel von sozialen Einrichtungen und Institutionen.
>
> *Literaturtipps zur Vertiefung:* Kühl, Stefan (2011): Organisationen. Eine sehr kurze Einführung. Wiesbaden: VS Verlag für Sozialwissenschaften; Luhmann, Niklas (2000): Organisation und Entscheidung. Opladen: Westdeutscher Verlag; Mayntz, Renate (1963): Soziologie der Organisation. Reinbek bei Hamburg: Rowohlt.

4 Organisationstheorien

Manche Theorie ist so lange gut,
bis man sie anwendet.
Otto Baumgartner-Amstad (*1924),
Korrespondent des *Nidwaldner Volksblattes* und
Volksbühnenautor

4.1 Die Klassiker

Klassische Organisationstheorien werden auch als zweckrationale Theorien bezeichnet. Zu den klassischen Managementtheorien können folgende Ansätze gezählt werden:

- die Bürokratietheorie nach Max Weber (1864–1920, deutscher Soziologe, Jurist und Nationalökonom);
- der technokratische Ansatz des Scientific Management nach Frederick Winslow Taylor (1856–1915, Ingenieur);
- der verhaltensorientierte Ansatz nach Henri Fayol (1841–1925, französischer Bergbauingenieur);
- der Human-Relations-Ansatz. Mitbegründer Elton Mayo (1880–1949 als Initiator der Hawthorne-Studien).

Die regelgeleitete Bürokratie (nach Max Weber)

Max Weber hat den Bürokratiebegriff entscheidend geprägt. Er entwirft auf der Basis von Macht und Herrschaft den Idealtypus[4] einer »bürokratischen

---

[4] Ein »Idealtyp« ist ein ins Reine gesteigertes Konstrukt. Weber definiert folgendermassen: »Inhaltlich trägt diese Konstruktion [der Idealtyp] den Charakter einer Utopie an sich, die durch gedankliche Steigerung bestimmter Elemente der Wirklichkeit gewonnen ist. Er wird gewonnen durch einseitige Steigerung eines oder einiger Gesichtspunkte und durch Zusammenschluss einer Fülle von diffus und diskret, hier mehr, dort weniger, stellenweise gar

Organisation«, um zu erklären, »wie der Herrschaftsstab im Falle legaler Herrschaft beschaffen sein müsse, um die wirksamste Herrschaftsausübung zu gewährleisten« (Mayntz 1982: 4). Es geht also im Kern darum, mithilfe einer Organisation bestimmte Interessen durchzusetzen. Nach Weber dient eine Organisation in erster Linie der Zweckerreichung. Er hatte dabei insbesondere staatliche Organisationen im Blick. Um Willkür zu vermeiden und Gleichheit gemäss dem aristotelischen Grundsatz »Gleiches wird gleich, Ungleiches wird ungleich behandelt« zu gewährleisten, entwickelte Weber (1972: 125ff.) folgende Anforderungen an eine bürokratische Organisation:

- kontinuierliche Geschäftsführung,
- hauptamtliche, qualifizierte Mitarbeiter,
- klar definierte Kompetenzen/Arbeitsteilung,
- strenge Regelgebundenheit der Aufgabenerfüllung,
- exakte Dokumentation der Tätigkeiten (Aktenmässigkeit),
- hierarchische Koordinierung,
- nicht regelgebundene Organisationsspitze.

Diese Anforderungen sind bis heute noch handlungsleitend für Organisationen der öffentlichen Verwaltung. Allerdings handelt es sich bei diesem Modell um eine Konstruktion (Idealtyp), bei der die organisatorische Zweckmässigkeit ins Zentrum rückt. Informelle Strukturen, Veränderungen der Rahmenbedingungen, Wechsel der Ziele finden in diesem Modell keine Entsprechung, beziehungsweise es gibt keine Hinweise, wie die Organisation diesen Phänomenen entgegnen soll. Ausufernde Bürokratien können entstehen, wenn die skizzierten Anforderungen als Ziele der Bürokratie verstanden werden (z.B. »Dienst nach Vorschrift«). Der britische Soziologe Cyril Northcote Parkinson hat dies in seinen »Gesetzen« 1957 persifliert. Das Bürokratiewachstum erklärt er mit seinem ersten Gesetz: »Work expands so as to fill the time available for its completion« (Parkinson 1957). Auf der Basis von Studien über die königlich-britische Marine beschreibt er den Anstieg des Personals bei gleicher Aufgabenmenge. Seine Erkenntnisse formulierte er in den beiden Leitsätzen:

1. Jeder Angestellte wünscht, die Zahl seiner Untergebenen, nicht jedoch die Zahl seiner Rivalen zu vergrössern.
2. Angestellte schaffen sich gegenseitig Arbeit. (Parkinson 1957, 2005)

Scientific Management (nach Frederick W. Taylor)

Taylor ging davon aus, dass es eine optimale Arbeitsorganisation im Sinne eines »one best way« geben müsse (vgl. Taylor 1977). Sein Führungsmodell

---

nicht, vorhandener Einzelerscheinungen, die sich jenen einseitig herausgehobenen Gesichtspunkten fügen, zu einem in sich einheitlichen Gedankengebilde« (Weber 1972).

ist geprägt durch den Grundsatz »Vertrauen ist gut, Kontrolle ist besser«. In seiner Vorstellung einer wissenschaftlichen Betriebsführung ist systematische Vorausplanung aller Elemente des Arbeitsprozesses notwendig und möglich. Den Arbeitsprozess sieht er losgelöst von den Fertigkeiten und Fähigkeiten der Arbeitenden. Der Blickwinkel in der Organisation geht von oben nach unten. Es existiert eine eindeutige und klare Trennung von Kopf- und Handarbeit; die Kopfarbeit erfolgt im Management (in Planungsbüros), die Handarbeit durch Arbeitende. Die Arbeitenden werden durch das Management kontrolliert, was nach Taylor zu den wichtigsten Aufgaben der Organisation gehört.

Taylor versteht den (hand)arbeitenden Menschen als Produktionsfaktor. Seine Organisationsmetapher ist die einer Maschine. Die Organisation ist sowohl horizontal (Arbeitsteilung) als auch vertikal (Trennung von Hand- und Kopfarbeit) hoch spezialisiert. Aufgrund der Aufteilung des Produktionsprozesses in Teilprozesse (sog. Babbage-Prinzip) nach wissenschaftlich begründeten Normierungen des Arbeitsobjekts, der Arbeitszeit und der Arbeitstätigkeit sind einerseits Produktivitätssteigerungen zu erwarten. Andererseits könnte dies im günstigsten Fall zu Verbesserungen der Lohn- und Gehaltsstrukturen und sogar zu Arbeitszeitverkürzungen führen, da mehr in weniger Zeit erreicht werden könnte. Tatsächlich sind aber eher Arbeitsverdichtungen und höhere Belastungen zu erwarten.

Negative Folgen des Scientific Management sind

- Entfremdung von der Arbeit,
- Zerstörung der Motivation,
- Fluktuation, Absentismus.

Mit dem Scientific Management verwandte Modelle finden sich heute insbesondere in hoch technisierten Produktionsstätten – zum Beispiel in der computerintegrierten Fertigung (CIM) und in Industriebetrieben. Mit dem Konzept des Reengineering wird in hochindustrialisierten Betrieben eine ganzheitliche Sicht auf den Produktionsprozess gelegt, da davon ausgegangen wird, dass (tayloristische) Unternehmen zu viel Zeit mit der Übergabe von Aufgaben von einer Abteilung an eine andere verlieren.

Der administrative Ansatz (nach Henri Fayol)

Auch Henri Fayol (1929) hat ein sehr mechanistisches Verständnis von Organisationen. Allerdings dreht er Taylors Sichtweise auf Organisationen um: Während Taylor Rationalisierungspotenzial für Organisation überwiegend »unten« bei den Arbeitenden sieht, setzt Fayol am Managementprozess (verstanden als Planung und Leitung einer Organisation) an; Rationalisierungspotenzial sieht er also eher »oben«. Fayols Ziel ist die Einführung einer funktionalen Arbeitsteilung im Managementprozess. Hierzu hat er insgesamt vierzehn Managementprinzipien (»universelle Erfolgsprinzipien«) entwickelt. Fayols Grundgedanken wurden von der amerikanischen Management Process School weiterentwickelt. Management besteht nach diesem Verständnis aus: Planning (P), Organizing (O), Staffing (S), Directing (D), Coordinating (C), Reporting (R), Budgeting (B) – POSDCoRB (Gulick 1936). Der Vorteil eines solchen Verständnisses von Management ist seine systematische Konzeptionalisierung. Formale Elemente einer Organisation (Hierarchie, Mitgliedschaft, Führung usw.) sind klar definiert. Management im Sinne von

- Vorschau und Planung,
- Organisation,
- Leitung,
- Koordination,
- Kontrolle

ist transparent und nachvollziehbar.

Die Frage ist aber, ob der administrative Ansatz wirklich den Anspruch auf universelle Gültigkeit erfüllt, der sich auch in der heutigen Literatur zum Thema Management zuweilen finden lässt. Sowohl beim Scientific Management als auch beim administrativen Ansatz handelt es sich um ein Denken in geschlossenen Systemen. Umweltbedingungen werden fast komplett ausgeblendet, ebenso die Bedürfnisse von Menschen in den Organisationen.

Human-Relations-Ansatz

Das Scientific Management stiess in einigen Organisationen immer mehr an seine Grenzen (vgl. Kieser/Walgenbach 2007). Arbeitsvorbereitende und arbeitsplanende Tätigkeiten nahmen aufgrund der hohen Anforderungen des Babbage-Prinzips einen immer grösseren Raum ein. Zunehmende Fluktuation und Absentismus waren die logische Folge der zunehmenden Entfremdung der Arbeitenden. Damit rückte immer mehr die Führung der Mitarbeitenden in den Vordergrund. Studien über Gruppenphänomene, Arbeitszufriedenheit und Führungsstile widerlegten die einseitige Annahme vom Menschen als Produktionsfaktor (sog. Hawthorne-Effekt; vgl. Walter-Busch 1989). Demgegenüber stellte die Human-Relations-Bewegung die These auf, dass nicht der Lohn der entscheidende Faktor sei; vielmehr würden die jeweilige Arbeitsgruppe und soziale Normen das individuelle Verhalten beeinflussen. Zuneigung und Anerkennung in der Gruppe sind aus dieser Sicht die Erfolgsgaranten. Ein *partizipativer Führungsstil* führt zu Leistungssteigerungen, was wiederum Rückwirkungen auf die Zufriedenheit der Arbeitenden hat.

Zuneigung und Anerkennung in der Gruppe sind wichtige Determinanten. Auch informelle Phänomene wie zum Beispiel informell Führende spielen bei der Definition von Gruppennormen eine wichtige Rolle. In Organisationen (z.B. in der Mayo-Gruppe), die sich der Human-Relations-Bewegung anschlossen, wurde Mitarbeiterführung zu einer der wichtigsten Aufgaben des Managements. Allerdings löste die Human-Relations-Bewegung den Taylorismus nicht einfach ab, sondern erweiterte lediglich das Methodenarsenal der Rationalisierungsbewegung. Die tayloristische Arbeitsgestaltung wurde nicht infrage gestellt, lediglich der Umgang mit den Arbeitenden wurde revidiert. Vom Manager wurde eine andere Art der *Menschenführung* gefordert. Richard Scott kritisierte in diesem Sinne:

> Die gesamte Richtung wurde als »Kuhsoziologie« bezeichnet: So wie man von zufriedenen Kühen mehr Milch, eine gesteigerte Milchproduktion erwartet, so erwartet man von zufriedenen Arbeitern einen grösseren Produktionsausstoss. (Scott 1986: 132).

Scott bezweifelte einen generellen Zusammenhang zwischen Zufriedenheit der Mitarbeitenden und ihrer Produktivität.

Die vier dargestellten klassischen Organisationstheorien sind in dem Sinne eindimensional, als sie alle eine zweckrationale Begründung von Organisationen wählen. Eine Organisation »organisiert« sich in erster Linie nach dem Zweck, den sie erfüllen will. In neueren organisationssoziologischen Ansätzen wird dieser Zusammenhang zwar nicht negiert, aber doch vielschichtiger und mehrdimensional betrachtet. Die im Folgenden dargestellten Ansätze wählen einen zum Teil systemtheoretischen und/oder einen marktorientierten Zugang zu Organisationen.

Fragen und Aufgaben zur kritischen Auseinandersetzung: Welche Merkmale nach dem Modell von Max Weber erkennen Sie beispielsweise in der Kindes- und Erwachsenenschutzbehörde (KESB) wieder, und welche Funktionen haben diese Merkmale? Inwieweit ist die Trennung von Kopf- und Handarbeit sinnvoll für Einrichtungen, die soziale Dienstleistungen erbringen?

Literaturtipps zur Vertiefung: Bonazzi, Giuseppe (2014): Geschichte des organisatorischen Denkens. Wiesbaden. Springer VS; Kieser, Alfred/Walgenbach, Peter (2007): Organisation (5., überarbeitete Auflage). Stuttgart: Schäffer-Poeschel; Ortmann, Günther/Sydow, Jörg/Türk, Klaus (2000): Theorien der Organisation. Wiesbaden: VS Verlag für Sozialwissenschaften.

4.2 Neuere Ansätze

In der neueren Organisationssoziologie werden insbesondere vier Theorieansätze unterschieden:

- Population Ecology (Hannan/Freeman 1989),
- Neue Institutionenökonomik (Williamson 1990),

- Resource Dependence Theory (Pfeffer/Salancik 1978),
- Institutional Theory (Meyer/Rowan 1977).

Population Ecology Theory

In Anlehnung an Darwins Evolutionstheorie geht die Population Ecology Theory davon aus, dass sich Organisationen vorhandenen (ökologischen) Nischen anpassen. Organisationen »evolutionieren«. Das heisst, die Gesamtheit der Organisationen (Population) entwickelt sich ständig weiter und ist einem permanenten Selektionsprozess unterworfen. Je angepasster die Organisation ist, umso grösser sind ihre Chancen, in einer dynamischen Umwelt zu überleben. Gleichzeitig sinken Überlebenschancen schwächerer Organisationen *(survival of the fittest)*. Allerdings sind Organisationen in ihrer Anpassungsfähigkeit eher träge. Bedingt durch unterschiedliche Interessengruppen, die unterschiedliche Ziele verfolgen, und durch unvollkommene Informationen über Zweck-Mittel-Beziehungen wird die Anpassungsfähigkeit an sich ändernde Umweltbedingungen zusätzlich erschwert.

Zentrale Konzepte der Population-Ecology-Forschung sind:

- Liability of Newness (neue Organisationen haben es schwerer als alte);
- Liability of Smallness (grössere Organisationen sind kleineren gegenüber im Vorteil);
- Theory of Founding Conditions (die zum Gründungszeitpunkt erworbenen/vorhandenen Charakteristika der Organisation sind entscheidend für die Überlebensfähigkeit);
- Fitness Set Theory (anpassungsfähige Organisationen haben eine höhere Überlebenschance);
- Density Dependences Theory (mit steigender Zahl von Organisationen in einem Feld erhöht sich die soziale Akzeptanz für Neugründungen; ab einem kritischen Punkt der Populationsdichte sinkt sie wieder);
- Organizational Change (die Fähigkeit zum Wandel in den Kernbereichen einer Organisation erhöhen die Überlebenschancen) (Kieser/Walgenbach 2007: 235ff.).

Neue Institutionenökonomik

Der neuen institutionenökonomischen Theorie werden

- die Principal-Agency Theory,
- die Property Rights Theory und
- die Transaction Cost Theory

zugeordnet (vgl. Williamson 1990 und Kieser/Walgenbach 2007).

Die *Principal-Agency Theory* beschäftigt sich mit der Entscheidungsfindung in und von Organisationen bei unvollständigen (asymmetrischen) Informationen der handelnden Personen, Organisationen oder auch Institutionen. Als Prinzipal *(Principal)* werden die Auftraggebenden (z.B. Führungsperson, arbeitgebende Organisation, Institution als Vergabestelle für Leistungsverträge), als Agent der oder die Beauftragte (entsprechende Pendants zu den oben genannten) bezeichnet. Innerhalb der Principal-Agency Theory werden problematische Beziehungen zwischen Prinzipal und Agent auf den unterschiedlichen Ebenen beschrieben, und es wird nach Lösungen gesucht. Im Zentrum stehen dabei verborgenes Handeln, verborgene Informationen und verborgene Absichten. Die Principal-Agency Theory lässt sich auf aktuelle Fragestellungen innerhalb der Sozialen Arbeit zu den Beziehungen zwischen Professionellen und der Klientel übertragen.

In der *Property Rights Theory* werden Verfügungsrechte an Gütern und Dienstleistungen in den Mittelpunkt der organisationssoziologischen Betrachtung gestellt. Je nachdem, ob ein Gut (oder eine Dienstleistung) benutzt, verändert, vermietet oder verkauft werden darf, muss sich eine Organisation unterschiedlich aufstellen. Ändern sich Verfügungsrechte – zum Beispiel für ein bisher »freies« Grundstück muss nun eine Nutzungsgebühr bezahlt werden (Allmende-Problematik) –, führt dies zwangsläufig zu Änderungen in einer Organisation.

In der *Transaction Cost Theory* ist die Wahl des institutionellen Arrangements abhängig von der Höhe der Transaktionskosten, die durch den Markt, durch Vertrag oder durch andere Organisationen bestimmt werden. Transaktionen sind Übertragungen von Verfügungsrechten (Kauf/Verkauf/ Investitionen) an Gütern und Dienstleistungen in Austauschbeziehungen zwischen mindestens zwei Vertragsparteien. Kosten für Transaktionen könnten beispielsweise sein: Kosten für Informationsbeschaffung, Verhandlungs- und Vertragskosten. Die TCT schliesst an die Gedanken von Adam Smith an, der die Ordnung des Marktgeschehens bildhaft durch eine »unsichtbare Hand« *(invisible hand)* – insbesondere durch den Preis als Resultante von Angebot und Nachfrage – geregelt sah. Die Vertreterinnen und Vertreter bezweifeln dies nicht, betonen aber, dass eben diese »Transaktionen« der unsichtbaren Hand etwas kosten. Dementsprechend richtet sich – ihrer Meinung nach – der gewählte Organisationstyp mit ihren speziellen Formen und Kooperationen an diesen Transaktionen und ihren Transaktionskosten aus.

Resource Dependence Theory (RDT)

Die RDT geht davon aus, dass Organisationen sich so aufstellen, dass ihre Abhängigkeiten von externen Ressourcen minimal sind beziehungsweise dass sie wichtige Ressourcen, die für die Erstellung von Gütern und Dienstleistungen notwendig sind, kontrollieren. Es ist also ein sehr »Input«-gerichteter Theorieansatz. Die zentralen Fragen einer Organisation sind demnach: Was benötige ich zur Zielerreichung, und wie kann ich über diesen Input (z.B. Rohmaterial, Kapital, Energie, Wasser, aber auch nichtmaterielle Ressourcen wie Standorte, Arbeitskraft, Wissen und Patente) die grösstmögliche Kontrolle erreichen? Der Ressourcenabhängigkeitsansatz greift damit auf die Arbeiten von Michael E. Porter zurück, der in seiner Marktbeschreibung fünf Kräfte *(five forces)* identifiziert hat. Diese haben grossen Einfluss auf die Organisationsgestaltung, da sie nach Porter Einfluss auf die Attraktivität eines Marktes haben:

1. viele Wettbewerber innerhalb der jeweiligen Branche *(intensity of competitive rivalry/industry rivalry)*,
2. neue Anbieter (potential entrants),
3. Verhandlungsstärke der Lieferanten *(bargaining power of suppliers)*,
4. Verhandlungsstärke der Abnehmer (bargaining power of buyers/customers),
5. Bedrohung durch Ersatzprodukte *(threat of substitutes)* (vgl. Porter 1980).

Neoinstitutionalismus

Der Neoinstitutionalismus (NI) wählt einen anderen Zugang, um zu erklären, welche Strukturen und Operationsweisen Organisationen wählen. Zunächst etwas irritierend, steht im Rahmen des NI nicht ein rational handelnder Akteur oder mehrere im Zentrum, sondern eher unreflektiertes Handeln, das geprägt wird durch Nachahmung und Angleichung (Isomorphie). Eine Organisation stellt sich so auf, wie es ihre (institutionelle) Umwelt von ihr – in Bezug auf Normen und Leitbilder – erwartet, weitestgehend unabhängig von technischer und ökonomischer Effizienz.

Je stärker eine Organisation von einer anderen abhängig ist, desto stärker wird sie sich hinsichtlich ihrer Strukturen, ihrer Kultur und ihres Verhaltens jener Organisation angleichen. (Walgenbach/Meyer 2008: 36)

Institutionalistische Ansätze grenzen sich mit dieser Sichtweise von anderen Organisations- bzw. Managementlehren ab, die davon ausgehen, dass der Organisationserfolg vor allem von effizienter Führung, von Steuerung und Planung insbesondere der Arbeitsprozesse abhängt. Im Gegensatz dazu wird in den institutionalistischen Ansätzen den Einflüssen, Anforderungen und Erwartungen der Umwelt auf die gewählte Organisationsform viel mehr Gewicht beigemessen. Aufgrund des Legitimationsdrucks und der Erwartungen von aussen werden mehr oder weniger (vor)definierte Regeln für Organisationen geschaffen: Diese Regeln werden als »Rationalitätsmythen« bezeichnet, da ihre Wirksamkeit von einem kollektiven Glauben an sie abhängt und keiner objektiven Prüfung unterzogen werden kann (vgl. Walgenbach 2001: 325).

Dieser kurze Ausflug in die soziologische Welt der Organisationstheorien verdeutlicht, wie unterschiedlich Blickwinkel auf Organisationen sein können. Dies gilt auch für Organisationen im Sozialwesen. Für alle genannten Theorien lassen sich aus dem Sozialwesen Beispiele finden.

Fragen und Aufgaben zur kritischen Auseinandersetzung: Welche Theorie von Organisationen können Sie mit Ihnen bekannten sozialen Dienstleistungsorganisationen verbinden? Was könnte im Sinne des Neoinstitutionalismus Ursache für die Angleichung und Annäherung (Isomorphie) von Organisationen im Sozialwesen sein? Beschreiben Sie mögliche Rationalitätsmythen innerhalb von Organisationen des Sozialwesens.

Literaturtipps zur Vertiefung: Bonazzi, Giuseppe (2014): Geschichte des organisatorischen Denkens. Wiesbaden: Springer VS; Kieser, Alfred/Walgenbach, Peter (2007): Organisation (5., überarbeitete Auflage). Stuttgart: Schäffer-Poeschel; Ortmann, Günther/Sydow, Jörg/Türk, Klaus (2000): Theorien der Organisation. Wiesbaden: VS Verlag für Sozialwissenschaften.

5 Organisationen im Wandel

Der Chef organisiert von Zeit zu Zeit den Betrieb völlig um.
Das schadet aber nichts, weil ja alles beim Alten bleibt.

Kurt Tucholsky

Rahmenbedingungen für Organisationen im Sozialwesen ändern sich ständig. Manche Änderungen sind bedrohlich und erfordern sofortiges Eingreifen, manche sind weniger gefährlich, und manche Entwicklungen verlaufen gar schleichend und fast unbemerkt, bis es für die Organisation vielleicht sogar zu spät ist. Schlagworte, die sich in entsprechenden Publikationen, an Tagungen usw. wiederfinden lassen, sind beispielsweise »Wandel von Organisationen«, »Change Management«, »Veränderungsdruck«, um nur einige wenige zu nennen. Was aber löst diesen Anpassungsdruck aus? Änderungserfordernisse können sich aufgrund (organisations)interner wie auch externer Entwicklung ergeben. Sie können – übertragen auf das Feld der Sozialen Arbeit – in Entwicklungen von Profession und Disziplin sowie solche auf gesellschaftlicher, marktlicher und organisatorischer Ebene eingeteilt werden.

Profession und Disziplin der Sozialen Arbeit entwickeln sich ständig hinsichtlich ihres Selbstverständnisses, ihres Instrumentariums und ihrer Methoden. Soziale Arbeit begreift sich als Expertin für die Lösung und Linderung sozialer Probleme und schreibt sich nicht nur das Mandat für die Arbeit mit der Klientel (Fallarbeit) zu, sondern zeichnet ebenfalls für das Zusammenwirken mit anderen Professionen und Berufsgruppen sowie mit den unterschiedlichen Teilsystemen der Gesellschaft (Politik, Wirtschaft, Soziales, Kultur) verantwortlich. Dementsprechend unterliegt sie einem hohen Entwicklungs- und Anpassungsdruck, dem sie durch eigene Forschung gerecht werden will.

Gesellschaftliche Megatrends können ebenfalls Auslöser für einen hohen Anpassungsdruck von Organisationen im Sozialwesen sein. In diesem Kontext sind u.a. folgende zu nennen:

- Globalisierung,
- Arbeitsgesellschaft, Arbeitsmarkt, Prekariat/*working poor*,
- Demografie,
- Gesundheitsmarkt als Wachstumslokomotive,
- verändertes (Sozial-)Staatsverständnis,
- Wandel der Institutionen,
- Wertewandel,
- Nachhaltigkeit,
- Gender,
- Leitbild: Inklusion.

Auf der Ebene des (Quasi-)Marktes des Sozialen (vgl. zur Theorie von Quasimärkten: Le Grand/Bartlett 1993; Brandsen 2004; Trube/Wohlfahrt 2000; Bode 2005) ergeben sich folgende Trends und Entwicklungen:

- Staatliche Aufgaben und Ausgaben werden zurückgefahren;
- Mindeststandards, Grundsicherung und privat finanzierte Zusatzleistungen;
- der Wettbewerb wird intensiviert;
- der Marktanteil gewerblicher Anbieter steigt;
- Qualität und Preise werden zu den wichtigsten Wettbewerbsfaktoren;
- der Klient wird zum Kunden;
- Finanzierungsmix.
- Leistungsverträge und Kontraktmanagement;
- strategische Allianzen, Netzwerkmanagement;
- Leitbild und Unternehmensphilosophie entwickeln sich zu strategischen Erfolgsfaktoren.

Aktuelle Themen, Trends und Entwicklungen in den Organisationen des Sozialwesens, die schon als Reaktion auf die gesellschaftlichen und marktlichen Trends angesehen werden können, sind beispielsweise:

- Betriebe und Unternehmen als »lernende Organisationen«;
- Kernunternehmen und Satellitenorganisationen;
- Effektivität und Effizienz als Qualitätskriterien;
- *advanced leadership*;
- lebenslanges Lernen aller Fach- und Führungskräfte;
- wirkungsorientierte Steuerung.

> *Fragen und Aufgaben zur kritischen Auseinandersetzung:* Was bedeutet die Umsetzung des Prinzips der »Nachhaltigkeit« für soziale Dienstleistungsorganisationen? Welchen Einfluss hat die Vergabepraxis von Leistungsverträgen auf soziale Dienstleistungsorganisationen? Wie könnte der Erfolg sozialarbeiterischer/sozialpädagogischer Intervention gemessen werden?
> *Literaturtipps zur Vertiefung:* Fritze, Agnès/Maelicke, Bernd/Uebelhart, Beat (Hrsg.) (2011): Management und Systementwicklung in der Sozialen Arbeit. Baden-Baden: Nomos; Uebelhart, Beat/Zängl, Peter (2013): Praxisbuch zum Social-Impact-Modell. Baden-Baden: Nomos.

6 Handeln in und von Organisationen – entscheiden und kooperieren

> *Organisationen sind »Systeme, die aus Entscheidungen bestehen und die Entscheidungen, aus denen sie bestehen, durch die Entscheidungen, aus denen sie bestehen, selbst anfertigen«.*
>
> (Luhmann 2000: 166)

Das Handeln in und von Organisationen hat viele Facetten und mindestens ebenso viele Beschreibungen: Mit Bezug zum »Fall« – also in der direkten Arbeit mit der Klientel – könnten dies sein: intra- und interprofessionelle Kooperation (vgl. den Beitrag von Merten in diesem Band), »kooperative Prozessgestaltung«, sozialarbeiterische Fallarbeit, um nur einige zu nennen. Ähnlich verhält es sich beim Handeln bezogen auf die Organisation selbst, wie Amstutz und Zängl dies in ihren Überlegungen zur »Unschärferelation des Sozialmanagements zur Sozialen Arbeit« (Amstutz/Zängl 2013; Zängl 2012) ausführen. Häufig wird dies gleichgesetzt mit Begriffen wie beispielsweise (Sozial-)Management, Betriebs- oder Unternehmensführung, planen, lenken und/oder entscheiden. Allein der Begriff des *Sozialmanagements* ist schillernd (vgl. Grunwald 2009). Die einen sprechen von Sozialmanagement, die anderen von Management im Sozialen, wieder andere vom Management des Sozialen, in Deutschland ist die Rede von Management in der Sozialwirtschaft – ein Begriff, den es so in der Schweiz nicht gibt (Deutschland: Sozialwirtschaft; Schweiz: Sozialwesen). Beispielhaft für diese Diskussion sind die von Wöhrle (2012) herausgegebenen drei Bände mit dem Titel *Theoriebildung Sozialmanagement in der Sozialwirtschaft,* wo sich dreiunddreißig Autorinnen und Autoren mit der entsprechenden Begriffs- und Theoriebildung beschäftigen, und die auf dieser Grundlage erstellte Diskursanalyse von Amstutz (2014).

Vor dem Hintergrund dieser begrifflichen Unsicherheiten scheint sich der Vorschlag von Wendt (2008) für das Verständnis von Management (als Handeln in und von Organisationen) zu eignen. Er versteht und beschreibt Sozialmanagement als einen Prozess des Planens, Lenkens und Entscheidens. Während sich die Kategorien des Planens und Lenkens in den gängigen Managementmodellen wiederfinden, rüttelt die Betonung von Entscheidungen an genau eben diesen Modellen. Egal, ob nun beispielsweise der fast schon selbsterklärende *Management-Kreislauf* (z.b. Grunwald/Horcher/Maelicke 2013) – Zielsetzung, Planung, Steuerung der Durchführung, Kontrolle – oder der ebenfalls einleuchtende *Deming-Zirkel* (PDCA Zyklus) – *Plan, Do, Check, Act* – als Grundlage managerialen Handelns gesehen wird, beiden gleich ist, dass sie auf der Grundlage strikt rationalen Handelns (Entscheidens) fussen. Diese Annahme ist aber zumindest gewagt, da Entscheidungen in Organisationen höchst komplex und eben oft nicht rational sind. Luhmann spricht sogar von einer »Paradoxie der Entscheidungen« in Organisationen:

> Die Entscheidung selbst ist, muss man deshalb vermuten, das durch die Alternativität der Alternative ausgeschlossene Dritte. Sie ist die Differenz, die diese Alternativität konstituiert; oder genauer: sie ist die Einheit dieser Differenz. Also ein Paradox. Entscheidungen gibt es nur, wenn etwas prinzipiell Unentscheidbares (nicht nur: Unentschiedenes!) vorliegt. Denn andernfalls wäre die Entscheidung schon entschieden und müsste nur »erkannt« werden. (Luhmann 1993: 308)

Etwas prägnanter drückt es Heinz von Foerster (1992: 14) aus: »Only those questions that are in principle undecidable, we can decide«.

Im Gegensatz zu Theorien der »rationalen Entscheidung«[5] fokussieren Luhmann, von Foerster et al. nicht auf den einzelnen isolierten Entscheidenden und seine möglichst rationale, das heisst objektiv bestimmbare Wahlentscheidung, sondern begreifen Entscheidungen als ein »soziales Ereignis«. So gesehen, stehen nicht individuelle Präferenzen des oder der Einzelnen, sondern intersubjektive Erwartungen im Zentrum von Entscheidungen (was enorme Auswirkungen auf Forschung und Lehre von Entscheidungen hat). Wolff (2010) spricht vor diesem Hintergrund vom »Überforderungssymptom von Managern«:

---

5 Diese Theorien gehen im Kern davon aus, dass Entscheidungen eine Handlung, eine Mehrheit von Möglichkeiten, eine bewusste Auswahl aus diesen Möglichkeiten, die Zurechenbarkeit auf einen Akteur (Person oder Organisation) und Präferenzen, das heisst Vorzugskriterien, nach denen eine Wahl zwischen Alternativen getroffen werden kann, beinhalten. Eine Entscheidung bringt eine Präferenz zum Ausdruck, die im Idealfall nutzentheoretisch kalkuliert ist: Die Wahrscheinlichkeit, dass ein bestimmter Zustand eintritt, wird mit dem subjektiv erwarteten Wert dieses Zustandes zu einem subjektiv erwarteten Nutzen kombiniert (Subjective-Expected-Utility-Modell) (vgl. Esser 1990; Kroneberg 2005).

Ihnen [den Managerinnen und Managern] wird etwas aufgebürdet, mit dem sich Organisationen auseinandersetzen müssten. Statt der Paradoxie ansichtig zu werden und beispielsweise auf Fehlerfreundlichkeit zu setzen sowie unternehmerisches, also chancen- und risikobehaftetes, scheiternswahrscheinliches Denken zu belohnen, wird von Managern verlangt, sie müssten die komplexe Problemlage soweit analytisch durchdringen, dass sie die Auswirkungen der Globalisierung auf ihr Unternehmen beherrschen können.

Garbage Can – ein Beispiel, wie in Organisationen entschieden wird

Ein möglicher Ausweg aus dem Dilemma der Entscheidungen ist das Begreifen von Entscheidungen als sozialen Ereignissen (bzw. als Ergebnisse von Kommunikationsereignissen). Ein auf dieser Erkenntnis aufbauendes Modell ist das zwar etwas in die Jahre gekommene Mülleimer-Modell von Cohen, March und Olsen (1972), das aber immer noch aktuell ist und sich in der »Entscheidungsrealität von Organisationen« wiederfindet. In diesem Modell geht es nicht darum, wie man unter Unsicherheit am besten entscheiden kann (rational oder aus dem Bauch heraus), sondern es soll Auskunft geben, wie tatsächlich entschieden wird. Nach dem Garbage-Can-Modell hängt eine Entscheidung im Wesentlichen von vier Faktoren ab, die wiederum voneinander relativ unabhängig sind:

- Probleme, die aktuell in der Organisation bewältigt werden müssen,
- Lösungen, die aktuell vorhanden sind und nach Problemen suchen, auf die sie angewendet werden können,
- Organisationsmitgliedern,
- Entscheidungsgelegenheiten. (Cohen/March/Olsen 1972: 33)

Ausschlaggebend ist nun das spezifische Zusammentreffen dieser vier Komponenten oder »Ströme«. Sie fliessen in verschiedenen Gefässen zusammen. Welcher spezifische Mix an Strömen in einem bestimmten Gefäss zusammenfliesst, hängt davon ab, welche Gefässe gerade bereitstehen und welche Labels die alternativen Gefässe tragen, welcher »Inhalt/Thema« gerade produziert wird und mit welcher Geschwindigkeit er gesammelt und auch wieder entfernt wird. Diese Sichtweise lässt Analogien zur Entscheidungsrealität in sozialen Dienstleistungsorganisationen zu, zumal mit diesem Modell mit beschränktem Wissen und unvollkommenen Technologien, mit inkonsistenten Präferenzen und Zielen der Organisation und nicht zuletzt mit fluktuierender Partizipation in Entscheidungssituationen umgegangen werden kann (vgl. Amstutz/Zängl 2014). Vordringliche Aufgabe des Managements wäre es also nach dem Modell des Garbage Can, Gelegenheitsstrukturen zu schaffen, in denen (organisationsrelevante) Entscheidungen überhaupt erst getroffen werden können.

Damit Kooperation⁶ als Teil des Handelns von und in einer Organisation gelingen kann, muss eine förderliche Kultur in der Organisation vorhanden sein oder geschaffen werden. Das heisst: Es müssen Normen, Werte und Verhaltensweise der Organisation und ihrer Mitglieder sowie Mitgliederinnen auf Kooperation als Ziel ausgerichtet sein. Für Organisationen bedeutet dies, dass sie insbesondere auf der strukturellen Ebene (zum Beispiel durch Führung, Struktur, Arbeitsprozesse, Partizipation, Projektarbeit, Organisationsentwicklung) Einfluss auf das kooperative Arbeiten der Mitarbeitenden nehmen. Um dies zu erreichen, sind innerhalb der Organisation insbesondere folgende Massnahmen notwendig:

- Kooperationsziele müssen sich in den Zielen der Organisation wiederfinden;
- Abstimmungsprozesse innerhalb der Organisation müssen klar definiert sein, Kooperation muss institutionell verankert sein;
- Kooperation muss als regulärer Bestandteil der Arbeit definiert sein;
- Kooperationsergebnisse müssen ernst genommen werden (vgl. Seckinger 2001: 282ff.).

Fragen und Aufgaben zur kritischen Auseinandersetzung: Diskutieren Sie eine typische Entscheidungssituation auf der Fall- und auf der Organisationsebene. Beschreiben Sie eine Entscheidung in einer sozialen Dienstleistungsorganisation nach dem Garbage-Can-Modell.
Literaturtipps zur Vertiefung: Wendt, Wolf-Rainer (2008): Sozialwirtschaft in mikroökonomischer Wendung – Aspekte der sozialwirtschaftlichen Theorie. In: Bassarak, Herbert/Wöhrle, Armin (Hrsg.), Sozialwirtschaft und Sozialmanagement im deutschsprachigen Raum. Bestandsaufnahme und Perspektiven. Augsburg: Ziel; Wolff, Stephan (2010): Dienstleistungsorganisationen als lose gekoppelte Systeme und organisierte Anarchien. In: Klatetzki, Thomas (Hrsg.), Soziale personenbezogene Dienstleistungsorganisationen. Soziologische Perspektiven. Wiesbaden: VS Verlag für Sozialwissenschaften.

7 Organisationen im Sozialwesen in der Schweiz

Wie viele Organisationen zum schweizerischen Sozialwesen zu zählen sind, lässt sich kaum sagen. Es scheint, als gebe es eine unübersichtliche Situation von staatlichen und privaten Trägern sozialer Dienste. Auch eine Unterschei-

---

6 Unter Kooperation wird hier im Sinne von Seckinger/van Santen Folgendes verstanden: »Kooperation ist ein Verfahren [...] der intendierten Zusammenarbeit, bei dem im Hinblick auf geteilte oder sich überschneidende Zielsetzungen durch Abstimmung der Beteiligten eine Optimierung von Handlungsabläufen oder eine Erhöhung der Handlungsfähigkeit bzw. Problemlösungskompetenz angestrebt wird« (van Santen/Seckinger 2003: 29).

dung in der Landschaft der Organisationen nach Gewinnerzielungsabsicht oder Lösung eines sozialen Problems ist nicht immer trennscharf. Schwarz, Purtschert und Giroud bieten im Rahmen des Freiburger Managementmodells für NPO eine Typologisierung von Non-Profit-Organisationen an. Sie definieren sie als »all jene zwischen dem Staat und den privaten Unternehmungen (erwerbswirtschaftliche, auf Märkten agierende Organisationen) angesiedelten Gebilde [...]« (Schwarz/Purtschert/Giroud 2005: 19).

	Trägerschaft	Zweck, Aufgabe	Arten, Typen
Staatliche	Gemeinwirtschaftliche NPO	Erfüllung demokratisch festgelegter öffentlicher Aufgaben (auf Bundes-, Kantons-, Gemeindeebene), Erbringung konkreter Leistungen für Bürger	Öffentliche Verwaltungen Öffentliche Betriebe: Verkehr, Post, Energie Spital, Heim, Anstalt Schule, Universität Museum, Theater, Bibliothek
Halbstaatlich	Öffentlich-rechtliche Selbstverwaltungs-Körperschaften	Erfüllung übertragener Aufgaben auf gesetzlicher Grundlage mit Pflichtmitgliedschaft; teils freiwillige Aufgaben	Kammern in D, A Wirtschaftsbetriebe Selbstständigerwerbende Angestellte Sozialversicherungen in A
Private NPO	Wirtschaftliche NPO	Förderung und Vertretung der wirtschaftlichen Interessen der Mitglieder	Wirtschaftsverbände Arbeitnehmerorganisationen Berufsverbände Konsumentenorganisationen
Private NPO			Genossenschaften (»mitgliedschaftliche Unternehmungen«)
Private NPO	Soziokulturelle NPO	Gemeinsame Aktivitäten im Rahmen kultureller, gesellschaftlicher Interessen, Bedürfnisse der Mitglieder	Sportvereine Freizeitvereine Kirchen Privatclubs Spiritistische Zirkel, Sekten
Private NPO	Politische NPO	Gemeinsame Aktivitäten zur Bearbeitung und Durchsetzung politischer (ideeller) Interessen und Wertvorstellungen	Politische Parteien Natur-, Heimat-, Umweltschutzorganisationen Politisch orientierte Vereine Organisierte Bürgerinitiativen

Trägerschaft		Zweck, Aufgabe	Arten, Typen
Private PO	Soziale NPO	Erbringung karitativer oder entgeltlicher Unterstützungsleistungen an bedürftige Bevölkerungskreise (Wohltätigkeit, Gemeinnützigkeit, Wohlfahrt) im Sozial- und Gesundheitsbereich	Hilfsorganisationen und Dienstleistungsbetriebe für Kranke, Betagte, Behinderte, Geschädigte, Benachteiligte Wohlfahrtsorganisationen Entwicklungshilfeorganisationen Selbsthilfegruppen mit sozialen Zwecken
	Erwerbswirtschaftliche PO	Verkauf von Gütern und Dienstleistungen auf Märkten zwecks Ertrag auf Kapital (Gewinn, Rendite)	Industrie Gewerbe Handel Dienstleistungen
			Landwirtschaft

Abbildung 4: Typologisierung der Non-Profit-Organisationen: Quelle: Schwarz/ Purtschert/Giroud (2005: 21)

Aufgrund dieser Vielfalt von Organisationsformen und der zum Teil schwierigen Abgrenzung zwischen »For-Profit« und »Non-Profit« ist weder die genaue Zahl der Betriebe noch die genaue Zahl der Beschäftigten mit einem sozialarbeiterischen Hintergrund genau zu ermitteln. Dies verwundert dennoch, sind doch soziale Dienste (soziale Dienstleistungsorganisationen) zum einen als Arenen zu verstehen, »in denen allgemeine sozialwissenschaftliche Fragen, Debatten und analytische Ansätze [...] auf soziale Dienste bezogen und im Hinblick auf die Bedeutung der Dynamik der Entwicklung sozialer Dienste hin untersucht« werden (Evers/Heinze/Olk 2011: 10). Zum anderen sind soziale Dienste auch »Impulsgeber für gesellschaftlichen Wandel« (ebd.): »so tragen etwa soziale Dienste selbst aktiv zum übergreifenden Prozess der Entwicklung hin zu einer Wissensgesellschaft bei und spielen auch eine zentrale Rolle bei der übergreifenden Frage nach der Sicherung von Teilhabe und Integration in einer pluralisierten Gesellschaft« (ebd.).

Aufgrund des föderalen Prinzips der Schweiz besteht keine einheitliche Strategie im Auf- und Ausbau des Sozialwesens (vgl. Engler 2013: 217). Die Organisationen im Sozialwesen der Schweiz können nach staatlichen und privaten Trägern unterschieden werden. Staatliche Träger sind der Bund sowie die Kantone (26) und Gemeinden (2495). Zu den privaten Trägern zählen sowohl Non-Profit- als auch Profit-orientierte Organisationen (a.a.O.: 221). Guggisberg schlägt eine Auslegeordnung (ohne Anspruch auf Vollständigkeit) von sozialen Dienstleistungsorganisationen nach Lebensphasen und Handlungsfeldern vor:

Existenzsicherung	Sozialhilfe, Schuldenberatung, kirchliche und andere Beratungsstellen, Caritas, Märkte
Inklusion	Persönliche Beratung, Integrationsprogramme, Freiwilligenarbeit
Behinderung	Dachverbände des Heim- und Behindertenwesens, Beratung und Integrationshilfen
Migration	Beratungsstellen, Integrationsprogramme, Sprachkurse
Sozialraum	Quartierarbeit und -management, Treffpunkte
Opferhilfe	Frauenhäuser, Beratungsstellen
Sucht	Suchtfachstellen, Anlaufstellen, Heroin- und Methadonausgabe, Therapieeinrichtungen,
Justiz	Strafvollzug, Bewährungshilfe, Fachgerichte
Arbeitswelt	Betriebsinterne Sozialberatung, Beratung für das Personal bei sozialen oder gesundheitsbedingten Problemen

Abbildung 5: Soziale Dienstleistungen in Handlungsfeldern. Guggisberg (2013: 234)

Das Bundesamt für Statistik (BFS) erhebt u.a. auch Zahlen zu Organisationen und Beschäftigten im schweizerischen Gesundheits- und Sozialwesen. Allerdings hat sich die Erhebungsart für die Statistik der Unternehmensstruktur 2011 geändert, sodass die Vergleichbarkeit mit Daten vor 2011 aus der namentlich gleichen Statistik nicht gegeben ist. Als Anhaltspunkt kann daher nur die Statistik der Unternehmensstruktur aus dem Jahr 2011 über die Arbeitsstätten und Beschäftigten nach Wirtschaftsart dienen. Diese Statistik ist allerdings nicht vollständig, legt man die Kategorisierung von Guggisberg (2013) oder die von Schwarz, Purtschert und Giroud (2005) zugrunde.

2011	Arbeitsstätten	Beschäftigte
Institutionen für Suchtkranke	136	2264
Institutionen für psychosoziale Fälle	220	4756
Altersheime	246	5805
Institutionen für Behinderte	906	38665
Wohnheime für Kinder und Jugendliche	322	5916
Erziehungsheime	51	1667
Sonstige Wohnheime	310	4088
Soziale Betreuung älterer Menschen und Behinderter	439	15436
Tagesbetreuung von Kindern	4393	30500
Organisationen der Wohlfahrtspflege	900	11810
Sonstiges Sozialwesen a.n.g.	3065	32292

Abbildung 6: Unternehmensstruktur und Beschäftigte. Bundesamt für Statistik (2014)

Die Daten- und Informationslage über Organisationen gleicht einem Flickenteppich. Unterschiedliche Statistiken wie zum Beispiel die Betriebsstättenzählung, die eidgenössische Volkszählung, die schweizerische Arbeitskräfteerhebung (SAKE) sowie das schweizerische Haushaltspanel (SHP) liefern zwar jede für sich genommen gute Informationen, sind aber aufgrund der unterschiedlichen Kategorisierungen kaum untereinander vergleichbar. So bleibt es bei der etwas ernüchternden Feststellung von Schilling (2014: 793), dass »der statistische Nachweis über die Träger, die im Bereich der Sozialen Arbeit Einrichtungen betreiben und Leistungen anbieten«, nur begrenzt möglich ist. Hier besteht erheblicher Forschungs- und Entwicklungsbedarf.

Kindheit, Jugend	Mütter- und Väterberatung, Kindertagesstätten, Früherfassung, Jugendhilfe bzw. Jugendämter, Schulsozialarbeit, offene Kinder- und Jugendarbeit, ambulante und stationäre Betreuungseinrichtungen
Familie	Mütter- und Väterberatung, Kindertagesstätten, Früherfassung, Jugendhilfe bzw. Jugendämter, Schulsozialarbeit, offene Kinder- und Jugendarbeit, ambulante und stationäre Betreuungseinrichtungen
Ausbildung	Berufsberatung, Coaching, Case-Management
Erwerbsarbeit	Regionale Arbeitsvermittlungszentren, Arbeitslosenhilfe, Arbeitslosentreffs, berufliche Integrationsprogramme, Sozialfirmen, Case-Management, Coaching
Alter	Beratungsstellen, offene Altersarbeit, Mahlzeitendienst, Bildungsangebote, ambulante und stationäre Einrichtungen

Abbildung 7: Soziale Dienstleistungen nach Lebensphasen. Guggisberg (2013: 234)

Fragen und Aufgaben zur kritischen Auseinandersetzung: Wie könnte die Informationslage über Organisationen im Sozialwesen verbessert werden? Warum sind organisationsspezifische Daten für Entscheidungen in Organisationen wichtig?
Literaturtipps zur Vertiefung: Riedi, Anna Maria/Zwilling, Michael/Meier Kressig/Marcel, Benz/Bartoletta, Petra/Aebi Zindel, Doris (Hrsg.) (2013): Handbuch Sozialwesen Schweiz. Bern: Haupt.

Literatur

Amstutz, Jeremias (2014): Sozialmanagement und das Verhältnis zur Sozialen Arbeit. Eine empirische Analyse. Wiesbaden: Springer VS.

Amstutz, Jeremias/Zängl, Peter (2013): Sozialmanagement in der Praxis. Eine empirische Analyse von Stellenangeboten im Sozialwesen der Schweiz. In: Schweizerische Zeitschrift für Soziale Arbeit, Jg. 14, S. 42–59.

Amstutz, Jeremias/Zängl, Peter (2014): Was heißt hier eigentlich Management? Entscheidungsarenen und Entscheidungsprozesse in sozialen Dienstleistungsorganisationen. In: Wüthrich, Bernadette/Amstutz, Jeremias/Fritze, Agnès (Hrsg.), Soziale Versorgung zukunftsfähig gestalten. Wiesbaden: Springer VS.

AvenirSocial (2010): Berufskodex Soziale Arbeit Schweiz. Ein Argumentarium für die Praxis der Professionellen. Bern: AvenirSocial.

Bode, Ingo (2005): Einbettung und Kontingenz,. Wohlfahrtsmärkte und ihre Effekte im Spiegel der neueren Wirtschaftssoziologie. In: Zeitschrift für Soziologie, Jg. 34, H. 4, August 2005, S. 250–269.

Bonazzi, Giuseppe (2014): Geschichte des organisatorischen Denkens. Wiesbaden: Springer VS.

Brandsen, Taco (2004): Quasi-Market Governance. An Anatomy of Innovation. Utrecht: Lemma.

Bundesamt für Statistik (2014): Statistik der Unternehmensstruktur (STATENT) 2012. Neuchatel: BFS

Cohen, Michael D./March, James G./Olsen, Johan P. (1972): A Garbage Can Model of Organizational Choice. In: Adminstrative Science Quarterly, Vol. 17, Nr. 1. S. 1–25.

Drucker, Peter Ferdinand (2011): Management. Tasks, Responsibilities, Practices. New York: Routledge.

Engler, Pascal (2013): Staatliche und private Träger im schweizerischen Sozialwesen. In: Riedi, Anna Maria/Zwilling Michael/Meier Kressig, Marcel/Benz Bartoletta, Petra/Aebi Zindel, Doris (Hrsg.), Handbuch Sozialwesen Schweiz. Bern: Haupt.

Esser, Hartmut (1990): »Habits«, »Frames« und »Rational Choice«. Die Reichweite von Theorien des rationalen Wahl (am Beispiel der Erklärung des Befragtenverhaltens). In: Zeitschrift für Soziologie, Jg. 19, H. 4, S. 231–247.

Evers, Adalbert/Heinze, Rolf G./Olk, Thomas (Hrsg.) (2011): Handbuch Soziale Dienste. Wiesbaden: VS Verlag für Sozialwissenschaften.

Fayol, Henri (1929): Allgemeine und industrielle Verwaltung. München: Oldenbourg.

Foerster, Heinz von (1992): Ethics and Second-order Cybernetics. In: Cybernetics/ Human Knowing, Vol. 1, Nr. 1, S. 9–19.

Fritze, Agnès/Maelicke, Bernd/Uebelhart, Beat (Hrsg.) (2011): Management und Systementwicklung in der Sozialen Arbeit. Baden-Baden: Nomos.

Grunwald, Klaus (Hrsg.) (2009): Vom Sozialmanagement zum Management des Sozialen? Eine Bestandsaufnahme. Baltmannsweiler: Schneider-Verlag Hohengehren.

Grunwald, Klaus/Horcher, Georg/Maelicke, Bernd (Hrsg.) (2013): Lexikon der Sozialwirtschaft (2., aktualisierte und vollständig überarbeitete Auflage). Baden-Baden: Nomos.

Guggisberg, Dorothee (2013): Soziale Dienste in der Schweiz – ein Überblick. In: Anna Maria Riedi/Michael Zwilling/Meier Kressig, Marcel/Benz Bartoletta, Petra/Aebi Zindel, Doris (Hrsg.), Handbuch Sozialwesen Schweiz. Bern: Haupt.

Gulick, Luther (1936): Notes on the Theory of Organization. Luther Gulick & Lyndall Urwick (Hrsg.), Papers on the Science of Administration (S. 3–35). New York: Institute of Public Administration.

Hannan, Michael & Freeman, John (1989): Organizational Ecology. Cambridge: Harvard University Press.
Jäger, Wieland/Schimank, Uwe (Hrsg.) (2005): Organisationsgesellschaft, Facetten und Perspektiven. Wiesbaden: VS Verlag für Sozialwissenschaften.
Kieser, Alfred/Walgenbach, Peter (2007): Organisation (5., überarbeitete Auflage). Stuttgart: Schäffer-Poeschel.
Kroneberg, Clemens (2005): Die Definition der Situation und die variable Rationalität der Akteure. Ein allgemeines Modell des Handelns. In: Zeitschrift für Soziologie, Jg. 34, H. 5, S. 344–363.
Kühl, Stefan (2010): Gesellschaft der Organisation, organisierte Gesellschaft, Organisationsgesellschaft Überlegungen zu einer an der Organisation ansetzenden Zeitdiagnose. Working Paper 10/2010: www.uni-bielefeld.de/soz/forschung/orgsoz/Stefan_Kuehl/pdf/Organisationsgesellschaft-Working-Paper-endgultig-180610-210610.pdf [29.7.2014].
Kühl, Stefan (2011): Organisationen. Eine sehr kurze Einführung. Wiesbaden: VS Verlag für Sozialwissenschaften.
Le Grand, Julian/Bartlett, Will (1993): The Theory of Quasi-Markets. In: dies. (Hrsg.), Quasi-Markets and Social Policy (S. 13–34). London: Macmillan.
Luhmann, Niklas (1993): Das Recht der Gesellschaft. Frankfurt am Main: Suhrkamp.
Luhmann, Niklas (2000): Organisation und Entscheidung. Opladen: Westdeutscher Verlag.
Luhmann, Niklas (2009): Soziologische Aufklärung 2. Aufsätze zur Theorie der Gesellschaft (6. Auflage). Wiesbaden: VS Verlag für Sozialwissenschaften.
Luhmann, Niklas/Mayntz, Renate (1973): Personal im öffentlichen Dienst – Eintritt und Karrieren. Baden-Baden: Nomos.
Malik, Fredmund (2009): 100 Jahre Peter F. Drucker, Entdecker des Managements. In: Was ist richtiges und gutes Management? M.O.M®-Letter, 17. Jg., November 2009, S. 159–170.
Mayntz, Renate (1963): Soziologie der Organisation. Reinbek bei Hamburg: Rowohlt.
Mayntz, Renate (1982): Soziologie der öffentlichen Verwaltung (2. Auflage). Heidelberg: C.F. Müller.
Meyer, John W./Rowan, Brian (1977): Institutionalized Organizations: Formal Structure as Myth and Ceremony. In: American Journal of Sociology, Vol. 83, S. 340–363.
Morgan, Gareth (1986): Images of Organization. Newbury Park, CA: Sage.
Ortmann, Günther/Sydow, Jörg/Türk, Klaus (2000): Theorien der Organisation. Wiesbaden: VS Verlag für Sozialwissenschaften.
Parkinson, Cyril Northcote (1957): Parkinson's law, and other studies in administration. Boston: Houghton Mifflin.
Parkinson, Cyril Northcote (2005): Parkinsons Gesetz und andere Studien über die Verwaltung. Düsseldorf: Econ.
Parsons, Talcott (2009): Das System moderner Gesellschaften. 7. Auflage. Weinheim: Juventa.
Pfeffer, Jeffrey/Salancik, Gerald R. (1978): The external control of organizations. New York: Stanford Business Books.
Porter, Michael E. (1980): Competitive Strategy: Techniques for analyzing industries and competitors. New York: Free Press.

Quadbeck-Seeger, Hans-Jürgen (2002): Der Wechsel allein ist das Beständige. Zitate und Gedanken für innovative Führungskräfte. Weinheim: Wiley-VSH.

Riedi, Anna Maria/Zwilling, Michael/Meier Kressig, Marcel/Benz Bartoletta, Petra/ Aebi Zindel, Doris (Hrsg.) (2013): Handbuch Sozialwesen Schweiz. Bern: Haupt.

Röh, Dieter (2006): Die Mandate der Sozialen Arbeit. In wessen Auftrag arbeiten wir? In: Soziale Arbeit, Jg. 55, H. 12, S. 442–449.

Santen, Eric van/Seckinger, Mike (2003): Kooperation: Mythos und Realität einer Praxis. Eine empirische Studie zur interinstitutionellen Zusammenarbeit am Beispiel der Kinder- und Jugendhilfe. Opladen: Leske + Budrich.

Schilling, Matthias (2014): Die Träger der Sozialen Arbeit in der Statistik. In: Werner Thole (Hrsg.), Grundriss der Sozialen Arbeit. Ein einführendes Handbuch. Wiesbaden: Springer VS.

Schimank, Uwe (2001): Organisationsgesellschaft. In: Kneer, Georg/Nassehi, Armin/Schroer, Markus (Hrsg.), Klassische Gesellschaftsbegriffe der Soziologie (S. 278–307). München: Fink.

Schubert, Klaus/Klein, Martina (2011): Das Politiklexikon (5., aktualisierte Auflage). Bonn: Dietz.

Schwarz, Peter/Purtschert, Robert/Giroud, Charles (2005): Das Freiburger Management-Modell für Nonprofit-Organisationen. Bern: Haupt.

Scott, W. Richard (1986): Grundlagen der Organisationstheorie. Frankfurt am Main: Campus.

Seckinger, Mike (2001): Kooperation – eine voraussetzungsvolle Strategie in der psychosozialen Praxis. In: Praxis der Kinderpsychologie und Kinderpsychiatrie, Jg. 50, H. 4, S. 279–292.

Staub-Bernasconi, Silvia (1995): Das fachliche Selbstverständnis Sozialer Arbeit – Wege aus der Bescheidenheit Sozialer Arbeit als Human-Rights-Profession. In: Wendt, Wolf Rainer (Hrsg.), Soziale Arbeit im Wandel ihres Selbstverständnisses – Beruf und Identität. Freiburg im Breisgau: Lambertus.

Taylor, Frederick Winslow (1977): Grundsätze einer wissenschaftlichen Betriebsführung. In: ders., Die Grundsätze wissenschaftlicher Betriebsführung. Nachdruck von 1913 (S. 31–63). Weinheim: Beltz.

Trube, Achim/Wohlfahrt, Norbert (2000): Von der Bürokratie zur Merkatokratie? System- und Steuerungsprobleme eines ökonomisierten Sozialsektors. In: Boeßenecker, Karl-Heinz/Trube Achim/Wohlfahrt, Norbert (Hrsg.), Privatisierung im Sozialsektor (S. 18–38). Münster: Votum.

Tyrell, Hartmann/Petzke, Martin (2008): Anmerkungen zur »Organisationsgesellschaft«. In: Große Kracht, Hermann-Josef/Spiess, Christian (Hrsg.), Christentum und Solidarität – Bestandsaufnahmen zu Sozialethik und Religionssoziologie (S. 435–464). Paderborn: Schöningh.

Uebelhart, Beat/Zängl, Peter (2013): Praxisbuch zum Social-Impact-Modell. Baden-Baden: Nomos.

Uebelhart, Beat/Zängl, Peter (im Erscheinen): Social Policy Making. In: Wüthrich, Bernadette/Amstutz, Jeremias/Fritze, Agnès (Hrsg.), Soziale Versorgung zukunftsfähig gestalten. Wiesbaden: Springer VS.

Walgenbach, Peter (2001): Institutionalistische Ansätze in der Organisationstheorie. In: Alfred Kieser (Hrsg.), Organisationstheorien (4. Auflage) (S. 319–353). Stuttgart: Kohlhammer.

Walgenbach, Peter/Meyer, Renate (2008): Neoinstitutionalistische Organisationstheorie. Stuttgart: Kohlhammer.
Walter-Busch, Emil (1989): Das Auge der Firma. Mayos Hawthorne-Experimente und die Harvard Business School, 1900–1960. Stuttgart: Enke.
Weber, Max (1972): Wirtschaft und Gesellschaft. Grundriss der verstehenden Soziologie (5. Auflage, Studienausgabe). Tübingen: Mohr.
Weick, Karl E. (1985): Der Prozess des Organisierens. Frankfurt am Main: Suhrkamp.
Wendt, Wolf-Rainer (2008): Sozialwirtschaft in mikroökonomischer Wendung – Aspekte der sozialwirtschaftlichen Theorie. In: Bassarak, Herbert/Wöhrle, Armin (Hrsg.), Sozialwirtschaft und Sozialmanagement im deutschsprachigen Raum. Bestandsaufnahme und Perspektiven. Augsburg: Ziel.
Williamson, Oliver E. (1990): Die ökonomischen Institutionen des Kapitalismus. Unternehmen, Märkte, Kooperationen. Tübingen: Mohr.
Wöhrle, Armin (Hrsg.) (2012): Auf der Suche nach Managementkonzepten für und in der Sozialwirtschaft. Eine Bestandsaufnahme zum Stand der Diskussion und Forschung in drei Bänden. Augsburg: Ziel.
Wolff, Stephan (2010): Dienstleistungsorganisationen als lose gekoppelte Systeme und organisierte Anarchien. In: Klatetzki, Thomas (Hrsg.), Soziale personenbezogene Dienstleistungsorganisationen. Soziologische Perspektiven. Wiesbaden: VS Verlag für Sozialwissenschaften.
Zängl, Peter (2012): Sozialmanagement als Ergebnis und Produzent sozialer Innovation. In: Armin Wöhrle (Hrsg.), Auf der Suche nach Managementkonzepten für und in der Sozialwirtschaft. Eine Bestandsaufnahme zum Stand der Diskussion und Forschung in drei Bänden. Augsburg: Ziel.

Wirkungsorientierung in der Kooperation

Agnès Fritze und Beat Uebelhart

Kooperationen bringen in der Bearbeitung eines sozialen Problems einen Mehrwert gegenüber anderen Bearbeitungsformen; sie führen zu einer (positiven) Wirkung, die ohne sie nicht erfolgt wäre – von diesen Annahmen geht der folgende Beitrag aus. Das ist weniger trivial, als es auf den ersten Blick scheinen mag, weil an einer Kooperation im Bereich der Sozialen Arbeit unterschiedlichste Akteure beteiligt sein können und weil Kooperationen vielschichtig sind und unterschiedlichste Ebenen betreffen. Bevor ihre Wirkungen überhaupt beurteilt und gemessen werden können, müssen sich die Kooperationspartnerinnen und -partner nicht nur über das zugrunde liegende soziale Problem einigen, sondern auch darüber, welche Wirkungsziele über die Kooperation – als Teil des Problembearbeitungsprozesses – verfolgt werden sollen. Ausgehend von einem bewährten Problemanalyse-, Planungs- und Steuerungsmodell, dem Social-Impact-Modell (SIM), führt der folgende Beitrag in die Thematik ein, differenziert die verschiedenen Analyseebenen und schlägt ein Wirkungsmodell für Kooperationen vor. Damit verfolgen wir den Anspruch, dem »Mythos Kooperation« in der Sozialen Arbeit entgegenzuwirken.

1 Prämissen und Hinführung

»Das Problem zu erkennen, ist wichtiger, als die Lösung zu erkennen, denn die genaue Darstellung des Problems führt zur Lösung«. Dieser Satz, der Albert Einstein zugeschrieben wird, lässt sich auch auf Kooperationen anwenden. Erst wenn wir genau erkennen, welches Problem wir mit einer Kooperation lösen und welchen damit verbundenen Nutzen wir auf diese Weise erreichen wollen, können wir über die Frage der Wirkung überhaupt sinnvoll nachdenken. An der Wirkung können wir dann letztlich erkennen, ob die Lösung das Problem tatsächlich beseitigt oder wenigstens mindert. Wenn beispielsweise eine Kooperation zwischen zwei Organisationen beschlossen wurde, damit die unterschiedlichen Wissensdefizite mit Blick auf die Bearbeitung eines konkreten Falls ausgeglichen werden, ergibt es demnach wenig Sinn, am Schluss der Kooperation einzig die Zufriedenheit der Klientel oder der Mitarbeitenden in Erfahrung zu bringen. Es müssten dann vielmehr auch der Wissenstransfer und die gemeinsame Wissensmehrung gemessen werden.

Ausgehend von der Definition, wonach Kooperation als »ein Verfahren der intendierten Zusammenarbeit« zu verstehen ist, »bei dem im Hinblick auf geteilte oder sich überschneidende Zielsetzungen durch Abstimmung der

Beteiligten eine Optimierung von Handlungsabläufen oder eine Erhöhung der Handlungsfähigkeit beziehungsweise Problemlösungskompetenz angestrebt wird« (van Santen/Seckinger 2003: 29), gehen wir davon aus, dass Kooperation sich durch einen Mehrwert legitimiert, der nicht zufällig ist, sondern Teil der beabsichtigten Wirkungsplanung dieser Kooperation darstellen muss. Um im weiteren ausführen zu können, welcher Zusammenhang zwischen dem intendierten Mehrwert und der Wirkung von Kooperationen besteht, führen wir zunächst in eine differenzierte Betrachtungsweise von potenziellen Akteuren von Kooperationen und in die Kooperationsebenen aus Sicht der Sozialen Arbeit ein, um dann den Zusammenhang zwischen Kooperation und Wirkung darzulegen und ein auf dem Social-Impact-Modell (Uebelhart 2011) basierendes Wirkungsmodell als Grundlage für die Formulierung von Wirkungszielen der Kooperation und zur Wirkungsmessung vorzuschlagen.

1.1 Akteure der Kooperation

Zuerst müssen wir klären, welches die Beteiligten sind und ob diese Akteure willens und in der Lage sind, im Bereich der Sozialen Arbeit zielorientiert zu kooperieren. Dabei sind mit Akteuren Organisationen oder Individuen (Professionelle der Sozialen Arbeit, Leitende sozialer Organisationen, medizinisches Fachpersonal, Sozialpolitiker/innen, Verwaltungsangestellte, Handwerker in Integrationsarbeitsstätten u.a.) gemeint. Sie haben unterschiedliche Rollen in unserer Gesellschaft. So haben beispielsweise Sozialarbeitende die Aufgabe, individuelle Hilfe zu leisten, Politikerinnen und Politiker hingegen sind beauftragt, die Voraussetzungen dafür zu schaffen, dass Benachteiligte (mit Unterstützung Professioneller) so rasch wie möglich ein selbstbestimmtes, gutes Leben führen können. Um die Akteure noch weiter differenzieren zu können, beziehen wir uns in Abbildung 1 auf ein Modell von Opielka (2006), der auf der Basis der Vorarbeiten von Parsons (2009) die moderne Gesellschaft in einzelne Funktionssysteme eingeteilt hat.

In jedem dieser Funktionssysteme treffen wir auf vielfältige organisationale und individuelle Akteure. Im Politiksystem sind dies Legislativen (Parlamente), politische Exekutiven (Regierungen) und Verwaltungen auf nationaler, kantonaler, regionaler und kommunaler Ebene. Im Wirtschaftssystem finden wir eine Vielfalt von Organisationen, die im Sozial-, Bildungs- und Gesundheitsbereich tätig sind (profitorientierte, Non-Profit-Organisationen wie Wohlfahrtsverbände, Low-Profit-Organisationen wie Sozialfirmen, Freiwilligen- und Selbsthilfeorganisationen, staatliche Organisationen oder gar Nichtregierungsorganisationen). Im sozialen System (Gemeinschaft) treffen wir Gesellschaftsmitglieder unabhängig von Organisationen an, die auch unterschiedlichen Hilfesystemen angehören: Angehörige der Sozialen Arbeit, Laien, Medien, die »öffentliche Meinung«. Im Legitimationssystem finden wir schliesslich Organisationen des Wissenschaftsbetriebs, ethisch basierte Organisationen, religiöse oder »zivilreligiöse« Organisationen (Leitkultur, Wertethos).

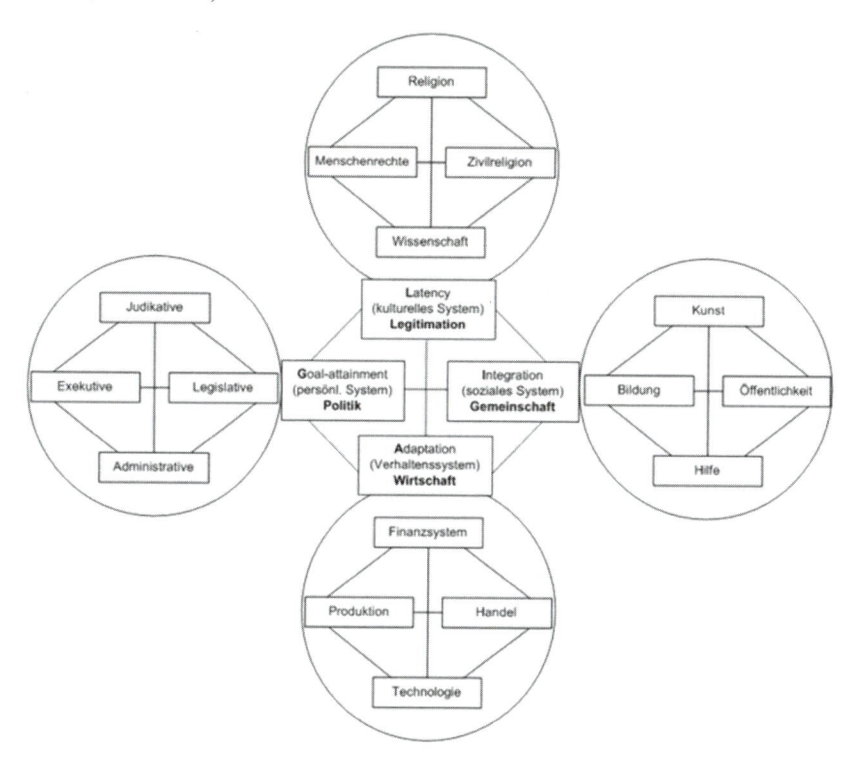

Abbildung 1: Die Viergliederung der Gesellschaft nach Opielka (2006; ergänzt)

Zu dieser Vielfalt organisationaler Akteure hinzu kommt die Tatsache, dass einzelne Vertreterinnen und Vertreter dieser Organisationen selber verschiedene Rollen innehaben. Sie sind beispielsweise auch Mütter oder Väter, Vorstandsmitglieder eines Vereins, Sozialarbeitende und gleichzeitig Politikerinnen und Politiker und haben damit verschiedene, teilweise widersprüchliche Rollen in verschiedenen gesellschaftlichen Funktionssystemen inne.

Wir können daraus schliessen, dass weder gesellschaftliche Funktionssysteme noch ihre jeweiligen Organisationen, noch ihre Mitglieder oder Einzelpersonen sich monorational verhalten. Jede ökonomische Entscheidung beinhaltet immer auch Aspekte des Politischen (z.B. Gesetze), der Gesellschaft (Medienreaktionen) und des Legitimationssystems (ethisch vertretbar) und umgekehrt. Fraglich bleibt deshalb letztlich immer, welches dieser vier Funktionssysteme zu einem bestimmten Zeitpunkt so dominant ist, dass es Entscheidungen prägt. Dabei ist zu beachten, dass sich Arbeitsteilungen zwischen den Funktionssystemen mit der Zeit verändern und »Gewohntes« plötzlich infrage gestellt oder nicht mehr selbstverständlich ist. Etwa für die Frage, was der Sozialstaat zu leisten habe, ist

> seit den 1980er-Jahren [...] ein Diskurs festzustellen, der bis heute andauert, was Staatsaufgaben sind und es auch bleiben sollen. Dabei können wir in Gesellschaft und Politik eine grosse Uneinigkeit darüber feststellen, wer welche Dienstleistungen erbringen soll und wer welche Verantwortung trägt. (Uebelhart 2014: 260)

Wenn wir also Problemlagen kooperativ bearbeiten wollen, müssen wir daran denken, dass bereits die Sicht auf das Problem und dessen Beschreibung aus verschiedenen Perspektiven erfolgt (Multiperspektivität) und auf verschiedenen Rationalitäten basiert (vgl. Schedler/Rüegg-Stürm 2013). Ebenso müssen wir davon ausgehen, dass Kooperationen per se multiperspektivisch, multidimensional und multirational sind. Mit mehr oder weniger Bewusstsein darüber treten die Akteure im Feld der Sozialen Arbeit an die Problemlagen der Zielgruppen heran, die aufgrund veränderter Lebensbedingungen meist äusserst komplex sind. Aus den bisherigen Ausführungen schliessen wir, dass wir uns unserer Rollen und Perspektiven in Kooperationen sehr klar sein und uns mit unterschiedlichen Einschätzungen der erwähnten Akteure zu sozialen Problemen, den intendierten Zielen einer Intervention und den beabsichtigen Wirkungen auseinandersetzen beziehungsweise in einen Aushandlungs- und Abstimmungsprozess zwischen den Akteuren treten müssen.

Vor diesem Hintergrund ist nun die Frage zu beantworten, welche Wirkung eine Kooperation mit welchem Mehrwert überhaupt erzielen kann. Denn Kooperation setzt voraus, dass die Kooperationspartner aufgrund einer anerkannten Problemanalyse gemeinsame Ziele verfolgen und vorausbestimmte Wirkungen anstreben. Dies ist die Grundvoraussetzung für wirksame Kooperation auf den Ebenen des Prozesses, der Struktur und der Ergebnisse, was zusätzlich hoch anspruchsvoll ist, da verschiedenste Kooperationsebenen miteinander verknüpft sind.

1.2 Kooperationsebenen aus Sicht der Sozialen Arbeit

Wie an anderer Stelle ausgeführt, ergeben sich »Kooperationsansprüche aus der aktuellen Ausgangslage und den Kontexten, in denen sich Organisationen im Sozialbereich befinden« (Amstutz/Fritze/Wüthrich 2014: 446), das heisst aus der Ausgestaltung des Hilfesystems, in dessen Kontext soziale Dienstleistungen erbracht werden. Wir haben oben darauf hingewiesen, dass Dienstleistungen der Sozialen Arbeit in verschiedenen Funktionssystemen mit je eigenen Rationalitäten und Finanzierungsmodi und durch unterschiedliche Akteure (öffentliche und/oder private, Non-Profit- oder profitorientierte Organisationen) erbracht werden. Weiter sind strukturelle Herausforderungen zu beobachten, die mit der Segmentierung der Hilfesysteme verbunden sind und die Kontinuität und Koordination der Hilfeleistungen beeinflussen. So gibt es heute eine ganze Palette unkoordinierter, konkurrierender oder sich überschneidender Leistungen privater und staatlicher Organisationen, welche die zur Verfügung stehenden Mittel teilweise wenig effizient einsetzen und die zugleich den »Fall« entlang ihrer je spezifischen Perspektive auf einen Ausschnitt der realen Komplexität reduzieren, das heisst auf einzelne Facetten der Lebenslagen von Betroffenen. Das kann dazu führen, dass die Koordination und der Umfang der Hilfen mangelhaft sind oder dass die Organisationen beziehungsweise die Professionellen zur Lösung der bestehenden Probleme auf effektive und effiziente Kooperationen angewiesen sind.

Wie soziale Probleme generell auf unterschiedlichen Ebenen in Erscheinung treten und ebendort – von unterschiedlichen Professionen[1] – bearbeitet werden, so sind auch Kooperationsprozesse, die auf die Bearbeitung sozialer Probleme abzielen, auf unterschiedlichen Ebenen des professionellen Handelns zu verorten. Dabei wird hier mit Blick auf den Gegenstand einer Kooperation unterschieden. Die Akteure können, wie oben in Anlehnung an Opielka (2006) ausgeführt, gegebenenfalls über die unterschiedlichen Ebenen hinweg dieselben sein, je nach Situation kann das eine oder andere Funktionssystem dominieren:

- *Kooperationen auf der Ebene des gesellschaftlichen Hilfesystems* (Makroebene, kann alle gesellschaftlichen Funktionssysteme betreffen): Hier steht beispielsweise die Aushandlung des sozialpolitischen oder des politökonomischen Rahmens sozialer Dienstleistungen (vgl. z.B. aktuelle Sozialhilfedebatte, Schoenenberger 2014) oder die funktionale Differenzierung und Segmentierung der Hilfesysteme im Fokus einer Kooperation.
- *Kooperationen auf der Ebene Organisation* (Mesoebene): Auf dieser Ebene stehen Kooperationen mit und innerhalb einer Organisation beziehungsweise zwischen Organisationen, einem zivilgesellschaftlichen Verbund oder einer Interessengruppe im Zentrum. Diese Kooperationen betreffen strukturelle Aspekte, wie Organisationsmodelle oder die Gestaltung der organisationalen Schnittstellen zu externen Kooperationspartnerinnen und -partnern, bis hin zur Entwicklung von Dienstleistungen in Versorgungsketten.
- *Kooperationsprozesse auf der Ebene der Fälle* (Mikroebene): Hier steht der Einzelfall im Zentrum und damit die Kooperation zwischen Professionellen (interorganisational und/oder interprofessionell; vgl. z.B. den Bei-

---

1 »Die [...] Soziale Arbeit [ist] – neben anderen Professionen und Politikfeldern wie Sozial-, Kriminal- oder Gesundheitspolitik – qua Auftrag für soziale Probleme zuständig ist: Sie soll ›den sozialen Wandel und die Lösung von Problemen in zwischenmenschlichen Beziehungen‹ im positiven Sinne fördern (IFSW 2005). [...] Zur Bearbeitung sozialer Probleme ist die Soziale Arbeit jedoch auf multiprofessionelle und überinstitutionelle Kooperationen angewiesen« (Fritze 2011: 19f.).

trag über Case-Management in diesem Band) mit dem Ziel einer gemeinsamen Linderung oder Lösung des Problems in der operativen Fallarbeit und Prozessgestaltung.[2]

Auf den drei idealtypisch differenzierten Ebenen kann die Kooperation jeweils in derselben Organisation oder interorganisational erfolgen zwischen Vertreterinnen und Vertretern derselben Profession (intraprofessionell), zwischen Vertreterinnen und Vertretern unterschiedlicher Professionen oder zwischen Professionellen und Nichtprofessionellen (interprofessionell). Zu beachten ist hier wiederum, dass die Akteure je unterschiedlichen Funktionsbereichen angehören können. Professionelle der Sozialen Arbeit werden primär auf der Mikroebene und teilweise auf der Mesoebene Kooperationen eingehen. Auf der Ebene der Gesellschaft sind Führungspersonen von Organisationen herausgefordert, Kooperationen mit entsprechenden Akteuren einzugehen oder sich zu gegebenem Zeitpunkt einzubringen.

Mit der differenzierten Darstellung der Kooperationsbedingungen in diesem Abschnitt wurde deutlich, dass kooperatives Handeln und Kooperationen in der Sozialen Arbeit, das den Kriterien »gut« und »wirksam« entspricht, hoch anspruchsvoll sind, wenn wir zusätzlich in Betracht ziehen, dass die Kooperationspartner dem Grundgedanken von Gegenseitigkeit bzw. Reziprozität nachzukommen haben (vgl. Balz/Spiess 2009: 20).

Nach dieser Auslegeordnung wenden wir uns im Folgenden der Kopplung von Kooperation mit der Wirkungsorientierung zu.

2 Wirkungen und Kooperation

Baumgartner und Haunberger (2014: 14) halten Folgendes fest:

Die Bemühungen, Wirkungen des professionellen Handelns zu untersuchen und daraus Schlüsse für dessen Verbesserung zu ziehen, haben nicht nur eine lange Tradition, sondern stellen für eine Profession eigentlich eine Selbstverständlichkeit dar (vgl. Baumgartner/Sommerfeld 2010: 1163). Es ist ein Charakteristikum von Professionen in der modernen Gesellschaft, dass ihre Legitimation an wirksame und nutzbringende Problemlösungen geknüpft ist (vgl. Merchel 2010: 54).

Daraus folgern wir, dass auch Kooperationen in der Sozialen Arbeit, die in irgendeiner Weise der professionellen Lösung, Linderung oder Vermeidung eines sozialen Problems dienen, demselben Anspruch unterworfen sind.

---

2 Die Kooperation zwischen Klient/in und Sozialarbeiter/in schliessen wir hier aus, da wir dafür – in teilweiser Abgrenzung beispielsweise zu Hochuli Freund/Stotz (2013) und zu Merten in diesem Band – den Begriff der Ko-Produktion benutzen.

Wirkungsorientierung in der Kooperation 125

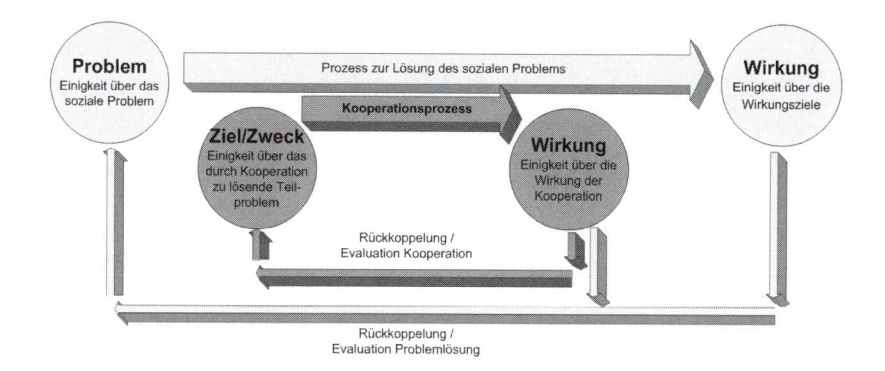

```
┌─────────────┐  ┌──Prozess zur Lösung des sozialen Problems──┐  ┌─────────────┐
│   Problem   │  │         Kooperationsprozess                │  │   Wirkung   │
│Einigkeit    │  │                                            │  │Einigkeit    │
│über das     │  │    ┌─────────┐          ┌─────────┐        │  │über die     │
│soziale      │  │    │Ziel/Zweck│          │ Wirkung │        │  │Wirkungsziele│
│Problem      │  │    │Einigkeit │          │Einigkeit│        │  │             │
└─────────────┘  │    │über das  │          │über die │        │  └─────────────┘
                 │    │durch     │          │Wirkung  │        │
                 │    │Kooperation│         │der      │        │
                 │    │zu lösende │         │Kooperat.│        │
                 │    │Teilproblem│         │         │        │
                 │    └─────────┘          └─────────┘        │
                 │         Rückkoppelung /                    │
                 │         Evaluation Kooperation             │
                 └────────────────────────────────────────────┘
                           Rückkoppelung /
                           Evaluation Problemlösung
```

Abbildung 2: Kooperation als Teil des Problemlösungsprozesses (eigene Darstellung)

Wir gehen davon aus, dass Kooperationen als mögliches Mittel – neben anderen – zur Lösung eines sozialen Problems genutzt werden können. Dabei müssen Kooperationspartner am zu lösenden sozialen Problem als Ausgangspunkt ansetzen, eine Kooperation gezielt vereinbaren, unter Einbezug der Wirkungsziele sowohl des Problemlösungsprozesses insgesamt als auch des kooperativen Teilbereichs. Kooperationsprozesse können sich in Dauer, Ausmass und Tiefe und in Bezug auf die Beteiligung der Betroffenen unterscheiden.

2.1 Wirkungen in der Sozialen Arbeit

Im Social-Impact-Modell (SIM) (Uebelhart 2011: 221ff), das wir als Analyse-, Steuerungs- und Evaluationsmodell für die Soziale Arbeit konzipiert haben, sind Wirkungen ein zentraler Fokus bei der Bearbeitung sozialer Probleme. Die Frage des sozialen Problems, inklusive der Definition von konkreten Wirkungszielen zu dessen Lösung oder Linderung, steht im Zentrum des Social-Impact-Modells. Die Problemkonstruktion unter Einbezug der unterschiedlichsten Akteure und Akteurinnen ist denn auch der erste Schritt im SIM-Prozess (1). Darauf folgt die Lösungskonstruktion (2): Welche Interventionen welcher Disziplinen und Professionen, Branchen oder Berufsgruppen sind in der Lage, einzeln und/oder in Kombination das Problem sowohl effizient als auch effektiv zu lösen, also die gewünschte Wirkung zu erzielen? In der Umsetzungsphase (3) stellt sich die Organisationsfrage: Welche bestehende oder neu zu gründende Organisation (im Profit-, Non-Profit-, Low-Profit- oder Public-Bereich) ist am ehesten geeignet, sowohl die gewünschten fachlichen, politischen als auch ökonomischen Ziele zu erreichen? Die Phase der Evaluation (4) überprüft nun, aus Sicht der Sozialen Arbeit sowie aus politischer, ethischer und ökonomischer Sicht, ob die zu Beginn definierten

Wirkungsziele tatsächlich erzielt wurden und das soziale Problem im beabsichtigten Umfang beseitigt oder gelindert wurde. Allfällige Rückkoppelungen werden hergestellt.

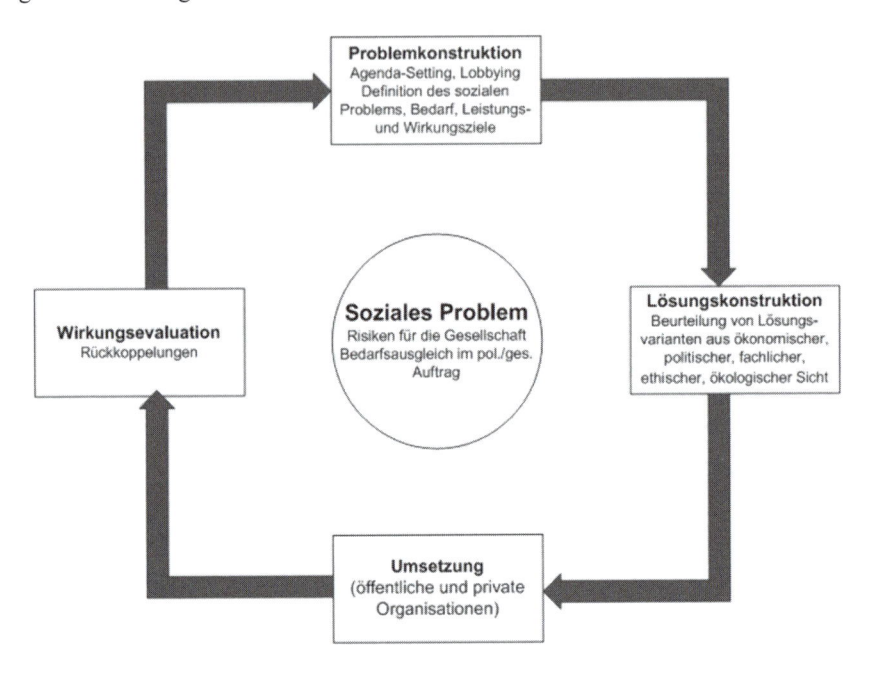

Abbildung. 3: Das Social-Impact-Modell SIM (Uebelhart 2011: 276)

Zentral ist im Wirkungsdiskurs generell, dass wir von Kausalketten zwischen Aktivität und Wirkung ausgehen, das heisst von Wirkungsketten (Kettiger/ Schwander 2011: 115). Dabei werden Wirkungen unterschiedlich gefasst: Kettiger und Schwander (ebd.: 116ff.) legen dar, dass die Perspektive auf Wirkung – zum Beispiel ökonomische, sozialwissenschaftliche oder kybernetische – Folgen auf Wirkungsmodelle und die Wirkungsmessung hat. Für die Soziale Arbeit gehen sie einerseits davon aus, dass auch sie heute ihre Legitimation nicht mehr nur aus gesetzlichen Grundlagen ableiten kann und demnach auf Wirkungssteuerung und Wirkungsmessung angewiesen ist. Andererseits weisen sie auf die Grenzen der Wirkungsorientierung in der Sozialen Arbeit hin (zum Beispiel rechtliche und gesellschaftliche Grenzen, begrenzte Messbarkeit oder Beeinflussbarkeit von innen oder von aussen (vgl. a.a.O.: 125ff.). Damit Wirkungssteuerung trotz Begrenzungen gelingt, müssen gemäss Kettiger und Schwander unter anderem folgende Aspekte erfüllt sein: Es braucht ein Wirkungsmodell, das den Wirkungsketten und […] der Dynamik der Wirkungen gerecht wird; […] ein methodisch sauberes Vorgehen, insbesondere bei der Definition von Wirkungszielen und den zugehörigen Indikatoren [...]; eine periodische Überprüfung des Systems der wirkungsorientierten Steuerung und des Wirkungsmodells, auf dem dieses beruht. (ebd.: 131)

Wird in der Sozialen Arbeit die Beziehung zwischen eingesetzten Ressourcen (Investment) und dem Nutzen (Return) untersucht, dann wird zunehmend zur Methode des SROI *(Social Return on Investment)* zurückgegriffen. Halfar (2014) unterscheidet dabei fünf Wirkungsebenen:

1. institutionell: transferanalytische Betrachtung auf institutioneller Ebene,
2. individuell: transferanalytische Betrachtung auf individueller Ebene,
3. vermiedene Sozialleistungskosten und Opportunitätserträge,
4. regionalökonomische Effekte der entsprechenden Einrichtungen (Organisationen) und
5. Wirkungen auf die Lebensqualität der Klientel.

Dieses Modell gibt uns einen ersten Hinweis darauf, woraufhin Wirkungen einer Kooperation im Bereich der Sozialen Arbeit untersucht werden müssten. Weitere Aspekte nennt Kessl (2011), indem er vier zentrale Dimensionen nennt, bezogen auf das »Wie« von Kooperationen, das in der Sozialen Arbeit einen entscheidenden Faktor darstellt. Neben dem *Kooperationsziel* sind dies die *Kooperationsstruktur* (u.a. wer ist entscheidungskompetent, wer repräsentiert die Organisation?), die *Kooperationserfahrung* (u.a. Zuverlässigkeit und Ernsthaftigkeit der Umsetzung von Vereinbarungen) und die *Kooperationskosten* (u.a. für die einzelnen beteiligten Akteure und für die Organisation als Gesamtes).

2.2 Wirkungsaspekte professioneller Kooperationen im Bereich der Sozialen Arbeit

Aus diesen kurzen Ausführungen zur Wirkungsorientierung in der Sozialen Arbeit schliessen wir auf vier Aspekte, die auch für Kooperationen im Bereich der Sozialen Arbeit – als Teil einer Wirkungskette – zentral und für die Wirkungsmessung leitend sind:

- die Übereinkunft über das soziale Problem, die Wirkungsziele der Problemlösung beziehungsweise -linderung,
- den Zweck und die Wirkungsziele der Kooperation selbst,
- den Prozess der Kooperation sowie
- die Dokumentation/Sichtbarkeit.

Diese Aspekte werden im Folgenden ausgeführt.

Übereinkunft über das soziale Problem und die Wirkungsziele der Problemlösung (Woraufhin?): Wenn wir, wie in Abbildung 2 dargestellt, davon ausgehen, dass ein Kooperationsprozess als ein mögliches Mittel zur Lösung eines Problems initiiert wird, so müssen das der Kooperation zugrunde liegende soziale Problem, der Kontext,[3] in dem es lokalisiert ist, wie auch die mit seiner Lösung beziehungsweise Linderung verbundenen Wirkungsziele,[4] unabhängig von der Kooperationsebene, von den Kooperationspartnern aus unterschiedlichen Funktionssystemen als Grundbedingung der Kooperation angenommen werden.

Zweck und Wirkungsziele der Kooperation (Weshalb und woraufhin kooperieren?): Bei diesem Aspekt steht nun die Kooperation im Zentrum und damit die Frage, welchen Teilbereich in einer Wirkungskette zur Bearbeitung eines sozialen Problems eine Kooperation lösen kann. Vor dem Hintergrund der erwähnten Übereinkunft verfolgt eine Kooperation den Zweck, (zumindest) einen Teil im Problembearbeitungsprozess wirkungsvoll umzusetzen – bestenfalls wirkungsvoller als mit anderen Mitteln. Dieser Teilprozess zielt auf eigene, den Wirkungszielen der gesamten Problembearbeitung untergeordnete, spezifische Wirkungen, die abhängig sind von der Dauer (ab wann und bis wann in einem Problemlösungsprozess wird in derselben Konstellation kooperiert?), dem Ausmass (was/welcher Gegenstand ist Teil der Kooperation?) und der Tiefe (u.a. welche inneren und äusseren Begrenzungen sind zu berücksichtigen?) der Kooperation. Die Wirkungsziele der Kooperation müssen ebenso eindeutig und zweifelsfrei definiert, von allen Kooperationspartnern akzeptiert und in ihrer Dringlichkeit bestätigt sein, was, bezogen auf die Akteursvielfalt, die Gewichtung der unterschiedlichen Rationalitäten und die Kooperationsebenen, ein hoch anspruchsvoller Vorgang ist.

Damit eine Kooperation im Rückblick mehr als bestenfalls »nett« gewesen ist und zumindest keinen Schaden angerichtet hat, müssen wir uns die sogenannte »Wunderfrage« in zweifacher Weise stellen, nämlich: Woran erkennen wir, dass mit der Kooperation die Wirkung erzeugt wurde, auf die wir (1) in Bezug auf das kooperativ bearbeitete Teilproblem und (2) in Bezug auf das zugrunde liegende zu lösende soziale Problem hingezielt haben?

Kooperationsprozess (Wie und womit kooperieren?): Dieser Aspekt betrifft die Umsetzung der Kooperation. Die von Merten in diesem Band ausgeführten Leitprinzipien der Kooperation[5] müssen dabei ebenso bedacht werden wie die Kooperationsstruktur (Wie wird die Kooperation vereinbart? Wer hat

---

3   Zum Beispiel Gesundheit, Erziehung/Ausbildung/Weiterbildung, Identität, soziale Beziehungen, soziale Präsentation, Entwicklung von Emotionen und/oder Verhalten, Fähigkeit zur Selbstsorge, Versorgungssicherheit auch in komplexen Problemsituationen, Förderung von sozialer und/oder ökonomischer Integration und Vermeidung von Exklusion.

4   Wir verzichten an dieser Stelle bewusst auf die Unterscheidung der verschiedenen Wirkungsebenen *Effect, Impact, Outcome* und verweisen dazu auf Uebelhart/Zängl (2013) sowie Baumgartner (2013).

5   Prinzipien der Professionsorientierung, der Organisationsorientierung, der Wirkungsorientierung, der Partizipation, der Multiperspektivität, der Werteorientierung, der Kompetenzorientierung (vgl. Artikel Professionelle Kooperation in diesem Sammelband)

welche Rolle? Wer ist entscheidungskompetent? Wer vertritt welches Funktionssystem? Wer repräsentiert welche Organisation? Usw.), der Ablauf (Wie wird der Kooperationsprozess gestaltet? Usw.) und die Kooperationskosten (u.a. für die einzelnen beteiligten Akteure in Bezug auf die Kooperation und den gesamten Problembearbeitungsprozess).

Dokumentation/Sichtbarkeit: Zu Beginn einer Kooperation müssen die Partner vereinbaren, welchen Akteuren gegenüber die (Kooperations-)Wirkungen primär, welchen sekundär und mit welchen Mitteln sichtbar gemacht werden sollen und demzufolge zu dokumentieren sind. Soll die Wirkung einer bestimmten Kooperation zum Beispiel gegenüber der Öffentlichkeit, der Verwaltung, der Politik, der Profession und Fachorganisationen, den Betroffenen und ihren An- und Zugehörigen aufgezeigt werden – oder vorwiegend gegenüber den Kooperationspartnern, damit beispielsweise die Kooperation gemäss Vereinbarung verläuft oder die Motivation für künftige Kooperationen gestärkt werden kann?

3 Wirkungsmodell für Kooperationen im Bereich der Sozialen Arbeit

Um den oben ausgeführten Anforderungen an eine wirkungsorientierte Kooperation gerecht zu werden, schlagen wir ein Wirkungsmodell für Kooperationen im Bereich der Sozialen Arbeit vor. Ein solches Modell ermöglicht, die Zusammenhänge zu reflektieren, es zwingt die Beteiligten, implizite Annahmen explizit zu machen, und dient der rückwirkenden Überprüfung der Ziele. Das hier vorgestellte Wirkungsmodell für Kooperationen im Bereich der Sozialen Arbeit (vgl. Abbildung 4) basiert auf dem Social-Impact-Modell (vgl. Abbildung 3) und ist in Analogie dazu konzipiert.

Diese fünf Bereiche beinhalten auf der Ergebnis-, Struktur- und Prozessebene wichtige Aspekte der Wirksamkeit von Kooperation. Folgende Punkte stehen im Vordergrund:

1. Wie wir schon mehrfach festgehalten haben, sind die Klarheit des (sozialen) Problems, das mittels Kooperation gelöst werden soll, und Einigkeit darüber zentral.
2. Der nächste Schritt ist die Problemkonstruktion: Sind sich die potenziellen Kooperationspartner einig darüber, das (Teil-)Problem mittels Kooperation zu lösen, und wie weitgehend soll die Kooperation geplant werden? Welches sind dabei die Wirkungshypothesen, die einen Mehrwert der Kooperation im Vergleich zu hierarchischen oder marktlichen Vorgehensweisen nahelegen? Welche Wirkungsziele sollen kooperativ auf der Ergebnis-, Struktur- und Prozessebene erreicht werden? Wie werden diese Wirkungen gemessen?

Agnès Fritze und Beat Uebelhart

(2) Problemkonstruktion
Einigkeit über das mittels Kooperation zu lösende (Teil-)Problem
Einigkeit über die Wirkungsziele und den Mehrwert der Kooperation

(5) Wirkung / Evaluation
Zweckmässigkeit
Problembewältigungserfolg
Wirkungskette
Attraktivität und Aussenwirkung zu Zielgruppe, Angehörige, Öffentlichkeit, Politik, Fachwelt, usw.

(1) Problem
Einigkeit über das soziale Problem

(3) Lösungskonstruktion
Mitglieder
Strukturen
Ressourcen
Ort und Form der Kooperation
Dauer der Kooperation

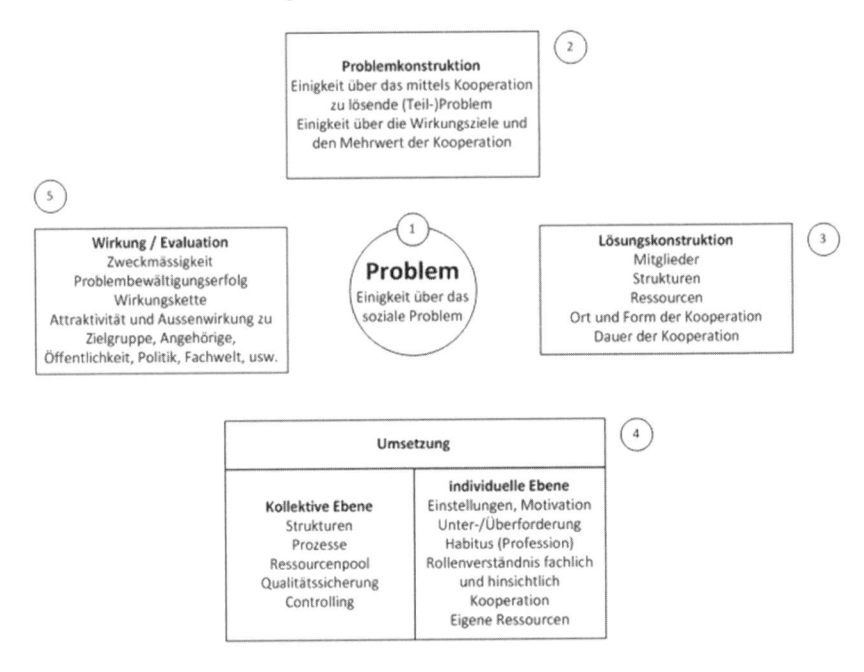

(4) Umsetzung

Kollektive Ebene	individuelle Ebene
Strukturen	Einstellungen, Motivation
Prozesse	Unter-/Überforderung
Ressourcenpool	Habitus (Profession)
Qualitätssicherung	Rollenverständnis fachlich
Controlling	und hinsichtlich Kooperation
	Eigene Ressourcen

Abbildung 4: Wirkungsmodell der Kooperation (eigene Darstellung)

3. Wenn all diese Fragen einvernehmlich gelöst sind, stellen sich die Fragen der Lösungskonstruktion. Wer muss in dieser Kooperation unbedingt dabei sein? Welche Auswirkungen hat das Fehlen von zentralen Akteuren oder deren eingeschränkte Motivation? Wie sind die Strukturen der Kooperation zu planen, sodass Kooperation möglichst effizient und effektiv gestaltet wird? Welche Ressourcen werden von wem zur Verfügung gestellt, und wie können sie allenfalls »eingeklagt« werden? Welche hinderlichen oder förderlichen Einflüsse haben Ort, Form und Dauer der Kooperation auf deren Qualität und Wirksamkeit?
4. Die Umsetzung hängt sowohl von individuellen als auch von kollektiven Aspekten der Handelnden ab. Wie können auf individueller Ebene Einstellungen und Motivation dergestalt gepflegt und unterstützt werden, dass daraus keine hinderlichen Einflüsse auf das Kooperationsverhalten der Einzelnen entsteht? Welche negativen Einflüsse haben Gefühle der Unter- und/oder Überforderung? Wie können diese vermieden werden? Wie können allfällige hinderliche Einflüsse von Rollendiffusitäten zwischen fachlicher Expertise und individuellem Kooperationsverhalten im Rahmen eines professionellen Habitus neutralisiert oder beseitigt werden? Auf kollektiver Ebene können fehlende oder falsche Strukturen die Kooperationsbereitschaft der Einzelnen zunichtemachen. Wie können Prozesse und

Ressourcenpools angelegt werden, damit möglichst wenig Reibungsverluste in der Kooperation entstehen? Wie können Qualitätssicherung und Kooperationscontrolling dazu genutzt werden, die Wirksamkeit der Kooperation zu verbessern?
5. Zum Schluss wollen wir die Wirkung evaluieren. Weshalb war die Wahl der Kooperation (anstelle z.B. von marktlichen und hierarchischen Ansätzen) tatsächlich am zweckmässigsten, oder hätte mit einem anderen Verfahren die Wirkung schneller, umfassender oder kostengünstiger erbracht werden können (Problembewältigungserfolg)? Hat die Kooperation Wirkungen erzielt, die zu einer ganzheitlichen Problemlösung (Wirkungskette) beigetragen haben, oder ergeben sich, weil nachfolgende Bereiche beispielsweise nicht kooperieren, Anschlussprobleme für die Klientel oder beteiligte Organisationen? Durch eine Kooperationsvereinbarung wird bei den Beteiligten die Erwartung, auch andere Probleme in den jeweiligen Organisationen/Institutionen kooperativ und nicht marktlich/hierarchisch anzugehen, geweckt. Kooperation funktioniert also – ähnlich wie Partizipation – nicht nur schnell mal im Einzelfall. Welche Attraktivität und Aussenwirkung dieser Kooperation kann für andere Funktionssysteme der Gesellschaft nachgewiesen werden, und was ist deren Nutzen für das zu lösende Problem? Kann beispielsweise der Mehrwert kooperativen Problemlösens der Öffentlichkeit gegenüber nicht ausreichend dargelegt werden, so wird diese – beispielsweise als Stimmbürgerinnen und Stimmbürger – entsprechende Budgetposten kaum gutheissen.

In all diesen – höchst unterschiedlichen – Fällen der Wirkungsorientierung benötigen wir theorie- und empiriegestützte Wirkungshypothesen hinsichtlich der Kooperation als Mittel zum Zweck, des Kooperationsprozesses und der Intervention innerhalb der Kooperation. Auf die jeweilige Problemsituation zugeschnittene Wirkungszusammenhänge sind im Bereich der Sozialen Arbeit jedoch eher selten empirisch untermauert, weshalb wir hier von – zu verifizierenden oder zu falsifizierenden – Wirkungshypothesen sprechen. Um Wirkungen danach tatsächlich messen zu können, benötigen wir demnach zunächst messbar formulierte 1) (Wirkungs-)Ziele und 2) Indikatoren, die Aussagen darüber machen, woran wir Wirkung erkennen können (z.B. verbesserte Kommunikation zwischen Fachleuten oder Anzahl und Intensität des fachlichen Austauschs zwischen dem Fachpersonal der beteiligten Organisationen).

4 Abschliessende Bemerkungen

Es wurde versucht aufzuzeigen, weshalb es sinnvoll und notwendig ist, die Wirksamkeit von Kooperationen als einem Teilbereich in Wirkungsketten zur Lösung sozialer Probleme zu verfolgen. In Anlehnung an Klaus Wolf (2007:

23) gibt es drei übergeordnete Begründungen für die Untersuchung von Wirksamkeit:

- »Wir sollten das tun, was möglichst viel nützt und zugleich möglichst wenig schadet«. Die Wirkung(en) der Kooperation muss (müssen) mindestens so gut sein, wie sie ohne Kooperation auch erreicht worden wäre(n); noch besser: Kooperation hat einen vorher beabsichtigten und klar beschriebenen Mehrwert erbracht.
- »Wir sollten unsere Interventionen so gestalten, dass wir aus den Erfolgen und Misserfolgen systematisch lernen können«. Aufgrund einer reflektierten Kooperation können nicht nur Individuen, sondern auch Organisationen und ganze (Hilfe-)Systeme lernen und die Wirksamkeit von Interventionen der Sozialen Arbeit dauerhaft verbessern.
- »Wir sollten unsere Mittel insbesondere dort (und) so einsetzen, wo und wie sie am wirkungsvollsten sind«. Unsere Ressourcen hinsichtlich Kooperationen und in Kooperationen müssen am richtigen Ort eingesetzt werden, damit sie am wirkungsvollsten sein können.

Literatur

Amstutz, Jeremias/Fritze, Agnès/Wüthrich, Bernadette (2014): Sozialmanagerinnen und Sozialmanager und ihre Rolle bei der Gestaltung sozialer Versorgung. In: Wüthrich, Bernadette/Amstutz, Jeremias/Fritze, Agnès (Hrsg.), Soziale Versorgung zukunftsfähig gestalten (S. 433–453). Wiesbaden: Springer.

Balz, Hans J./Spiess, Erika (2009): Kooperation in sozialen Organisationen. Grundlagen und Instrumente der Teamarbeit. Stuttgart: Kohlhammer.

Baumgartner, Edgar (2013): Anforderungen an das Gütekriterium »Wirkungsorientierung«. In: Uebelhart, Beat/Zängl, Peter (Hrsg.), Praxisbuch zum Social-Impact-Modell (S. 71–79). Baden-Baden: Nomos.

Baumgartner, Edgar/Haunberger, Sigrid (2014): Evaluations- und Wirkungsforschung in der Sozialen Arbeit – Potenzial und methodische Herausforderungen. In: Soziale Innovation. Forschung und Entwicklung der Hochschule für Soziale Arbeit FHNW 2014 (S. 14–20). Olten: FHNW.

Baumgartner, Edgar/Sommerfeld, Peter (2010): Evaluation und evidenzbasierte Praxis. In: Thole, Werner (Hrsg.). Grundriss Soziale Arbeit. Ein einführendes Handbuch. 3. überarb. und erw. Aufl. Wiesbaden: VS Verlag. S. 1163-1175.

Fritze, Agnès (2011): Perspektiven auf soziale Probleme im Kontext Sozialer Arbeit. In: Fritze, Agnès/Maelicke, Bernd/Uebelhart, Beat (Hrsg.), Management und Systementwicklung in der Sozialen Arbeit (S. 19–47). Baden-Baden: Nomos.

Fritze, Agnès/Maelicke, Bernd/Uebelhart, Beat (Hrsg.) (2011): Management und Systementwicklung in der Sozialen Arbeit. Baden-Baden: Nomos.

Halfar, Bernd (2014): Kann der Social Return on Investment (SROI) die Jugendhilfe besser legitimieren? In: Jugendhilfe, Nr. 4, S. 292–296.

Hochuli Freund, Ursula/Stotz, Walter (2013): Kooperative Prozessgestaltung in der Sozialen Arbeit. Ein methodenintegratives Lehrbuch (2. Auflage). Stuttgart: Kohlhammer.

International Federation of Social Workers ISFW (2005): Definition von Sozialarbeit. URL: www.ifsw.org/p38000409.html [Zugriffsdatum: 17.05.2011].

Kessl, Fabian (2011): Von der Omnipräsenz der Kooperationsforderung in der Sozialen Arbeit. Eine Problematisierung. In: Zeitschrift für Sozialpädagogik, Jg. 9, Heft 4, S. 405–415.

Kettiger, Daniel/Schwander, Marianne (2011): Wirkungsorientierung in der Sozialen Arbeit – Möglichkeiten und Grenzen. In: Fritze, Agnès/Maelicke, Bernd/Uebelhart, Beat (Hrsg.), Management und Systementwicklung in der Sozialen Arbeit (S. 114–133). Baden-Baden: Nomos.

Merchel, Joachim (2010): Qualitätsmanagement in der sozialen Arbeit: eine Einführung. Weinheim und München: Juventa-Verlag.

Opielka, Michael (2006): Gemeinschaft in Gesellschaft. Soziologie nach Hegel und Parsons (2. Auflage). Wiesbaden: VS Verlag für Sozialwissenschaften.

Parsons, Talcott (2009): Das System moderner Gesellschaften (7. Auflage). Weinheim: Juventa.

Schedler, Kuno/Rüegg-Stürm, Johannes (Hrsg.) (2013): Multirationales Management. Der erfolgreiche Umgang mit widersprüchlichen Anforderungen an die Organisation. Bern: Haupt.

Schoenenberger, Michael (2014): Die Sozialhilfe reformieren. In: NZZ, 17.9.2014.

Uebelhart, Beat (2011): Das Social-Impact-Modell (SIM) – vom sozialen Problem zur Wirkung. In: Fritze, Agnès/Maelicke, Bernd/Uebelhart, Beat (Hrsg.), Management und Systementwicklung in der Sozialen Arbeit (S. 221–286). Baden-Baden: Nomos.

Uebelhart, Beat (2014): Warum lösen sich historisch gewachsene Grenzen zwischen Wohlfahrtsorganisationen, klassischen For-Profit-Organisationen und hybriden Organisationsformen auf? In: Jugendhilfe, Heft 4, S. 260 – 266.

Uebelhart, Beat/Zängl, Peter (Hrsg.) (2013): Praxisbuch zum Social-Impact-Modell. Baden-Baden: Nomos.

Van Santen, Eric/Seckinger, Mike (2003): Kooperation: Mythos und Realität einer Praxis. Eine empirische Studie zur interinstitutionellen Zusammenarbeit am Beispiel der Kinder- und Jugendhilfe. Leverkusen: Leske + Budrich.

Wolf, Klaus (2007): Wirkungsorientierung in den Hilfen zur Erziehung. In: Wirkungsorientierte Jugendhilfe – Beiträge zur Wirkungsorientierung von erzieherischen Hilfen, Band 01 (S. 19–24). Münster: ISA.

Multiperspektivität in der Kooperation

Ursula Hochuli Freund

Die Feststellung, dass Wirklichkeit subjektiv konstruiert wird, verweist auf die Notwendigkeit, die Sichtweisen aller Beteiligten zu erfassen und zu unterscheiden. Im folgenden Beitrag wird zunächst Multiperspektivität als Fachbegriff der Sozialen Arbeit eingeführt. Die Autorin legt dar, welche Bedeutung der Unterscheidung von Perspektiven in der Kooperation auf der Fachebene zukommt und wie die interprofessionelle Kooperation diesbezüglich konzipiert werden kann. Wenn Soziale Arbeit als personenbezogene soziale Dienstleitung verstanden wird, ist es grundlegend, auch die Perspektive der Klienten zu erkunden und sie kontinuierlich während der gesamten Prozessgestaltung einzubeziehen. Es wird aufgezeigt, dass Multiperspektivität nicht nur bedeutet, die verschiedenen Perspektiven transparent zu machen, sondern sie auch in einem gemeinsamen Verständigungsprozess miteinander so zu verbinden und weiterzuentwickeln, dass neue Möglichkeiten der Unterstützung erkennbar werden.

1 Multiperspektivität

Die Bedeutung von Mehrperspektivität soll zunächst anhand von zwei Beispielen aus Kunst und Literatur illustriert werden. Danach wird Multiperspektivität als Fachbegriff in der Sozialen Arbeit erläutert.

1.1 »Was siehst du, wenn du schaust?«

Abbildung 1: Wenceslaus Hollar: Landscape shaped like a face.[1]

---

1 Die eine Betrachterin sieht einen Landvorsprung, die andere ein Männergesicht. Tauschen sich die beiden *nicht* über ihre Sicht auf das Bild aus, bleibt ihnen möglicherweise verborgen,

Als zweites Beispiel soll der 1813 erschienene Roman *Pride and Prejudice* von Jane Austen dienen. Erst kürzlich wieder neu verfilmt, bietet der Roman auch heute noch eine vergnügliche Lektüre. Er lässt sich lesen als historische Gesellschaftsstudie über Milieus und Gender, als Entwicklungsroman der beiden Hauptfiguren oder auch als spannende schriftstellerische Komposition, wobei ein Perspektivenwechsel am Kulminationspunkt eine Wende im Fortgang der Handlung einleitet.

Elizabeth Bennet – eine von fünf Töchtern der aufgrund der damals geltenden männlichen Erbfolge finanziell schlecht abgesicherten Familie Bennet – bekommt überraschend einen Heiratsantrag von dem von ihr verabscheuten reichen Landadligen Mr. Darcy. Empört weist sie Darcy ab mit der Begründung, er habe sich ihr gegenüber unhöflich verhalten, habe den sympathischen Mr. Wickham um sein Erbe betrogen, und vor allem habe er ihre geliebte Schwester Jane ins Unglück gestürzt, weil er deren Heirat mit seinem Freund Bingley verhindert habe. In einem langen Brief erläutert ihr Darcy daraufhin seine Sicht der Dinge: Er schildert die Vereinbarung mit Wickham, die es zu diesem Erbe gegeben habe, und seine Beobachtungen, dass die anmutige, aber stoisch wirkende Jane keinerlei Gefühle gegenüber Bingley gezeigt habe, die ganze Familie Bennet hingegen auf diese Heirat gegiert habe, woraufhin er seinen Freund vor einer Heirat, bei der er nur ausgenutzt worden wäre, zu bewahren versucht habe. Elizabeth ist erschüttert. Allmählich kann sie die im Brief geschilderte Sicht auf die Dinge anerkennen, und indem sie Mr. Darcys weitere Handlungen mit verändertem Blick beobachtet, kommt sie zu einer anderen Einschätzung seiner moralischen Integrität. So wird ein mehrfaches Happy End möglich.

Die Protagonistin hat erkannt, dass »Wirklichkeit« je nach Perspektive etwas völlig anderes sein kann, dass die Schilderung einer Perspektive nicht »wahr« sein muss und dass Beobachtungen stets interpretiert werden.[2] Indem sie die Sichtweise des anderen zunehmend als durchaus *auch* schlüssige Konstruktion von Wirklichkeit anerkennen kann, eröffnen sich neue Handlungsmöglichkeiten.

Hollars Zeichnung und Austens Roman mögen als Illustrationen dienen für eine der grundlegenden Strukturbedingungen professionellen Handelns in der Sozialen Arbeit: für die Tatsache, dass Wirklichkeit stets subjektiv kon-

---

dass sie etwas völlig Unterschiedliches sehen, oder wir können uns ein interessantes Streitgespräch vorstellen, das wahrscheinlich in beidseitiges Kopfschütteln und Unverständnis mündet. Quelle: http://commons.wikimedia.org/wiki/File:Wenceslas_Hollar_-Landscape_shaped_like_a_face_%28State_1%29.jpg [12.9.2014].

2 Das heißt, man kann Tatsachen in der Rede auch verdrehen durch Weglassen entscheidender Aspekte und Erfinden von anderen (wie Mr. Wickham das getan hat). Mr. Darcys Beobachtungen sind nicht »richtig« oder »falsch«: Darcys Interpretation von Jane Bennets Verhalten ist durchaus schlüssig, auch wenn sie von derjenigen ihrer Schwester Elizabeth abweicht.

struiert wird und es »die Wirklichkeit« nicht gibt (vgl. u.a. von Spiegel 2011: 110f., 258; Galuske 2011: 51). Professionelles Handeln impliziert deshalb, sich der eigenen Wirklichkeitskonstruktion bewusst zu sein und sie zu reflektieren – sowie anzuerkennen, dass Klienten, deren Bezugspersonen und auch alle anderen Fachpersonen ebenfalls in einer individuell geprägten, subjektiven Wirklichkeit leben.

1.2. Multiperspektivität als Fachbegriff der Sozialen Arbeit

Den Begriff »Multiperspektivität« hat Müller mit seinem 1993 erstmals publizierten Buch *Sozialpädagogisches Können. Ein Lehrbuch zur multiperspektivischen Fallarbeit* in den Fachdiskurs der Sozialen Arbeit eingeführt. Unter multiperspektivischem Vorgehen versteht Müller, »dass sozialpädagogisches Handeln bewusste Perspektivenwechsel zwischen unterschiedlichen Bezugsrahmen erfordert, zum Beispiel einem verfahrensrechtlichen, pädagogischen, medizinischen oder fiskalischen« (Müller 2012: 21). Sozialpädagogische Fälle sollten immer auf unterschiedlichen Ebenen betrachtet und »aus mehreren praktisch standortgebundenen Perspektiven befragt werden« (ebd.: 65). Fallarbeit erfordere prinzipiell die Erweiterung durch andere Sichtweisen (vgl. ebd.: 165) und den Einbezug von unterschiedlichem theoretischem Wissen, das neue Perspektiven anregen könne (ebd.: 187f.). Multiperspektivität bedeutet in Müllers Konzept demnach den Einbezug der Sichtweisen unterschiedlicher Beteiligter, die Nutzung unterschiedlicher Bezugsrahmen sowie verschiedener Wissensformen und Wissensbeständen. Müller selbt bezeichnet Multiperspektivität abschließend als einen »Betrachtungsstandpunkt Sozialer Arbeit und eine entsprechende professionelle Haltung«, die er als »offen« charakterisiert, als »Fähigkeit zum Perspektivenwechsel zwischen unterschiedlichen Arten von Wissen« (ebd.: 188).

Bei Heiner (2010, 2013) gilt eine »mehrperspektivische Orientierung« als eines von vier Grundprinzipien diagnostischen Fallverstehens. Das Prinzip »zielt auf eine möglichst komplexe Abbildung des Problems aus der Sicht der verschienenen Beteiligten« (Heiner 2013: 30) und soll eine multidimensionale Analyse von aktuellen Problemen gewährleisten.

Auch in der Praxis- und Wirkungsforschung der Sozialen Arbeit hat sich der Begriff »Multiperspektivität« mittlerweile etabliert. In den letzten Jahren habe sich ein breiter Konsens darüber entwickelt, dass nur ein *multiperspektivischer* Ansatz der Komplexität des sozialen Feldes annähernd gerecht werden könne, halten Koch und Fertsch-Röver fest (vgl. 2010: 123). Es gelte zu berücksichtigen, dass »die verschiedenen Beteiligten(-gruppen) und Interessenten von unterschiedlichen Situationsdefinitionen ausgehen und sich danach in ihrem Handeln ausrichten. Man hat es somit grundsätzlich mit multiplen Realitäten zu tun« (Wolff/Scheffer 2003: 332). Dem gilt es mit einer Methodenvielfalt auch im Forschungszugang Rechnung zu tragen.

Multiperspektivität ist zu einem Fachbegriff in der Sozialen Arbeit geworden: Er bezeichnet ein fachliches Konzept und eine Grundhaltung professionellen Handelns von Praktikerinnen[3] ebenso wie ein Grundprinzip in der Forschung zur Praxis Sozialer Arbeit. Gemeinsamer Fokus ist die Berücksichtigung der subjektiven Wirklichkeitskonstruktionen und Sichtweisen *unterschiedlicher Beteiligter* und die Nutzung *unterschiedlicher Zugänge*, Bezugsrahmen, Wissensbestände und Methoden. Diese Tatsache der Mehrperspektivität ist gerade auch in Zusammenhang mit Kooperation von Bedeutung, wenn es um aufgabenbezogene, zielgerichtete Ausrichtung von Handlungen in der Sozialen Arbeit geht (vgl. die Definition von Kooperation in diesem Band). Die Definition von »Kooperation im weiten Sinne« von Schweitzer geht davon aus, dass sowohl das »Problem« von den verschiedenen »Parteien« unterschiedlich definiert werden kann als auch bezüglich des Arbeitsergebnisses keine Einigung bestehen muss (vgl. Schweitzer 1998: 26). Hier ist unmittelbar ersichtlich, dass die Unterschiedlichkeit von Perspektiven und deren Unterscheidung relevant sind bei Fragen der Kooperation.

2 Perspektiven verschiedener Professionen

Einleitend gehen wir im Folgenden kurz auf die grundlegende Bedeutung von Kooperation mit anderen Professionen für die Soziale Arbeit ein. Es werden Modelle vorgestellt, wie interprofessionelle Kooperation institutionalisiert ist und wie sie konzipiert werden kann. Dabei wird jeweils erörtert, wie die Multiperspektivität methodisch genutzt wird, worin die Herausforderungen bestehen und welcher Mehrwert generiert werden kann.

2.1 Komplexe Problemstellungen

Soziale Arbeit ist gekennzeichnet durch die Zuständigkeit für unterschiedlichste, komplexe, oft auch unklare Probleme von Menschen. Diese sogenannte »diffuse Allzuständigkeit« (vgl. u.a. Galuske 2011: 36ff.) bedeutet nicht nur, dass immer wieder die eigene Zuständigkeit überprüft und der Auftrag geklärt werden muss, es ergibt sich daraus auch die Notwendigkeit der Kooperation mit anderen Berufsgruppen: Soziale Arbeit vollzieht sich zumeist in interprofessionellen Kontexten (vgl. Hochuli Freund/Stotz 2013: 45ff.; van Santen/Seckinger 2004: 210).

Problemstellungen von Klientinnen und Klientensystemen oder -gruppen sind oft so komplex, dass ihnen einzig mit einem ganzheitlichen Zugang und Fachwissen aus verschiedenen Disziplinen begegnet werden kann. In vielen

---

3 Eine Anmerkung zum Sprachgebrauch: Die männliche und die weibliche Form werden abwechselnd verwendet, gemeint sind jeweils beide Geschlechter. Die Bezeichnungen »Professionelle der Sozialen Arbeit«, »Sozialpädagoge« und »Sozialarbeiterin« werden als Synonyme verwendet.

sozialen Einrichtungen – zum Beispiel Sonderschulheim, Suchtrehabilitationsklinik, Wohnheim für Menschen mit Mehrfachbeeinträchtigungen – sind deshalb Fachleute mehrerer Professionen tätig: aus der Sozialen Arbeit, der Medizin/Psychiatrie, der Pflege, der Psychologie, der Schul- und der Heilpädagogik und weitere. Hier liegt die *Notwendigkeit der interprofessionellen Kooperation* auf der Hand: Die Arbeit der verschiedenen Fachleute innerhalb der Einrichtung muss koordiniert werden, wenn Hilfe zielgerichtet erfolgen und wirksam werden soll (sog. *intraorganisationale und interprofessionelle Kooperation*). Aber auch da, wo die Soziale Arbeit innerhalb einer Einrichtung alleine tätig ist – in vielen Beratungsstellen, beispielsweise der Sozialberatung eines polyvalenten Sozialdienstes – sind in zahlreichen Fällen noch weitere Hilfesysteme involviert. Auch hier braucht es eine Koordination der Hilfe, damit die verschiedenen Unterstützungsleistungen sich gegenseitig verstärken und nicht unterlaufen (sog. *extrainstitutionelle und interprofessionelle Kooperation;* vgl. Heiner 20010: 472f., Hochuli Freund/Stotz 2013: 108f.). Nur mit einem vielseitigen Zugang und einem zugleich ganzheitlichen Anspruch kann eine angemessene Unterstützung realisiert werden.

2.2 Beiträge der verschiedenen Professionen

Fachleute einer Profession haben einen eigenen, spezifischen Blick auf einen »Fall«, der geprägt ist von ihrer disziplinären Sozialisation: Sie fokussieren denjenigen Realitätsausschnitt, mit dem sich die jeweilige Profession befasst. Auch wenn die psychosozialen Professionen inzwischen überwiegend ein »bio-psycho-soziales Verständnis« von Gesundheit und damit vom Menschen teilen, so untersuchen, erfragen, testen, beobachten, analysieren und beurteilen sie dennoch überwiegend jene Aspekte, die zum eigenen Kompetenzschwerpunkt gehören: Die Ärztin, beziehungsweise der Arzt fokussiert wahrscheinlich auf körperliche, psychosomatische und psychische Beschwerden sowie die Krankheitsgeschichte – der Psychologe, die Psychologin eher auf Aspekte von Persönlichkeit und (psychosozialer, kognitiver und affektiver) Entwicklung – die Case-Managerin erfasst Daten zur schulischen Laufbahn, zu beruflichen und außerberuflichen Qualifikationen, Interessen sowie die Chancen in der gegenwärtigen Arbeitsmarktsituation – den Sozialarbeiter interessiert insbesondere die soziale Einbettung, das familiäre und nachbarschaftliche Netz, die Ausstattung des Stadtteils usw. Indem sie Unterschiedliches erfassen und analysieren, *sehen* sie das Gesamtbild und die Thematik im »Fall« unterschiedlich: eher ein Männergesicht oder eher eine Insel, um das Vexierbild von Hollar wieder aufzunehmen. Sie sehen und beschreiben das Bild entsprechend ihrem professionsspezifischen Fokus, erhellen es mithilfe ihres disziplinären Erklärungswissens und kommen so zu Interventionsvorschlägen, die geprägt sind vom Handlungswissen der jeweiligen Profession:[4] medikamentöse Behandlung, themenspezifische Beratung oder Therapie, Coaching am Arbeitsplatz, Aktivierung einer Patenschaft, Begleitung zu einem Selbsthilfegruppentreffen usw. Diese Beispiele stehen für viele andere und mögen deutlich machen, wie sehr sich die psychosozialen Professionen in ihrem Blick auf den »Fall« und damit auch in den Interventionen unterscheiden.

2.3 Nebeneinander oder miteinander?

In der Praxis erfolgt der Prozess der Fallbearbeitung zunächst je innerhalb einer Profession. Alle Fachleute erfassen, analysieren, erklären, skizzieren Ziele und Interventionen aufgrund ihres spezifischen Zugangs, mithilfe ihrer je eigenen Methoden und Wissensbestände. Auf diese Weise kann das spezifische Fachwissen fruchtbar gemacht werden kann. An welcher Stelle jedoch setzt die *interprofessionelle Kooperation* ein? Hier gibt es verschiedene Varianten, und gewiss spielt die organisationale Einbettung (intra- oder extraorganisational) eine grosse Rolle dabei.

Bei *additiven Kooperationen* agieren die Kooperationspartner nebeneinander: Die Leistungen der einzelnen Berufsgruppen und Professionen werden unabhängig voneinander erbracht, sie werden aber zeitlich aufeinander abgestimmt (vgl. Wöhrl 1988: 233f., zit. in Homfeldt/Sting 2005: 205).[5] Der fachliche Austausch beinhaltet die gegenseitige *Information*: vielleicht über diagnostische Einschätzungen und Ziele, sicher jedoch über die geplanten Interventionen. Kern der Kooperation ist die *zeitliche Koordination* der Leistungserbringung.

Ein Beispiel: Zwei Lehrkräfte, der Schulpsychologe und die Schulsozialarbeiterin tauschen sich kurz über ein Kind mit Schulschwierigkeiten aus. Sie diskutieren, wo die Förderschwerpunkte im Unterricht liegen, ob und wie lange es noch in die schulpsychologische Beratung geht, wie die psychiatrische Diagnose der Mutter lautet, ob es für das kommende Theaterprojekt gewonnen werden soll und welcher Probenaufwand damit verbunden ist.

Neben Information und zeitlicher Abstimmung wird bei dieser Form der additiven Kooperation für alle beteiligten Fachleute deutlich, dass es diese unterschiedlichen fachlichen Sichtweisen auf die Schwierigkeiten und den Hilfebedarf gibt. Die Tatsache unterschiedlicher Perspektiven ist transparent.

---

4 Und sie nennen diese Interventionsvorschläge – entsprechend der Begrifflichkeit ihrer Profession – »Angebot«, »Behandlung« oder »Lösungsvorschlag«.

5 Die Positionierungsmöglichkeit der Sozialen Arbeit in solch additiven Kooperationen sieht Heiner im Spannungsfeld u.a. zwischen eigenverantwortlicher Fachlichkeit und abhängiger Zuarbeit, zwischen segmentärer und komplementärer Spezialisierung, zwischen Profilierung und Zurückhaltung (vgl. Heiner 2010: 475ff.).

Bei *integrativen Kooperationen* (vgl. Wöhrl 1988: 233ff.) reicht die Zusammenarbeit weiter. Kern dieser Kooperationsvariante ist der Prozess der fachlichen Verständigung. Ziel ist die »koordinierte, systemische statt sektorielle Bearbeitung praktischer Probleme von Klient/innen« (Obrecht 2005: 16). Auch hier findet der analytische Prozess der Fallarbeit zunächst innerhalb der einzelnen Professionen statt (Situationserfassung, Analyse, Diagnose, eventuell auch bereits Überlegungen zu Zielen und möglichen Interventionen).[6] Die Informationen und Erkenntnisse daraus fügen die verschiedenen Fachleute nun mündlich zu einem – zunächst additiven – Gesamtbild zusammen.[7] In einem gemeinsamen Diskussionsprozess wird dieses Bild verändert und weiterentwickelt zu einem integrierten, *transprofessionellen Gesamtbild*. Bestanden in den einzelnen Professionen schon Interventionsideen, werden diese auf der Grundlage der neuen Erkenntnisse modifiziert; wenn nicht, werden nun gemeinsame Ziele formuliert und Interventionen für die einzelnen Professionen skizziert. Die verschiedenen Interventionen werden zeitlich aufeinander abgestimmt und in einen gemeinsamen Interventionsplan integriert (vgl. ebd.:16f.).

Im Beispiel werden vielleicht die Beobachtungen der Lehrkraft und der Schulsozialarbeiterin zum Rückzugsverhalten des Kindes in Situationen von Meinungsverschiedenheiten/aufkeimenden Konflikten ausgetauscht. Es wird gemeinsam nach weiteren Erklärungen über die familiäre und schulische Beziehungs- und die Psychodynamik gesucht; und es wird vereinbart, dass in der schulpsychologischen Beratung und Therapie spielerisch Ängste thematisiert werden sollen, dass der Förderschwerpunkt im mündlichen Selbstausdruck und Auftreten liegt und das Kind im Theaterprojekt zwischen der Rolle einer Schüchternen und der eines Draufgängers wählen soll.

Als Voraussetzungen für diese Form der Kooperation nennt Obrecht geteiltes Wissen und eine gemeinsame Zielsetzung (vgl. ebd.: 17). Das impliziert eine gemeinsame Suchbewegung, einen Prozess der fachlichen Auseinandersetzung und Verständigung. In den Beiträgen der verschiedenen Fachpersonen kommt das unterschiedliche disziplinäre Bezugswissen zum Tragen und kann fruchtbar gemacht werden für ein gemeinsames Fallverstehen. Die unterschiedlichen fachlichen Perspektiven – die sich möglicherweise zunächst auch widersprechen (vgl. u.a. Pantucek 2012: 174) – werden bei dieser Form der Kooperation nicht nur transparent gemacht, die fachlichen Einschätzun-

---

6 Insbesondere in der Sozialen Arbeit haben sich Prozessgestaltungsmodelle – welche diese Schritte explizit unterscheiden – als Denkrahmen etabliert, um Unterstützungsprozesse zu gestalten (vgl. Cassée 2010; Hochuli Freund/Stotz 2013; Müller 2009 usw.). Vgl. auch Abschnitt 3.2 in diesem Beitrag.

7 Bei einer engen (intraorganisationalen) Kooperation kann der Prozess der fachlichen Verständigung im Prinzip nach jedem dieser Prozessschritte erfolgen, idealerweise jedoch nach der Diagnose, aber auch nach ersten Interventionsüberlegungen.

gen werden zur Diskussion (und damit potenziell auch zur Disposition) gestellt. Die Sichtweise der beteiligten Fachpersonen wird sich in diesem Prozess möglichweise verändern, und höchstwahrscheinlich werden auf dieser Grundlage des transprofessionellen Gesamtbildes neue Interventionsideen entstehen (vgl. Schweitzer 1998: 57).

2.4 Hindernisse und Mehrwert

Eine solch integrative interprofessionelle Kooperation ist mit Aufwand und Anstrengung verbunden: Es bedarf zeitlicher Ressourcen für den Verständigungsprozess sowie einer gemeinsamen Anstrengung, die Grenzen zwischen den Fachsprachen zu überwinden, die unterschiedlichen Sichtweisen anzuerkennen und die verschiedenen Handlungslogiken im Diskurs zu berücksichtigen.[8] Der Gewinn aber besteht darin, dass gemeinsam etwas Neues geschaffen wird, ein vertieftes, umfassenderes Verständnis für die Fallproblematik und die daraus folgenden Möglichkeiten der Unterstützung.[9]

Bei einer intraorganisational implementierten interprofessionellen Kooperation ist es sicherlich etwas einfacher, die genannten Hindernisse zu überwinden, sind mit der Implementierung doch Strukturen und Austauschgefäße für die Kooperation geschaffen und Schnittstellen – zumindest im Grundsatz – geregelt; auch Ressourcen für den fachlichen Austausch sind wahrscheinlich vorhanden. Der Mehrwert, der durch einen kontinuierlichen fallbezogenen fachlichen Austausch entsteht, wird hier erlebbar. Fehlen solche Strukturen noch, sind Widerstände oft groß. Noch anspruchsvoller ist es, extraorganisational eine integrative Kooperation zu installieren. Denn Gegenargumente gibt es viele (zu aufwendig, zu anstrengend). Der entscheidende Einwand ist meist die fehlende Zeit: »Kooperation wäre schon sinnvoll – aber dafür ist bei uns leider nicht genügend Zeit vorhanden.« Oder: »Kooperation ist schon recht, aber ich selber bin bislang gut gefahren ohne; alleine kann ich das schneller und besser.«[10]

Damit es gelingt, eine integrative Kooperation auch extrainstitutionell zu installieren, muss der Nutzen für alle Akteurinnen deutlich werden: Dass das

---

8 Ein solcher Verständigungsprozess über das, was als Problem gesehen wird, verändere den Problemcharakter einer Situation, schreibt Pantucek (2012: 75) und betont: »Ohne dass dadurch Interessensdifferenzen aufgehoben wären, ist doch eine kommunikative Bearbeitung möglich.«
9 Bereits Alice Salomon hat dies als wichtiges Prinzip von sozialer Diagnose gesehen: »[...] denn die soziale und die ärztliche Feststellung ergänzen einander, und Arzt und Fürsorgerin müssen zur Erreichung der Ziele beider zusammenwirken. Die Beobachtungen des einen können die Auffassungen des anderen beeinflussen« (Salomon 1926: 30). Und in Bezug auf die Zusammenarbeit zwischen verschiedenen Wohlfahrtseinrichtungen hielt Salomon fest, die ideale Zusammenarbeit beinhalte »ein wirklich gemeinsames Vorgehen«, dies ermögliche »eine tiefere Verständigung« und zeige die besten Ergebnisse (a.a.O.: 38).
10 Das haben unsere telefonischen Abklärungen bei der Vorbereitung eines Input-Referats zum Case- Management Berufsbildung gezeigt (vgl. Hochuli Freund/Stotz 2012).

Erarbeiten eines transprofessionelle Gesamtbildes und die Abstimmung der einzelnen Interventionen die eigene Arbeit erleichtert und ihre Qualität erhöht, dass die eigenen Interventionen passgenauer und effektiver werden. Das erfordert jedoch die Einsicht, dass der eigene Zugang zum Fall – bei allem Bemühen um eine differenzierte Sichtweise – immer ein eingeschränkter ist, sowie die Erkenntnis, dass sich durch das Verknüpfen verschiedener fachlicher Perspektiven neue Handlungsoptionen eröffnen, die über die Möglichkeiten der einzelnen Professionen und Fachpersonen hinausgehen. Hier kommt der alte aristotelische – und neue systemische – Grundsatz zum Tragen: »Das Ganze ist mehr als die Summe seiner Teile.«

Zu den Bedingungen des Gelingens zählen Darius/Hellwig (vgl. 2004: 509–511) Folgendes:

- Kooperationen erfordern die Anerkennung der Gleichwertigkeit der fachlichen Kooperationspartner;
- Kooperationen beziehen sich auf einen gemeinsamen »Gegenstand« sowie zumindest teilweise übereinstimmende Ziele;
- Kooperation muss sich für alle Beteiligten lohnen;
- Kooperation benötigt eine Basis gegenseitigen Vertrauens;
- Kooperation ist von Personen abhängig – sie braucht aber Strukturen und Verfahren, die Personen schützen.

Als gemeinsame Zielorientierung für eine interprofessionelle Kooperation kann das Bestreben gelten, die bestmögliche Unterstützung für die Klienten zu bieten. Eine erste Voraussetzung jedoch ist die Tatsache, dass die verschiedenen Perspektiven transparent sind – oder, wie es Fegert/Schrapper (2004: 5) prägnant formulieren: »Wer zusammenarbeiten will oder soll, muss voneinander wissen.«[11]

3 Perspektive der Klientinnen und Klienten

So wichtig die Kooperation von Fachleuten aus verschiedenem Professionen ist, so sehr wurde Multiperspektivität bislang auf der Basis einer groben Vereinfachung diskutiert: als Austausch fachlicher Einschätzungen und Interventionsideen. Professionelles Handeln erscheint damit also als reines Expert(inn)enhandeln.

Insofern die Soziale Arbeit personenbezogene soziale Dienstleistungen anbietet,[12] ist sie auch auf die Mitarbeit von Klientinnen angewiesen: Eine soziale Dienstleistung ist eine koproduktive, gemeinsam erbrachte Leistung

---

11 Und Liebe (2012: 11) formuliert: Voraussetzung für eine Multiprofessionalität sei, »dass die jeweiligen professionellen Aufgaben- und Kompetenzprofile gekannt und anerkannt werden«.

12 Außerdem gehören sozialpolitische Aktivitäten zur Veränderung von Lebensbedingungen und das Bereitstellen sozialräumlicher Angebote zu den Aufgaben der Sozialen Arbeit.

von Professionellen und Klienten (vgl. Olk/Otto/Backhaus-Maul 2003: XIII). Der Kern professionellen Handelns besteht hier im Handeln *gemeinsam mit Klienten*. Ohne die Perspektive der Klienten zu erfassen, ist Soziale Arbeit nicht möglich. Die Bedeutung dieser Perspektive und die Möglichkeiten der Gestaltung der Kooperation mit ihnen wird im Folgenden thematisiert.

3.1 Koproduktion, Motivation und Arbeitsbeziehung

Die Koproduktion kann unter sehr unterschiedlichen Voraussetzungen erfolgen. Am einfachsten ist die Situation, wenn Klientinnen als eigenständige Nutzerinnen eine Dienstleistung der Sozialen Arbeit nachfragen (z.B. in einem Frauenhaus). Zu den ersten Aufgaben der Sozialpädagogin gehört es, den Auftrag zu klären und eine Arbeitsbeziehung aufzubauen, als Basis für eine aufgabenbezogene, zielorientierte gemeinsame Arbeit (vgl. Hochuli Freund/Stotz 2013: 148ff.). Sie wird versuchen, die Sichtweise der Klientinnen aufzunehmen, ihre konkreten Anliegen zu erfahren, die Schwierigkeiten, mit denen sie ringen, die Veränderungswünsche, aufgrund deren sie sich an die Einrichtung gewandt haben.

Die Voraussetzungen von Freiwilligkeit, eigenem Anliegen und intrinsischer Veränderungsmotivation (vgl. Klug/Zobrist 2013: 20, 27) sind jedoch längst nicht in allen Praxisfeldern der Sozialen Arbeit gegeben. Oft lassen die Umstände und/oder die eigenen Möglichkeiten der Lebensführung keine andere Wahl, als eine Einrichtung der Sozialen Arbeit aufzusuchen (beispielsweise den Sozialdienst, eine sozialpsychiatrische Klinik). Manchmal werden Menschen von ihrem Umfeld – dem Ehepartner, der Arbeitgeberin – beispielsweise dazu gedrängt, eine Suchtberatungsstelle aufzusuchen, oder sie werden als Kinder in einem Heim oder im Rahmen einer Strafmaßnahme in einer Einrichtung des Maßnahmenvollzugs platziert. Hier kann nicht davon ausgegangen werden, dass diese Klienten ein eigenes Anliegen an die Professionellen der Sozialen Arbeit haben: »Es gehört zu den Konstitutionsbedingungen Sozialer Arbeit, die Klienten zunächst so zu akzeptieren, wie sie sind, also keine Eingangsmotivation zu erwarten, sondern eine Veränderungsmotivation mit ihnen zu erarbeiten« (ebd.: 25).[13] Für die Professionellen gilt es also zunächst, die Klientinnen für die gemeinsame Arbeit zu gewinnen – und sei es mit dem programmatischen Satz, den Conen und Cecchin (2013) als Titel für ihr Buch gewählt haben: »Wie kann ich Ihnen helfen, mich wieder loszuwerden?« Sie müssen zunächst einseitig ihre eigene Zuverlässigkeit und Vertrauenswürdigkeit unter Beweis stellen – ihre »Accountability – Verlässlichkeit«, wie Clark es nennt (1998: 49f., zit. in Gehrmann/Müller 2002:

---

13 Oder, wie es in einem eindringlichen Appell an die Sozialpädagoginnen bei Thiersch (2002: 216) heißt: »Es kommt darauf an, Vertrauen zu gewinnen und den Willen zur Veränderung erst zu wecken.«

22).[14] Ein weiteres wichtiges Element für den Aufbau einer Arbeitsbeziehung ist echtes Interesse an der Person der Klientin, Interesse auch daran, wie sie selbst ihre Situation sieht – das heißt Interesse an ihrer Perspektive. Echtes Interesse, Wertschätzung der Person, Betonung der Ressourcen, aktives Zuhören und Ernstnehmen von Anliegen, Bedürfnissen und Wünschen, einfühlendes Bemühen der Sozialarbeitern, den Klienten in seinem Eigensinn und seiner Selbstsicht zu verstehen: Das ist es, was von Klienten als hilfreich benannt wird. (vgl. Hochuli Freund/Stotz 2013: 104)

3.2 Kooperative Prozessgestaltung: Gemeinsam mit Klienten und Klientinnen arbeiten

Der Aufbau einer Arbeitsbeziehung mit einer Klientin ist die Basis für die gemeinsame, aufgabenbezogene und zielorientierte Arbeit und damit die Basis für Kooperation. Diese gemeinsame Arbeit kann als »Prozessgestaltung« bezeichnet werden. Wie die Perspektive von Klienten erfasst werden kann, soll anhand der Methodik der Kooperative Prozessgestaltung (Hochuli Freund/Stotz 2013) aufgezeigt werden.

Kooperative Prozessgestaltung ist ein generalistisches Konzept für professionelles Handeln, das professionstheoretisch und -ethisch fundiert[15] und methodenintegrativ ist und das die Gestaltung der Kooperation in den Mittelpunkt stellt. Das zeigt sich in einem Prozessgestaltungsmodell, das nicht nur verschiedene Prozessschritte unterscheidet, sondern auch zwei Kooperationsebenen: die Kooperation mit Klientinnen und ihren Bezugssystemen (innerer Kreis) und die Kooperation auf der Fachebene (äußerer Kreis; vgl. Abb. 2). Wie dieser äußere Kreis für die aufgabenbezogene und zielorientierte Gestaltung der interprofessionellen Kooperation genutzt werden kann, wurde in Abschnitt 2.3 dargelegt. Der innere Kreis verweist auf die Notwendigkeit des kontinuierlichen Einbezugs von Klienten während aller Phasen einer Prozessgestaltung. Im Folgenden wird mithilfe des Modells erörtert, auf welche Weise diese Perspektive aufgenommen und in die Arbeit einbezogen werden kann.

Die *Situationserfassung* (vgl. ebd.: 148ff.) gemeinsam mit einem Klienten vorzunehmen, bedeutet, Informationen im Gespräch mit ihm direkt einzuholen, *seine* Geschichte zu erfahren: das, was aus seiner Sicht wichtig war und ist (früher, heute). Ob diese Geschichte objektiv »wahr« ist (oder aber

---

14 Außerdem führt Clark (1998) in seinem methodischen ABC für die Arbeit mit »Erwachsenen, die nicht kooperieren wollen« zwei grundlegende Fragen auf, die der Klient beantworten solle: »1. Wie bin ich in die gegenwärtige schwierige Lage hineingeraten? 2. Wie komme ich da wieder heraus?« Diese Fragen lassen sich als Einladung lesen, die eigene Sichtweise zu formulieren.

15 Die Zentralwerte der Profession – soziale Gerechtigkeit, soziale Integration und gesellschaftliche Teilhabe, Autonomie der Lebensführung – dienen als Orientierung für jede fallbezogene Prozessgestaltung.

Lügen enthält wie bei Wickhams Erzählung gegenüber Elizabeth in *Pride and Prejudice,* vgl. Abschnitt 1.1), ist zunächst nicht von Bedeutung: Es ist seine Geschichte, so wie er sie der Sozialpädagogin im Moment erzählen will – und die Auswahl und Ausgestaltung der Geschichte ist geprägt von persönlichen Motiven. Ziel einer Situationserfassung ist nicht nur, dass die Professionelle der Sozialen Arbeit einen ersten Eindruck und ein Gesamtbild der Situation erhält, sondern auch der Klient selbst.

Der Prozessschritt *Analyse* (vgl. ebd.: 174f.) beinhaltet, themenbezogene Einschätzungen und Beurteilungen einzuholen, um herauszuarbeiten, worum genau es in einem Fall geht (Fallthematik).

Dies kann mithilfe von (teil-)standardisierten Instrumenten erfolgen – zum Beispiel zur Einschätzung von Schwierigkeiten/Einschränkungen und Ressourcen/Kompetenzen[16] – oder aber mit offenen Analysefragen, nach Ressourcen und Schwierigkeiten beispielsweise, nach Vordringlichem und Wünschenswertem. Für unser Thema der Multiperspektivität ist die Analysemethoden-Kategorie »Perspektivenanalyse« von besonderem Interesse:

> Gemeinsames Merkmal und Zielsetzung der in dieser Kategorie eingeordneten Analysemethoden ist die Multiperspektivität, es werden die verschiedenen Sichtweisen von beteiligten Personen auf einen Fall erfasst. Dies kann in unterschiedlicher Weise geschehen: indem alle Beteiligten gemeinsam zusammensitzen und ihre Sichtweise darlegen, indem die Sozialarbeiterin die Perspektiven einzelner Beteiligter nacheinander erfasst [...] und anschließend analysiert, oder aber indem ein Fachteam die Perspektiven verschiedener Beteiligter rekonstruiert, indem es sie inszeniert (Hochuli Freund/Stotz 2013: 179).

Dazu können beispielsweise die Fragen von Müller (2009) genutzt werden,[17] oder es kann nach Stärken und Schwächen/Problemen, nach Visionen/Wünschen sowie Befürchtungen/Albträumen gefragt werden (vgl. u.a. Boban/Hinz 2000: 136). Entscheidend ist, dass hier immer *auch* die Beurteilung der Klientin selbst erfasst wird. In der Auswertung der Analysedaten – beim Herausarbeiten der Fallthematik – wird diese Perspektive besonders gewichtet (vgl. Hochuli Freund/Stotz 2013: 178). Auch bei sogenannten Notationssystemen[18] wird ausschließlich die Sichtweise und Einschätzung der Klientin erfasst:

---

16 Wie beispielsweise bei der Kompetenzanalyse von Cassée (2010).
17 »Was ist für wen ein Problem? Was ist mein Problem? Wer erteilt welches Mandat? Wer hat welche Ressourcen? Was ist am vordringlichsten? Wer ist in der Pflicht? Was kann ich tun?« (Müller 2009: 138).
18 Das sind Analysemethoden, bei denen Daten und Einschätzungen in strukturierter Form visualisiert werden (vgl. Hochuli Freund/Stotz 2013: 185; Pantucek 2012: 155f.). Beispiele finden sich unter: www.soziale-diagnostik.ch/methoden-und-instrumente/kooperative-pro zessgestaltung/KPG_Analysematerialien_Notation_Perspektive.pdf.

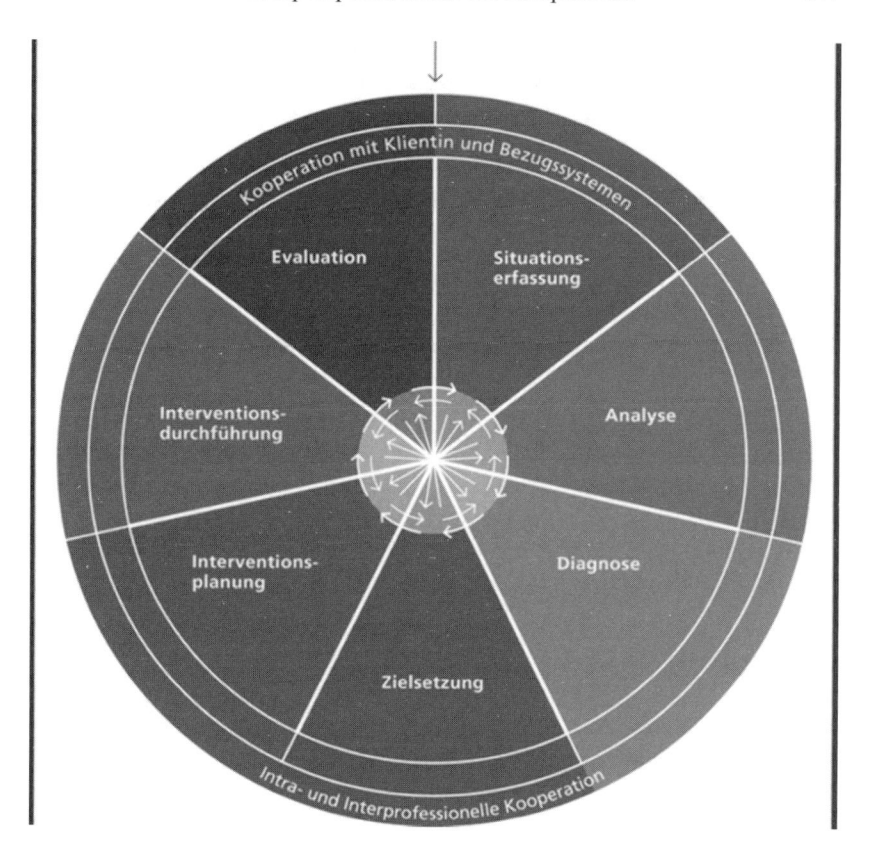

Abbildung 2: Prozessmodell Kooperative Prozessgestaltung. Hochuli Freund/Stotz (2013: 136)

bei der Netzwerkkarte ihre Beurteilung der Bedeutung sozialer Beziehungen, beim Genogramm ihre Einschätzung des familiären Beziehungsnetzes, bei der Silhouette ihre eigene Bewertung nach Stärken, Problemen, Wünschen und Befürchtungen.[19] Auf diese Weise die Sichtweise eines Klienten zu erfragen, trägt dazu bei, dass er sich ernst genommen fühlt und damit auch die Arbeitsbeziehung gestärkt wird, dass seine Einschätzung eine der wesentlichen Grundlagen für die gemeinsame zielorientierte Arbeit bildet.

Der Prozessschritt *Diagnose* (vgl. ebd.: 211ff.) beinhaltet die Suchbewegung des Fallverstehens: Hier wird nach (wissensbasierten) Erklärungen gesucht für das, was schwierig ist für eine Klientin beziehungsweise in einem

---

19 Und das Ergebnis (die Netzwerkkarte usw.) gehört der Klientin; für die Akte der Professionellen kann allenfalls ein Foto erbeten werden.

System (Fallthematik). Theoretisches und empirisches Wissen zu nutzen, um einen Fall zu verstehen und Ansatzpunkte für eine bestmögliche Unterstützung zu suchen, ist eine Expertentätigkeit. Sie beinhaltet aber auch, die wissensbasierten »erklärenden Hypothesen« (ebd.: 221) in geeigneter Form in den Dialog mit dem Klienten einzubringen – und sich damit auf einen gemeinsamen Verstehens- und Verständigungsprozess einzulassen, in dem wiederum die Sichtweise des Klienten wesentlich ist.

Wird der Blick in die Zukunft und damit zunächst auf *Ziele* (vgl. ebd.: 245ff.) gerichtet, kommt der Perspektive der Klientin eine besondere Bedeutung zu. Ziele umschreiben einen wünschenswerten Sollzustand, der angestrebt werden will, den zu erreichen Mühe und Einsatz wert sind. Sofern die Ziele direkt den Entwicklungsprozess einer Klientin betreffen – sogenannte Bildungsziele sind –, können sie nur von dieser selber formuliert werden (bzw. brauchen ihre Zustimmung); sie müssen wichtig und motivierend sein.

In der *Interventionsplanung* (vgl. ebd.: 262ff.) wird überlegt, mit welchen Mitteln und Vorgehensschritten diese Ziele angestrebt werden könnten, welche Ressourcen genutzt und welche diagnostischen Erkenntnisse berücksichtigt werden sollten. Hier gilt es den Erfahrungsschatz des Klienten zu nutzen: Was hat er in einer vergleichbaren Situation als hilfreich erlebt, was hat sich bewährt, was würde er gerne machen, beziehungsweise wo würde er Anstrengungen unternehmen, wenn er die entsprechende Möglichkeit erhält und Unterstützung bekommt? In der *Interventionsdurchführung* (vgl. ebd.: 283ff.) ist die Aktivität des Klienten wie auch der Professionellen gefragt.

Der Prozessschritt *Evaluation* (vgl. ebd.: 298ff.) ist für eine Prozessgestaltung unabdingbar, denn nur durch eine strukturierte Auswertung wird Lernen möglich: Nur so lässt sich feststellen, ob die Interventionen zielführend waren und ob deren Grundlage – die in der Analyse und Diagnose formulierten Hypothesen – sich bestätigt. Auch hier ist es entscheidend, die Einschätzung der Klientin einzuholen und dabei mit einer Haltung von Offenheit, Neugier und Wertschätzung die Voraussetzungen dafür zu schaffen, dass eine ehrliche Rückmeldung möglich wird.

Die Perspektive der Klientin und des Klientensystems zu erfragen und zu erfahren, ist während einer gesamten Prozessgestaltung eine wichtige Aufgabe der Professionellen der Sozialen Arbeit.

4 Verschränkung von Perspektiven in der Kooperation

Menschen konstruieren Wirklichkeit auf ihre eigene, subjektive Weise. Die *eine* Wirklichkeit gibt es nicht – der Wirklichkeiten sind viele, und sie alle sind subjektiv konstruiert, geprägt unter anderem von Biografie und Lebenslage derjenigen, die sie konstruieren. So sehen Menschen Unterschiedliches, wenn sie beispielsweise das Bild von Hollar anschauen (vgl. Abschnitt 1.1).

Bei professionellem Handeln in der Sozialen Arbeit ist demnach davon auszugehen, dass die Wirklichkeitskonstruktion der verschiedenen Beteiligten eine unterschiedliche ist und dass Problemdefinition, Anliegen und Ziele ganz verschieden sein können.

Professionalität bedeutet im Zusammenhang von Multiperspektivität zunächst, sich immer wieder die *eigene Sichtweise* bewusst zu machen. Statt sich distanzlos mit den eigenen Einschätzungen zu identifizieren – zu wissen, wie etwas ist und zu sein hat, was richtig ist und was falsch –, gilt es vielmehr, immer wieder Selbstdistanz zu gewinnen und sich die eigene Perspektive zu vergegenwärtigen, sie zu reflektieren, sich der eigenen Vorannahmen, Einschätzungen und Sicherheiten und damit auch ihrer Begrenzungen bewusst zu werden (so, wie dies Elizabeth Bennet im Roman von Jane Austen getan hat, vgl. Abschnitt 1.1). Dieses Innehalten, Distanznehmen und Nachdenken über die eigene Perspektive ist Voraussetzung dafür, dass sich diese Perspektive auch erweitern und verändern kann.

Professionalität heißt des Weiteren, sich bewusst zu sein, dass *der Klient seine eigene, subjektive Sichtweise* hat und dass diese wichtig ist für die gemeinsame Arbeit. Wenn Sozialpädagogen ein echtes Interesse zeigen an der Sichtweise der Klientin, daran, welches Anliegen und welche Wünsche sie hat, wo sie welches Problem sieht und warum das wohl so ist – dann ermöglicht dies Vertrauen und den Aufbau einer Arbeitsbeziehung. So wird eine gemeinsame zielorientierte Arbeit möglich. Dabei kann nicht davon ausgegangen werden, dass die Klientin »die Wahrheit« sagt, sondern – und auch das musste Elizabeth in *Pride and Prejudice* lernen – dass Klienten situations- und interessenbezogen bestimmte Dinge mitteilen und andere bewusst (zunächst) zurückhalten und dass sich ihre Sicht im Verlaufe eines Prozesses manchmal auch ändern kann. Wenn im Verlaufe einer Prozessgestaltung kontinuierlich nach der Sichtweise und Einschätzung von Klienten gefragt wird und wenn dies ernst genommen wird (vgl. Kapitel 3), dann erhöht sich die Chance, dass die professionelle Unterstützung tatsächlich hilfreich (»erfolgreich«) ist.

Professionalität bedeutet schließlich, sich der Tatsache bewusst zu sein, dass viele Probleme von Klienten derart komplex sind, dass nur mehrere psychosoziale Professionen gemeinsam eine gute Unterstützung bieten und gewährleisten können. Aufgrund des Strukturmerkmals diffuser Allzuständigkeit ist die Soziale Arbeit ganz besonders verwiesen auf die Zusammenarbeit mit anderen Professionen und Berufsgruppen (vgl. Abschnitt 2.1). Wahrscheinlich ist die Soziale Arbeit deshalb besonders geeignet, die Fallführung – das Case-Management (Neuffer 2013) – zu übernehmen und die verschiedenen Fäden bei der Unterstützung von Klientinnen zusammenzuführen. Dabei hat sie darauf zu achten, die *Perspektive anderer Professionen und ihre fachlichen Einschätzungen* einzuholen. Als Minimalvariante gilt es, eine additive interprofessionelle Kooperation zu gewährleisten, den Informationsfluss untereinander sicherzustellen und für Transparenz zu sorgen hinsichtlich der Tatsache, dass verschiedene Professionen in einem Fall tätig sind, dass es sowohl unterschiedliche fachliche Einschätzungen als auch verschiedene Interventionen gibt. Anzustreben jedoch ist eine integrative interprofessionelle Kooperation, bei der gemeinsam ein inhaltlicher Mehrwert erarbeitet wird: Die verschiedenen fachlichen Perspektiven werden nicht nur (transparent) nebeneinandergelegt, sondern in einem gemeinsamen Such- und Verständigungsprozess verändert, verwoben und weiterentwickelt – idealerweise in einer Art und Weise, dass am Ende gar nicht mehr klar ist, von wem jenes neue Argument oder jene Idee stammte, die den entscheidende Anstoß für die gemeinsame handlungsbezogene Ausrichtung der Unterstützung gab (vgl. Abschnitt 2.2). Ein solcher gemeinsamer Prozess setzt im Übrigen voraus, dass die eigene Perspektive prägnant und verständlich dargelegt werden kann – auf eine Weise, dass andere Berufsgruppen und Professionen die Ausführungen nachvollziehen können. Wenn alle beteiligten Fachkräfte unterschiedlicher Professionszugehörigkeit ihren eigenen fachlichen Standpunkt vertreten, für ihn eintreten und kämpfen können, ist dies die beste Grundlage für einen fruchtbaren gemeinsamen aufgaben- und zielbezogenen Verständigungsprozess.

Für die Soziale Arbeit hat die Perspektive der Klientinnen eine besondere Bedeutung. Sozialarbeiterinnen werden deshalb in einem anwaltschaftlichen Selbstverständnis (vgl. Brumlik 2004) stets auch die Sichtweise des Klienten in den Fachdiskurs der interprofessionellen Kooperation einbringen. Wenn sich alle Beteiligten gemeinsam an einem runden Tisch zusammensetzen und beraten, was zu tun ist, werden sie die Klientin dabei unterstützen, ihre Anliegen und Sichtweise zu formulieren und dafür Sorge zu tragen, dass ihre Stimme auch gehört wird. So werden die unterschiedlichen Perspektiven formuliert, nebeneinandergelegt, transparent für alle Beteiligten. Manchmal gelingt es in einem solchen Gespräch am runden Tisch, dass aus diesen unterschiedlichen Perspektiven etwas Neues entstehen kann. Denn: »Was siehst du, wenn du schaust?« (vgl. Abschnitt 1.1.). Du siehst nur deine Welt. Wenn aber mehrere gemeinsam schauen, sehen sie eine vielgestaltigere, farbigere Welt, und es zeigen sich weitere Möglichkeiten, wie Unterstützung aussehen und wie eine Veränderung möglich werden kann.

Literatur

Austen, Jane (2008): Pride and Prejudice. Oxford: Oxford University Press [Erstausgabe 1813].
Boban, Ines/Hinz, Andreas (2000): Förderpläne – für integrative Erziehung überflüssig? Aber was dann?? In: Mutzeck, Wolfgang (Hrsg.), Förderplanung. Grundlagen – Methoden – Alternativen (S. 131–144). Weinheim: Beltz.

Brumlik, Micha (2004): Advokatorische Ethik. Zur Legitimation pädagogischer Eingriffe. Berlin/Wien: Philo.
Cassée, Kitty (2010): Kompetenzorientierung. Eine Methodik für die Kinder- und Jugendhilfe. Ein Praxisbuch mit Grundlagen, Instrumenten und Anwendungen (2. Auflage). Bern: Haupt.
Clark, Michael D. (1998): Strength-based practice: The ABC's of working with adolescents who don't want zu work with you. In: Federal Probation, Vol. 62, Nr. 1, S. 4–50.
Conen, Marie-Louise/Cecchin, Gianfranco (2013): Wie kann ich Ihnen helfen, mich wieder loszuwerden? Therapie und Beratung mit unmotivierten Klienten und in Zwangskontexten (4. Auflage). Heidelberg: Carl Auer.
Darius, Sonja/Hellwig, Ingolf (2004): Zur Kooperation von Jugendhilfe und Jugendpsychiatrie. Befunde und Empfehlungen aus einem Forschungs- und Entwicklungsprojekt in Rheinland-Pfalz. In: Fegert, Jörg M./Schrapper, Christian (Hrsg.), Handbuch Jugendhilfe – Jugendpsychiatrie. Interdisziplinäre Kooperation (S. 505–516). Weinheim: Juventa.
Fegert, Jörg M./Schrapper, Christian (2004): Vorwort. In: dies. (Hrsg.), Handbuch Jugendhilfe – Jugendpsychiatrie. Interdisziplinäre Kooperation (S. 5–8). Weinheim: Juventa.
Galuske, Michael (2011): Methoden der Sozialen Arbeit. Eine Einführung (9. Auflage). Weinheim: Juventa.
Gehrmann, Gerd/Müller, Klaus D. (2002): Motivierende Sozialarbeit. Ein Konzept für die Arbeit mit nicht motivierten Klienten und Klientinnen. In: Sozialmagazin, 27. Jg., Heft 10, S. 14–25.
Heiner, Maja (2010): Soziale Arbeit als Beruf. Fälle, Felder, Fähigkeiten (2., durchgesehene Auflage). München: Reinhardt.
Heiner, Maja (2013): Wege zu einer integrativen Grundlagendiagnostik in der Sozialen Arbeit. In: Silke B. Gahleitner, Gernot Hahn & Rolf Glemser (Hrsg.), Psychosoziale Diagnostik (S. 18–34). Köln: Psychiatrie Verlag.
Hochuli Freund, Ursula/Stotz, Walter (2006): Projekt »Spezialisierung in der Beratung junger Erwachsener« des Sozialdienstes der Stadt Bern. Evaluationsbericht. Olten: Fachhochschule Nordwestschweiz.
Hochuli Freund, Ursula/Stotz, Walter (2012): Kooperationen auf der Fachebene gestalten. Inputreferat. Erfahrungsaustausch BBT für Case Managerinnen und Case Manager. Case Management Berufsbildung. Neuenburg.
Hochuli Freund, Ursula/Stotz, Walter (2013): Kooperative Prozessgestaltung in der Sozialen Arbeit. Ein methodenintegratives Lehrbuch (2. Auflage). Stuttgart: Kohlhammer.
Homfeldt, Günther/Sting, Stephan (2006): Soziale Arbeit und Gesundheit. Eine Einführung. München: Reinhardt.
Klug, Wolfgang/Zobrist, Patrick (2013): Motivierte Klienten trotz Zwangskontext. Tools für die Soziale Arbeit. München: Reinhardt.
Koch, Günther/Fertsch-Röver, Jörg (2010): Multiperspektivität als methodische Antwort auf die Komplexität Sozialer Arbeit. In: Maykus, Stephan (Hrsg.), Praxisforschung in der Kinder- und Jugendhilfe. Theorie, Beispiele und Entwicklungsoptionen eines Forschungsfeldes (2., durchgesehene Auflage) (S. 123–135). Wiesbaden: VS Verlag für Sozialwissenschaften.

Liebe, Martina (2012): Multiperspektivität durch Multiprofessionalität. DDS, September, S. 11–13. www.gew-bayern.de/fileadmin/uploads/DDS-hefte/DDS12_09/Seite_11-13.pdf [12.9.2014].

Müller, Burkhard (2012): Sozialpädagogisches Können. Ein Lehrbuch zur multiperspektivischen Fallarbeit (7. Auflage). Freiburg im Breisgau: Lambertus.

Neuffer, Manfred (2013): Case Management. Soziale Arbeit mit Einzelnen und Familien (5. Auflage). Weinheim: Beltz Juventa.

Obrecht, Werner (2005): Interprofessionelle Kooperation als professionelle Methode. Fachtagung »Soziale Probleme und interprofessionelleKooperation«, 21./22.10. Zürich: Hochschule für Soziale Arbeit Zürich.

Olk, Thomas/Otto, Hans-Uwe/Backhaus-Maul, Holger (2003): Soziale Arbeit als Dienstleistung. Zur analytischen und empirischen Leistungsfähigkeit eines theoretischen Konzeptes. In: Olk, Thomas/Otto, Hans-Uwe (Hrsg.), Soziale Arbeit als Dienstleistung. Grundlegungen, Entwürfe und Modelle (S. IX–LXXII). München/Unterschleißheim: Luchterhand.

Pantucek, Peter (2012): Soziale Diagnostik. Verfahren für die Praxis Sozialer Arbeit (3., aktualisierte Auflage). Wien: Böhlau.

Salomon, Alice (1926): Soziale Diagnose. Berlin: Carl Heymann.

Santen, Eric van/Seckinger, Mike (2004): Fallstricke im Beziehungsgeflecht: Die Doppelebenen interinstitutioneller Netzwerke. In: Bauer, Petra/Otto, Ulrich (Hrsg.): Mit Netzwerken professionell zusammenarbeiten. Bd. 2: Interinstitutionelle Netzwerke in Steuerungs- und Kooperationsperspektive (S. 201–219). Tübingen: dgvt.

Schweitzer, Jochen (1998): Gelingende Kooperation. Systemische Weiterbildung in Gesundheits- und Sozialberufen. Weinheim: Juventa.

Spiegel, Hiltrud von (2011): Methodisches Handeln in der Sozialen Arbeit. Grundlagen und Arbeitshilfen für die Praxis (4. Auflage). München: Reinhardt (UTB).

Thiersch, Hans (2002): Sozialpädagogik – Handeln in Widersprüchen. In: Otto, Hans-Uwe/Rauschenbach, Thomas/Vogel, Peter (Hrsg.), Erziehungswissenschaft: Professionalität und Kompetenz (S. 209–222). Opladen: Leske+Budrich.

Wöhrl, Hans-Georg (1988): Berufsgruppen in der Rehabilitation. In: Koch. Uwe et al. (Hrsg.), Handbuch der Rehabilitationspsychologie (S. 212–249). Berlin: Springer.

Wolff, Stephan/Scheffer, Thomas (2003): Begleitende Evaluation in sozialen Einrichtungen. In: Schweppe, Cornelia (Hrsg.), Qualitative Forschung in der Sozialpädagogik (S. 331–351).). Opladen: Leske+Budrich.

Partizipation als ethisches Leitprinzip von Kooperation

Stefan Armenti

Welche normativ-ethische Begründungsbasis kann professionellem Handeln in der Sozialen Arbeit zugrunde gelegt werden? Wie korrespondiert diese mit dem Begriff der Kooperation? Über eine Annäherung an den Begriff der Ethik und einen Blick in den aktuellen Diskurs über die Ethik Sozialer Arbeit arbeitet der Autor anhand des strukturtheoretischen Professionsmodells die Wertegebundenheit professionellen Handelns in der Sozialen Arbeit heraus. Vor diesem Hintergrund und einer Orientierung der Sozialen Arbeit an der Autonomie der Lebenspraxis ergibt sich eine grundlegende Zielperspektive für das Handeln in der Sozialen Arbeit. Partizipation – verstanden als verbindliche Einflussnahme der Klientinnen und Klienten auf Problemidentifikations- und Willensbildungsprozesse – wird damit zum ethischen Leitprinzip von Kooperation in der Sozialen Arbeit.

1 Einleitung

Der Begriff der Kooperation ist im Diskurs der Sozialen Arbeit in den vergangenen Jahren allgegenwärtig. In diesem Diskurs wird immer wieder die Notwendigkeit der Kooperation mit Klienten, Klientinnen und Klientensystemen betont, die sich vor dem Hintergrund der gewandelten Problemlagen in einer Gesellschaft ergibt, in der die unterschiedlichsten Identitäts- und Lebensentwürfe nebeneinander existieren. Der fortschreitende gesellschaftliche Wandel, aber auch die zunehmende Professionalisierung und Ausdifferenzierung der Sozialen Arbeit führen zu der andauernden Gefahr, dass sich Soziale Arbeit an nicht mehr validen Handlungsgrundsätzen orientiert und sich als Profession im Spannungsfeld zwischen den ökonomischen und politischen Rahmenbedingungen einerseits und den konkreten Bedürfnissen der Adressatinnen und Adressaten andererseits verliert. Angesichts dieses Spannungsfeldes erscheint es zunehmend notwendig, das Handeln auf intersubjektiv geteilte Normen und Werte abzustützen.

2 Ethik – Eine Begriffsbestimmung

Die deutsche Sprache bietet uns zwei Begriffe an, wenn wir den Bereich des guten, richtigen und gerechten Handelns bezeichnen wollen: Ethik und Moral. *Ethik* geht auf das griechische Wort *ēthikē* (das Sittliche) zurück, wobei dessen Semantik die Grundlage eines *deskriptiven* Zugangs zum Sittlichen bietet (vgl. Martin 2007: 14). Der Begriff *Moral* geht auf das lateinische *mos* (Wille, Vorschrift, Gesetz) zurück. Aus dessen Semantik ergibt sich ein *wertender* Zugang zum Bereich des Sittlichen (vgl. ebd.). Bereits die etymologische Anlage der Begriffe konzipiert Ethik also als die *Theorie* der Moral.

Fragen nach Moral und deren Reflexion durchdringen in modernen Gesellschaften jeden Bereich des gemeinschaftlichen Zusammenlebens. Jede Interaktion zwischen Individuen ist geleitet von kollektiven und subjektiven Wertvorstellungen, womit bereits auf einer geringen Abstraktionsebene evident ist, dass die Auseinandersetzung mit der Frage nach dem richtigen Handeln und dessen Begründungen in vielen Bereichen menschlichen Handelns unumgänglich ist. So einfach und schlüssig das prinzipielle Desiderat ist, sich mit Fragen nach richtigem und gerechtem Handeln auseinanderzusetzten, so eröffnet es doch wiederum eine endlose Reihe weiterer Fragen – etwa nach der genauen Bestimmung von Moral, nach den Quellen ethischer Begründungen, der Reichweite ethischer Verbindlichkeiten, dem Wesen von Theorie in diesem Zusammenhang usw. (vgl. Schöne-Seifert 2007: 9). Zur Beantwortung dieser Fragen lässt sich der Begriff der Ethik unter zwei verschiedenen Optiken oder Typologien betrachten. Während (1) die *deskriptive Ethik* die normativen Überzeugungen, die Moral und Wertvorstellungen von Menschen darstellt und untersucht, wie sich Menschen in ihren Handlungen darauf beziehen, entwickelt die (2) *normative Ethik* Antworten auf normative bzw. moralische Fragen und unklare Entscheidungssituationen oder versucht, entsprechende Empfehlungen zu formulieren (vgl. Frankena/Hoerster 1981: 20–25).

Dabei war es lange Zeit klar und überschaubar: Sowohl die deskriptive als auch die normative ethische Auseinandersetzung mit Meinungen und Handlungen unterlag seit der Antike dem hegemonialen Einfluss der Philosophie. Doch nach der Moralkritik Nietzsches zu Beginn des zwanzigsten Jahrhunderts, nach der Psychoanalyse Freuds und Lacans und dem Poststrukturalismus Foucaults ist das philosophische Streben nach einer universellen Ethik – vor dem Hintergrund rein philosophischer Erwägungen – grundsätzlich fragwürdig geworden. Das bedeutet: Klare Beurteilungen der moralischen Qualität von Handlungen kann es kaum noch geben; vielmehr ist Ethik, als *deskriptive Auseinandersetzung und normative Instanz,* dazu gezwungen, mit einer Vielzahl von Informations- und Erkenntnisanteilen zu operieren. Nur in einer strikt interdisziplinären und interprofessionellen Herangehensweise ist eine solche Aufgabe zu lösen; allein von der Philosophie ein ethisches Konzept für einen konkreten Lebensbereich, eine spezifische Tätigkeit oder das komplexe Handeln in organisationalen und interinstitutionellen Zusammenhängen zu erwarten, wäre verfehlt.

2.1 Ethik im Fachdiskurs Sozialer Arbeit

Aus der Tatsache, dass ethische Reflexion prinzipiell dazu gezwungen ist, mit einer Vielzahl von Informations- und Erkenntnisanteilen zu operieren, erklärt sich wohl auch der Umstand, warum der Bedarf nach Auseinandersetzung mit ethischen Fragen und Orientierungshilfen in den vergangenen Jahren in verschiedenen Disziplinen – auch in der Sozialen Arbeit – an Aktualität gewonnen hat. Aufgrund der Pluralität der Lebensstile und Moralauffassungen in der Gesellschaft entwickelte sich das Bestreben, ethische Reflexion zu betreiben und ethisch zu handeln, in der Sozialen Arbeit zunehmend zum Problem: Bereits zu Beginn des neuen Jahrtausends konstatierte Ernst Martin eine *Krise der Ethik Sozialer Arbeit* (Martin 2007). Die Bedingungen der Krise sind seiner Meinung nach in einem *Verlust des Bildes einer an monolithischen Werten orientierten Gesellschaft* zu suchen, das der Sozialen Arbeit über Jahre hinweg Orientierung geboten hat. Während Soziale Arbeit zunehmend mit interkulturellen Lebensentwürfen konfrontiert wird, bestehen in einer modernen Gesellschaft grundsätzlich verschiedenartigste Identitäts- und Normalitätsentwürfe. Angesichts dessen erscheinen die alten, Unterstützung evozierenden Kategorien der Sozialen Arbeit – etwas verkürzt formuliert, vor allem »Armut« und »Verwahrlosung« – zunehmend hohl und untauglich. Das Zusammenleben, aber auch die Wege zur »Mensch-Werdung« haben sich vervielfältigt, was zu einer Vervielfachung der Gründe, die unterstützendes Handeln der Sozialen Arbeit nötig machen, geführt hat. In diesem Umfeld reicht es schlicht nicht aus, sich oberflächlich an einer *deontologischen* – also auf einen Pflichtgedanken gestützten (vgl. Prechtl/Burkard 1996: 101) – oder an einer *utilitaristischen* – an der Nützlichkeit orientierten – Ethik (vgl. a.a.O.: 623) auszurichten. Berufsethik wurde und wird aktuell in zahlreichen disziplinären Beiträgen diskutiert, und in den vergangenen Jahren entstand eine Reihe umfangreicher Publikationen zum Thema. Im Fachdiskurs lässt sich eine weitgehende Uneinigkeit rund um das Thema konstatieren, die an dieser Stelle kursorisch anhand einiger Positionen skizziert werden soll.

Die erste Differenz bezieht sich auf die grundsätzliche Notwendigkeit einer Berufsethik Sozialer Arbeit. Befürwortende wie auch eher kritische Stimmen, welche die Wichtigkeit einer Berufsethik Sozialer Arbeit in Abrede stellen, rekurrieren zur Begründung ihrer Position auf unterschiedliche Konzepte. Für Brumlik (2004) ist das *institutionell vorgegebene Machtgefälle*, das prägend für die Soziale Arbeit sei, ein Bezugspunkt für die Forderung nach einer Berufsethik Sozialer Arbeit. Diese Berufsethik müsse auf das bestehende Machtgefälle zwischen der Sozialen Arbeit und ihren Adressatinnen und Adressaten korrigierend einwirken. Einen anderen Bezugspunkt wählt Silvia Staub-Bernasconi. Sie sieht Soziale Arbeit als *Menschenrechtsprofession*, die in einem humanistischen Wertekonsens wurzle (Staub-

Bernasconi 1995). Soziale Gerechtigkeit und Menschenrechte stellten wichtige Werte dar, die von der Sozialen Arbeit vertreten werden müssten und als Basis einer Berufsethik zu berücksichtigen und darzustellen seien.
Auf der Seite der kritischen Stimmen, welche die Notwendigkeit einer Berufsethik Sozialer Arbeit in Abrede stellen, wird Soziale Arbeit unter anderem vor dem Hintergrund der Ausdifferenzierung sozialer Systeme betrachtet. Luhmann (1989), als Vertreter dieser Position, sieht innerhalb *ausdifferenzierter sozialer Systeme* die Entscheidung und die Ausgestaltung von Hilfen an Einzelne nicht als Frage der Werte, der Moral oder der Gerechtigkeit. Vielmehr müsse das Gewähren und Ausgestalten von Hilfe Sozialer Arbeit auf der Basis von methodischer Schulung und methodisch abgesicherten Programmen erfolgen (vgl. Martin 2007: 34–36). Die Frage nach einer Berufsethik wird aus dieser technisch geprägten Sicht auf Soziale Arbeit obsolet. Den Hilfebegriff, der in der Sozialen Arbeit verbreitet ist, nimmt Müller (1995) auf. Er sieht in der Begrifflichkeit, die unter anderem auch in berufsethischen Papieren verschiedener Provenienz zu finden ist, die Gefahr einer Bevormundung. Hilfe an ein Individuum produziere eine Dankesverpflichtung, die wiederum einer Entmündigung Vorschub leisten könnte. Durch eine grundsätzliche Umdefinition der Leistung Sozialer Arbeit – *weg von Hilfe, hin zur Dienstleistung* – würde der Klient oder die Klientin zum gleichwertigen Vertragspartner Sozialer Arbeit. Andere Ansätze heben den Wertepluralismus in modernen Gesellschaften heraus, der die Frage nach dem, was als richtig oder falsch angesehen werden kann, unentscheidbar macht. Eine Ethik Sozialer Arbeit kann in dieser Lesart keinen Beitrag zur Beantwortung dieser Frage leisten.
Wie deutlich wird, herrscht im Fachdiskurs Sozialer Arbeit bei der als elementar anzusehenden Frage nach der Notwendigkeit einer spezifischen Berufsethik keinerlei Konsens. Auch bei der weiterführenden Frage nach der konkreten Ausgestaltung und entsprechenden Gestaltungsbezügen einer Ethik Sozialer Arbeit scheiden sich die Geister der Fachwelt. Als entscheidend ist dabei der gewählte Bezug der Autorinnen und Autoren anzusehen. Neben Ansätzen, die sich, aufgrund der Entstehung Sozialer Arbeit aus der Diakonie und Caritas, auf christliche Ansätze berufen, kursiert eine Vielzahl von Entwürfen, die sich auf philosophische Grundlagen beziehen.
Micha Brumliks Postulat einer *advokatorischen Ethik* (2004) stützt sich auf Rawls' Theorie der Gerechtigkeit (1975). Rawls als liberaler Gerechtigkeitstheoretiker stimmte stellvertretendem Handeln gegen den Willen von Menschen zu, sofern dieses durch das offene Versagen oder das Fehlen von Vernunft gerechtfertigt sei, durch den Grundsatz der Gerechtigkeit geleitet werde und die längerfristigen Bedürfnisse der betroffenen Individuen berücksichtige (vgl. ebd.: 281f.). Zur Legitimation pädagogischer Eingriffe setzt Brumliks advokatorische Ethik auf Rawls' Ideen zu Legitimation stellvertretenden Handelns, ergänzt diese um die Begriffe Selbstbestimmung und

Empowerment und formuliert ein ethisches Kontinuum zwischen Selbst- und Fremdbestimmung (vgl. Röh 2013: 246).

Hans Thiersch versucht mit seiner *lebensweltorientierten Sozialen Arbeit* (1992), im Rückgriff auf die von Jürgen Habermas geprägte *Diskursethik* (1981) der Sozialen Arbeit ein ethisches Fundament zu verleihen. Aus Thierschs Sicht ist die Lebenswelt der Adressatinnen und Adressaten Sozialer Arbeit geprägt von kommunikativem Handeln. Soziale Arbeit hat die Aufgabe, das kommunikative Handeln von Individuen zu verstehen und sich nicht durch zweckrationale Interessenpolitik, wie sie im System – das heisst im Staat und in der Ökonomie – vorherrscht, zu übernehmen. Die ethische Ausrichtung am kommunikativen Handeln in der Lebenswelt erscheint als Gegenpol zu einer Ausrichtung am zweckrationalen Handeln des Systems, das Individuen unterdrückt und in seiner Selbstbestimmung beschneidet.

Die mannigfaltigen Beiträge gelangen durch ihren Rückgriff auf verschiedene philosophische Ansätze jeweils zu sehr unterschiedlichen Einschätzungen, was für Soziale Arbeit als moralisch und ethisch relevant zu betrachten sei. Konzeptionen in der Tradition der Praktischen Philosophie, wie die von Hermann Baum (1996) postulierte *Ethik sozialer Berufe,* betrachten Soziale Arbeit relativ abstrakt in Bezug auf die Funktion des Helfens. Baum formuliert in der Auseinandersetzung mit traditionellen ethischen Grundgedanken ein Programm *universalistisch-solidarischer Ethik* für helfende Berufe. Er gelangt dabei zu wegweisenden Fragen in Bezug auf berufliche Prinzipien, Motivationen und Ziele und zur Ausdifferenzierung von drei Aspekten einer Ethik helfender bzw. sozialer Berufe (vgl. Martin 2007: 26f.).

Neben den prominent vertretenen Konzeptionen einer Ethik Sozialer Arbeit, die sich auf philosophische Grundlagen stützen, finden sich auch die Entwürfe von Autoren und Autorinnen, die für eine Ethik auf der Basis von Theorie und Praxis Sozialer Arbeit plädieren. Für Soziale Arbeit müsse, vor dem Hintergrund des zu leistenden Auftrages, eine eigene Ethik konzipiert werden. Von den Autoren und Autorinnen werden konstitutive Aspekte Sozialer Arbeit auf ihren normativen Gehalt untersucht und in Zusammenhang mit ethischen Theorien gebracht. Heiko Kleve formuliert – im Zusammenhang mit der Auseinandersetzung zwischen Sozialer Arbeit und einer postmodern-systemischen Sicht – Moral als Grundwert (Kleve 1999). Ernst Martin fordert in seiner *Sozialpädagogischen Berufsethik* (Martin 2007) eine Ethik, die den Strukturen sozialpädagogischen Handelns folgt, wobei er sich dezidiert gegen eine philosophisch begründete Ethik im Rahmen von Sozialpädagogik beziehungsweise Sozialer Arbeit wendet. Hans Ulrich Dallmann postuliert eine *Ethik Sozialer Arbeit als Identitätsreflexion* (Dallmann 2000). Er schlägt vor, dass Soziale Arbeit durch eine entsprechende Ethik zur Auseinandersetzung mit ihren eigenen Identitätsentwürfen gelangen sollte. In seinem Überblick über die aktuellen Theorieangebote in den Bereichen Soziale Arbeit und Ethik gelangt Anton Schlittmaier (2006a) zur Einschätzung, dass ein ethischer Ansatz benötigt werde, der direkt an eine Theorie und an die Praxis Sozialer Arbeit anknüpft (2006b). Die Begründung einer Berufsethik mit dem Bezug auf eine ausserhalb von Theorie und Praxis Sozialer Arbeit liegende Theorie betrachtet Schlittmaier als wenig gewinnbringend. Er unterbreitet einen Vorschlag zur Verbindung des *aktuellen Fachdiskurses mit dem ethischen Diskurs*. Dabei berücksichtigt er eine als zentral anzusehende Differenz von externen und internen Normierungen. Die bestehenden Fakten wie organisatorische und rechtliche Normierungen, Gegenstandsbereich der Sozialen Arbeit und angewandte Methoden stellen dabei normative Ansprüche dar, die für die interne Normierung – sprich: die Berufsethik – als konstitutiv zu betrachten sind.

Eine Alternative zur Schlittmaier'schen Konzeption, die eine Verbindung des aktuellen Fachdiskurses mit dem ethischen Diskurs fordert, skizziert Werner Obrecht. Er fordert einen *moralischen Realismus,* den er – im Sinne einer bio- und sozialwissenschaftlich begründeten Alternative zu einem vernunftorientierten Moralverständnis – als wichtigen Aspekt im Rahmen des systemtheoretischen Paradigmas postuliert (vgl. Obrecht 2001: 55f.). Aus diesem Verständnis von Moral folgt eine Konzeption von Ethik, deren Grundlagen sich an der *Biologie sowie an der Gesellschaft und ihrer Kultur* orientieren. Eine Berufsethik Sozialer Arbeit wird von Obrecht als notwendig erachtet.

Im Anschluss an die Frage zur Ausgestaltung einer Ethik Sozialer Arbeit wird im Fachdiskurs die Frage nach der Funktion einer – wie auch immer inhaltlich ausgestalteten Berufsethik – diskutiert. Wiederum herrscht keine Einigkeit, wobei sich die Positionen einzelner Exponenten inhaltlich nicht immer scharf unterscheiden lassen. Im Grossen und Ganzen lässt sich der aktuelle Diskurs auf zwei zentrale Positionen reduzieren. Zum einen wird die Funktion einer Berufsethik darin gesehen, dass sie den Berufsleuten der Sozialen Arbeit eine wichtige *Orientierungsfolie für die Ausübung ihres Berufes* bietet (Lob-Hüdepohl 2003). Berufsethik muss in dieser Sichtweise entscheidungsverbessernde Hilfen hinsichtlich der Handlungen der Sozialen Arbeit liefern. Eine Ethik Sozialer Arbeit, die diese Funktion nicht erfüllt, wäre aus dieser Perspektive obsolet.

Auf der anderen Seite wird die Funktion von Berufsethik in der Sozialen Arbeit als notwendiges Instrument im Rahmen des *Professionalisierungsprozesses* der Sozialen Arbeit betrachtet. Berufsethik dient aus dieser Perspektive allem voran dazu, den Stellenwert der Soziale Arbeit als Profession zu festigen, sie nach aussen als *Profession* darzustellen und nach innen, unter den Professionellen, die nötige Identität zu stiften.

Soziale Arbeit braucht eine Berufsethik, die eine Binde- und Identitätswirkung auf alle Berufsangehörigen ausübt. Eine Selbstbindung der Berufsgruppe an einen Ethikkodex ist die notwendige Voraussetzung für eine Professionalisierung, zeigt sie doch den kollektiven Willen des Berufsstandes, dem Gemeinwohl und nicht der eigenen Sache der Gewinnmaximierung zu dienen. (Klug 2000: 202)

Für Thomas Schumacher hat eine Ethik Sozialer Arbeit mehrere Funktionen zu erfüllen. Am Beispiel des Berufskodexes des Deutschen Bundes Sozialer Arbeit möchte er aufzeigen, dass sich die berufsständischen Prinzipien nicht am ethischen Gehalt der Sozialen Arbeit orienticren. Sie ermöglichen vielmehr eine berufliche Selbstkontrolle und weisen Soziale Arbeit dadurch nach aussen hin als Profession aus. Schumacher stellt nicht nur die Bedeutung von ethischen Grundsätzen für die berufliche Binnenkontrolle heraus, er weist auch darauf hin, dass eine Berufsethik Sozialer Arbeit an den schwierigen Handlungs- und Entscheidungssituationen des beruflichen Alltags anknüpfen müsste und als Leitsystem in der Berufsausübung die nötige Orientierung liefern sollte. Als Grundlage für diese Leitsysteme reichen seiner Meinung nach Nächsten- und Menschenliebe nicht aus. Sie müsste auf vollziehbaren und überprüfbaren Standards im professionellen Handeln beruhen (Schumacher 2006).

2.2 Das Konzept der Profession als normative Grundlage von Ethik

Die Stimmen, welche die normative Begründung einer Ethik Sozialer Arbeit als Notwendigkeit im Rahmen des Professionalisierungsprozesses der Sozialen Arbeit postulieren, greifen auf einen Diskurs zurück, der die Soziale Arbeit in den Siebzigerjahren des vergangenen Jahrhunderts zum ersten Mal erfasste. Grundlage dieses Diskurses bildeten dabei Arbeiten aus der Soziologie, welche die sogenannten Professionen als Berufe mit besonderer Bedeutung beschrieben. Die wissenschaftliche Beschäftigung mit Professionen und Professionalisierung zählt zu den klassischen Objekten der Soziologie; speziell im anglo-amerikanischen Raum war die Professionssoziologie lange Zeit eine wichtige Domäne der Disziplin. Dabei standen zu Beginn die – heute als Angehörige klassischer Professionen geltenden – Ärzte und Juristen mit ihrer langen und theoretisch fundierten Ausbildung und den »schlagkräftigen« Standesorganisation im Fokus.

Die nordamerikanische Professionssoziologie ist historisch geprägt durch zwei Theorielinien: erstens durch den Funktionalismus, der mit Talcott Parsons und William J. Goode in Verbindung gebracht wird, und zweitens durch den machttheoretischen Ansatz, der speziell auf Arbeiten von Terence Johnson und Magali Larson zurückgeht (vgl. Mieg 2003: 30). Der *machttheoretische Ansatz (power approach)* stellt in gewisser Weise eine Reaktion auf die funktionalistische Sichtweise dar. Die Grundidee des Funktionalismus besteht, vereinfacht formuliert, darin, dass Professionen in Gesellschaften zentrale Aufgaben übernehmen und der ihnen dazu gewisse Rechte, aber auch Pflichten zuerkannt werden. Professionsethik als *deskriptive Grundlage er-*

füllt dabei eine wichtige Funktion in Bezug auf die gesellschaftlichen Aufgaben. Im Gegensatz dazu sind Professionen aus machttheoretischer Sicht gesellschaftliche und wirtschaftliche Machtträger, die einerseits die Bedürfnisse ihrer Adressaten definieren und andererseits die Definitionsmacht über die nötigen Mittel zur Bedürfnisbefriedigung besitzen (vgl. ebd.: 30f.). Professionsethik dient aus dieser Perspektive zur *Sicherung des gesellschaftlichen Status und der wirtschaftlichen Interessen der Professionellen.*

3 Das strukturtheoretische Professionsmodell als normative Basis einer Ethik professionellen Handelns

In den 1980er- und 1990er-Jahren entwickelte sich in Abgrenzung zu den funktionalistischen und machttheoretischen Perspektiven der »klassischen« Professionssoziologie ein neues Konzept von Professionalität, das speziell im innerdisziplinären Diskurs der Sozialen Arbeit breit rezipiert wurde. Entscheidender Anstoss zur Ausdifferenzierung des *strukturtheoretischen Professionsmodells* gab Ulrich Oevermann mit der Entwicklung der *objektiven Hermeneutik,* einer rekonstruktiven Methode empirischer Sozialforschung. Mithilfe einer an dieser Forschungsmethode orientierten Kritik wies Oevermann als einer der Ersten darauf hin, dass die bestehenden Modelle von Professionalität professionelle Hilfe per se als *expertokratische Figur* definierten – dies insofern, als aus seiner Sicht in sämtlichen klassischen Konzepten die Professionellen ihr Wissen allein auf einer wissenschaftlichen Basis begründen, aus der sie dann den einzig richtigen Weg einer Problemlösung für das betroffene Individuum ableiten zu können vermeinten (vgl. Oevermann 1983: 150). Aus dieser These leitete Oevermann die Kritik ab, dass professionelles Handeln in traditioneller Lesart letztlich das Ziel verfolge, den Betroffenen die Problemlösung abzunehmen. Dem stellte er die Forderung gegenüber, dass Professionen in antizipierender und lebenspraktischer Form Unterstützung zur Lösung von Krisen anstelle von entmündigenden und vorschreibenden Hilfen anbieten sollten, zumal expertokratische Formen von Unterstützung das aus Oevermanns Sicht grundlegende Prinzip der *Autonomie der Lebenspraxis* verletzten.

3.1 Die systematische Erzeugung von Neuem in der Krisenlösung

In einer ausdifferenzierten Gesellschaft mit Ausprägungen moderner Individualitätsentwürfe nimmt die individuelle Autonomie der Lebenspraxis eine *strukturlogische Schlüsselrolle* ein. Autonomie von Individuen ist dabei nicht ein anzustrebendes Werteideal, vielmehr ist sie in Bezug auf ihre Lebenspraxis ein Apriori, innerhalb der Gesellschaft gegeben (vgl. Oevermann

1996: 78f.). Historisch wird Individuen dabei immer grössere Autonomie zugemutet. Autonomie kann aber zur vom Subjekt nicht zu bewältigenden Anforderung werden. Es kann eine sich in der Lebenspraxis des Subjekts manifestierende Krise entstehen, die von spezialisierten Instanzen der Krisenbewältigung bearbeitet wird. Die Situation der Krise ist dabei die nach *Schliessung rufende Öffnung* der Zukunft. Krisenlösung bedeutet, eine Schliessung vorzunehmen, die im besten Fall von Nachhaltigkeit und somit von Innovationskraft ist. Jede ausdifferenzierte Gesellschaft muss im Zuge des Rationalisierungsprozesses zunehmend differenzierte Instanzen herausbilden, die durch Krisenbewältigung und somit in der Wiederherstellung von beschädigter Autonomie Neuerungen schaffen.

Einen Teil dieses Komplexes stellt die *professionalisierte Praxis* dar. In historischen Gesellschaften waren es zuerst Magier, Propheten, aber auch Herrscher, die über archaisch-magische Zugänge zur systematischen Krisenbewältigung verfügten und somit zur Erzeugung von Neuem beitrugen. In modernen Gesellschaften kommt unternehmerischem Handeln, politischem Engagement, Intellektuellen und Professionellen diese Aufgabe zu (vgl. ebd.: 81f.). *Professionelles Handeln* bezieht sich dabei auf die Bereiche *Wissenschaft* und *Kunst*. Im wesentlichen Unterschied zu unternehmerischem Handeln, das Probleme durch die Exekution von Routineabläufen bewältigt, steht im Zentrum professionalisierter Praxis eine Form von Krisenbewältigung, die sich nicht an Routineexekution orientiert. Professionalisiertes Handeln besteht – und so lässt sich eine erste Verortung vornehmen – im Wesentlichen aus der Vermittlung von Theorie und Praxis, wobei die Wiederherstellung von Autonomie beziehungsweise der unbedingte Respekt davor im Zentrum steht.

3.2 Autonomie der Lebenspraxis als ethisch-normative Begründungsbasis professioneller Sozialer Arbeit

Strukturlogisch ist also die Autonomie von Individuen in Bezug auf ihre Lebenspraxis eine Voraussetzung, die innerhalb der Gesellschaft gegeben ist. Und *professionelle Soziale Arbeit bearbeitet Krisen individueller Lebenspraxis unter Vermittlung von Theorie und Praxis*, wobei die Wiederherstellung von Autonomie beziehungsweise der unbedingte Respekt davor im Zentrum sämtlicher Bemühungen der Professionellen steht.

Der Begriff der Autonomie führt auf den griechischen Begriff *autonomía* zurück, was so viel wie *Eigengesetzlichkeit* oder *Selbstständigkeit* bedeutet. Die rein etymologische Begriffsbestimmung reicht aber nicht aus, um den Begriff der Autonomie als normative Grundlage einer Ethik Sozialer Arbeit unmittelbar fruchtbar zu machen. Auch der Blick auf den philosophischen Diskurs zeigt, dass unter dem Begriff der Autonomie durchaus Verschiedenes verstanden wird. Autonomie kann aus philosophischer Perspektive als eine

Fähigkeit, als eine Verfasstheit oder ein Ideal angesehen werden. Sie kann als Gegenstand eines moralischen Anspruches konzipiert, auf Institutionen, Kollektive, Individuen oder Handlungen bezogen werden und sich auf moralische, politische oder von blossen Klugheitserwägungen diktierte Inhalte erstrecken. So sah beispielsweise Kant im Begriff der Autonomie die Eigenschaft des vernunftgeleiteten Willens, sich dem objektiven und allgemein verbindlichen moralischen Gesetz zu unterwerfen, während John Stuart Mill mit Autonomie die Fähigkeit beschrieb, die *individuellen Überzeugungen, höchstpersönlichen Pläne und subjektiven Werte bezüglich des eigenen Lebens umzusetzen* (vgl. Schöne-Seifert 2007: 40). Damit ergibt sich aus diesen beiden Positionen eine grundsätzlich andere Perspektive auf den Begriff der Autonomie. Während in einer Kant'schen Lesart Autonomie *die Fähigkeit eines Individuums darstellt, sich einer objektiv-kollektivistischen Norm* zu unterwerfen, verfolgt die Position von Mill ein subjektivistisches Ideal und sieht Autonomie als Fähigkeit zur Verwirklichung individueller Überzeugungen.

Zu klären ist dementsprechend die strukturelle Konstellation, die dem vorliegend postulierten Ideal der Autonomie zugrunde liegt. Zur Skizzierung dieser Konstellation sind die Grundlegungen der Sozialisationstheorie konstitutiv. Strukturlogisch betrachtet, vollzieht sich Sozialisation in der Teilhabe eines Kindes an diffusen Beziehungen zu Mutter und Vater, in der sogenannten ödipalen Triade. In diffusen Sozialbeziehungen stehen sich Menschen, anders als bei spezifischen Sozialbeziehungen, in personaler Ganzheit und nicht reduziert als Träger spezifischer Rollen gegenüber. Die ödipale Triade, bestehend aus den drei Zweierbeziehungen Kind-Mutter, Kind-Vater und Mutter-Vater, bietet über die darin enthaltene Entwicklungsdynamik mit ihrer Vielzahl strukturell vorgegebener Krisen eine nicht beendbare Tendenz zur Autonomisierung des Kindes. Diese Autonomisierung führt über die mit der Geburt erfolgende Krise der Ablösung von der organischen Symbiose im Mutterleib, über die Ablösung von der Mutter-Kind-Symbiose weiter zur Ablösung von der manifest ödipalen Triade, bis sie schliesslich zur Ablösung von der Herkunftsfamilie mit der Bewältigung der Adoleszenzkrise führt (vgl. Oevermann 1996: 114). Durch die Bewältigung der innerhalb dieser Transformationsphasen entstehenden Krisen wird das Kind gewissermassen zur Autonomie des erwachsenen Menschen gezwungen. Das an dieser Stelle nur kursorisch geschilderte Konstrukt stellt das *genetische Modell der Entstehung von Autonomie* dar. Autonomie der Lebenspraxis entsteht demnach erst durch die Bewältigung von Krisen. Sie ist kein statischer Zustand, sondern muss sich im Lebensvollzug durch das stetige Wiederauftreten von Krisen weiterentwickeln. Wie bereits in Kapitel 3.1 dargestellt, beschreibt »Krise« einen Zustand in der menschlichen Lebenspraxis, der prinzipiell und unumgänglich nach einer schliessenden Lösung verlangt; gleichzeitig entspricht der Zustand nach einer Schliessung der Krise erwartungsgemäss nicht mehr dem Zustand vor deren Eintritt. Gelingende Lebenspraxis muss als steter Prozess der Bewährung in einer langen Sequenz von Krisen verstanden werden.

Mit der Profession der Sozialen Arbeit kommt ein Individuum dann in Berührung, wenn die schliessende Lösung einer Krise nicht gelingt und es stattdessen in einer *Dogmatisierung des gescheiterten Alten* verharrt. Anstelle des Prozesses der immer wiederkehrenden Bewährung der Lebenspraxis rückt dann ein individuelles Verharren in sich nicht bewährenden Routinen, was schliesslich zum Verlust von Autonomie und einer Beeinträchtigung der Lebenspraxis führt. Das genetische Modell der Entstehung von Autonomie setzt im Ereignisfall voraus, dass die zum Verlust autonomer Lebenspraxis führende Krise in ihrer lebenspraktischen Verfasstheit erkannt, in der lebenspraktischen Konstellation inszeniert und vor dem Hintergrund einer konkreten, individuellen Vorgeschichte reinszeniert wird. Soziale Arbeit, die sich diesem Ziel verpflichtet, unterstellt sich damit zwingend *dem Primat einer dialogischen Handlungslogik* und auferlegt sich eine grundsätzliche Selbstbeschränkung mit Blick auf die professionelle Entscheidungskompetenz. Krisen, die zur Beschädigung autonomer Lebenspraxis führen, können aus strukturtheoretischer Perspektive vor dem Hintergrund einer expertokratisch fundierten Handlungslogik, ohne dialogische Verständigung, weder adäquat erfasst werden, noch kann die individuelle Problemeinsicht entstehen, die als Grundvoraussetzung zur Überwindung von sich nicht bewährenden Routinen angesehen werden muss. Aus dem Bekenntnis zur Wiederherstellung von Autonomie und zur unbedingten Achtung der vorhandenen Autonomie ergibt sich zwingend, dass Professionelle in der Sozialen Arbeit in der direkten Arbeit mit den Klientinnen und Klienten, unabhängig von der Form der Krisenkonstellationen, auf die *Etablierung von Abhängigkeiten und autonomiebeschränkendem Handeln verzichten*. Damit dies gelingt, ist das professionelle Handeln in der Sozialen Arbeit zwingend auf ethische Leitprinzipien angewiesen, die sich an der ethisch-normativen Leitfigur der *Wiederherstellung der Autonomie und der unbedingten Achtung der vorhandenen Autonomie* orientieren.

3.3 Teilnahme und Mitwirkung als strukturlogisches Erfordernis Sozialer Arbeit

Strukturlogisch muss die Achtung gegenüber der Autonomie von Lebenspraxis und deren Wiederherstellung als Ziel Sozialer Arbeit als konstitutives Merkmal professionellen Handelns in der Sozialen Arbeit angesehen werden. Die Autonomie des Individuums und das Ziel der Wiederherstellung von Autonomie dimensionieren sich damit zu einer ethisch-normativen Leitfigur des professionellen Handelns in der Sozialen Arbeit. Das ist allerdings zunächst eine ziemlich abstrakte Figur ohne unmittelbare Praxisrelevanz, weshalb es notwendig erscheint, ein darauf aufbauendes Leitprinzip zu formulieren.

Zentral stellt sich die Frage, wie es strukturell überhaupt möglich wird, die Problemstellungen, die zu einer Einschränkung der Autonomie der Lebenspraxis führen, in einen lebensgeschichtlichen Kontext zu rücken, um anschliessend für und mit den Betroffenen, unter Berücksichtigung der bestehenden Autonomie, Wege aus einer krisenhaften Lebenspraxis zu entwickeln. Um diese Leistung zu vollbringen, müssen die Professionellen einerseits – im Sinne eines Prozesses der Relationierung von Theorie und Praxis – fähig sein, kausale Zusammenhänge zwischen konkreten Situationen und wissenschaftlicher Erkenntnisse zu identifizieren. Andererseits muss auch die Möglichkeit bestehen, aus Lebenspraxen im Sinne eines »Bottom-up-Prozesses« Sinnstrukturen zu generalisieren. Dies setzt eine distanzierte Beobachtung des hilfsbedürftigen Menschen, gleichzeitig aber auch eine intensive und zuwendende Nähe voraus. In diesem Prozess kommt der *Beteiligung und Teilnahme* der Adressatinnen und Adressaten Sozialer Arbeit zentrale Bedeutung zu – zumal sich der oder die Professionelle, um die Problemlösungspotenziale eines Menschen entfalten zu können, nicht einfach darauf beschränken kann, Symptome, die im konkreten Fall ein Ausdruck von beschädigter Autonomie sind, unter ein wissenschaftliches Modell zu subsumieren. Die eigene beschädigte Autonomie würde so zu einem Fremdkörper, der nicht in die konkrete Lebenspraxis mit ihrer je spezifischen Geschichte und ihren eigenen biografischen Konstellationen passt. Die konkrete Lebenspraxis mit der je eigenen Lebensgeschichte muss über Teilnahme- und Beteiligungsprozesse des oder der Betroffenen eng mit dem Prozess professionalisierter Hilfe verwoben werden. Erst die Prozesse der Beteiligung an der unmittelbaren professionellen Leistung ermöglichen es strukturell, die Problemstellungen, die zu einer Einschränkung der Autonomie der Lebenspraxis führen, zu erfassen und in den entsprechenden lebensgeschichtlichen Kontext zu rücken. Ohne die – wie auch immer geartete – Teilnahme der Betroffenen an einem gemeinsamen Prozess bliebe professionelle Leistung ein rein *expertokratischer, der Lebenspraxis entrückter Akt der Subsumtion*.

Zu beachten ist dabei, dass Professionelle der Sozialen Arbeit in ihrer Praxis in einem dynamischen Verhältnis zu Menschen agieren. Dies setzt voraus, dass zeitnahe, praktische Risiken einkalkulierende Entscheidungen getroffen werden können, und es erfordert, dass in einem stetigen Interaktionsprozess zwischen Betroffenen und Professionellen Entscheidungen, die auf Wissenschaft basieren, in die Handlungspraxis umgesetzt werden müssen. Erst durch die Maxime einer grösstmöglichen Beteiligung und der Teilnahme an den Prozessen professionellen Handelns werden Klientinnen und Klienten aus dem reinen Objektstatus entlassen. Erst über die Zuerkennung einer Subjekt-Rolle erhalten Betroffene den im interaktiven und dynamischen Prozess der Krisenlösung gewünschten Status, der strukturell unumgänglich ist, um den zur Krisenbewältigung und Restitution der Autonomie notwendigen Prozess anzustossen.

Die individuelle Teilnahme und Beteiligung Betroffener hat im Sinne des strukturtheoretischen Modells aber nicht lediglich den Status eines Mittels zum Zweck der Restitution von Autonomie. Vielmehr drückt sich in einer an Teilnahme und Beteiligung orientierten, *dialogischen Handlungslogik* ein grundsätzlich autonomieerhaltender und zugleich autonomiefördernder Antrieb aus. Professionell zu handeln, bedeutet unter Umständen auch stellvertretend für beschädigte Lebenspraxen zu agieren. Die beschädigte Lebenspraxis betroffener Individuen führt dazu, dass, bezogen auf alle oder auf einzelne Lebensbereiche, ein *Verantwortungsmoratorium* besteht, das Entscheidungsprozesse in die Hand Professioneller delegiert. Nur über die unmittelbare Teilnahme und Beteiligung Betroffener an sämtlichen Leistungsprozessen kann sichergestellt werden, dass gelingende Anteile der Lebenspraxis erkannt und reintegriert werden, damit professionelles Handeln das Handeln betroffener Individuen nur in jenen Lebensbereichen substituiert, wo das als unbedingt notwendig erscheint.

4 Partizipation als ethisches Leitprinzip von Kooperation

In Bezug auf die strukturtheoretische Professionstheorie, die Autonomie als Grundlage und deren Wiederherstellung als konstitutives Merkmal von Professionen betrachtet, kann die Beteiligung und Teilnahme von Individuen als ein zentrales Moment der Leitung professioneller Sozialer Arbeit postuliert werden. Die Wörter »Teilnahme« und »Beteiligung« werden im allgemeinen Sprachgebrauch unter dem Begriff *Partizipation* zusammengefasst. Der Begriff wird in den drei Sprachen Französisch, Englisch und Deutsch gleichermassen verwendet und geht auf die lateinischen Wörter *pars* und *capere* zurück, zu Deutsch *Teil* und *nehmen, fassen*. Die einfachste Übersetzung des Begriffs »Partizipation« ist also »Teilnahme« oder »Beteiligung«. Hervorzuheben ist, dass diese beiden Begriffe im deutschen Sprachgebrauch als weniger aktiv empfunden werden als der Begriff der Partizipation. Man kann an einem Konzert als Zuschauer teilnehmen und an einer Veranstaltung beteiligt sein, ohne im Sinne einer Verantwortungsübernahme zu partizipieren. Verwendet man also die Wörter »Teilnahme« und »Beteiligung«, fällt sofort auf, dass Partizipation nur im Zusammenhang mit der Frage »woran« und mit einer mehr oder weniger ausgeprägten der Übernahme von *Verantwortung* für die entstehenden Folgen einen Sinn ergibt.

In der wissenschaftlichen Literatur wird traditionellerweise mit dem Begriff der Partizipation die Teilnahme beziehungsweise die Beteiligung von Bürgerinnen und Bürgern an *politischen Beratungen und Entscheidungen* beschrieben. Etwas seltener bezeichnet der Begriff die Teilhabe an Resultaten, die aus politischen Prozessen hervorgehen, wie etwa die Partizipation an Freiheit, gesellschaftlichem Wohlstand, innergemeinschaftlicher Sicherheit und so weiter (vgl. Schnurr 2001: 1330). Partizipation von Akteuren und Organen an politischer Entscheidungsfindung und Willensbildung ist innerhalb demokratischer Staatsformen geregelt – in ihrer allgemeinsten Form in den Verfassungen. Partizipation beschränkt sich in demokratischen Gesellschaften jedoch nicht auf diese Prozesse, sondern greift über spezifische politische und rechtliche Strukturen auf andere Funktionssysteme über. So finden sich jeweils spezifisch geregelte *Partizipationsrechte im Verwaltungs-, Wirtschafts-, Bildungs- und Sozialsystem* (vgl. ebd.).

Im Berufsfeld der Sozialen Arbeit wurden in den ausgehenden Siebzigerjahren des vergangenen Jahrhunderts die Begriffe »Partizipation« und »Beteiligung« zunächst vor allem im Kontext von Fragen des Mitspracherechts von Bürgerinnen und Bürgern bei der *Planung sozialer Leistungen* verwendet. In den Neunzigerjahren erweiterte sich der Gebrauch mit der Rezeption der englischsprachigen Theoriediskussion, der Übernahme des Begriffes in den Katalog von Strukturmaximen lebensweltorientierter Sozialer Arbeit und dem Inkrafttreten des neuen Kinder- und Jugendhilfegesetzes in Deutschland. Partizipation im Kontext Sozialer Arbeit bezeichnet aktuell den Sachverhalt bzw. das Ziel einer Beteiligung und Mitwirkung der Nutzer (Klienten) bei der Wahl und Erbringung sozialarbeiterischer/sozialpädagogischer Dienste, Programme und Leistungen. (vgl. ebd.: 1330)

4.1 Die Ebenen der Partizipation in der Sozialen Arbeit

Die Ebenen möglicher Partizipation von Nutzerinnen und Nutzern der Sozialen Arbeit sind vielfältig. In den verschiedenen Bereichen – grob lassen sich die politische, verwaltungsmässige, organisationale beziehungsweise professionelle Ebene unterscheiden – werden jeweils unterschiedliche Entscheidungsaspekte deutlich (vgl. ebd.: 1338–1340). Wesentlich für eine Betrachtung des Leitprinzips Partizipation in der Sozialen Arbeit erscheinen die Ebenen, die im direkten Zusammenhang mit Entscheidungen im organisational geprägten beziehungsweise professionell ausgestalteten Rahmen stehen. In Anlehnung an die von Schnurr (2001) vorgeschlagene Strukturierung lassen sich die Gegenstände der Partizipation in diesen Bereichen auf zwei Ebenen verdeutlichen: auf der *Ebene der Einzelfallentscheidung* und der *Ebene der Leistungserbringung*.

Auf der *Ebene der Einzelfallentscheidung* werden Entscheide über die Wahl der zu nutzenden (zu erbringenden) Dienste und Leistungen vor dem Hintergrund der Situation im betreffenden Einzelfall getroffen (vgl. ebd.: 1340). Diese Ebene ist aus dem Blickwinkel des Nutzers oder der Nutzerin von Leistungen Sozialer Arbeit von besonderer Wichtigkeit, denn hier findet die Definition der Problemstellungen statt, die zu einer Einschränkung der Autonomie der Lebenspraxis führen, und werden Art und Umfang der Ansprüche zur Bearbeitung der Problemstellungen im entsprechenden lebensgeschichtlichen Kontext abgeleitet. Entscheidungen auf der Ebene des Einzelfalles besitzen vielfach – in Gestalt von Diagnosen, festgehalten in Akten und Berichten – den Charakter autorisierter Definitionen psychosozialer Zustände und Lebenslagen (vgl. ebd.). Dementsprechend sind diesen Entscheidungen tief greifende Auswirkungen auf weitere Biografieverläufe zu unterstellen, können sie doch beispielsweise über Lebensorte und Obhutsberechtigungen bestimmen. Diese Entscheidungsebene kann als klassische Domäne professionellen Ermessens beschrieben werden, da häufig ein beträchtliches Missverhältnis zwischen der Folgenhaftigkeit der Entscheide für Nutzerinnen und Nutzer der Sozialen Arbeit und deren Mitwirkungsmöglichkeiten und Partizipationschancen besteht (vgl. ebd.: 1341). Dieses Missverhältnis lässt sich einerseits anhand der Geschichte der Sozialen Arbeit erklären. Andererseits begründet sich der Umstand fehlender Partizipationsmöglichkeiten auf dieser Entscheidungsebene auch durch strukturelle Merkmale. Strukturell gesehen, ist diese Entscheidungsebene einerseits der Ort der Vermittlung von Theorie und Praxis. Andererseits müssen Einzelfälle vor dem Hintergrund rechtlicher Bestimmungen und unter Berücksichtigung des Leistungsangebotes bearbeitet werden. Darin scheint eine strukturell bedingte Komplexität zu liegen, die diese Entscheidungsebene (leider) zu einem weitgehend partizipationsfreien Raum werden lässt. Diese mutmasslich nicht bestehende Partizipation deutet, was an dieser Stelle der Vollständigkeit halber festzustellen ist, auf ein Professionalisierungsdefizit im Sinne des strukturtheoretischen Professionsmodells hin. Aus strukturtheoretischer Sicht ist professionelle Leistung ohne eine angemessene Beteiligung der Klienten und Klientinnen im Prozess der Problemdefinition und in der Wahl der Mittel zur Problembearbeitung nicht realisierbar. Fehlende Beteiligung von Menschen innerhalb von Leistungsfeldern der Sozialen Arbeit wirkt hier in hohem Masse »deautonomisierend«.

Betrachtet man diese Ebene vertieft, entsteht durch das Fehlen geeigneter Partizipationsmöglichkeiten eine Machtasymmetrie zugunsten der Fachleute Sozialer Arbeit. Nutzerinnen und Nutzer liefern Daten, auf deren Basis Fachleute Entscheide fällen. Welche Daten dabei von Relevanz für die getroffenen Entscheide sind, bleibt den Nutzerinnen und Nutzern häufig verborgen. Auf der Basis von Entscheidungen wird ein Problembearbeitungsvorschlag gemacht, der, ohne die Explikation von Alternativen, den Nutzerinnen und Nutzern zur Einverständniserklärung vorgelegt wird. Folgt man dabei Handler, so steigen die Machtasymmetrien proportional zur Bedürftigkeit und zum Grad der Unfreiwilligkeit bei Nutzerinnen und Nutzer.

In this way the dynamics of power perpetuate the unequal distribution of quality practice. Poor clients tend to receive poor services. (Handler 1998: 146)

Nur durch die Partizipation von Leistungsnutzenden auf der Ebene der Einzelfallentscheidung lässt sich dieser proportionale Anstieg der Machtasymmetrien verhindern, welcher sich letztlich als Ausdruck zusätzlicher »Deautonomisierung« unweigerlich in der Lebenspraxis von Nutzerinnen und Nutzern niederschlägt.

Auf der *Ebene der Leistungserbringung* werden Entscheidungen über die konkrete Ausgestaltung von *Bildungs-, Beratungs-, Hilfe- und Beziehungssettings* getroffen (vgl. Schnurr 2001: 1342). Gegenstand der Entscheidungen ist, neben den sozialen Beziehungen zwischen Nutzenden und Professionellen, auch die Ausgestaltung von Leistungen im Hinblick auf die situative und individuelle Angemessenheit. Entscheidungen, welche die Gestaltung des Alltages betreffen, werden auf dieser Ebene ebenso wie Entscheidungen über bestehende (in)formelle Rechte und Pflichten von Nutzenden und Professionellen der Sozialen Arbeit subsumiert. Charakteristisch ist hier eine enge Verbindung zwischen Fragen der Angemessenheit und des Gebrauchswerts von Leistungen und des Zusammenlebens beziehungsweise der Interaktion von Personen. Betrachtet man das Handlungsfeld professioneller Sozialer Arbeit, das aus strukturtheoretischer Sicht das zentrale Anliegen verfolgt, Nutzerinnen und Nutzern zu Autonomie und Handlungsfähigkeit zu verhelfen, erscheint Partizipation auch auf dieser Ebene als zentral. Die Verpflichtung der Professionellen, den Erwerb von Handlungsfähigkeit und Autonomie ins Zentrum zu stellen, verpflichtet auch zur Gewährleistung von entsprechenden Sozialbeziehungen und Gesellschaftsformen, um im Endeffekt Personen als konflikt- und politikfähige Individuen zu fördern. Einmal folgt daraus das Postulat einer angemessenen Beteiligung und Mitsprache von Nutzerinnen und Nutzern auch auf der Ebene der Leistungserbringung, zumal ohne diese Partizipation die erbrachten Leistungen der Lebenspraxis der Nutzerinnen und Nutzer fremd bleiben und damit ohne unmittelbaren Gebrauchswert sind.

4.2 Inhaltliche Formen der Partizipation im Kontext Sozialer Arbeit

Es gibt zahlreiche Versuche, die inhaltliche Ausgestaltung von Formen der Partizipation zu bestimmen. Ausgangspunkt der meisten Darstellungen ist die Annahme eines Machtungleichgewichtes zwischen Entscheidungstragenden und Betroffenen. Die Graduierung einer Machtverteilung und deren hypothetische Modifikationen werden in Stufenmodellen dargestellt. Das bekannteste Modell ist dabei die »ladder of citizen participation«, die von Arnstein (1969) mit Blick auf die Beteiligung von Bürgerinnen und Bürgern an politischen Prozessen entwickelt wurde. Das Arnstein'sche Stufenmodell wurde in der Folge in verschiedensten, teilweise modifizierten Variationen auf die Soziale Arbeit und deren Zweig Jugendhilfe übertragen. In der Folge hat Schröder

(1998) zur kritischen Analyse von Formen der Beteiligung von Kindern in der Stadtplanung und Stadtgestaltung ein Stufenmodell der Kinderpartizipation vorgelegt. Er unterscheidet in seiner Studie unter anderem Fremdbestimmung, Dekoration, Alibi-Teilnahme, Teilhabe, Mitwirkung, Mitbestimmung und Selbstbestimmung.

Mit einem erweiterten Blick auf Entscheidungssituationen in der Sozialen Arbeit haben Blandow, Gintzel und Hansbauer (1999) ein weiteres Stufenmodell entwickelt. Dieses Modell strukturiert Verhältnisse zweier Partner, die in Entscheidungssituationen involviert sind. Die Möglichkeiten beider Parteien, auf die Entscheidung Einfluss zu nehmen, bestimmen dabei den Grad an Partizipation. Ein *graduierter Ausdruck relativer Entscheidungsmacht* findet sich dabei durch die Modellierung von Anhörungspflichten und Vetorechten.

1. A entscheidet autonom, ohne weitere Verpflichtung gegenüber B.
2. A entscheidet autonom, hat aber eine Anhörungsverpflichtung gegenüber B.
3. A entscheidet, B hat ein Vetorecht, das heisst: B kann zwar nicht positiv bestimmen, was geschehen soll, kann aber bestimmte Alternativen ausschliessen.
4. A und B müssen bei der Entscheidung zustimmen.
5. B entscheidet, A hat ein Vetorecht …
6. B entscheidet autonom, hat aber eine Anhörungsverpflichtung gegenüber A.
7. B entscheidet autonom ohne weitere Verpflichtung gegenüber A.

Abbildung 1: Entscheidungsrechte in der Sozialen Arbeit. Quelle: Blandow/Gintzel/Hansbauer (1999: 22)

Im Rahmen dieses Modells fassen die Autoren unter den Begriff der Partizipation jene Formen von Mitwirkungsrechten, die zwischen den Stufen 1 und 7 angesiedelt sind. Dieses Stufenmodell leistet für die strukturelle Betrachtung der Beteiligung und Teilnahme von Nutzerinnen und Nutzern der Sozialen Arbeit einen wichtigen Beitrag. Partizipation lässt sich durch die vorgeschlagene Graduierung in Form von Vetorechten und Anhörungsverpflichtungen in einer kritisch-differenzierten Art erfassen, die zur Reflexion der Realität in der Praxis Sozialer Arbeit – die sich auch in Zwangskontexten abspielen kann und manchmal vor dem Hintergrund beschädigter Lebenspraxen zu stellvertretendem Handeln gezwungen ist – durchaus notwendig ist.

4.3 Partizipation als habitualisiertes Element im professionellen Unterstützungsprozess

Wenn Professionelle Sozialer Arbeit dazu verpflichtet sind, durch die jederzeitige Sicherung grösstmöglicher Mitwirkungs- und Teilnahmerechte die »gesunden«, autonomen Bereiche der Lebenspraxis zu achten, miteinzubeziehen und zu erhalten, wird Partizipation zum Leitprinzip für jegliche Form der Zusammenarbeit. Das Konzept von Blandow, Gintzel und Hansbauer ist ein Vorschlag, wie sich Beteiligung- und Mitwirkungsrechte in den verschiedensten Arbeitsbereichen der Sozialen Arbeit analysieren und strukturieren lassen. Wir verzichten an dieser Stelle darauf, auf weitere, zweifelsohne im Sinne vertiefter Betrachtung relevante Definitionen des Begriffs Partizipation einzugehen. Dennoch erscheint es thematisch notwendig, der sich aufdrängenden Frage nach der Abgrenzung der Begriffe »Kooperation« und »Partizipation« nachzugehen. Folgt man Jochen Schweitzer, so definiert sich Kooperation als

> Handlungen mindestens zweier Parteien (davon mindestens eine Fachperson), die in einem Kontext professioneller Dienstleistungen sich auf dasselbe (nicht unbedingt als ähnlich definierte) Problem beziehen und bezüglich dieses Problems ein Arbeitsergebnis erzielen wollen (über das keine Einigung bestehen muss [... und worüber] die Parteien voneinander Kenntnis nehmen können aber nicht müssen. (Schweitzer 1998: 26)

Schweitzer wirft in seiner Definition ein Problem auf: Kooperation als Begriff stellt in sich ein Spannungsfeld dar, zwischen den Polen Nichtkooperation, gekennzeichnet durch das vollständige Fehlen gemeinsamer Interaktion, und maximaler Kooperation als intendiertem Prozess gemeinsamen Handelns im Hinblick auf die einvernehmliche Lösung eines Problems. Im Gegensatz zum Begriff der Kooperation, der in seiner Verwendung lediglich die eine Polarität bezeichnet, gelingt es mit dem Begriff der Partizipation – zum Beispiel anhand des Modells von Blandow, Gintzel und Hansbauer –, ein Kontinuum abzubilden. In diesem Kontinuum lassen sich einerseits *unilaterale Entscheidungen von Interaktionspartnern als Absenz von Partizipation und Nichtkooperation* verstehen. *Gemeinsam geteilte Entscheide anderseits stellen die grösstmögliche Form der Partizipation* dar, gleichbedeutend mit Kooperation. Im Unterschied zu Kooperation, die von den involvierten Akteuren prinzipiell eine aktive Beteiligung an Problemlösungsprozessen erfordert, kann Partizipation – beispielsweise in Form einer reinen Informationsweitergabe im Sinne der Realisierung einer Anhörungsverpflichtung – als Prozess verstanden werden, der noch keine aktive Beteiligung aller involvierten Akteure voraussetzt. Die verschiedenen Ebenen und Grade von Partizipation wirken als *Steuerungselemente im professionellen Unterstützungsprozess*, die prinzipiell Kooperation zum Ziel haben und grundsätzlich dem Ziel grösstmöglicher Partizipation verpflichtet sind. Somit muss Partizipation als Leitprinzip innerhalb der Sozialen Arbeit als fortwährender *Einwirkungsversuch der Professionellen auf den Unterstützungsprozess* mit dem Ziel der Kooperation, verstanden werden.

Die professionelle Steuerung von Unterstützungsprozessen über graduell abgestufte Partizipationsmöglichkeiten respektiert die vorhandene Autonomie des Individuums und verschliesst sich, entgegen einer überzeichnetidealisierten Forderung nach Kooperation, nicht Situationen der Unfreiwilligkeit, wie sie – als Ausdruck individueller Verantwortungsmoratorien innerhalb beschädigter Lebenspraxen – in der Sozialen Arbeit häufig vorkommen. Gerade über das Leitprinzip der Partizipation wird es für die Soziale Arbeit möglich, Klientinnen und Klienten auch in Zwangskontexten zu unterstützen und ihnen trotz *Machtasymmetrien, Eingrenzungen und Vorgaben* für beide Parteien so viel Verantwortung für den Prozess wie möglich zu übertragen, um damit idealerweise einen Prozess der Kooperation anzuregen und zu initiieren. *Kooperation funktioniert nur, wenn den in einem Prozess beteiligten Akteurinnen und Akteuren Optionen zur Partizipation offenstehen.* Dabei ist festzuhalten, dass ernst gemeinte Partizipationsangebote mit Prozessen der Machtverschiebung einhergehen. *Paternalisierende – bewusste Präferenzen, Entscheidungen oder Handlungen anderer durchkreuzende – Partizipationsformen*, wie sie sich beispielsweise im leidlichen Zuerkennen von Anhörungsverpflichtungen durch die Professionellen oder durch das Einräumen von Vetorechten ohne positive Mitbestimmungsrechte ausdrücken, sind einzig vor dem Hintergrund weitreichender Krisen menschlicher Lebenspraxis zu rechtfertigen. Gerade in schweren Krisen – wie sie etwa vor dem Hintergrund gravierender psychischer Erkrankungen auftreten können – bedeutet das Einfordern umfassender Kooperation für das Individuum zuweilen eine prinzipiell nicht zu bewältigende Zumutung. Entsprechend gehört es zum genuinen Aufgabenbereich der Professionellen, über abgestufte Partizipationsmöglichkeiten einen Beitrag zur Entlastung von Menschen in Lebensbereichen zu leisten, in denen sie temporär oder dauerhaft keine Verantwortung mehr tragen können. Das Respektieren bestehender Autonomie und das Ziel von deren Restitution verpflichtet Soziale Arbeit als Entscheidungsträger aber zu jeder Zeit, die Bestimmungsmacht über die Ausgestaltung von Unterstützungsprozessen durch Partizipationsprozesse möglichst weitgehend abzugeben. Geschieht dies nicht, so vereinnahmt Soziale Arbeit die Lebenspraxis von Menschen, wird so zu einem Teil des Problems und leistet keinen Beitrag zu dessen Lösung.

Der Blick auf Situationen schwerster Krisen macht deutlich, welche Verantwortung den Professionellen bei der Sicherung grösstmöglicher Partizipation innerhalb der professionellen Unterstützungsprozesse zukommt. Vor dem Hintergrund der zentralen Bedeutung der Partizipation von Nutzerinnen und Nutzern darf es nicht sein, dass der Begriff als reine berufsständische

Staffage in nicht verpflichtender Rhetorik postuliert wird. Es erscheint unumgänglich, dass das ethische Leitprinzip Partizipation als Bestandteil eines *professionellen Habitus* verinnerlicht ist und sich entsprechend in der persönlichen Haltung eines jeden Professionellen materialisiert. Als Habitus bezeichnen wir *tiefliegende, als Automatismus ausserhalb der bewussten Kontrollierbarkeit operierende und ablaufende Handlungsprogrammierungen,* die ähnlich einer Charakterformation das Verhalten und Handeln von Individuen kennzeichnen und bestimmen (vgl. Wagner/Oevermann 2001: 80). Erst die Habitualisierung eines ethischen Leitprinzips ermöglicht es, die dem Leitprinzip vorgelagerte normativ-ethische Begründungsbasis zu kontextualisieren und die Prinzipien mit der im Alltag erforderlichen Sicherheit zu vertreten. Ethische Leitprinzipien Sozialer Arbeit können nicht in abstrakte, der praktischen Arbeit entrückte Handlungskodizes gefasst werden. Vielmehr erscheint es aus Sicht des Autors unumgänglich, das Streben und den Willen zur Ermöglichung maximaler Partizipation als ein für die Soziale Arbeit unverzichtbares Leitprinzip in den Grundhaltungen der Professionellen und somit auch in der Kooperation zu verankern.

Literatur

Arnstein, Sherry R. (1969): A Ladder of Citizen Participation. In: Journal of the American Institute of Planners, Vol. 35, Nr. 4, S. 216–224.
Baum, Herrmann (1996): Ethik Sozialer Berufe. Paderborn: Schöningh (UTB).
Blandow, Jürgen/Gintzel, Ulrich/Hansbauer, Peter (1999): Partizipation als Qualitätsmerkmal erzieherischer Hilfen. Münster: Votum.
Brumlik, Micha (2004): Advokatorische Ethik zur Legitimation pädagogischer Eingriffe (2. Auflage). Berlin: Philo.
Dallmann, Hans-Ulrich (2000): Grenzfragen begründet beantworten. Mögliche Positionen ethischer Aspekte in einer Sozialarbeitswissenschaft. In: Hochschulbrief der Evangelischen Fachhochschulen Darmstadt, Freiburg, Ludwigshafen, Reutlingen-Ludwigsburg, Nr. 26, S. 41–49.
Frankena, William K./Hoerster, Norbert (1981): Analytische Ethik: eine Einführung (3. Auflage). München: dtv.
Habermas, Jürgen (1981): Theorie des kommunikativen Handelns. 2 Bände. Frankfurt am Main: Suhrkamp.
Handler, Joel F. (1998): Poverty, Dependency, and Social Welfare: Procedural Justice for the Poor. In: Bryant G. Garth/Austin Sarat (Hrsg.), Justice and Power in Sociolegal Studies (S. 1–136). Evanston, Ill.: Northwestern University Press.
Kleve, Heiko (1999): Soziale Arbeit als stellvertretende Inklusion. Eine ethische Reflexion aus postmodern-systemischer Perspektive. In: Pantucek, Peter (Hrsg.), Die moralische Profession: Menschenrechte und Ethik in der Sozialarbeit (S. 67–86). St. Pölten: Sozaktiv.
Klug, Wolfgang (2000): Braucht die Soziale Arbeit eine Ethik? Ethische Fragestellungen als Beitrag zur Diskussion der Sozialarbeitswissenschaft im Kontext öko-

nomischer Herausforderung. In: Udo Wilken (Hrsg.), Soziale Arbeit zwischen Ethik und Ökonomie (S. 175–206). Freiburg im Breisgau: Lambertus.

Lob-Hüdepohl, Andreas (2003): Ethik Sozialer Arbeit als Menschenrechtsprofession. Konturen einer sozialprofessionellen Grundhaltung. In: Soziale Arbeit, Bd. 52, Heft 2, S. 42–48.

Luhmann, Niklas (1989): Ethik als Reflexionstheorie der Moral. In: ders. (Hrsg.), Gesellschaftsstruktur und Semantik, Bd. 3 (S. 358–448). Frankfurt am Main: Suhrkamp.

Martin, Ernst (2007): Sozialpädagogische Berufsethik. Auf der Suche nach dem richtigen Handeln (2., überarbeitete Auflage). Weinheim: Juventa.

Mieg, Harald A. (2003): Problematik und Probleme der Professionssoziologie. In: Mieg, Harald A./Pfadenhauer, Michaela (Hrsg.), Professionelle Leistung – Professional Performance: Positionen der Professionssoziologie (S. 11–46). Konstanz: UVK.

Müller, Burkhard (1995): Aussensicht – Innensicht: Beiträge zu einer analytisch orientierten Sozialpädagogik. Freiburg im Breisgau: Lambertus.

Obrecht, Werner (2001): Das systemtheoretische Paradigma der Disziplin und der Profession der sozialen Arbeit: eine transdisziplinäre Antwort auf das Problem der Fragmentierung des professionellen Wissens und die unvollständige Professionalisierung der sozialen Arbeit: Zürich: Zürcher Hochschulen für angewandte Wissenschaften (ZAHW), Hochschule für Soziale Arbeit.

Oevermann, Ulrich (1983): Hermeneutische Sinnrekonstruktion: als Therapie und Pädagogik missverstanden. Oder : das notorische strukturtheoretische Defizit pädagogischer Wissenschaft. In: Garz, Detlev/Kraimer, Klaus (Hrsg.), Brauchen wir andere Forschungsmethoden? Beiträge zur Diskussion interpretativer Verfahren (S. 113–155). Frankfurt am Main: Scriptor.

Oevermann, Ulrich (1996): Theoretische Skizze einer revidierten Theorie professionalisierten Handelns. In: Combe, Arno/Helsper, Werner (Hrsg.), Pädagogische Professionalität: Untersuchungen zum Typus pädagogischen Handelns (S. 70–182). Frankfurt am Main: Suhrkamp.

Prechtl, Peter/Burkard, Franz-Peter (1996): Metzler Philosophie Lexikon: Begriffe und Definitionen. Stuttgart: Metzler.

Rawls, John (1975): Eine Theorie der Gerechtigkeit. Frankfurt am Main: Suhrkamp.

Röh, Dieter (2013): Soziale Arbeit, Gerechtigkeit und das gute Leben. Eine Handlungstheorie zur daseinsmächtigen Lebensführung. Wiesbaden: Springer VS.

Schlittmaier, Anton (2006a): Moral und Ethik in der Sozialen Arbeit, Teil I. In: Sozialmagazin, Jg. 31, Heft 2, S. 43–52.

Schlittmaier, Anton (2006b): Moral und Ethik in der Sozialen Arbeit, Teil II. In: Sozialmagazin, Jg. 31, Heft 3, S. 34–41.

Schnurr, Stefan (2001). Partizipation. In: Hans-Uwe Otto/Hans Thiersch (Hrsg.), Handbuch Sozialarbeit – Sozialpädagogik (S. 1330–1345). Neuwied: Luchterhand.

Schöne-Seifert, Bettina (2007): Grundlagen der Medizinethik. Stuttgart: Kröner.

Schröder, Richard (1998): Partizipation von Kindern an Stadtplanung und Stadtgestaltung: Ergebnisse einer Befragung zu Formen der Partizipation und Neuentwicklung der Beteiligungsmethode »Modellbau mit Kindern«. Diss. TU Berlin.

Schumacher, Thomas (2006): Sozialarbeitsethik in der Krise – der systematische Ort der Ethik in der Sozialen Arbeit. In: Theorie und Praxis der Sozialen Arbeit, Heft 1, S. 55–62.

Schweitzer, Jochen (1998): Gelingende Kooperation. Systemische Weiterbildung in Gesundheits- und Sozialberufen. Weinheim: Juventa.

Staub-Bernasconi, Silvia (1995): Systemtheorie, soziale Probleme und Soziale Arbeit: lokal, national, international oder: vom Ende der Bescheidenheit. Bern: Haupt.

Thiersch, Hans (1992): Lebensweltorientierte Soziale Arbeit. Aufgaben der Praxis im Sozialen Wandel. Weinheim: Juventa.

Wagner, Hans-Joseph/Oevermann, Ulrich (2001): Objektive Hermeneutik und Bildung des Subjekts. Weilerswist: Velbrück Wissenschaft.

Kommunikation und Verhandeln in Kooperationsprozessen

Erika Götz

In der Praxis der Sozialen Arbeit gehört das Führen von Verhandlungen zu den elementaren Aufgaben. Wo Menschen zusammen kommunizieren und arbeiten, treten immer auch unterschiedliche Sichtweisen und emotionale Befindlichkeiten in Interaktion. Daher braucht es zur guten Verhandlungsführung neben Argumentationsgeschick auch eine gehörige Portion psychologischen Wissens und Geschick im Umgang mit emotionalem Beziehungsgeschehen. Wie es gelingt, konstruktive Verhandlungen zu führen, wird im folgenden Beitrag mittels systemisch-konstruktivistischer Ansätze, auf der Grundlage des Harvard-Modells der Verhandlungsführung sowie eines Fünf-Phasen-Modells zur systematischen Vorbereitung und Durchführung von Verhandlungen dargelegt. Schließlich wird gezeigt, dass die Fähigkeit zu konstruktiver Verhandlungsführung eine wichtige Grundlage für gute Kooperation ist.

1 »Typisch Soziale Arbeit« – in welchen Situationen wird verhandelt?

Verhandeln heisst: Zwei oder mehr Parteien kommunizieren miteinander über einen Gegenstand, eine Sache, ein Gut, eine Ressource direkt und ohne Mittelsperson mit dem Ziel, ein möglichst gutes Ergebnis für sich und die eigene Partei zu erreichen (vgl. Brack 1997). Dabei tritt jede Partei mit einer je eigenen Interessenslage in die Verhandlung ein. Um sich über die möglicherweise unterschiedlichen Interessenslagen zu verständigen, müssen die Verhandlungspartner über ein mögliches Abkommen miteinander ins Gespräch kommen beziehungsweise via Absprachen möglichst zu einer Einigung gelangen. Das Verhandeln erscheint in dieser Perspektive als eine »besondere Form der Kommunikation« (Erbacher 2010: 21).

Im Folgenden werden grundsätzlich zwei Felder unterschieden, in denen Sozialarbeitende verhandeln: 1. Das anwaltschaftliche Setting, im Auftrag oder Interesse eines Kunden(systems) und 2. der organisationale Kontext, in dem Sozialarbeitende als Mitarbeitende entweder mit der vorgesetzten Person oder mit Teamkollegen und -kolleginnen um Haltungen, Ziele, Aufgaben und Ressourcen verhandeln.

1.1 Das anwaltschaftliche Setting

Soziale Arbeit als vermittelnde Instanz zwischen Individuum und Gesellschaft, Systemen und unterschiedlichen Lebenswelten ist mit widersprüchlichen Interessen und Erwartungen konfrontiert und muss immer wieder Balancen finden, die sowohl den individuellen Interessen ihrer Klientel als auch den Anforderungen der Gesellschaft und dem Gemeinwohl Rechnung tragen (vgl. Herrmann 2006: 31). Häufig sind Klienten und Klientinnen der Sozialen Arbeit in ihrer Selbstwirksamkeit eingeschränkt und selbst nicht in der Lage, sich die notwendigen externen Ressourcen[1] zu beschaffen. Die Unterstützung bei der Erschliessung dieser Ressourcen ist eine wesentliche Funktion der Sozialen Arbeit. Gemäss der Partizipationsorientierung von Kooperation (vgl. Einleitungsartikel zu diesem Buch) geht es in erster Linie darum, die Klienten und Klientinnen zu befähigen, dass sie sich diese Ressourcen selbstständig erschliessen können, sie in ihrer Selbstbehauptung, Eigenverantwortung, Mobilisierung der Eigenkräfte usw. (das heisst ihren internen Ressourcen) zu stärken. Wenn dies nicht gelingt, handeln Sozialarbeitende stellvertretend und quasi im Auftragsmandat ihrer Klienten und Klientinnen. Brack (1997) benennt als Verhandlungspartner der Sozialarbeitenden in diesem Falle die Verwaltenden von gesellschaftlichen Gütern, das heisst Vertreterinnen und Vertreter von Organisationen, wie Krankenversicherungen, Sozialhilfe, Arbeitsintegrationsprogramme, ambulante Dienste, Rechtshilfe usw.

»Dabei sind die Ressourcenverwaltenden ihrer Funktion gemäss verpflichtet«, so Brack weiter, »die Ressourcen nach mehr oder weniger festgelegten Nutzungsbedingungen schonend zu verteilen oder nach Möglichkeit sogar zu mehren« (Brack 1997: 15). Nur wenn die beantragte Ressource in genügender Menge erhältlich ist, erweist sich die Erschliessung als unproblematisch, dann ist eher keine Verhandlung nötig. Da dies aber eher selten der Fall sein wird, benötigen die Sozialarbeitenden eine gute Portion Verhandlungsgeschick. Eine gut ausgebildete Verhandlungskompetenz bildet somit eine wesentliche Grundlage für das professionelle Handeln in der Sozialen Arbeit.

Dazu ein Beispiel: Die Mitarbeiterin eines betrieblichen Sozialdienstes einer größeren Firma betreut seit einiger Zeit einen von der Sozialhilfe unterstützten jungen Lernenden mit Blick auf seine finanzielle Situation. Seit Kurzem hat er eine neue Bezugsperson in der Sozialhilfe. Die neue Betreuerin nimmt es genauer als der Vorgänger und macht beispielsweise dem jungen Mann das Leben schwer, indem sie anstelle von halbjährlichen Lohnauszügen nun monatliche Auszüge verlangt. Ausserdem nutzt sie die

---

[1] Externe Ressourcen sind alle gesellschaftlich verfügbaren Güter und Dienstleistungen, die das Klientensystem prinzipiell nutzen kann und die außerhalb der Person und von deren persönlichem Umfeld liegen (Wohnung, Bildung usw.); vgl. Brack 1997.

Möglichkeit eines zusätzlichen finanziellen Anreizes nicht, beispielsweise durch eine leicht erhöhte monatliche Auszahlung, wenn sich der Lehrlingslohn erhöht. Die Sozialarbeiterin des betrieblichen Sozialdienstes ist nun gefordert, mit der Bezugsperson des jungen Mannes in der Sozialhilfe in Verhandlung zu treten, um den vorhandenen Spielraum auszuloten. Die Situation bietet eine gute Gelegenheit, um im Sinne von Beziehungsarbeit eine solide Grundlage für die künftige Zusammenarbeit zwischen den Professionellen zu schaffen.

Bei Verhandlungen im anwaltschaftlichen Setting bestehen oft ungleiche Machtverhältnisse, wobei Sozialarbeitende gegenüber den Ressourcenverwaltenden tendenziell in einer schwächeren Position sind. Abbildung 1 veranschaulicht die Landkarte der Verhandlungssituation zwischen Sozialbeitenden und den Verwalterinnen und Verwaltern externer Ressourcen, in Abgrenzung zur Beratungssituation mit dem Klientensystem (hellgraues Feld).

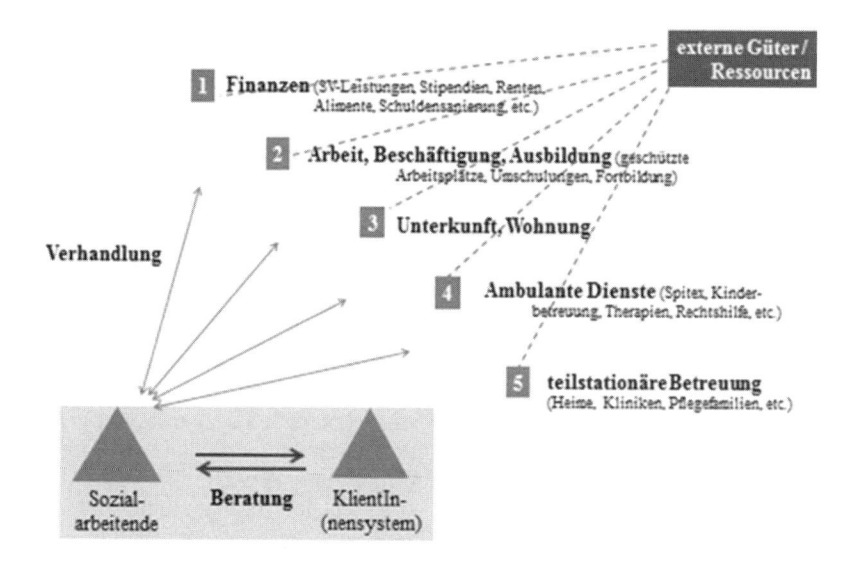

Abbildung 1: Landkarte der Verhandlungssituation (eigene Darstellung)

Beim Verhandeln im anwaltschaftlichen Setting ist zu bedenken, dass ein gewünschtes Gut oft nur mit »Amtsautorität« (durch Sozialarbeitende oder andere Fachleute) erschlossen werden kann. Die Knappheit eines Gutes kann auch zu Verteilungskämpfen unter sozialen Organisationen führen. In diesem

Fall ist es von Vorteil, das Umfeld und seine Mechanismen, einschliesslich der gesetzlichen Bestimmungen, gut zu kennen, wenn möglich auch persönliche Kontakte zu Repräsentanten und Repräsentantinnen der Verwaltenden von externen Ressourcen zu haben und diese Beziehungen zu pflegen.

Voraussetzungen für erfolgreiches Verhandeln im anwaltschaftlichen Setting

Neben einer guten Portion Verhandlungsgeschick zur Erschliessung von externen Ressourcen sind die folgenden vier Aspekte wichtige und unabdingbare Voraussetzungen im anwaltschaftlichen Setting des sozialarbeiterischen Alltags (vgl. Brack 1997: 16):

- Überblick über institutionalisierte Geldquellen, Zugangs- und Nutzungsbedingungen und Machtverhältnisse bei den Anbietenden beziehungsweise Verwaltenden von externen Ressourcen;
- Dokumentation der Ressourcen (Ablagen);
- à jour sein (Änderungen und Neuerungen laufend dokumentieren);
- Pflege der Beziehungen zu Ressourcenverwaltenden (Öffentlichkeitsarbeit); da die Ressourcen von Menschen verwaltet werden, spielen häufig (gute) Beziehungen zwischen den Verhandlungspartnern eine wesentliche Rolle, denn der Beurteilungsspielraum der Ressourcenverwaltenden und dementsprechend auch die Macht über die Verteilung sind oft beträchtlich.

1.2 Verhandeln im organisationalen Kontext

Im Gegensatz zum anwaltschaftlichen Setting wird im organisationalen Kontext zwischen Mitarbeitenden und Vorgesetzten, zwischen Mitarbeitenden beziehungsweise Teamkolleginnen und -kollegen oder zwischen Vertretern und Vertreterinnen unterschiedlicher Professionen verhandelt. Dabei handelt es sich um intraprofessionelle und interprofessionelle Kooperation in der gleichen Organisation, welche die »kompetente Bearbeitung eines gemeinsamen Gegenstandes« zur Aufgabe hat. Verhandlungsgegenstand sind Zielabsprachen, Aufgaben- und Ressourcenverteilung sowie Abstimmungen bezüglich unterschiedlicher Denk- und Handlungslogiken.

Die Verhandlungsparteien vertreten in solchen Settings nicht primär ihre Klientinnen und Klienten, sondern sind sozusagen »Anwalt ihrer eigenen Interessen« (Erbacher 2010: 21). Allerdings beeinflussen bei Verhandlungen zwischen Vorgesetzten und Mitarbeitenden die ungleichen Machtverhältnisse aufgrund der Hierarchie den Handlungsspielraum der Beteiligten. Einerseits kann die vorgesetzte Person kraft ihrer Funktion Entscheidungen auch ohne das Einverständnis der Mitarbeitenden durchsetzen, andererseits können, je nach Führungskultur und Führungsstil, Einflussbereich und Mitsprache der Mitarbeitenden im Verhandlungsfall beträchtlich sein. Über den Erfolg entscheiden Verhandlungsgeschick und Durchsetzungskraft der Beteiligten.

Dazu ein Beispiel: Ein Team in einer sozialpädagogischen Einrichtung erhält einen neuen Teamleiter. An einer der ersten Teamsitzungen unter neuer Leitung wird u.a. über die Verteilung der Aufgaben und über die Ressourcenplanung diskutiert. In Bezug auf die Planung der Arbeitsabläufe und die Verteilung der Nachtdienste erhält das Team einen recht grossen Verhandlungsspielraum, denn der neue Teamleiter orientiert sich zunächst einmal an den bisher gut eingespielten Arbeitsmethoden. In Bezug auf Häufigkeit und Dauer der Teamsitzungen hingegen gibt er klare Vorgaben und deklariert, wie er es haben möchte, auch wenn dies vom bisherigen Modus abweicht und nicht alle Mitarbeitenden mit der Neuregelung einverstanden sind. Die Mitarbeitenden erfahren dadurch einen partizipativen Führungsstil mit einer Würdigung ihrer bisherigen guten Praxis, gleichzeitig erleben sie einen Vorgesetzten, der auch Leitplanken setzt und eigene Interessen und Haltungen durchsetzt. Er handelt transparent und fair.

Voraussetzungen für erfolgreiches Verhandeln im organisationalen Kontext

Um in Verhandlungen im organisationalen Kontext reüssieren zu können, müssen die je spezifischen Kontextbedingungen (Organisationskultur, Führungsstil, Spielregeln der Zusammenarbeit u.a.m.) berücksichtigt werden. Ein systematisches, für alle Beteiligten transparentes, flexibles und faires Vorgehen ist ebenso gefordert wie die Bereitschaft, den eigenen Standpunkt zu hinterfragen, diesen aber auch selbstbewusst zu vertreten. Schliesslich sollten Rücksichtnahme auf die guten Beziehungen als Grundlage für die weitere Zusammenarbeit, eine positive Arbeitsatmosphäre und das Bestreben, eine Win-win-Situation zu erreichen, in jeder Verhandlung zwischen Kolleginnen und Kollegen selbstverständlich sein.

Um den kommunikativen Anforderungen der Verhandlungssituation zu genügen, braucht es gut ausgebildete Kommunikationsfähigkeiten und fundiertes Verhandlungsgeschick. Die Verhandelnden müssen

- sachlich argumentieren, das heisst der Gegenpartei jene Informationen vermitteln und begründet darlegen, durch die das eigene Bild des Sachverhalts deutlich wird, durch die aber auch das Bild der Gegenpartei beeinflusst und zieldienlich verändert werden kann;
- überzeugend auftreten, das heisst als Experte oder Expertin wahrgenommen werden und gleichzeitig darauf achten, als Person geschätzt zu werden;
- den Beziehungsaspekt in der Verhandlung unbedingt beachten;
- die Systematik des Verhandlungsprozesses kennen und entsprechende Instrumente anwenden.

2 Kommunikative Aspekte der Verhandlungsführung

Menschliche Kommunikation ist ihrem Wesen nach mehrschichtig und vieldeutig und in diesem Sinne auch höchst störungsanfällig. Für Verhandlungen, in denen es darum geht, einander zu verstehen, klar und überzeugend zu argumentieren, andere zu beeinflussen und gemeinsame Lösungen zu finden, ist es hilfreich, die Mechanismen und Wirkungsweisen der Kommunikation zu kennen. Watzlawick (Watzlawick/Beavin/Jackson 2011) hat als Psychotherapeut die menschliche Kommunikation eingehend erforscht und fünf Axiome formuliert, die kommunikative Abläufe besser verständlich und Störungen erklärbar machen. Die fünf Axiome lauten:

- Man kann nicht nicht kommunizieren.
- Jede Kommunikation hat einen Inhalts- und einen Beziehungsaspekt.
- Kommunikation ist immer Ursache und Wirkung.
- Menschliche Kommunikation bedient sich analoger und digitaler Modalitäten.
- Kommunikation ist symmetrisch oder komplementär (vgl. ebd.: 57ff.).

Der Beziehungsaspekt in der Kommunikation erscheint hier als zentrales Element, das auch für den jeweiligen Gegenstand der Verhandlung von besonderer Bedeutung ist, denn Störungen auf der Beziehungsebene verhindern in aller Regel eine gelingende Kommunikation auf der Inhaltsebene. Es empfiehlt sich also, zunächst die Beziehungsebene zu klären, damit die Bereitschaft, sich auf die Sachebene einzulassen, gewährleistet ist. Eine Vernachlässigung der Beziehungsebene wird längerfristig auch die Arbeitsbeziehung gefährden.

Dazu ein Beispiel: In einer fünfköpfigen Arbeitsgruppe von Studierenden, die gemeinsam eine Prüfungsarbeit abliefern müssen, kommt es zwischen zwei Gruppenmitgliedern zu Spannungen. Es stellt sich heraus, dass bereits aus einer früheren Gruppenarbeit ein Konflikt besteht, der nie wirklich ausgetragen und bereinigt worden ist. Die eine fühlt sich noch immer ungerecht behandelt und kann es nicht ausstehen, wenn die andere während der aktuellen Gruppenarbeit neue Regeln aufstellen will oder Forderungen stellt. Dann reagiert sie jeweils recht aggressiv, verweigert die konstruktive Zusammenarbeit und erscheint mit der Zeit nur noch sporadisch zu den gemeinsamen Sitzungen. Die beiden versuchen, einander gegenseitig auszuspielen, und machen in der Gruppe jeweils gegen die andere mobil. Durch den Konflikt ist die Gruppe auf der sachlichen Ebene ihrer Aufgabenerfüllung blockiert. Ohne die Beziehungsebene zu klären, wird die Gruppe nicht mehr voll arbeitsfähig sein, zumindest wird die Qualität des Endproduktes darunter leiden.

Gerade weil die Beziehungsebene – oder eben das Zwischenmenschliche – so wichtig ist, lohnt es, auch andere Mitteilungsformen menschlicher Kommunikation unter die Lupe zu nehmen. Im geschilderten Beispiel wird etwas auf der Verhaltensebene ausgedrückt. Das Nicht-Erscheinen der einen Kommilitonin signalisiert möglicherweise: »Hier ist etwas nicht in Ordnung«. Oder: »Hier passt mir etwas ganz und gar nicht, und deshalb mag ich nicht mehr an die gemeinsamen Treffen kommen«. Bei Interpretationen und Schlussfolgerungen ist jedoch Vorsicht geboten. Denn ein Verhalten kann auch ganz andere Ursachen haben als die zunächst vermuteten. Die Studentin kann tatsächlich plötzlich erkrankt sein, oder ein naher Verwandter musste ins Spital begleitet werden. Besser ist, nachzufragen und sich nach dem tatsächlichen Sachverhalt zu erkundigen.

Nicht nur das Verhalten ist Kommunikation, wir bedienen uns auch unterschiedlicher Sprachkanäle. Dabei unterscheiden wir zwischen der gesprochenen Sprache, der sogenannt digitalen Form, und dem nonverbalen, dem sogenannt analogen Anteil unserer Ausdrucksweise. Mit Letzterem können wir sogar die weitaus grösseren Effekte erzielen. Erst der gesamte Körper mit seinen mimischen und gestischen Ausdrucksmöglichkeiten macht die Sprache für den Menschen vollständig. Zu Irritationen kommt es allenfalls bei Inkongruenzen, wenn also der nonverbale Gehalt einer Nachricht nicht mit der verbalen Äusserung übereinstimmt.

Dazu ein Beispiel: Eine Studentin erfährt, dass sie durch die Prüfung gefallen ist, und fährt verärgert und deprimiert nach Hause. Dort trifft sie ihren Bruder, der ihr gleich begeistert von seinem erfolgreichen Sporttraining berichtet. Auch wenn sie sich bemüht, ihm freundlich zuzuhören und sich mit ihm zu freuen, wird ihre Haltung und Mimik verraten, dass sie sich, aufgrund ihrer eigenen Gefühlslage, nicht mit ihm freuen kann und nur mit halbem Ohr zuhört. Der Bruder wird nun, sofern er nicht zurückfragt, irrtümlicherweise von einem Desinteresse an der eigenen Person ausgehen oder sich zumindest fragen, was er wohl falsch gemacht habe. In der Regel vermittelt nonverbale Kommunikation die wahren Gefühle sowohl stärker als auch interpretationsbedürftiger als Worte.

Gemäss dem konstruktivistischen Ansatz, dem die fünf Axiome entspringen, leben die Kommunikations- und Verhandlungspartner in der Regel in konstruierten, von ihnen selbst »erdachten« und erlebten Wirklichkeiten und agieren und interagieren aus ihren je individuellen Bezugssystemen und Denkmustern heraus. Demnach erlebt sich jede Person in der Reaktion auf eine (verbale oder nonverbale) Äusserung oder ein Verhalten des Gegenübers und lässt ausser Acht, dass er oder sie immer auch auslösend für die Reaktion der anderen ist. Auf dieser Zirkularität beruhen viele Missverständnisse in der Kommunikation. So entstehen leicht negative Kreisläufe, die sich jeweils nur schwer durchbrechen lassen. Die beste Lösung besteht darin, gemeinsam eine distanziertere, meist übergeordnete Perspektive einzunehmen, die sogenannte Metaperspektive, aus der die Sachlage analysiert und die dahinterliegende Regelhaftigkeit identifiziert werden kann. Dann ist es möglich, das eigene Verhalten zu korrigieren und den Kreislauf zu durchbrechen.

Stabile Beziehungen zeichnen sich durch steten Wechsel und eine gewisse Ausgewogenheit in ihren unterschiedlichen Kräfteverhältnissen aus. Wir sprechen von komplementären (sich ergänzenden) oder symmetrischen (ebenbürtigen) Kommunikationsmustern, wobei sich im Normalfall Komplementarität und Symmetrie abwechseln. Einseitige Komplementarität oder (krankhafte) Symmetrie, wie Rivalität oder blinde Konkurrenz, kann auf fatale Art im politischen Geschehen beobachtet werden, wenn beispielsweise einzelne Machthaber sich gegenseitig zu übertrumpfen versuchen und der Konflikt in Waffengewalt ausartet. Als Beispiel krankhafter Komplementarität kann der Zustand, in dem der »Starke« immer stärker und der »Schwache« immer schwächer wird, bezeichnet werden (vgl. Watzlawick/Beavin/Jackson 2011: 121ff.). Solche in Paarbeziehungen relativ häufig zu beobachtenden Kreisläufe können sich durchaus auch in Berater-Klient-Beziehungen abspielen. Ist der Mechanismus erst einmal etabliert, trägt jede beteiligte Person dazu bei, dass sie in der eigenen Position verharrt, gibt dafür aber insgeheim der Gegenpartei die Schuld. Eine Lösung solch stagnierender Kreisläufe ist wiederum nur durch die Betrachtung aus der Metaperspektive, häufig aber leider auch nur durch eine Auflösung der Beziehung, möglich.

3 Die Sache mit dem Fremdverstehen

Um in Verhandlungen zu reüssieren, ist es wichtig, seine Verhandlungspartner möglichst gut zu kennen, sich in sie hineinversetzen zu können, das heisst, sie auch so weit als möglich zu verstehen, denn nur auf der Basis einer guten Verständigung kann eine Win-win-Situation entstehen. Ein wichtiger Aspekt, den es zu beachten gilt, betrifft demnach das »Fremdverstehen«.

Ist aber Fremdverstehen wirklich möglich? Verstehen ist gemäß Kruse (2014: 60) ein »Programm der Welterschließung und Wirklichkeitsauffassung«. Da sich jedoch jeder Mensch seine eigene Welt und Wirklichkeit auf der Basis seiner eigenen Erfahrungen und Verarbeitungsmechanismen erschafft, ist Fremdverstehen eigentlich gar nicht möglich. Dies stimmt mit der Grundauffassung des radikalen Konstruktivismus überein, der davon ausgeht, dass Wahrnehmung niemals ein Abbild der Realität ist, sondern immer eine Konstruktion aus Sinnesreizen und Gedächtnisleistungen eines Individuums; Objektivität gibt es daher nicht, da eine Übereinstimmung von wahrgenommenem Bild und der Realität unmöglich ist. Jede Wahrnehmung ist subjektiv, das heisst von jedem Individuum selbst konstruiert (vgl. Watzlawick/Beavin/Jackson 2011).

Kruse schreibt dazu:

Verstehen in Kommunikationssituationen ist ein Prozess, bei dem ein/e Kommunikant/in (A) stets eine Deutung dessen vornimmt, was ihm/ihr von Kommunikant/in (B) mitgeteilt wird. Jede/r der beiden Kommunikant/inn/en kommuniziert dabei auf der Basis seines bzw. ihres eigenen Wissenshintergrundes bzw. Relevanzsystems, das semantisch indexikal ist: Die Botschaft (a), die Kommunikat/in (A) mitteilt, kann Kommunikant/in (B) nur verstehen, indem er/sie jene an sein/ihr Relevanzsystem (b) adaptiert. Verstehen – kognitionspsychologisch betrachtet – ist also die Übersetzung des zu Verstehenden in das eigene semantisch-indexikale Relevanzsystem. Verstehen stellt damit immer das Verstehen von *Fremdem* dar, denn alles, was außerhalb des eigenen Relevanzsystems existiert, ist einem grundsätzlich fremd. (Kruse 2014: 65)

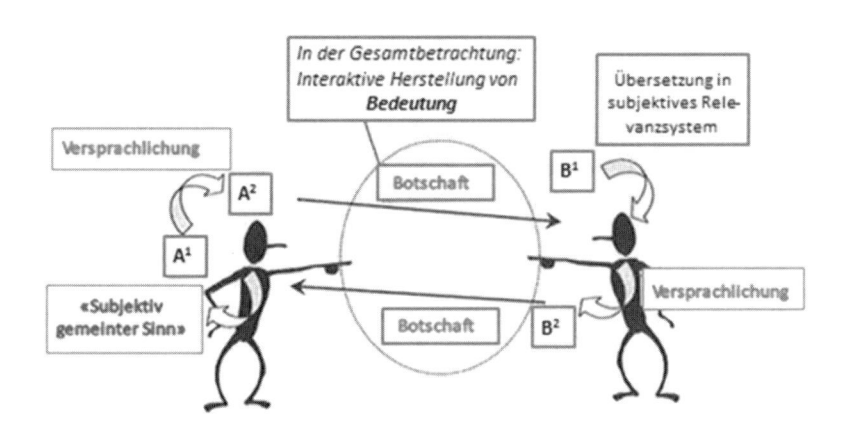

Abbildung 2: Verstehen ist Fremdverstehen. (Kruse 2014: 61)

Weiter erläutert Kruse auf der Grundlage der Ausführungen von Albert Schütz (1974, zit. in Kruse 2014: 66), dass wir mit anderen Menschen eigentlich nur kommunizieren können, wenn wir diese Tatsache ausblenden und annehmen, dass wir die gleichen oder doch zumindest ähnliche Standpunkte einnehmen und dass wir von gleichen oder zumindest ähnlichen Relevanzsystemen ausgehen. Er nennt dies »Reziprozität der Perspektiven«. Watzlawick geht sogar so weit zu sagen, dass der Glaube, es gebe nur eine Wirklichkeit, die gefährlichste aller Selbsttäuschungen ist; dass es vielmehr zahllose Wirklichkeitsauffassungen gibt, die sehr widersprüchlich sein können, die alle das Ergebnis von Kommunikation und nicht der Widerschein ewiger, objektiver Wahrheiten sind. (vgl. Watzlawick 2005: 7)

4 Das Harvard-Modell

In ihrem Harvard Negotiation Project haben Roger Fisher, William Ury und Bruce Patton (2000) eine Methode des sachbezogenen Verhandelns entwickelt, die als Harvard-Konzept beziehungsweise Harvard-Modell bekannt wurde und breite Anwendung gefunden hat. Sie haben mit ihrem Modell die Grundprinzipien der professionellen sachbezogenen Verhandlungsführung beschrieben und Vorschläge entwickelt, wie Menschen mit Differenzen, unterschiedlichen Sichtweisen und divergierenden Interessen so umgehen können, dass eine für alle Seiten befriedigende Lösung möglich wird.

Abbildung 3: Die vier Prinzipien des Harvard-Modells.(vgl. Beyeler et al. 2009: 3)

Das Harvard-Modell ist eine Methode kooperativen Verhandelns, die in der Sache »hart« ist, das heisst, eine klare und bestimmte Linie verfolgt, aber um der guten Beziehung willen grossen Wert auf gegenseitigen Respekt legt und die Interessen der beteiligten Verhandlungsparteien in den Mittelpunkt rückt. Das Ziel, das dank dem Harvard-Modell erreicht werden soll, ist immer eine

Win-win-Situation. Das Motto lautet daher: »Hart in der Sache, aber weich gegenüber den Menschen« (vgl. Fisher/Ury/Patton 2000: 17). Im Folgenden werden die vier Grundprinzipien erläutert.

Die Methode des Harvard-Modells besteht aus vier Grundprinzipien:
1. Sachbezogen diskutieren: Menschen und Probleme getrennt voneinander behandeln
2. Interessen abwägen: Sich auf Interessen konzentrieren, nicht auf Positionen
3. Optionen suchen: Entwickeln von Entscheidungsmöglichkeiten zum beiderseitigen Vorteil
4. Beweise erbringen Auf der Anwendung neutraler Beurteilungskriterien bestehen.

4.1 Sachbezogen diskutieren (Menschen und Probleme getrennt voneinander behandeln)

Das Harvard-Modell betont zwar das sachbezogene Verhandeln, berücksichtigt aber gleichzeitig und gleichwertig die zwischenmenschliche Komponente. Auch hier gilt das kommunikative Prinzip der Unterscheidung zwischen Sach- und Beziehungsebene: Voraussetzung jeder störungsfreien Kommunikation ist eine störungsfreie Beziehung zwischen den Beteiligten. Nach dem Harvard-Modell geht es nicht darum, um Positionen zu kämpfen und zu gewinnen, sondern vielmehr darum, in gegenseitigem Respekt auch die Interessen der Gegenpartei wahrzunehmen und gelten zu lassen, um befriedigende Lösungen für alle Beteiligten zu erreichen. Die meisten Verhandlungen finden im Rahmen von dauerhaften Beziehungen statt, und es lohnt sich, in die Beziehungsgestaltung zu investieren. Und nicht zu vergessen: Wir verhandeln mit Menschen, nicht mit Organisationen. Die Vertreterinnen und Vertreter von Organisationen sind zwar an Vorgaben gebunden, verfügen aber meistens über einen mehr oder weniger grossen Handlungsspielraum. Daher lohnt es sich, auf der zwischenmenschlichen Ebene eine vertrauensvolle Atmosphäre herzustellen, zum Beispiel mit ein wenig Smalltalk den Verhandlungspartnern Interesse an ihrer Person zu signalisieren, bevor man in die eigentliche Verhandlung einsteigt. Gemäss Harvard-Modell soll man sich mit den menschlichen Aspekten der Verhandlungspartner auseinandersetzen und psychologische Techniken kennen und anwenden. Dies wird mit der Forderung »Kümmern Sie sich unmittelbar um das Problem Mensch!« zum Ausdruck gebracht (Fisher/Ury/Patton 2000: 45). Zum »Problem Mensch« gehören Vorstellungen, Emotionen und Formen der Kommunikation.

Vorstellungen

In der Verhandlungssituation treten Menschen mit ihren je eigenen Sichtweisen und Vorstellungen miteinander in Interaktion. Obwohl das Harvard-Modell sich gegen das positionsbezogene Verhandeln stellt, gehört es doch zu den menschlichen Eigenarten, dass die Beteiligten ihre persönlichen Interessen ins Zentrum stellen und an erster Stelle diese Interessen verfolgen. Je stärker sie mit ihren Positionen identifiziert werden, desto emotionaler werden sie diese in der Verhandlung vertreten. So entstehen möglicherweise Machtkämpfe, die so weit eskalieren können, dass es nur noch um Recht und Unrecht geht, darum, wer sich durchsetzt und wer sich behauptet. Es ist unschwer zu erkennen, dass eine Verhandlung, die auf diese Weise von einer Partei scheinbar gewonnen wird, sich längerfristig negativ auf die Beziehung auswirken wird. Solche Lösungen sind nicht im Sinne des Harvard-Modells, nach dem es vielmehr um einen »Prozess des gemeinsamen Erforschens, Entwickelns und schließlich Entscheidens« geht (Weiß 2006, zit. in: Racine 2006: 28).

Viel nützlicher erscheint es, wenn die Parteien bereit sind, ihre Eigeninteressen zurückzustellen, und sich darum bemühen, die Sichtweise der jeweils anderen Partei zu verstehen. Verstehen heisst nicht, mit der anderen Sichtweise vollkommen einverstanden zu sein. Es genügt, wenn die Tatsache respektiert wird, dass die andere Partei das Problem anders sieht als man selbst. »Der Konflikt liegt […] schliesslich nicht in der objektiven Wirklichkeit, sondern in den Köpfen der Menschen« (Fisher/Ury/Patton 2000: 46). Das heisst, dass wir gut daran tun, uns hin und wieder in die Lage der anderen zu versetzen, keine Absichten in die andere Partei hineinzuinterpretieren und ihr nicht die Schuld an den eigenen Problemen zuzuschieben. Wie schwer dies ist, weil es immer auch um die emotionale Ladung der Positionen geht, beschreiben die Autoren wie folgt:

> Die Erkenntnis, dass die anderen die Sache anders sehen, reicht nicht. Wenn Sie sie beeinflussen wollen, müssen Sie sich auch der Stärke dieses Standpunktes öffnen und die emotionale Macht erfühlen, mit der die Gegenseite daran hängt. Da hilft es nicht, sie wie Käfer unter dem Mikroskop zu studieren; Sie müssen auch wissen, wie ein Käfer fühlt. (ebd.: 47)

Wissen, was die anderen fühlen, und die gegenseitigen Vorstellungen abgleichen, beides gehört unabdingbar zu einer erfolgreichen Verhandlungsführung. Vorteilhaft sind auch Schritte des Entgegenkommens, zum Beispiel kleine Kreditangebote bei unterschiedlichen oder sich widersprechenden Sichtweisen oder eine überraschende Goodwill-Aktion, um den Überraschungseffekt im positiven Sinne zu nutzen. Grosszügigkeit zahlt sich in Verhandlungen eigentlich immer aus, also können der Gegenpartei getrost Zugeständnisse gemacht und kann auf deren Vorschläge bereitwillig eingegangen werden. Umgekehrt ist unbedingt darauf zu achten, dass die Verhandlungspartner bei Zugeständnissen ihrerseits ihr Gesicht wahren können und sich nicht über den Tisch gezogen fühlen müssen. Jede Verhandlung soll von Fairness geprägt sein.

Emotionen

Sobald es im Verhandlungsfall vorwiegend um Eigeninteressen und Positionen geht, kochen möglicherweise die Emotionen hoch. Es ist eine Illusion zu meinen, Verhandlungen könnten rein rational geführt werden. Je stärker sich die Menschen mit ihrer Sache verbinden und sich dafür engagieren – möglichweise steigen sie schon mit der fertigen Lösung in die Verhandlung ein –, umso emotionaler wird die Verhandlung gefärbt sein. Wenn die Parteien eher zum Kampf bereit sind als zur kooperativen Lösung des gemeinsamen Problems, muss je nach Situation zuerst einmal Dampf abgelassen werden. Dies sollte den Betreffenden auf jeden Fall ermöglicht werden, denn im emotional geladenen Zustand kann sich niemand auf rationale Argumente einlassen – kann auch niemand durch solche Argumente erreicht werden.

Gehört man zu der Verhandlungspartei, auf die sich die emotionale Ladung entleert, ist es wichtig, ruhig zu bleiben, nicht sofort auf die Angriffe reagieren und nicht darauf einzugehen. Nichts ist wirkungsvoller als ein ruhiges, aber nicht gleichgültiges Aufnehmen der Emotionen. Erbacher (2010) spricht auch von der »Macht des Schweigens« in Situationen, in denen das Gegenüber angreift oder provoziert. Schweigen kann hilfreich sein, um dem Gegenüber Gelegenheit zum Nachdenken einzuräumen und sich im besten Fall zu einer guten Lösung oder Zugeständnissen durchzuringen. Das Ruhigbleiben bei emotionalen Ausbrüchen oder Vorwürfen ist nicht einfach, denn Angriffe können mitunter sehr heftig sein und bei einem selbst wiederum entsprechende Emotionen auslösen. Man tut gut daran, sich in der Vorbereitung zur Verhandlung immer auch mit deren emotionalem Gehalt auseinanderzusetzen und sich auf mögliche Gefühlsausbrüche, Vorwürfe, Angriffe usw. vorzubereiten. Auch das Hinterfragen der eigenen Gefühlslage und das Anerkennen des etwaigen eigenen Beitrags zur Entstehung der (Beziehungs-)Probleme gehören dazu. Wenn es gelingt, über die Gefühle auf beiden Seiten zu sprechen, werden Verhandlungen weniger reaktiv sein, und man behält den aktiven Part. Auch symbolische Gesten können Emotionales besänftigen oder die Bereitschaft zur guten Lösung signalisieren.

Kommunikation

Kommunikative Prozesse sind angesichts des schier unmöglichen Fremdverstehens (vgl. Kapitel 3) in höchstem Masse anfällig für Missverständnisse. Alles, was jemand sagt, kann vom anderen missverstanden werden. Eine mögliche Lösung besteht darin, aufmerksam zuzuhören und gelegentlich nachzufragen, ob die Aussage richtig verstanden wurde. Aktives Zuhören ermöglicht das Wahrnehmen der Vorstellungen und Emotionen der Gegenseite. Gerade in konfliktgeladenen Verhandlungssituationen besteht die Gefahr der Eskalation. Man hört dem anderen nicht mehr zu, unterbricht oder ist sofort mit einem Gegenargument zur Stelle. Die Prinzipien des aktiven Zuhörens können hier deeskalierende Wirkung haben. Gute Kommunikation und gegenseitiges Vertrauen sind wichtige Faktoren in der Verhandlungssituation. Beides entsteht nicht selbstverständlich, sondern muss bewusst von den Parteien geschaffen werden. In diesem Sinne kann es nützlich sein, beim Verhandeln Gesprächsregeln zu vereinbaren. Folgende, durch Racine, Vertreter einer auf Verhandlung spezialisierten Beratungsfirma, formulierte Regeln seien hier beispielhaft genannt:

- Es spricht nur eine Person zur gleichen Zeit; die Person, die spricht, wird nicht unterbrochen;
- jede Partei verfügt über die gleiche Gesprächszeit; die Zeit wird zielorientiert und nicht grenzenlos gebraucht;
- auf Höflichkeit wird Wert gelegt;
- die Meinung der anderen Beteiligten wird ernst genommen und respektiert (das bedeutet nicht, damit einverstanden zu sein);
- Störungen im Gesprächsablauf werden angesprochen und gemeinsam behoben. Falls etwas nicht klar ist, wird nachgefragt;
- aufmerksam zuhören (aktives Zuhören!) und Rückmeldung geben über das, was gesagt wurde (nur wenn Sie wirklich zuhören, verstehen Sie die Vorstellungen der Gegenseite, erkennen ihre Emotionen und erfassen, was die anderen tatsächlich wollen);
- so sprechen, dass man einen auch versteht;
- verstehen bedeutet nicht übereinstimmen;
- über sich reden, nicht über die Gegenseite;
- mit einer bestimmten Absicht sprechen (überlegen Sie genau, was Sie mitteilen wollen, manchmal ist weniger mehr!).

Abbildung 4: Gesprächsregeln für Verhandlungen. (Racine 2006: 27)

Eine Anpassung der Regeln im Rahmen eines Aushandlungsprozesses mit den beteiligten Vertragsparteien ist selbstverständlich möglich und als erster Schritt in einer Verhandlung auch wünschenswert.

4.2 Interessen abwägen (Sich auf Interessen konzentrieren, nicht auf Positionen)

Position beziehen und Forderungen stellen ist beim Verhandeln durchaus üblich, jedoch im Sinne des Harvard-Modells nicht zielführend. Vielmehr gilt es gemäß diesem Modell, von den Positionen Abstand zu nehmen und gemeinsam die hinter den Positionen liegenden Bedürfnisse und Interessen zu ergründen und diese ins Zentrum des Gesprächs zu rücken. »Interessen motivieren die Menschen; sie sind die stillen Beweggründe hinter dem Durcheinander von Positionen« (Fisher/Ury/Patton 2000: 69). Als die wichtigsten Interessen, die praktisch immer hinter den Positionen in Verhandlungen stehen, nennen die Autoren die folgenden menschlichen Grundbedürfnisse: *Sicherheit, wirtschaftliches Auskommen, Zugehörigkeitsgefühl, Anerkanntsein und Selbstbestimmung* (a.a.O.: 78). Auch wenn es scheinbar um Geldfragen geht, beispielsweise bei Ehescheidungen, könnten andere gewichtigere Interessen hinter der Geldforderung stehen, beispielsweise kann es um Sicherheit gehen oder um den Wunsch, fair behandelt zu werden, oder einfach nur darum, eine gewisse Genugtuung zu erlangen.

Bevor man auf eine Lösung zusteuern kann, müssen die Interessen der Verhandlungspartner geklärt sein. Dies erreichen wir, indem wir nach den Interessen fragen. Die Schlüsselfrage lautet: *»Warum«?* Warum ist dir dies oder jenes so wichtig? Warum liegt dir so viel an dieser Sache? Warum willst du das unbedingt haben oder erreichen? Auf der Grundlage der jeweiligen Interessen können möglicherweise für alle befriedigenden Lösungen gefunden werden, auch solche, an die zunächst einmal niemand gedacht hätte.

Zur Erläuterung dieses Prinzips wird häufig das »Orangen-Beispiel« beigezogen, in dem es um eine Mutter zweier Töchter geht, die beide um eine Orange buhlen. Die nächstliegende Lösung besteht darin, die Orange zu halbieren. Dann hätte jede zwar eine Hälfte bekommen, wäre aber entsprechend auch nur halb zufrieden. Die gute Lösung findet sich erst, nachdem die Mutter die Töchter nach ihren Interessen fragt: »Warum wollt ihr denn die Orange unbedingt haben?« Nun stellt sich heraus, dass die eine den Saft zum Trinken, die andere die Schale zum Backen haben möchte. So reiben sie die Schale ab und pressen danach den Saft aus, und beide Töchter ziehen gleichermassen zufrieden von dannen. Aus dem Kompromiss wird eine klassische Win-win-Situation.

Dieses simple Beispiel steht symbolisch dafür, dass es sich lohnt, die Interessen eingehend zu ergründen und nicht sofort auf die vermeintlich einzige und nächstliegende Lösung zuzusteuern. Der Spagat im konstruktiven Verhandeln besteht darin, dass man einerseits die eigenen Interessen transparent macht und vertritt, damit die jeweils anderen darum wissen und diese auch berücksichtigen können, und andererseits auch in der Lage und bereit ist, flexibel auf die Interessen der Gegenseite einzugehen. Das Motto im Harvard-Modell lautet, wie gesagt: »Hart in der Sache und weich zu den Menschen« (a.a.O. 2000: 17).

4.3 Optionen suchen (Entwickeln von Entscheidungsmöglichkeiten zum beiderseitigen Vorteil)

Wie das Orangen-Beispiel zeigt, besteht eine grosse Gefahr darin, vorschnell die vermeintlich richtige Lösung anzupeilen und diese auch durchsetzen zu wollen. Es gibt jedoch kaum je nur eine Lösung für ein Problem. Folglich besteht der nächste Schritt darin, alternative Lösungsmöglichkeiten zu finden.

Als kreativer methodischer Ansatz eignet sich in dieser Phase ein Brainstorming sehr gut, denn mit dieser Methode können sich die Beteiligten für andere Möglichkeiten öffnen, ohne sie gleichzeitig schon zu bewerten. Auch andere kreative Methoden eignen sich an dieser Stelle. Man kann beispielsweise bei der Sicht auf das Problem unterschiedliche Standpunkte einnehmen und es aus verschiedenen Perspektiven betrachten.

Nehmen wir das Beispiel einer Schulleitung, die zur Gestaltung des neuen Pausenplatzes eine Auseinandersetzung führt, in der verschiedene Standpunkte eingenommen und teilweise vehement vertreten werden. Um der Lösung näher zu kommen, nehmen sie für einen Moment Distanz von ihren Positionen und betrachten die Situation aus der Optik unterschiedlicher Akteure: der Eltern, der Kinder, der Lehrkräfte, der Wohnbevölkerung, der Gemeinde u.a. Auf diese Art können Lösungsalternativen gesucht werden, an die möglicherweise bis anhin noch niemand gedacht hatte, die aber die Interessen aller befriedigen und deshalb allen einen Mehrwert bringen.

Dies erfordert zunächst die Bereitschaft der Beteiligten, die eigene Idee loszulassen oder zumindest vorerst etwas Abstand davon zu nehmen. Wer kreative Wahlmöglichkeiten entwickeln will, muss nach Vorteilen für alle Seiten Ausschau halten und Vorschläge entwickeln, die allen Parteien entgegenkommen und denen alle zustimmen können.

4.4 Beweise erbringen (Auf der Anwendung neutraler Beurteilungskriterien bestehen)

Verhandlungen sollen nicht in einen Prinzipienstreit ausarten, denn dies würde zwangsläufig zu Sieger-Verlierer- bzw. Verlierer-Verlierer-Ergebnissen führen. Das Harvard-Modell verfolgt jedoch die Win-win-Strategie und stellt somit den höchsten Anspruch, den Verhandelnde haben können, nämlich eine nachvollziehbare und von beiden Seiten als fair und legitim betrachtete Lösung zu finden. Die Anwendung neutraler Beurteilungskriterien kann dazu verhelfen, die Verhandlung fair und effektiv in Richtung vernünftiger Resultate voranzutreiben. Soll beispielsweise eine grössere Investition in Form eines Haus- oder Wohnungskaufs getätigt werden, kann der aktuelle Marktwert oder die Konkurrenzsituation auf dem Immobilienmarkt eine neutrale Sachlage sein, die zur Entschärfung der Verhandlung beitragen kann, weil

Kommunikation und Verhandeln in Kooperationsprozessen

sich die Verhandlungsparteien auf dieselbe Faktenlage stützen können. Im Beispiel des Streits einer Schulleitung um die Gestaltung des Pausenplatzes würden Erfahrungen anderer Schulen die Argumentation aus objektivierter Sichtweise ergänzen. Je nach Verhandlungsfall können weitere zur Objektivierung beitragende Kriterien wie folgende beigezogen werden: wissenschaftliche Gutachten, Kriterien von Sachverständigen (Expertenmeinung), mögliche Gerichtsurteile, frühere Vergleichsfälle, moralische Kriterien, Gleichbehandlung, Tradition usw.

5 Die fünf Phasen des Verhandlungsprozesses

In aller Regel ist eine Verhandlung kein punktuelles Geschehen, sondern sie »besteht aus einer Abfolge einzelner Aktivitäten« (Erbacher 2010: 31). In diesem Sinne hat Erbacher Verhandlung als strukturierten, in Phasen verlaufenden Prozess konzipiert. Er hat ein *Fünf-Phasen-Modell* entworfen, das an die Tradition des Harvard-Modells anknüpft und es durch psychologische und rhetorische Aspekte erweitert. Dabei stellt das Modell einen idealtypischen Verlauf dar, denn in der Praxis lassen sich die fünf Phasen nicht strikte voneinander abgrenzen. Die fünf Phasen im Verhandlungsprozess nach Erbacher heißen: Vorbereitungsphase, Kontaktphase, Kernphase, Vereinbarungsphase und Umsetzungsphase (vgl. Abb. 5):

| Vorbereitungsphase | Kontaktphase | Kernphase | Vereinbarungsphase | Umsetzungsphase |

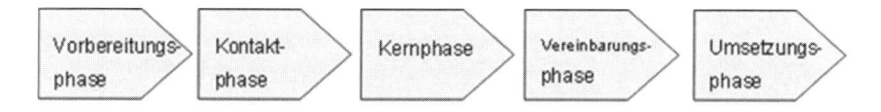

Abbildung 5: Die Phasen des Verhandlungsprozesses (Erbacher 2010: 31)

Die Phaseneinteilung bietet ein »Denkraster« an, das ein systematisches Vorgehen und eine Ortung des aktuellen Standorts im Verhandlungsverlauf ermöglicht. Mit jeder der fünf Phasen sind spezifische Aufgaben verbunden, deren Erfüllung schliesslich zum Erfolg der Verhandlung führt.

Die Phasen bauen funktional aufeinander auf; die eine Phase muss also idealerweise bereits durchlaufen und abgeschlossen sein, bevor die nächste in Angriff genommen wird.

5.1 Die Vorbereitungsphase

Eine Verhandlung beginnt oft schon, bevor sich die Gesprächspartner zum ersten Mal beegnen: mit der Vorbereitung. Eine gute Verhandlungsvorbereitung ist einer der wichtigsten Schlüssel zum Erfolg. Es lohnt sich daher, dafür genügend Zeit und Energie zu investieren. In dieser durch analytische Überlegungen bestimmten Phase werden notwendige Informationen beschafft, um eine fundierte Einschätzung des Verhandlungspartners und die wirksame Gestaltung der eigenen Argumentation vornehmen zu können. Die bei Erbacher (2010) zahlreich aufgeführten Aspekte und Vorgehensschritte dieser Phase erscheinen im Folgenden in leicht verkürzter Version als Checkliste:

1. Die eigene Person analysieren
   a. Was soll verhandelt werden? (Erste Bewertung des Verhandlungsgegenstandes – realistisch?)
   b. Wie lauten die konkreten eigenen Ziele? (Warum? Wozu? – Verdeutlichung und Priorisierung eigener Interessen)
   c. Welches Bild haben meine Verhandlungspartner von mir, und welches sollten sie haben?
   d. Welche Handlungsalternativen gibt es, wenn die Verhandlung fehlschlägt?
2. Die Gegenseite analysieren
   a. Die Interessen der Gegenseite (diejenigen der Gegenseite sowie die gemeinsamen Interessen schriftlich festhalten)
   b. Personenkonstellationen (Gibt es allfällige Koalitionen, interne Interessenkonflikte usw. bei der Gegenpartei?)
   c. Selbstbild der Verhandlungspartei (Wie sieht sich die andere Partei? Wie will sie gesehen werden?)
3. Verhandlungsplan erstellen
   a. Reihenfolge der Verhandlungsgegenstände bestimmen
   b. Teilziele definieren
   c. Zeitplan erstellen
   d. Verhandlungsstrategie wählen
   e. Reaktionen abschätzen
4. *Verhandlungsort und -raum festlegen* (bei der Gegenpartei, bei sich selber oder neutralen Ort festlegen), ansprechenden Verhandlungsraum wählen, mit der Örtlichkeit Respekt bezeugen)
5. Bei »schwierigen« Verhandlungen: die Verhandlung mit »neutralen« Partnern im Vorfeld simulieren

Abbildung 6: Checkliste Vorbereitungsphase. (vgl. Erbacher 2010: 32ff.) (eigene Darstellung)

Das Ausloten der gegenseitigen Interessen in der Vorbereitungsphase dient einem zentralen Prinzip des Verhandelns: »Die eigenen Argumente können nur dann überzeugen und Angebote nur dann attraktiv sein, wenn sie die Interessen des Verhandlungspartners ansprechen« (ebd: 35). Neben den analytischen Überlegungen bezieht Erbacher auch Gedanken zur emotionalen Ladung der Situation – sowohl bei sich selbst als auch bei der Gegenpartei – in die Vorbereitung mit ein. Wie schon erwähnt, ist eine Verhandlung auf der Sachebene blockiert, sofern auf der emotionalen (Beziehungs-)Ebene noch

Störungen bestehen. Auch Vorbereitungs-Überlegungen oder Nachforschungen zu den Kontextbedingungen der Vertragspartner sind angebracht, seien es nun im anwaltschaftlichen Setting Überlegungen zur Verteilungsmacht bezüglich der externen Ressourcen oder in anderen Verhandlungsfällen Überlegungen zu organisationalen Einbindungen, Funktionen, allfällige Abhängigkeiten von Vorgesetzten, Geldgebenden usw.

5.2 Kontaktphase

Mit dem ersten Zusammentreffen der Verhandlungspartner beginnt die Kontakt- oder Kennenlernphase. Bei kurzen Verhandlungsprozessen mit nur einmaligem Zusammentreffen ist die Kontaktphase relativ kurz, sie besteht dann oft nur aus dem ersten Blickkontakt und dem Händeschütteln zur Begrüssung. Nach einigen aufwärmenden Worten kann rasch zur Kernphase übergegangen werden. Die Kontaktphase ist in jedem Fall ein wichtiger, nicht zu unterschätzender Moment. Der erste Eindruck hat prägenden Charakter und wirkt in der Regel weiter über den gesamten Verhandlungsverlauf hinweg. In der Psychologie sprechen wir vom sogenannten »Primacy-Effekt«[2]. Bei länger dauernden Verhandlungsprozessen mit mehrmaligen Zusammenkünften steht mehr Zeit für die Kontaktphase zur Verfügung: Neben dem formalen Aspekt der Umreissung respektive Eingrenzung des Verhandlungsgegenstandes kann man sich ausgiebiger den mindestens ebenso wichtigen informellen Aspekten widmen, etwa dem Aufbau von Vertrauen und dem Gewinn neuer Informationen als Vertiefung der vorangegangenen Analyse der Gegenseite. Man sollte sich nie darauf verlassen, dass der gute erste Eindruck anhält, sondern sich stets und immer wieder um eine positive Wirkung bemühen.

Bei längeren Verhandlungsverläufen kommt auch der »Recency-Effekt«[3] zum Tragen. Die Stimmung zum Abschluss der jeweiligen Treffen und bei der Verabschiedung wird mitgenommen und bleibt meist als Grundstimmung für die folgenden Sitzungen bestehen. Der letzte Satz gibt dem Gesamten die Tönung und bleibt am besten im Gedächtnis hängen. Er ist so quasi der Paukenschlag am Ende jeder Sitzung.

---

2 Der Primacy-Effekt besagt, dass man sich an früher eingehende Information besser erinnert als an später eingehende, weil bei der früheren zuvor noch keine Information besteht, die mit dem Abspeicherungsprozess im Langzeitgedächtnis interferieren und ihn negativ beeinflussen könnte.

3 Dem Primacy-Effekt steht der sogenannte Recency-Effekt gegenüber, bei dem die zuletzt eingehende Information stärkeres Gewicht erhält (Primacy-Recency-Effekt).

5.3 Kernphase

In dieser Phase findet nun die eigentliche Verhandlung über Inhalte und Details der angestrebten Absprachen statt. Jetzt argumentieren und interagieren die beiden Verhandlungspartner miteinander, um ihr jeweiliges Verhandlungsziel zu erreichen. Angebote und Forderungen werden ausgetauscht, Zugeständnisse gemacht und Gegenvorschläge unterbreitet.

Von entscheidender Bedeutung für den Erfolg sind die rhetorischen Fähigkeiten, das heisst die Fähigkeit, die Gesprächstaktiken flexibel und der Situation angemessen anzupassen. Übergeordnete Prinzipien sind Fairness und Respekt den Verhandlungspartnern gegenüber, denn häufig scheitern Verhandlungen, sobald von der rationalen auf die emotionale Ebene gewechselt oder wenn der Selbstwert der Beteiligten angegriffen wird.

Die Kernphase ist der zentrale Teil einer Verhandlung, wo es unter Umständen auch zu heftigen Auseinandersetzungen, psychologischen Angriffen und Machtdemonstrationen kommen kann. So gesehen, lohnt sich eine sorgfältige, auch psychologische Vorbereitung, um in konflikthaften Situationen einen kühlen Kopf bewahren und dem Druck standhalten zu können. Verhandlungen laufen kaum oder in den seltensten Fällen ganz reibungslos ab.

5.4 Vereinbarungsphase

In dieser Phase wird den getroffenen Absprachen und Vereinbarungen abschliessend zugestimmt. Empfehlenswert ist eine kurze Zusammenfassung des Verhandlungsverlaufs zum Schluss, um die getroffenen Übereinstimmungen allseits bestätigen zu lassen. Dafür ist es hilfreich, wenn schon während der gesamten Verhandlung jemand mitgeschrieben hat, am besten für alle sichtbar am Flipchart. Erneute Diskussionen um bereits geklärte Aspekte sind in dieser Phase unbedingt zu vermeiden. Jetzt geht es nur noch um den Abschluss.

Wenn schliesslich alle Parteien den getroffenen Absprachen zustimmen, erlangt die Vereinbarung Gültigkeit; sie wird am besten in schriftlicher Form festgehalten, eindeutig und präzise formuliert. Die Vereinbarung sollte auch Klauseln für den Fall des Nichteinhaltens von Verhandlungsergebnissen enthalten.

5.5. Umsetzungsphase

Eine Verhandlung endet erst mit der vollständigen Umsetzung der Absprachen. Diese letzte Phase reicht also oft weit über den Vertragsabschluss hinaus. Dazu gehört auch die Pflege der in der Verhandlung aufgebauten Beziehungen. Erst bei der Umsetzung zeigt sich, ob wirklich gut verhandelt wurde. Nur wenn alle Parteien mit der Verhandlung zufrieden sind und dieses Befinden auch nachhaltig andauert, wird das Abkommen wie vereinbart umgesetzt und bleiben gleichzeitig die guten Beziehungen bestehen.

6 Die Konfrontation zum Guten wenden

Das Harvard-Konzept bietet eine gute Grundlage zu jeder Verhandlungsführung. Auf die Frage, was in ganz schwierigen, schier aussichtslosen Verhandlungsfällen zu tun ist, gibt das Modell allerdings nur ansatzweise Auskunft. Deshalb hat Ury, einer der Mitautoren des Harvard-Konzeptes, das Modell in seinem Buch *Schwierige Verhandlungen* (Ury 2008) erweitert. Er nennt im Wesentlichen fünf Strategien zur Deeskalation in konflikthaften Verhandlungen, die bei Portner (2010: 225) kurz und prägnant zusammengefasst sind:

1. Reflektieren, statt zu reagieren;
2. Perspektive wechseln, statt zu streiten;
3. Umformulieren, statt abzulehnen;
4. »Goldene Brücken« bauen, statt Druck auszuüben;
5. Zur Vernunft bringen, statt in die Knie zu zwingen.

Alle diese Strategien weisen darauf hin, dass bei Provokationen oder Kampfansagen auf jeden Fall eine Konfrontation oder ein Zurückschlagen zu vermeiden ist. Wenn Emotionen im Spiel sind, soll man auf Distanz gehen, Ury nennt dies »*auf den Balkon gehen*« (2010: 29ff.), um nachzudenken. Anstatt sich auf einen Streit einzulassen, soll man am besten dem Gegenüber zuhören, ihm signalisieren, dass man seinen Argumenten folgen kann, und nach möglichen Gemeinsamkeiten suchen. Dadurch wird »*kognitive Dissonanz*« erzeugt, das heisst, die Gegenseite wird überrascht sein, denn sie erwartet ja eigentlich viel eher einen Gegenangriff. Dass man nicht diesem Muster folgt, schafft eine gute Voraussetzung für ein angenehmeres Verhandlungsklima. Wenn Anschuldigungen gegen Personen ausgesprochen werden, kann man versuchen, dahingehend umzuformulieren, dass die gemeinsame Verantwortung für das Problem sichtbar wird und dass der Fokus auf den künftigen Umgang mit ähnlichen Problemstellungen gerichtet wird, beispielsweise mit der Frage: »Wie können wir sicherstellen, dass es nie wieder passiert«? (vgl. Ury 2008: 119). Werden Behauptungen in den Raum gestellt, können klärende Fragen zu deren Überprüfung hilfreich sein: »Wie kommen Sie zu der Annahme, dass ...«? (vgl. ebd.: 125). Auf schwammige und ausweichende Antworten ist zu achten und Widersprüche sollten nicht direkt angesprochen werden. Besser ist es, verwirrt zu tun: »Es tut mir leid, ich komme da nicht ganz mit. Könnten Sie mir erklären, wie das damit zu vereinbaren ist, was Sie vorhin sagten«? (vgl. ebd.: 125)

Den eigentlichen Kernpunkt der Strategien bildet aber das Bauen einer »goldenen Brücke«. Ury (2008: 142) formuliert folgendermaßen:

Ihrem Kontrahenten eine goldene Brücke zu bauen bedeutet, die drei Hindernisse zu überwinden, die einer problemlösenden Einigung gewöhnlich im Wege stehen. Es bedeutet seine Hauptinteressen zu befriedigen. Es bedeutet, ihn aktiv in das Ringen um eine Einigung einzubeziehen und seine Vorstellungen mit einfließen zu lassen. Und es bedeutet, ihm zu helfen, sein Ansehen zu wahren, wenn er seinen Standpunkt verlässt und sich auf eine gemeinsame Lösung hinbewegt. (Ury 2008: 142)

Es soll dem Verhandlungspartner also ermöglicht werden, ohne Gesichtsverlust auch Lösungen zuzustimmen, an die er noch gar nie gedacht, die er vielleicht ursprünglich sogar abgelehnt hat. Und was, wenn sogar die goldene Brücke abgelehnt wird? Dann hilft es wenig, mit Druck zu operieren: Andere Lösungsmöglichkeiten aufzeigen, über Konsequenzen bei Ablehnung der Lösung reden oder ein einfaches Akzeptieren des Rückzugs der Gegenpartei sind die Varianten, die dann noch zur Verfügung stehen.

Oberstes Ziel jeder Verhandlung ist es, eine Win-win-Situation zu erreichen und faire Verhaltensregeln einzuhalten. Auf lange Sicht bringt gute Kooperation und die Festigung der Beziehung zum Verhandlungspartner meist mehr als eine kurzfristig, eventuell mit unfairen Mitteln »gewonnene« Verhandlung.

Literatur

Beyeler, Sabine et al. (2009): Das Harvard-Konzept – Getting to yes. https://ius.unibas.ch/typo3conf/ext/x4a/unival/scripts/handleFile.php? [12.9.2014].

Brack, Ruth (1997): Erschließung von externen Ressourcen. In: Sozialarbeit aktuell, Heft 12, S. 12–26.

Erbacher, Christian E. (2010): Grundzüge der Verhandlungsführung (3. Auflage). Zürich: vdf.

Fisher, Roger/Ury, William/Patton, Bruce (2000): Das Harvard-Konzept. Sachgerecht verhandeln – erfolgreich verhandeln (19. Auflage). Frankfurt am Main: Campus.

Herrmann, Franz (2006): Konfliktarbeit. Theorie und Methodik Sozialer Arbeit in Konflikten. Wiesbaden: VS Verlag für Sozialwissenschaften.

Kruse, Jan (2009): Qualitative Sozialforschung – interkulturell gelesen: Die Reflexion der Selbstauslegung im Akt des Fremdverstehens. www.qualitative-research.net/index.php/fqs/article/view/1209 [12.9.2014].

Kruse, Jan (2014): Qualitative Interviewforschung. Ein integrativer Ansatz. Weinheim: Beltz Juventa.

Portner, Jutta (2010): Besser verhandeln. Das Trainingsbuch. Offenbach: Gabal.

Racine, Jérôme (2006): Projektmanagement ist Verhandlungsmanagement. In: Projektmanagement aktuell, Heft 3, S. 26–33.

Ury, William L. (2008): Schwierige Verhandlungen. Wie Sie sich mit unangenehmen Kontrahenten vorteilhaft einigen (3. Auflage). München: Heyne.

Watzlawick, Paul (2005): Wie wirklich ist die Wirklichkeit. Wahn, Täuschung, Verstehen (9. Auflage). München: Piper.

Watzlawick, Paul/Beavin, Janet H./Jackson, Don D. (2011): Menschliche Kommunikation. Formen, Störungen, Paradoxien (12. Auflage). Bern: Huber.

Soziale Konflikte und Kooperation

Urs Kaegi

Beim kooperativen Handeln können sich auch Konflikte entwickeln. Anderseits entstehen in der Sozialen Arbeit kooperative Prozesse oft erst aufgrund von Konflikten, wenn Adressatinnen und Adressaten bei der Nutzung von Ressourcen eingeschränkt werden. Im folgenden Artikel werden soziale Konflikte und ihre Ursachen beschrieben und Methoden zur Analyse von und zur Intervention in Konflikten vorgestellt. Der Text geht aber auch auf das schon angesprochene ambivalente Verständnis von Konflikten ein, die sowohl als störende Elemente im Zusammenleben als auch als wichtige Aspekte für Veränderungen und Innovationen erscheinen können.

1 Einleitung

Soziale Konflikte stellen theoretische und praktische Herausforderungen in der Arbeitswelt dar. Dies trifft insbesondere in der Sozialen Arbeit zu: Hier gilt Konfliktkompetenz als Teilbereich der sozialen Kompetenzen, zu denen beispielsweise Teamfähigkeit, Kommunikationsfähigkeit oder Ambiguitätstoleranz gerechnet werden. Konflikte sind meist Ausdruck gegensätzlicher Interessen, Bedürfnisse, unterschiedlicher Werte, Ziele, Bedeutungen und Interpretationen. Sie sind ein konstitutives Element individueller und gesellschaftlicher Entwicklung und bilden die Antriebskraft für Entwicklung und Veränderung. Zugleich sind jedoch Konflikte auch Faktoren, die sich störend auf ein gutes Zusammenleben und soziales und individuelles Wachstum auswirken. Konflikte sind alltäglich. Sie können anstrengend sein, fördern aber auch unsere Entwicklung. Und es gilt: Zwischen Menschen ist nicht der Konflikt, sondern die Harmonie erklärungsbedürftig!

> Als ein Faktor im allgegenwärtigen Prozess des sozialen Wandels sind Konflikte zutiefst notwendig. Wo sie fehlen, auch unterdrückt oder nur scheinbar gelöst werden, wird der Wandel verlangsamt und aufgehalten. Wo Konflikte anerkannt und geregelt werden, bleibt der Prozess des Wandels als allmähliche Entwicklung erhalten. Immer aber liegt in sozialen Konflikten eine hervorragende schöpferische Kraft von Gesellschaften. Gerade weil sie über bestehende Zustände hinausweisen, sind Konflikte ein Lebenselement der Gesellschaft – wie möglicherweise Konflikte überhaupt ein Element allen Lebens sind. (Dahrendorf 1974: 272)

Zwei Konfliktformen lassen sich unterscheiden: *Intrapsychische, also »innerpsychische«* Konflikte spielen sich zunächst in der Person selbst ab, beispielsweise aufgrund unvereinbar erscheinender persönlicher Ziele. *An intersubjektiven, »sozialen« Konflikten* sind zwei oder mehrere Konfliktparteien beteiligt. Obwohl häufig beide Formen in Konflikten anzutreffen sind, werden wir im Folgenden auf soziale, also intersubjektive Konflikte eingehen, da diese im Zentrum von Kooperationen stehen.

Um bei Konflikten konstruktiv intervenieren zu können, ist neben dem Wissen um Konflikttypen, Entstehung, Beteiligte, Formen von Konfliktaustragung und Interventionen auch die Kenntnis über das eigene Konfliktverhalten bedeutsam. Ob hinter einem Konflikt objektive Gegensätze (Unvereinbarkeiten wie z.B. Interessenunterschiede) stehen oder nur subjektive Differenzen, etwa die unterschiedliche Wahrnehmung eines vermeintlichen Gegensatzes stehen, ist oft nicht genau zu erkennen. Es ist zudem nicht sinnvoll, das Ausmass eines Konfliktes objektiv bewerten zu wollen; stattdessen gehen wir mit Vorteil immer von der individuellen Interpretation der Beteiligten aus. In jedem Fall stellen Konflikte für alle Beteiligten stets eine grosse Herausforderung dar.

Die Soziale Arbeit beschäftigt sich in besonderer Weise mit sozialen Konflikten. Ungleiche Zugänge zu Ressourcen und Machtungleichgewichte bei der Entstehung und Lösung sozialer Probleme, bei der Teilhabe und Teilnahme am gesellschaftlichen Leben führen häufig zu Spannungen. Diese zeigen sich intrapersonell und interpersonell. So muss die Soziale Arbeit mit Konflikten umgehen, die sich im Rahmen der Selbstwahrnehmung ihrer Adressatinnen und Adressaten finden, aber auch zwischen diesen und Professionellen sowie zwischen Adressatinnen und Adressaten und gesellschaftlichen Gruppen. Im Folgenden werden wir aber auch über Konflikte in Teams, zwischen Mitarbeitenden und Vorgesetzten sowie zwischen den verschiedenen externen Auftraggebenden oder den an der Beratung Beteiligten sprechen.

Wenn Konflikte nicht konstruktiv bearbeitet werden können, behindern sie die alltäglichen Abläufe und die Wirksamkeit Sozialer Arbeit. Werden anderseits Konflikte vermieden, so geht vielleicht ein wichtiger Antrieb zu Veränderungen verloren. Aus diesem Grunde müssen Sozialarbeitende Wissen und Theorien über die Entstehung und Dynamik von Konflikten sowie praktische Instrumente und Interventionen kennen, um Konflikte konstruktiv bearbeiten zu können.

2 Konfliktkompetenz als Teil professioneller Handlungskompetenz

In der Wegleitung zum Kompetenzerwerb in der Bachelor-Ausbildung in Sozialer Arbeit der Hochschule für Soziale Arbeit FHNW (2011) lesen wir im Zusammenhang mit der Fähigkeit zur Kooperation u.a.:[1] »Studierende nehmen [...] Konflikte wahr und übernehmen die Verantwortung für eine konstruktive Konfliktbearbeitung.« Weiter finden wir unter den Hinweisen zur Praxisausbildung Folgendes: »Sie [die Studierenden, U.K.] sind in der Lage, Konflikte in der Zusammenarbeit mit Fachkräften oder Dritten wahrzunehmen und darauf situationsangepasst und fachlich begründet zu reagieren (z.B. Reflexion, Berücksichtigung von Theorien und Methoden zu Kommunikation und Konflikten, Ansprechen, kooperative Lösungsfindung, Konsequenzen für weitere Zusammenarbeit).«

Aufgrund verschiedener Quellen zu unterschiedlichen beruflichen Feldern bezeichnet Herrmann (vgl. 2013: 19) folgende Fähigkeiten als Elemente genereller Konfliktfähigkeit:

- rechtzeitiges Erkennen von Konfliktsymptomen;
- konstruktiver (d.h. offener, fairer) Umgang mit Konflikten bzw. deren Vermeidung bereits im Vorfeld;
- Fähigkeit und Bereitschaft, eigene Beiträge zu Konflikten zu erkennen;
- Empathie für die andere(n) Konfliktpartei(en) und die Bereitschaft, ihre Sicht der Situation zu verstehen;
- Formen angemessener Selbstbehauptung und gewaltfreier Durchsetzung von Interessen.

Glasl (2008: 197) erweitert die Liste und nennt zusätzlich die Fähigkeit, Konflikte aufzugreifen. In dieser Hinsicht würden sich zwei Pole des Verhaltens zeigen: »Konfliktscheu« und »Streitlust«. Beide beurteilt Glasl als wenig hilfreich für eine konstruktive Bearbeitung von Konflikten. Er fordert vielmehr »Selbstbehauptung« und »rücksichtsvolles Konfrontieren« als geeignete Verhaltensweisen, um eskalierende Konflikte zu vermeiden. Unter Selbstbehauptung in Konflikten versteht Glasl:

- die Fähigkeit, Konfliktsymptome wahrzunehmen und zu verstehen,
- persönliche Standfestigkeit und Authentizität und
- eine immer besser werdende Übereinstimmung von persönlicher Motivation und praktischem Können (vgl. Herrmann 2013: 20).

Dies also sind vorerst die generellen Anforderungen an die Konfliktfähigkeit, ohne Konkretisierung auf eine spezielle Berufsgruppe oder ein spezifisches Handlungsfeld. Herrmann hat nun versucht, für die Soziale Arbeit konkreter zu werden und »Basiskompetenzen zum professionellen Umgang mit Konflikten in der Sozialen Arbeit« (2013: 26–33) zu formulieren. Dabei unterscheidet er Selbstkompetenz, Fallkompetenz und Systemkompetenz:

---

1 Siehe unter www.fhnw.ch/sozialearbeit/bachelor-und-master/bachelorstudium/allg-informationen/kompetenzprofil.

Selbstkompetenz	Professionelle erkennen ihre subjektiven Aspekte in Konflikten, kennen die eigene Konfliktbiografie und eigene Handlungsmuster. Sie erkennen den fachlichen Auftrag sowie die Verwicklungen aufgrund des Auftrages und der persönlichen Aspekte (eigene Konfliktbiografie und den eigenen Konfliktstil kennen und reflektieren; Konflikte als grundsätzliche Chance zu Veränderungen).
Fallkompetenz	Konflikte in Feldern der Sozialen Arbeit analysieren und bearbeiten können, Ziele und Handlungsschritte zur Deeskalation kennen und einsetzen.
Systemkompetenz	Fallübergreifende Dimensionen erkennen, eigene professionelle Logik erkennen und mit der Logik anderer Professionen kooperativ verbinden. Strukturelle Konfliktpotenziale in der eigenen Organisation und in der Zusammenarbeit mit andern Organisationen erkennen und analysieren sowie kooperativ nutzen.

Abbildung 1: Basiskompetenzen der Konfliktbearbeitung in der Sozialen Arbeit (vgl. Herrmann 2013: 32f.)

Nimmt man diese Aspekte von Konfliktkompetenz als Grundlage eines professionellen Handelns in der Sozialen Arbeit, so erhält man eine Vorstellung, wie eine professionelle, konstruktive Konfliktbearbeitung aussehen kann.

3 Soziale Konflikte

Der Begriff »Konflikt« ist vom lateinischen *confligere* abgeleitet und wird übersetzt mit *zusammenprallen, aneinandergeraten und kämpfen*. Da soziale Konflikte in einigen Disziplinen von Bedeutung sind, wird der Begriff auch unterschiedlich definiert. So beschreibt der Soziologe Peter Imbusch Konflikte als einen sozialen Tatbestand, »an dem zwei oder mehr Parteien beteiligt sind und dessen Ausgangspunkt Unterschiede in sozialen Lagen und/oder Unterschiede in den Interessenskonstellationen sind« (Imbusch 2006: 143).

Im Folgenden werden wir uns vor allem auf die Definition des Konfliktforschers und Organisationsberaters Glasl beziehen, der meint:

> Konflikt ist eine Interaktion zwischen Aktoren (Individuen, Gruppen, Organisationen usw.), wobei wenigstens ein Aktor eine Differenz bzw. Unvereinbarkeiten im Wahrnehmen und im Denken bzw. Vorstellen und im Fühlen und im Wollen mit dem anderen Aktor (den anderen Aktoren) in der Art erlebt, dass beim Verwirklichen dessen, was der Aktor denkt, fühlt oder will, eine Beeinträchtigung durch einen anderen Aktor (die anderen Aktoren) erfolge. (Glasl 2013: 17)

Glasl betont in dieser Definition die Subjektivität der Konflikteinschätzung (»wobei *wenigstens ein* Aktor«) und dass die Beeinträchtigung der Wahrnehmung, des Fühlens und Wollens zentrale Ursachen von Konflikten sind.

Von einem sozialen Konflikt ist somit zu sprechen, wenn folgende Umstände gegeben sind:

- Es bestehen Interessengegensätze, unvereinbare Handlungspläne oder Uneinigkeit über Entscheidungsfragen.
- Das subjektive Erleben ist beeinträchtigt (es ist kein »objektiver« Streitpunkt notwendig! Es genügt, dass bloss einer der Aktoren die Unvereinbarkeit als solche erlebt und subjektiv dementsprechend handelt; objektiv lässt sich niemals zweifelsfrei feststellen, ob dieses Erleben da ist oder nicht).
- Ein Gegensatzpaar wird wahrgenommen.
- Die wahrgenommenen Interessengegensätze führen zu aktiven Konfliktbewältigungsmassnahmen oder zu einem veränderten Verhalten in verschiedenen Bereichen wie Kommunikation, Kooperation u.a.
- Es besteht eine Interaktion, also ein aufeinander bezogenes Kommunizieren oder Handeln.

Nicht als Konflikte werden Situationen betrachtet, bei denen die Realisierung und das Erleben nicht als beeinträchtigt (Behinderung, Widerstand, Abwehr oder Angriff) erlebt werden. Von einem Konflikt wird ebenfalls nicht gesprochen, wenn Meinungsunterschiede bestehen, das Erreichen von Zielen dadurch aber nicht beeinträchtigt wird. Weiter entstehen auch aufgrund unterschiedlicher »Geschmäcker« keine Konflikte, solange die Befriedigungsressourcen nicht zu knapp sind! Auch unterschiedliches Verhalten muss noch keinen Konflikt zur Folge haben, solange es keine »Verletzungsabsicht« gibt oder wenn eine Entschuldigung folgt.

So kann ich ein Ereignis anders wahrnehmen als mein Partner, ohne dass dieser Unterschiede zum Erleben einer Beeinträchtigung führt. Es können zwar Spannungen entstehen, aber ein Konflikt wird daraus erst, wenn ein Kampf um die »richtige« Interpretation des Ereignisses entsteht.

4 Psychische Faktoren in Konflikten – Psychologie des Konflikts

Konfliktsituationen sind immer Stresssituationen. Die Konfliktforschung hat gezeigt, dass sich im Konfliktfall das Denken, Fühlen, Wollen und auch das Handeln verändern, insofern, als alle diese Aspekte zusehends eingeschränkt, irritiert und deformiert werden. Glasl (2013) führt das auf angeborene, in einer frühen Evolutionsphase erworbene hirnphysiologische Vorgänge zurück.

So werden *Wahrnehmungen*, die für die »Kampfsituation« unwichtig sind, in Konfliktsituationen ausgeblendet: Wir hören nur noch, was in unser Bild oder in unsere Argumentationsstrategie passt.

Das *Denken* wird vereinfacht: Es wird nur noch nach Schwarz und Weiss, Freund und Feind getrennt. Konfliktbeteiligte registrieren gar nicht mehr, um welche Streitgegenstände es dem Gegner respektive der Gegnerin geht, weil sie nur ihre eigenen Konfliktpunkte im Kopf haben. Zudem machen sie sich ein lückenhaftes, unrealistisches Bild der Geschehnisse: Die Ursachen der Verstrickungen werden mehr und mehr bei der Gegenpartei gesehen; diese haben vielleicht tatsächlich das eine oder andere Problem ausgelöst, können dies aber ihrerseits einfach nicht sehen. Differenzierte Betrachtungen haben in der Not keinen Platz!

Auf der Ebene des *Gefühlslebens* tritt eine erhöhte Empfindlichkeit auf, die eine Haltung des beginnenden Misstrauens nährt: Kann ich mir wirklich der guten Absichten des anderen sicher sein? Oftmals sind es auch ambivalente Gefühle, die uns verunsichern. Einerseits spüren wir Achtung und Respekt für die Gegenpartei, andererseits kommt in uns auch Respektlosigkeit auf, die zur Verachtung anwachsen kann. Das Bedürfnis nach eindeutigen Gefühlen ist dann meist stärker als die Fähigkeit, ständig mit Ambivalenz zu leben. Deshalb kommt es im Laufe des Konflikts schnell zu einer Phase, in der die Mehrdeutigkeit der Gefühle der Eindeutigkeit weichen muss. So besteht im Konflikt eine starke Tendenz zur Polarisierung.

Um der Überempfindlichkeit und anstrengenden Differenziertheit zu begegnen, kapseln sich die Parteien gegeneinander ab. Nach aussen sind sie dann nicht mehr so verwundbar und verletzlich – aber nach innen steigert sich die Empfindlichkeit noch weiter. Somit geht auch die Fähigkeit zur Empathie mit dem Gegenüber verloren. Im Gefühlsleben dominieren Wut, Angst und Misstrauen.

Ähnlich wie im Denken und Fühlen können auch im *Wollen* tiefere Schichten unserer Persönlichkeit aktiviert werden, die nicht zum aktuellen Grad unserer Persönlichkeit passen, sondern charakteristisch sind für Phasen der Adoleszenz oder der Pubertät, der Schulzeit oder des Kleinkindalters.

All dies kann bei Konflikten Schritt für Schritt geschehen. Letztlich ist es uns nicht mehr wichtig, ob wir durch den Konflikt noch etwas gewinnen, wir haben einzig noch die Absicht, den andern mehr zu verletzen, materiell mehr zu schädigen, als wir selber betroffen sind, oder ihn gar geistig, seelisch und körperlich zu vernichten. Der Wille engt sich auf die eigenen bedrohten Bedürfnisse ein, die Interessen anderer haben keine Bedeutung mehr.

Dementsprechend sind auch unsere Handlungsoptionen recht begrenzt. Das ums (seelische) Überleben kämpfende Ich kennt nur Angriff (wenn es sich stark genug fühlt), Flucht (wenn es sich schwächer fühlt) oder Sich-Totstellen (wenn keine Flucht möglich ist).

Folgende Abbildung zeigt die seelischen Faktoren in ihrer gegenseitigen Verknüpfung.

Soziale Konflikte und Kooperation 205

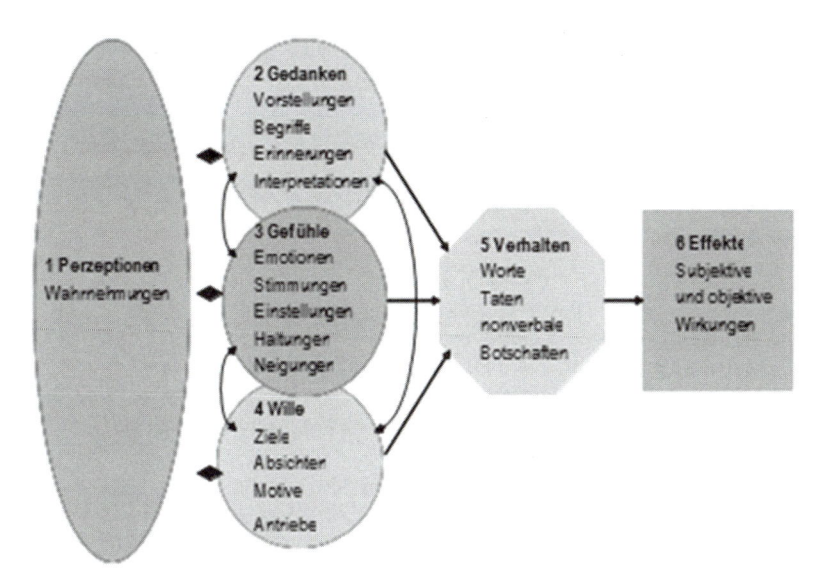

Abbildung 2: Die seelischen Faktoren in gegenseitiger Verknüpfung (vgl. Glasl 2013: 40)

Die beschriebenen Faktoren wirken sich hauptsächlich innerpsychisch aus. Im äusseren Handeln, im Verhalten, werden sie zum Teil sichtbar und erlebbar und lösen Reaktionen in der Gegenpartei aus.

Für die Konfliktbehandlung ergibt sich daraus Folgendes: Es muss darum gehen, Konfliktparteien darin zu unterstützen, dass sie sich gegenseitig mit den Folgen ihres Tuns auseinandersetzen. So können die Unterschiede zwischen Wollen und Wirkung erklärt und geklärt werden. Dann können Emotionen und bewusstes und unbewusstes Wollen angesprochen werden. Diese Klärungsbemühungen werden den betroffenen letztendlich helfen, die im Konflikt aufgetretenen Diskrepanzen aus eigener Kraft wieder zu überwinden.

4 Eigenes Konfliktverhalten – innere Verwicklung in Konflikte

Unsere persönliche Konfliktbiografie beeinflusst unser Handeln in Konfliktsituationen, auch in professionellen! Glasl hat das treffend beschrieben:

> Wir werden mit all unseren widersprüchlichen Licht- und Schattenseiten konfrontiert, als Konfliktpartei genauso wie als beratende Drittpartei –, und wir müssen uns den ungeläuterten Seiten unserer Persönlichkeit, unserer Gruppe oder der Organisation stellen: Konflikte führen uns immer in

Grenzsituationen, in denen alles davon abhängt, wie wir uns zu uns selber stellen – und in welchem Menschen- und Weltbild wir uns verankert wissen. (Glasl 2008: 433)

Betrachten wir zunächst die »äusseren« Verhaltensweisen (verbal, nonverbal, in Taten oder mit Unterlassungen) in schwierigen Situationen, so können diese nach Glasl bewusst oder unbewusst folgende Zwecke bzw. Absichten verfolgen:

- *Inhaltsfunktion*: Ich will eine inhaltliche Botschaft vermitteln.
- *Gegner-Image*: Ich will das Bild über meinen Gegner ausdrücken: Das finde ich von meinem »Gegner«.
- *Selbst-Image*: Ich will mein Bild über mich selbst ausdrücken: Ich drücke aus, welches Bild ich in dieser Situation von mir selbst habe.
- *Ventilfunktion:* Ich entlade meine aufgestauten Gefühle, lasse »Dampf« ab, reagiere mich ab.
- *Selbstverstärkung:* Ich tue etwas, um mir selbst zu beweisen bzw. zu bestätigen, dass ich mich der Situation, dem Konflikt stelle und nicht lockerlasse.
- *Verhinderung:* Ich will verhindern, dass der Gegner sein Ziel erreicht.
- *Erreichungsziel:* Ich will meine Position verstärken, ich will mein Ziel erreichen.
- *Signalfunktion:* Ich will ein Zeichen setzen, dass meine Position, mein Problem, mein Konflikt überhaupt zur Kenntnis genommen wird.

Das Verstehen und Klären dieser inneren Verwicklungen erfordert eine ehrliche Auseinandersetzung mit den eigenen, vielleicht unangenehmen Erfahrungen. Konflikte sind wie »starke Staubsauger«: Man wird sehr schnell hineingezogen. Es genügt schon eine telefonische Anmeldung beim Beratenden durch einen der Beteiligten in einem Paarstreit, dass der andere gleich den Verdacht hegt, der Beratende stecke mit der andern Partei unter einer Decke. Je stärker wir dann in einem Konflikt mit den eigenen Verwicklungen und unseren unbekannten oder verdrängten Seiten konfrontiert werden, desto grösser ist das Risiko von Verzerrungen in der Wahrnehmung, im Verhalten, im Gefühlsleben und schliesslich im professionellen Handeln.

Folgende Fragen können helfen, sich über sein eigenes Konfliktverhalten klarer zu werden:

- Erleben Sie Konflikte als eher hilfreich oder als Bedrohung?
- Führen Sie Konflikte eher lautstark und aktiv, oder sind Sie eher ruhig und ziehen sich zurück?
- Fühlen Sie sich in Konflikten eher entmutigt, ängstlich und besorgt, oder lassen Sie sich nicht so schnell entmutigen?
- Wie haben Sie den Umgang mit Konflikten in Ihrer Kindheit erlebt, wie erleben Sie den Umgang mit Konflikten heute?

- Wie wichtig ist es Ihnen, »die Kontrolle« in einem Konflikt nicht zu verlieren, respektive wie stark sind Sie bereit, auch mal »einfach loszulegen«?
- Ordnen Sie Ihre Interessen den andern eher unter, oder sind Sie eher an der Durchsetzung Ihrer Interessen interessiert?

Hilfreich ist, in sozialen Konflikten zu den eigenen Interessen, Ideen, Zielen und Gefühlen zu stehen und den eigenen Standpunkt klar, offen und konsequent darzulegen. Dabei sollte man seine eigene Befindlichkeit nicht vergessen, sich ihrer bewusst sein und Gefühle zulassen und ernst nehmen. So gelingt es, die Signale der andern zu erkennen und angemessen wahrzunehmen. Unterstützend ist der Austausch mit Kolleginnen und Kollegen.

5 Konfliktanalyse

Wer bei Konflikten intervenieren will, muss zuerst eine Vorstellung davon entwickeln, wer an einem Konflikt beteiligt ist, welche Bereiche vom Konflikt betroffen sind, wie der Konflikt geführt wird und wie stark er bereits eskaliert ist. Im Folgenden wird eine Typologie dargelegt, die Ansatzpunkte für das professionelle Handeln bietet und erlaubt, ohne viel Aufwand eine Konfliktanalyse zu erstellen.

5.1 Die Arena von Konflikten

Die Dynamik eines Konfliktes ist anders, wenn die Auseinandersetzung nur zwei Individuen betrifft, als wenn Gruppen oder ganze Organisationen respektive Gesellschaftsgruppen beteiligt sind. Es können drei Arenen von Konflikten unterschieden werden:

Mikrosoziale Arena

Darunter werden Konflikte zusammengefasst, die sich zwischen zwei oder mehreren Personen oder in kleinen Gruppen ereignen. Hier kennt häufig jeder jeden, und es bestehen meist »Face-to-Face«-Interaktionen. Die einzelnen Personen sind klar erkennbar, das Gefüge der Beziehungen meist für jeden überschaubar.

Mesosoziale Arena

Schulen, Verwaltungsbehörden, Fabriken stellen soziale Gebilde von mittlerer Grösse dar. Konflikte zwischen diesen Einheiten werden als »mesosozial« bezeichnet. Innerhalb der Einheiten gestalten sich die sozialen Beziehungen nach den Funktionsbedingungen der Kleingruppe. Es sind oft keine direkten Beziehungen mehr möglich. Die Kommunikation erfolgt meist über Mittelspersonen (Exponenten einer Abteilung oder des Teams). Zu den Interessen der gesamten Gruppe kommen nun noch diejenigen der Gruppenvertretenden hinzu, die möglicherweise den Konflikt nutzen, um sich zu profilieren und ihre Machtposition auszubauen.

Makrosoziale Arena

Auf dieser Ebene steigt die Komplexität weiter an, wenn beispielsweise Konflikte in der Gesellschaft auftreten oder wenn Interessenverbände oder politische Gruppierungen in eine Organisation hineinwirken. So wird beispielsweise die Arbeit mit Asylsuchenden durch gesellschaftliche Veränderungen beeinflusst.

In der Sozialen Arbeit ist vor allem mit Konflikten auf der mikro- und der mesosozialen Ebene zu rechnen. Makrosoziale – gesellschaftliche – Konflikte, beispielsweise die Ausgestaltung der sozialen Sicherheit, haben gewiss Wirkung auf die Situation einzelner Klienten. Sie zeigen sich aber im Arbeitsalltag meist auf der mikro- oder mesosozialen Ebene.

5.2 Die Reichweite von Konflikten

Bei Konflikten geht es um Differenzen zu kleineren oder grösseren Themen (wir werden dafür später den Begriff »Issues« einführen). Wie weit das Bemühen um Einflussnahme geht, wie viel dabei eingesetzt oder als Ergebnis erwartet wird, das macht die Reichweite eines Konfliktes aus.

Friktion

Es geht um inhaltlich begrenzte Themen. Die Streitenden betonen dabei stets, dass es ihnen lediglich um inhaltliche Differenzen geht und dass sie nicht die Kompetenzen oder Positionen der Gegenpartei angreifen. Sie akzeptieren den gemeinsamen Gesamtrahmen und streiten sich nicht um die Entscheidungsmacht. So führen zwei Kollegen eines sozialpädagogischen Teams einen Disput über unterschiedliche methodische Ansätze. Sie versuchen dabei, ihre Sicht der Situation darzulegen. Es bleibt aber bei einem inhaltlichen Disput, die Kompetenz oder der Verantwortungsbereich des jeweils anderen wird nicht infrage gestellt. Es kommt zu keinem Machtkampf mit Aussagen wie: »Letztes Mal hast du dich durchgesetzt, nun werde ich mich durchsetzen.«

Positionskampf

Beim Positionskampf wollen einzelne Personen ihren Einfluss auf Kosten anderer Personen ausweiten. Dazu ist beispielsweise der Kampf zweier Menschen um dieselbe Führungsfunktion zu zählen, die nur einer von beiden besetzen kann. Es geht somit bei Positionskämpfen um Macht und das Streben nach Änderung der Positionsverhältnisse. Bei einer solchen Reichweite eines Konfliktes muss neben der Bearbeitung der Streitthemen auch die Bearbeitung der Beziehungs- und Machtfragen im Kontext der Organisation aufgegriffen werden.

Systemveränderung

Hier geht es um die Durchsetzung von umfassenden Veränderungen eines sozialen Systems, wenn beispielsweise in der stationären Jugendhilfe über die pädagogische Grundhaltung gestritten wird: Eine Gruppe setzt sich für ein lerntheoretisches Belohnungssystem ein, und eine andere möchte den lösungsorientierten Ansatz einführen.

Nicht jeder Systemveränderungskonflikt muss ein Konflikt der Meso- oder Makroarena sein. Auch in einer Paarbeziehung (mikrosoziale Ebene) kann es zu Systemveränderungen kommen, indem man beispielsweise darüber streitet, ob man trotz gemeinsamer Zukunft in zwei unterschiedlichen Wohnungen leben möchte.

5.3 Klima von Konflikten

Es lassen sich grundsätzlich zwei Typen oder Formen von Konflikten unterscheiden: *heisse* und *kalte Konflikte*. Ausgangspunkt dieser Unterscheidung ist der dominierende Verhaltensstil der Interaktion zwischen den Konfliktparteien, das *Klima* der Beziehungen zwischen ihnen. In einer Konfliktsituation können beide Konfliktparteien auf der gleichen »klimatischen Ebene« streiten, es kann aber auch sein, dass eine Person oder eine Gruppe den Konflikt kalt und die andere ihn heiss austrägt. Die Erfahrung zeigt, dass in diesem Fall auf Dauer daraus ein kalter Konflikt entsteht. Der heissen Konfliktpartei geht irgendwann die Kraft aus!

Heisse Konflikte

Bei heissen Konflikten herrscht ein Klima der Überaktivität und Überempfindlichkeit. Die Parteien versuchen, einander mittels explosiver Taktiken zu überzeugen. Angriff und Verteidigung sind für alle klar sichtbar und nehmen oft aufsehenerregende Formen an. Es kommt zu offenen Angriffen, Wut, Ärger und andere Emotionen werden von allen Beteiligten gezeigt. Alles ist möglich, es bestehen keine Regeln. Bei den Beteiligten ist eine eigentliche Lust auf harte Begegnungen zu spüren, sie strahlen Zuversicht, Überlegenheit und Siegesgewissheit aus. Sie führen einen »heiligen Krieg«, mit dem sie die Gegner bekehren und weitere Anhänger gewinnen wollen. Übereifer ist die Handlungsmaxime.

Bergner hat den heissen Konflikt mit einigen Mottos anschaulich beschrieben: Lass dir nichts gefallen! Gib kräftig Kontra! Angriff ist die beste Verteidigung! Auf einen groben Klotz gehört ein grober Keil! Mach aus deinem Herzen keine Mördergrube. Wo gestritten wird, ist Leben. Wenn du

Fehler gemacht hast, schiebe sie lautstark anderen in die Schuhe. Streit macht unser Team stark und lebendig (vgl. Bergner 2012).

Kalte Konflikte

Kalte Konflikte hingegen führen zu einer zunehmenden Lähmung der Aktivitäten. Frustrationen und Hassgefühle werden heruntergeschluckt und wirken in den Parteien destruktiv weiter. Die Begeisterung für den Konflikt ist deutlich gedämpft. Direkte Konfrontationen werden tunlichst vermieden. Keine Seite zeigt ihre negativen Emotionen wie Aggression, Zorn, Hass offen, alle verschanzen sich hinter vorgeblich »sachlichen« Positionen. Es geht weniger darum, die eigenen Ziele zu verwirklichen, als vielmehr darum, die Gegenpartei bei der Durchsetzung ihrer Ziele zu behindern, zu blockieren. Frustration und Sarkasmus sind häufig anzutreffen. Als Handlungsmaxime stehen unpersönliche Prozeduren im Vordergrund.

Nach Bergner sind in kalten Konflikten etwa die folgenden Haltungen verbreitet: Nur keinen Streit – sonst können wir einander nicht mehr in die Augen sehen! Wer hier grob wird, setzt sich von vornherein ins Unrecht. Eine raue Sprache ist rüpelhaft und passt nicht in eine kultivierte Gemeinschaft. Streit ist doch immer nur zerstörerisch. Nichts wird so heiss gegessen, wie es gekocht wird – warte ab! Wenn du Fehler gemacht hast, vertusche sie und lass dich nicht ertappen. Schweigen ist besser als streiten! (vgl. Bergner 2012.)

Was beeinflusst das Klima von Konflikten?

Sicher beeinflussen Persönlichkeitsstrukturen, insbesondere Extro- respektive Introvertiertheit, das Klima von sozialen Konflikten. Eher introvertierte Menschen werden sich für den kalten Konflikt entscheiden, extrovertierte für die heisse Form. Ebenso bestimmen persönliche Grundauffassungen von Konflikten die Wahl des Klimas. Erachtet man Konflikte als etwas Notwendiges, so wird man sie eher mit Engagement und lautstark führen. Beurteilt man Konflikte jedoch als unproduktiv, so versucht man, sie zu vertuschen und schweigt darüber.

Weiter beeinflusst die Organisationskultur das Klima ebenso wie die Machtdifferenz zwischen Streitenden: Je grösser die subjektiv erlebte Machtdifferenz, desto eher wird der Konflikt kalt ausgetragen. Insofern gilt die Regel, dass Organisationen mit flachen Hierarchien Konflikte eher heiss austragen; bestehen jedoch viele Hierarchiestufen, so trifft man eher kalte Konflikte an.

Soziale Konflikte und Kooperation 211

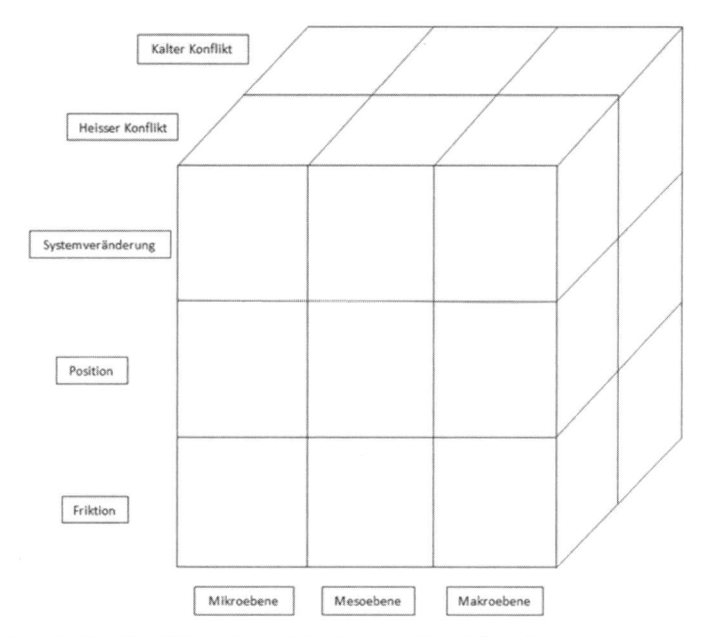

Abbildung 3: Der Konfliktanalysewürfel (eigene Darstellung)

Die Wahl des Klimas von Konflikten hat auch kulturelle Hintergründe. So wird man beispielsweise in Kambodscha keine lautstark streitenden Menschen antreffen. Diesen Menschen ist eine engagierte, lautstarke und aktive Bearbeitung von Konflikten unbekannt. Viel eher werden Arbeitskonflikte erst nach längerer Zeit durch den Vorgesetzten angesprochen – und sicher nie in einem konfrontativen Gespräch, sondern sorgfältig nachfragend bei jedem einzelnen Mitarbeitenden. Es folgt in einer Art »Pendeldiplomatie« der Austausch über Lösungen. Erst wenn eine von allen getragene Lösung vorliegt, ohne dass jemand dabei das Gesicht verliert, trifft man sich zum versöhnenden Shakehands.

5.4 Konfliktphasen und Eskalationsstufen

Zum Verständnis von Konflikten gehört auch die Auseinandersetzung mit der *Konfliktdynamik*. Dabei lassen sich Mechanismen beschreiben, die dazu beitragen, dass Konflikte sich von einer eher sachlichen zu einer oft hoch emotionalisierten Ebene entwickeln. Konflikte werden stufenweise intensiver und verändern ihre Dynamik. Einige Zeit lässt sich ein Konflikt auf einer bestimmten Stufe halten, durch bewusste oder unvorsichtige Aktionen kann aber die Schwelle zur nächsten Stufe überschritten werden.

Wenn nun ein Konflikt von einer kleinen Spannung zu einer Auseinandersetzung eskaliert, bei der die psychische und physische Existenz der Konfliktparteien auf dem Spiel steht, dann wirken durch den ganzen Prozess einige dynamisierende Mechanismen und Faktoren.

Projektionsmechanismen

Wenn sich eine Person bedroht fühlt, dann nimmt sie eher an, dass jemand anderer ihr Schaden zufügen will. Wenn die Konfliktparteien einander anschwärzen und Klischeebilder aufbauen, dann sieht man in der Gegenpartei oft die negativen Eigenschaften, die man an sich selbst kennt und abweist. Durch die Verschleierung der Kommunikation nehmen die Projektionen noch weiter zu und sind dann schwer zu korrigieren.

Komplexität der Streitpunkte und Simplifikation

Im Konflikt werden ständig – bewusst oder unbewusst – neue Streitpunkte eingebracht – dies, um auf andere Gebiete auszuweichen oder um die eigene Position breiter zu untermauern oder weil gefühlsmässig der Gegensatz in einer Sache auf andere Aspekte ausstrahlt und darauf abfärbt. Damit wachsen die Streitpunkte lawinenartig an – die Komplexität wächst. Gleichzeitig nimmt die Fähigkeit ab, diese Komplexität zu bewältigen: Unser Aufnahmevermögen schrumpft, es entsteht »kognitive Kurzsichtigkeit«. Durch die zunehmende Komplexität wird die Spannung immer grösser, weshalb man dazu neigt, alles zu simplifizieren, was wiederum neue Spannungselemente generiert.

Zunehmende soziale Komplexität und Personifizierung

Ein Konflikt läuft Gefahr, dass er sich auf immer mehr Personen ausweitet – aus »mikrosozial« schliesslich »makrosozial« wird. Es tritt »soziale Ansteckung« auf. Die Parteien werden immer grösser und unübersichtlicher, man kann immer weniger den Personen selbst begegnen. Aber auf paradoxe Weise nimmt auch das Personifizieren zu: Auf bestimmte Personen konzentriert sich die Kritik. Je länger, desto mehr meint man: »Wenn wir Herrn X los sind, dann wird alles wieder gut.« X ist scheinbar zum Kern des Übels geworden. Man hegt dann die Illusion, dass der Rest der Organisation wieder normal funktionieren könnte, wenn X verschwindet, wenngleich vielleicht schon die ganze Mitarbeiterschaft in den Konflikt miteinbezogen ist.

Pessimistische Antizipation

Sobald gegenseitiges Misstrauen vorherrscht, erwarten die Parteien voneinander wenig Gutes. Sie bereiten sich dann darauf vor, dass sie unerwartet angegriffen werden können. Darum rechnen sie »mit der schlechtesten der Möglichkeiten« und rüsten sich dagegen. Dadurch nimmt die Eskalationsge-

schwindigkeit erheblich zu. Jede Partei möchte der anderen zuvorkommen (vgl. Glasl 2013: 209ff.).
Diese Dynamik lässt sich mit Eskalationsstufen beschreiben. Die Analyse der Dynamik ist bei einer Intervention von zentraler Bedeutung, denn je nach Grad der Eskalation lässt sich ein Konflikt mit unterschiedlichen Interventionen bearbeiten. Die gleiche Intervention ergibt nicht auf allen Stufen Sinn. Glasl (2013: 235–314) stellt die Dynamik von Konflikten als Eskalation in einem Abwärtsprozess (Strudel) dar. Über hundert eigene Praxisfälle haben ihn zu seinem Entwurf einer *Neun-Phasen-Theorie* veranlasst. Deren wichtigste Aussagen:

- Die Eigendynamik des Konfliktes treibt dazu an, sich weiter in den Konflikt abtreiben zu lassen. Jede Bemühung um aktive Konfliktlösung durch die Parteien gleicht dem Bemühen, gegen einen kräftigen Strom zu schwimmen, der über verschiedene Stromschnellen zu einem mächtigen, reissenden Gewässer angeschwollen ist.
- Die Abwärtsbewegung über die Stromschnellen führt zu zunehmenden sozialen Turbulenzen. Diese zwingende, fatalerweise stark beschleunigende Kraft entwickelt sich derart eigenständig, dass sie sich auf Dauer der menschlichen Steuerung und Beherrschung mehr und mehr entzieht.
- Mit jedem Absinken auf das nächste »Gewaltniveau« werden das eigene Verhalten und das der gegnerischen Konfliktpartei zusehends eingeengt, weil bestimmte Handlungsalternativen ausgeschlossen werden. Es ist ein Abgleiten von einem Regressionsniveau zu einem noch tieferen Regressionsniveau (Regression: Rückbildung, Rückbewegung).
- Die Konfliktparteien verlassen ihren Level an Reife. Sie lassen sich von Denkgewohnheiten, Gefühlen, Stimmungen, Motiven und Zielen leiten, die nicht dem Grad ihrer wirklichen Reife entsprechen, sondern Rückgriffe auf bereits durchlebte oder vermeintlich überwundene Reifephasen sind.
- Die Wendepunkte markieren die Regressionsschwellen. Dadurch ändern sich Perzeptionen (sinnliche Wahrnehmungen), Haltungen, Einstellungen und Absichten sowie die Verhaltensweisen und das ganze Selbstkonzept der Konfliktparteien.

Dabei differenziert Glasl (2013), wie gesagt, neun Stufen, die in drei Hauptphasen unterteilt werden:

Stufen 1 bis 3: Win-win-Phase

Hier geht es den Parteien noch um das Wohlergehen aller Beteiligten. Es herrscht die Überzeugung, dass beide als Gewinner aus dem Konflikt hervorgehen können.

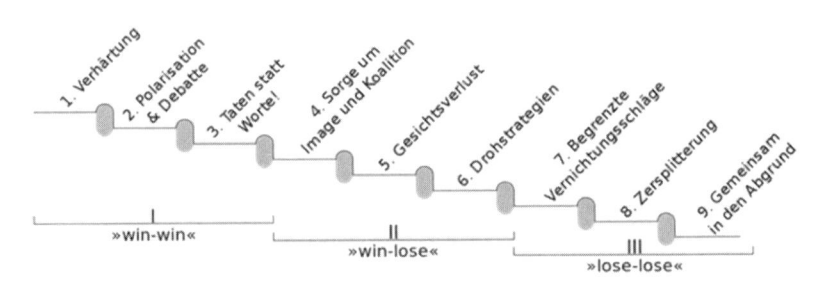

Abbildung 4: Die neun Stufen der Konflikteskalation nach Glasl.[2]

Stufen 4 bis 6: Win-lose-Phase

Die Parteien glauben jetzt nicht mehr daran, dass beide Seiten als Gewinner aus dem Konflikt herauskommen. Vielmehr wächst die Überzeugung, dass nur eine Seite gewinnen kann und dass es somit auch Verlierer geben wird. Die Bemühungen konzentrieren sich damit auf den eigenen Gewinn.

Stufen 4 bis 6: Win-lose-Phase

Die Parteien glauben jetzt nicht mehr daran, dass beide Seiten als Gewinner aus dem Konflikt herauskommen. Vielmehr wächst die Überzeugung, dass nur eine Seite gewinnen kann und dass es somit auch Verlierer geben wird. Die Bemühungen konzentrieren sich damit auf den eigenen Gewinn.

Stufen 7 bis 9: Lose-lose-Phase

In der dritten Phase ist beiden Parteien klar, dass keine Seite mehr gewinnen kann. Die Handlungen folgen nun der Logik, dass sich, wenn schon beide verlieren, jede Seite darum bemüht, selbst weniger Schaden davonzutragen als die andere Seite.

5.5 Falldarstellung zur Analyse

Soziale Arbeit ist ein Berufsfeld, in dem Fachkräfte häufig mit andern Fachkräften derselben und anderer Professionen zusammenarbeiten. Zudem werden, insbesondere bei der Kooperation mit Fachkräften anderer Organisationen, deren unterschiedliche organisationale und professionsbezogene Logiken einen Einfluss auf ihr Handeln haben.

Hier deshalb ein Beispiel, um die Analyse von Konflikten in interorganisationalen Kooperationen zu üben:

---

2 Quelle: http://de.wikipedia.org/wiki/Konflikteskalation_nach_Friedrich_Glasl#mediaviewer /File:Konflikteskalation_nach_Glasl.svg [05.11.2014].

Sie arbeiten seit drei Jahren bei der kantonalen Fachstelle für Case-Management. Diese Fachstelle bietet einerseits auf Anfrage, aber auch im Auftrag durch andere kantonale Fachstellen wie die regionalen Sozialberatungen oder den Jugenddienst zugewiesenen Klientinnen und Klienten Vermittlung bei der Nutzung verschiedener Angebote an.

Im vorliegenden Fall hat sich Frau Karin Elsener, eine Sozialarbeiterin des regionalen Sozialdienstes, bei Ihnen gemeldet und um eine Vermittlung gebeten. Sie betreue seit Längerem eine Familie, die Sozialhilfegelder erhalte, da der Vater mit seinen Gelegenheitsarbeiten nicht genügend verdiene. Nun habe sich letzte Woche die Familienberatung der katholischen Kirche gemeldet, da das Ehepaar sie um Hilfe gebeten habe. Es sei bereits einmal ein Polizeieinsatz wegen häuslicher Gewalt erfolgt, das sei aber bereits zwei Jahre her, und nach dem Besuch eines Kurses zu häuslicher Gewalt sei der Ehemann wieder zur Familie zurückgekehrt. Die Familienberatung fürchtet eine erneute Eskalation, da der Vater sich schlecht mit dem ältesten Sohn verstehe.

Zudem habe sich gestern eine Schulsozialarbeiterin gemeldet, die mit dem ältesten Sohn (zwölfjährig) der Familie arbeite. Die Schule wolle ihn in ein Time-out schicken, da er bereits mehrfach andere Kinder bedroht habe. Sie finde das absolut übertrieben und habe versucht, sie (Frau Elsener) als Unterstützung gegen die Schule ins Boot zu holen. Frau Elsener meint weiter zu Ihnen, dass sie das Anliegen der Schulsozialarbeiterin gut verstehen könne, aber mittlerweile sei ein so umfangreiches Hilfsangebot um die Familie gespannt, das teilweise widersprechende Vorstellungen habe, weshalb sie um einen dringenden Termin bei Ihnen nachfragt. Nehmen Sie eine erste Kurzanalyse des in der Falldarstellung skizzierten Konfliktes vor, anhand der Einteilung:

- Reichweite von Konflikten,
- Arenen von Konflikten,
- Austragungsformen von Konflikten,
- Eskalationsstufen.

Zudem können folgende Fragen bei der Analyse weiterhelfen:
- Welche Konfliktthemen sind erkennbar?
- Was sind relevante Aspekte zum Konfliktkontext?
- Kann mit der Bearbeitung zugewartet werden, oder ist schnelles Handeln gefragt?
- Welche Konfliktparteien sind erkennbar?
- Erkennen Sie bereits Aspekte, die auf die Konfliktentstehung oder weitere Eskalation hinweisen?

6 Konstruktive Konfliktbearbeitung – Interventionen

Bei Interventionen geht es im Kern darum, Einfluss auf das Denken, Fühlen, Wollen und Handeln der Konfliktparteien zu nehmen. Durch Interventionen wird an gegenseitigen Stereotypien gearbeitet, es werden Haltungen, Einstellungen, Emotionen angesprochen und transparent gemacht sowie Spielregeln, Prozeduren und Vereinbarungen für die weitere Bearbeitung festgelegt.

Die im vorangehenden Kapitel skizzierte Analyse eines Konfliktes stellt den ersten Schritt zu einer konstruktiven Konfliktintervention respektive Konfliktbearbeitung dar, worauf jeweils die entsprechende Intervention folgt. Es ist jedoch vor der Annahme zu warnen, dass sich Analyse und Intervention sauber voneinander trennen lassen. Die meisten Analysen sind schon erste Schritte zur konstruktiven Konfliktbearbeitung und stellen so bereits eine Intervention dar. Wenn hier trotzdem zwischen Analyse und Intervention getrennt wird, dann nur aus Gründen der besseren Verständlichkeit.

Konfliktbearbeitung umfasst eine Reihe verschiedenster *Interventionsmethoden* zur Lösung eines Konfliktes.

Konfliktmanagement kann auf folgende Aspekte eines Konfliktes gerichtet sein: Konfliktpotenzial, Konfliktprozess und Konfliktfolgen. Bei der Beeinflussung des vorhandenen Konfliktpotenzials verfolgt das Konfliktmanagement das Ziel, die Quellen des Konfliktes wie z.b. eine mangelhafte Organisationsstruktur zu verbessern. Bei der Beeinflussung des Konfliktprozesses wird versucht, die durch Aktionen und Gegenaktionen entstandene Kette verbaler oder nonverbaler Verhaltensweisen, die Verzerrungen im Denk- und Vorstellungsleben und in der Wahrnehmungsfähigkeit der Parteien, das gegenseitige Misstrauen oder die Radikalisierung im Willensleben zu durchbrechen. Oft liegt dem Konfliktmanagement die Auffassung zugrunde, dass Gegensätze wesentliche Elemente des sozialen Lebens sind und die Konfliktparteien deshalb lernen sollten, mit ihnen weniger destruktiv umzugehen. Bei der Beeinflussung der Konfliktfolgen geht es darum, die durch den Konfliktprozess möglicherweise entstandenen sachlichen oder persönlichen Auswirkungen wie das Ausgestossensein von Beteiligten zu minimalisieren und dafür zu sorgen, dass die vormaligen Konfliktparteien wieder konstruktiv miteinander arbeiten können. (Fachhochschule Aargau Nordwestschweiz 2005: 104)

6.1 Konfliktgespräch

Wichtig ist bei einem Gespräch zwischen den Konfliktparteien, dass Klärungshelfende auf das Einhalten der Gesprächsregeln achten. Diese Regeln muss man manchmal ganz autoritär und trotzdem wohlwollend einfordern! Durch die Klarheit der Moderation erhalten die Konfliktparteien Zuversicht, dass ihre Interessen wahrgenommen werden. Folgende Gesprächsregeln gilt es einzuhalten:

- sich gegenseitig zuhören und einander nicht dreinreden,
- einander ausreden lassen,
- keine langen Monologe,
- Ich-Botschaften.

Hilfreich ist häufig auch, wenn die wichtigsten vorgebrachten beziehungsweise erarbeiteten Anliegen und Streitpunkte gleich für alle sichtbar auf einem Flipchart notiert werden. Das gibt Übersicht und Zuversicht, dass die wichtigen Themen nicht verloren gehen.

Ein idealtypischer Gesprächsverlauf (nach Herrmann 2013: 93f.) eines Konfliktgesprächs sieht folgende Schritte vor:

Gesprächsphasen	Arbeitsbereiche
Vorbereitung des Gesprächs durch Klärungshelfende	Was erwarten Sie vom anstehenden Gespräch? Wie fühlen Sie sich vor dem Gespräch? Welche Ziele haben Sie für das Gespräch? Gibt es Minimalziele? Haben Sie Vermutungen, wie die Konfliktparteien die Situation sehen? Was können Sie zu einem konstruktiven Gesprächsverlauf beitragen? Worin sehen Sie Gefahren, dass Sie selbst in den Konflikt hineingezogen werden?
Vertrauen bilden	Wertschätzen, dass sich die Konfliktparteien Zeit für das Gespräch genommen haben. Gesprächsregeln vereinbaren, wie beispielsweise sachliche Auseinandersetzungen, keine Vorwürfe, keine Angriffe, sich zuhören.
Streitpunkte (»Issues«) klären	Welche Streitpunkte bringen die Parteien vor? Wo decken diese sich, wo unterscheiden sie sich? Kennen die Parteien die gegenseitigen Streitpunkte? Gibt es zentrale und periphere Streitpunkte? Bei welchen Streitpunkten zeigen sich die stärksten Emotionen?
Problemdefinition und Lösungssuche	Gemeinsam mit den Konfliktparteien eine Problemdefinition herstellen. Versuchen, die Sach- und Beziehungsaspekte zu trennen. Herausarbeiten, was die jeweils persönlichen Interessen und Bedürfnisse sind, die hinter den Streitpunkten liegen. Verhandlungsspielräume ausloten. Mit der Intervention »Kleine Kreditangebote« erstes Entgegenkommen aushandeln und den Konflikt weiter deeskalieren (vgl. weiter unten, Abschnitt 6.3). Weitere Kompromisse aushandeln und dabei immer darauf achten, dass beide Parteien sich gleich behandelt fühlen.

Gesprächsphasen	Arbeitsbereiche
Vereinbarung treffen (gegen Ende des Gesprächs)	Auch wenn nicht alle Konfliktpunkte gelöst sind, die ersten Vereinbarungen festhalten. Zeitdauer der Vereinbarung bestimmen. Kontrolle der Vereinbarung festlegen. Auf die Bedürfnisse und Interessen der Parteien achten. Eventuell weitere Arbeit vereinbaren.
Nachbereitung durch den Klärungshelfenden	Wie haben Sie das Gespräch erlebt? Womit sind Sie zufrieden, in welchen Teilen unzufrieden? Die gefundene Vereinbarung würdigen. Generelle Lernerfahrungen aus dem Gespräch? Wichtige Punkte für folgendes Gespräch schriftlich festhalten.

Abbildung 5: Typischer Gesprächsverlauf eines kooperativen Konfliktgesprächs (vgl. Herrmann 2013: 93f.)

Bei der Lösungssuche zeigt sich manchmal die Schwierigkeit, dass die Konfliktparteien derart in den Konflikt verstrickt sind, dass sie gar nicht mehr an mögliche Lösungen denken können. Hier hilft die Intervention »Konsens über unerwünschte Zukunft« (nach Glasl 2013: 367).

6.2 Konsens über unerwünschte Zukunft

Durch den moderierten Austausch der Sorgen beider Konfliktparteien über die weiteren Folgen wird versucht, zu einem minimalen Konsens beziehungsweise minimaler Kooperation zu gelangen. Durch diese Intervention werden die Konfliktparteien angeregt, darüber nachzudenken, wie der Konflikt eskalieren könnte, wenn keine Massnahmen dagegen ergriffen werden. Ziel dieser Intervention ist es, die Konfliktparteien dazu zu bewegen, erste deeskalierende Ideen zu entwickeln. Sie sollen dabei darlegen, was sie befürchten, was alles noch passieren könnte. Sie sind dann meist fähig, selbst Vorschläge zur Deeskalation vorzubringen. Der Klärungshelfende moderiert bloss und unterstützt den Erkundungsprozess mit Fragen. Folgende Fragen an die Konfliktparteien helfen in einem Gespräch:

- Stellen Sie sich vor, wohin die Gesamtsituation abdriften könnte, wenn niemand etwas Konstruktives unternimmt.
- Wie würden Sie sich dann fühlen?
- Was wäre für Sie unerwünscht?
- Welcher Handlungsimpuls kommt bei Ihnen auf?
- Was werden Sie weiter tun? Welche Sorgen haben Sie?
- Was können Sie selbst tun, ohne von andern abhängig zu sein, damit es nicht so endet?

Soziale Konflikte und Kooperation

6.3 Kleine Kreditangebote

Schritte in Richtung einer Deeskalation und der Vertrauensbildung können durch das Aushandeln »kleiner Kreditangebote« (Idee nach Friedrich Glasl) eingeleitet werden. Durch begrenzte Vertrauensangebote wird versucht, im Gespräch und durch die folgenden Handlungen zu Vertrauenskundgebungen zu gelangen, welche die Basis für eine Deeskalation bilden. Das Gespräch über folgende Fragen kann einen solchen Prozess in Gang setzen:

- Denken Sie an eine Periode von zwei Wochen. In dieser Zeit können Sie und Ihre Gegenpartei bestimmte Dinge tun, um die Atmosphäre zu verbessern. Welche »kleinen Kreditangebote« würden Sie sich von der Gegenpartei wünschen?
- Wie soll die Gegenpartei diese für Sie unzweideutig klar machen?
- Welche »Kreditangebote« können Sie als Gegenangebot machen?
- Auf welche Weise können Sie diese mitteilen?

Durch diese Intervention können die Parteien zeitlich befristet wieder Vertrauen aufbauen. Wichtig ist bei der Moderation, dass es sich um kleine Schritte handelt, die gut überprüfbar sind und umgehend wirksam werden.

6.4 Heisse und kalte Konflikte

Das Klima, in dem ein Konflikt geführt wird, gibt bereits die Chance zur Einleitung von Deeskalationen. Das Motto lautet: Die vorhandenen einseitigen Kräfte von destruktiven zu konstruktiven Wirkungen führen!

Das bedeutet, in kalte Konflikte Emotionalität zu bringen. Gelingt in einem Konfliktgespräch das Zugeständnis einer Partei, dass sie nachts nicht schlafen kann, weil sie sich Sorgen macht, so ist das ein erster Schritt, Emotionen in den Streit einzubringen. Weiter hilft im kalten Konflikt, die übermässige Spontankraft des heissen Konfliktes zum Überwinden der Erstarrung zu nutzen. Wenn es also im kalten Konflikt langsam etwas hektisch und laut wird, dann verändert sich etwas! Weiter kann aus dem heissen Konflikt der Mut zur Aggression, zur Kraft der Konfrontation zwischen den Konfliktparteien im kalten Konflikt benutzt werden.

Im heissen Konflikt hilft das Einbringen von Rationalität aus dem kalten Konflikt – beispielsweise, indem Verfahrensschritte festgelegt oder Termine definiert werden. Der Konflikt muss nicht morgen gelöst werden! Oder es kann zum Beispiel die Vermeidungsangst im kalten Konflikt zur Rücksichtnahme gegenüber dem Gegner im heissen Konflikt transformiert werden.

Dazu passen folgende Mottos:

- Emotionalität in kalte Konflikte bringen, Rationalität in heisse Konflikte.
- Die übermässige Spontankraft des heissen Konfliktes zum Überwinden der Erstarrung in kalten Konflikten nutzen.

- Die übermässige Formkraft des kalten Konfliktes zur Gestaltungskraft im heissen Konflikt wandeln.
- Den Mut zur Aggression im heissen Konflikt zur Kraft der Konfrontation wandeln.
- Die Vermeidungsangst im kalten Konflikt zur Rücksichtnahme für den Gegner transformieren.

6.5 »Issues« klären

Das Klären von »Issues« (Streitpunkten) nach Glasl (2013: 351–359) bedeutet sowohl Diagnose als auch Intervention. Es geht bei dieser Methode darum, die unterschiedlichen Streitpunkte kennenzulernen und zu ordnen. Dies hilft dem Klärungshelfenden, aber vor allem auch den Konfliktparteien. Die im Konflikt vertraute Form, sich mit Argumenten und Gegenargumenten von der Richtigkeit der jeweiligen Streitunkte zu überzeugen, wird durch die strukturierte Moderation durchbrochen.

Idealerweise moderiert der Klärungshelfende in Anwesenheit der Konfliktparteien den Prozess, indem er oder sie eine Partei auffordert, einen Streitpunkt aus ihrer Sicht in wenigen Worten vorzubringen. Es soll nur *ein* Streitpunkt genannt werden! Die Gegenpartei wird – notfalls in klaren Worten – aufgefordert, dem zuzuhören und anschliessend einen eigenen Issue aus ihrer Sicht vorzubringen. Dies geschieht abwechslungsweise, bis die wichtigsten Issues zusammengetragen und schriftlich festgehalten sind.

Diese Schritte müssen transparent moderiert werden! Es soll keine Diskussion oder Verhandlung über die vorgebrachten Issues geben, bloss Verständigungsfragen sind zugelassen.

Sind einmal alle Issues aufgelistet, so beginnt eine moderierte Diskussion, die zum Beispiel folgende Fragen aufgreifen könnte:

- Welche Streitfragen bringen die Parteien selbst vor?
- Welche subjektiven Streitpunkte sehen die Konfliktparteien?
- Sind die Streitpunkte für alle Parteien dieselben? Decken sie sich? Weichen sie voneinander ab?
- Kennen die Parteien die gegenseitigen Issues?
- Hängen die Issues miteinander zusammen?
- Gibt es Kern-Issues?
- Welche Punkte tauchen in Variationen immer wieder auf? Was sind abgeleitete Probleme?
- Auf welche Issues sind die Parteien besonders fixiert? Wo sind die stärksten Emotionen zu finden?

Es geht bei dieser Methode nicht darum, Streitpunkte kurzfristig zu lösen, sondern darum, *Konsens über den Dissens* herzustellen und so Schritte in Richtung Deeskalation einzuleiten. Es ist ein entscheidender Schritt, bei der

Konfliktbearbeitung zu erkennen, *dass* ein Problem besteht und *welche* Probleme bestehen.

In einem nächsten Schritt wird nun mit einzelnen Issues gearbeitet. So kann durch die Moderation vertieft zu einzelnen Issues nachgefragt werden – beispielsweise auf die Feststellung, die anderen Mitarbeitenden würden den betreuten Kindern zu viele Freiheiten lassen, mit den Fragen: Woran man dies konkret beobachte? Was denn zu viel und was genügend Freiheit sei?

Weiter könnte man das emotionale Gewicht einzelner Issues auf einer Skala von 1 bis 10 bestimmen und sich dann über die Bewertungen der Konfliktparteien austauschen.

Oder die Moderation stellt einzelne Issues in ihren Extremausprägungen dar und lässt die Konfliktparteien sich zwischen 1 und 10 positionieren. Beim Beispiel zur Freiheit der Kinder wäre der eine Pol: »Die Kinder können tun und lassen, was sie wollen«, und der andere: »Kinder werden ständig beaufsichtigt.« Dann tragen die Konfliktparteien ihre Position auf der Skala ein, und es wird verhandelt, was die Unterschiede sind, woraus sie sich ergeben, was aufgelöst werden kann und was bestehen bleibt. Ziel ist es, das Schwarz-Weiss-Denken in eine differenziertere Betrachtungsweise überzuführen.

7 Schlussbemerkung

Soziale Konflikte sind ein wichtiger Aspekt in der Kooperation in den Handlungsfeldern der Sozialen Arbeit, sei es mit Klienten und Klientinnen, im Team oder in der Kooperation mit Vertretern und Vertreterinnen anderer Professionen. Sie sind ein genuiner Bestandteil und für Entwicklung und Innovation unvermeidbar. Mit einer sorgfältigen Analyse, wohlwollenden und klaren Interventionen lassen sich die vorhandenen Widersprüche erkennen, ausbalancieren und konstruktiv bearbeiten. Für Klärungshelfende ist das meist eine herausforderungsreiche Sache, aber über das »Zulassen und Anpacken« von Konflikten – ohne dass diese eskalieren und Narben zurücklassen – helfen Konfliktmanagerinnen und -manager, Unterschiede zu verdeutlichen, Vielfalt transparent zu machen und Veränderungen und Entwicklungen einzuleiten. Insofern sind den Lesern und Leserinnen viele Konflikte zu wünschen!

Literatur

Bergner, Erika (2012): Ein kalter Konflikt ist (k)ein Konflikt. Graz: Trigon Entwicklungsberatung. Ein kalter Konflikt ist (k)ein Konflikt. www.trigon.at/newsletter/ 2012-03/EB_Kalter_Konflikt.pdf [5.9.2014].
Dahrendorf, Ralf (1974): Konflikt und Freiheit: auf dem Weg zur Dienstklassengesellschaft. München: Piper.

De Dreu, Carsten/Gelfand, Michele J. (2008): The psychology of conflict and conflict management in organizations. New York: Lawrence Erlbaum.

Glasl, Friederich (1994): Konfliktmanagement. Ein Handbuch zur Diagnose und Behandlung von Konflikten für Organisationen und ihre Berater (4., unveränderte Auflage). Bern: Haupt.

Glasl, Friederich (2008): Selbsthilfe in Konflikten. Konzepte, Übungen, praktische Methoden (5. Auflage). Bern: Haupt.

Glasl, Friederich (2013): Konfliktmanagement. Ein Handbuch für Führungskräfte und Berater (12., aktualisierte Auflage). Bern: Haupt.

Herrmann, Franz (2013): Konfliktkompetenz in der Sozialen Arbeit – neun Bausteine für die Praxis. München: Reinhardt.

Hochschule für Soziale Arbeit FHNW (2011): Wegleitung zum Kompetenzerwerb (2011). Hochschule für Soziale Arbeit, Fachhochschule Nordwestschweiz, Studienzentrum Soziale Arbeit, Fachstelle Praxisausbildung und Wissensintegration.

Imbusch, Peter (2006): Friedens- und Konfliktforschung: eine Einführung (4., überarbeitete Auflage). Wiesbaden: VS-Verlag für Sozialwissenschaften.

FHA (2005): Wörter – Begriffe – Bedeutungen. Ein Glossar zur Sozialen Arbeit der Fachhochschule Aargau Nordwestschweiz. Brugg: FHA.

Führung unterstützt kooperatives Verhalten

Urs Kaegi

Ein Führungsverhalten, das die Kooperationsfähigkeit von Mitarbeitenden fördert, ist herausforderungsreich, denn kooperatives Verhalten gilt als komplexe soziale Interaktion. Das folgende Kapitel enthält zunächst einen Überblick zu verschiedenen Ansätzen und Handlungsmodellen von Führung und zeigt, was sie zur Unterstützung von kooperativem Handeln der Mitarbeitenden beitragen. Im Anschluss werden das Modell der transformationalen Führung und die Bedeutung von Vertrauen ausführlich dargestellt. Da sich kooperatives Handeln häufig informell konstruiert, wird abschliessend ein Führungsmodell zur Unterstützung der informellen Kooperation beschrieben.

1 Einleitung

In den letzten Jahrzehnten hat sich die Arbeitswelt im Profit- wie auch im Non-Profit-Bereich deutlich verändert. Mit der Postmoderne (vgl. Lyotard 2009) haben sich die Vorstellungen von einer transparent geführten, streng geordneten Organisation, wie im Taylorismus vorausgesetzt, verändert. Die bürokratische Regulierung hat heute der Eigenverantwortung und Selbstregulierung Platz gemacht. Die Steuerung verläuft nicht mehr alleine durch Führungskräfte im Innern, sondern durch die Konfrontation mit den Kundinnen und Kunden unter klar vorgegebenen finanziellen, strukturellen, personellen und zeitlichen Ressourcen. Für den einzelnen Mitarbeitenden haben sich dadurch die Entscheidungs- und Handlungsspielräume erweitert. Das bedeutet in der Sozialen Arbeit beispielsweise, dass heute weniger planmässig-rational, sondern vielmehr situativ, prozessorientiert und erfahrungsgeleitet gearbeitet wird. Dies wird häufig als bereichernd erlebt, fordert aber auch die Fähigkeit, mit Komplexität umzugehen. Um hier keine subjektive Willkür sich ausbreiten zu lassen, wird innerhalb der Professionsbildung versucht, wissenschaftliches Denken und subjektives Erfahrungswissen zu verbinden, damit Professionelle in der Praxis situationsspezifisch, transparent, effektiv und effizient arbeiten können. Klientinnen und Klienten sollen ihre Wünsche und ihren Bedarf bei den Professionellen formulieren und eine ihre Handlungskompetenz erweiternde Unterstützung erfahren.

Soziale Organisationen stehen in den letzten Jahren ständig in tiefgreifenden gesellschaftlichen, politischen, wirtschaftlichen sowie professionalisierungsbedingten Veränderungsprozessen. Die Ansprüche an Führungskräfte aller Kaderstufen haben deshalb deutlich zugenommen:

- Die Ressourcen werden knapper; mit dem Struktur- und Wertewandel nehmen die Aufgaben des Sozialbereiches gleichzeitig zu.
- Im Rahmen der Sparbemühungen der öffentlichen Hand werden ambulante und präventive Massnahmen gefördert. Dem stationären Bereich werden vermehrt die komplexeren Problemstellungen zugewiesen.
- Die gewachsenen Strukturen werden infrage gestellt. Die Veränderungen in der Gesellschaft verlangen von den sozialen Organisationen neue Methoden und Instrumente, welche die Kosten- und Sachdiskussion miteinander verbinden.
- Die Kosten- und Leistungsverhältnisse sollen sowohl für die Leistungsempfangenden als auch für die sozialen Organisationen als Leistungsanbieter transparent gemacht werden.
- Soziale Dienstleistungen stehen heute mit Blick auf ihre Qualität im Fokus des öffentlichen Interesses. Die Kundenbezüge werden neu definiert, Bedarfs- und Kundenorientierung setzen neue Kriterien.
- Mit sozialen Argumenten allein können in der heutigen Zeit keine öffentlichen Gelder beansprucht werden.
- Professionelle Arbeit beinhaltet eine gleichwertige Betrachtung von Inhalten und dafür benötigten Ressourcen.

Dieser äussere Wandel verlangt nach Neuorientierung und Überprüfung der sozialen Organisationen und des beruflichen Selbstverständnisses von Leitungskräften. Trotzdem gilt weiterhin: Von Führungskräften wird Menschlichkeit, Mut und Klarheit erwartet. Diese Eigenschaften erfordern eine Auseinandersetzung mit sich, den Mitmenschen und der Umwelt. Eine Führungspersönlichkeit verfügt über eine fundierte Grundausbildung und Praxiserfahrung als Basis für Führung in sozialen Organisationen.

Dabei liegt ein Schlüssel zur Bewältigung der gewachsenen Anforderungen bei der Unterstützung der Mitarbeitenden zur innerorganisationalen Kooperation. War die Zusammenarbeit unter den Mitarbeitenden früher klar geregelt, da Abläufe streng vorgegeben waren, müssen nun vermehrt die Schnittstellen zwischen Teams, Bereichen und unterschiedlichen Professionen geklärt werden. Dies geschieht häufig informell, da dauerhafte Regelungen nicht zu den sich stetig wandelnden Arbeitsinhalten passen.

Es sei an dieser Stelle aber nicht verschwiegen, dass neben den positiven Seiten des Wandels für Mitarbeitende auch neue Gefahren aufgetaucht sind: Die Arbeit hat sich deutlich intensiviert, es herrscht ein permanenter Veränderungsdruck; die Aufgabe, Widersprüche zwischen Vorgaben und den realen Bedingungen aufzulösen, bleibt oft am einzelnen Mitarbeitenden hängen. Diese Ambivalenzen führen nicht selten zu resignativen Haltungen gegenüber der Arbeit und der Organisation. Unsicherheit, Bedrohung und Angst machen sich dann breit.

Die Führung von Mitarbeitenden unter diesem neuen Paradigma von Arbeit sieht sich somit vor komplexe Herausforderungen gestellt, was Handy

(1990) mit dem Konzept der »postheroischen Führung« zu beantworten suchte. Er forderte, dass sich postheroisch Führende bei jeder ihrer Handlungen und Entscheidungen fragen: »How every problem can be solved in a way that develops other people's capacity to handle it«! (Handy 1990: 166). Sein Ansatz sieht vor, dass Führungskräfte sich vor allem darauf konzentrieren, ihr Mitarbeitenden fit zu machen. Genauso, wie die Interventionen in der Sozialen Arbeit darauf abzielen, die Problemlösungskompetenzen bei den Klientinnen und Klienten zu stärken, sollen auch Führungskräfte so führen, dass Mitarbeitende in ihrer Arbeit kompetenter werden. Für Organisationen gilt es aber auch, Sorge zu tragen, dass Mitarbeitende durch die kontinuierlichen Veränderungen nicht mit immer zusätzlichen Belastungen konfrontiert werden. Aber wie viel Veränderung kann jemandem zugemutet werden, und wo beginnt die Grenze zur Überlastung?

1.1 Querschnittsaufgabe Kooperationsmanagement

Damit soziale Organisationen ihre Aufgaben weiterhin erfüllen können, müssen die gewachsenen Strukturen überdacht werden, es braucht *vermehrte Koordination und Vernetzung,* eine Optimierung der Effizienz und Effektivität bei Abläufen und Personal, konsequente Kundenorientierung und klare Marketingstrategien.

Die unterschiedlichen Praxisfelder im Sozialbereich befassen sich neben den speziellen Problemstellungen ihrer Klienten und Klientinnen vermehrt mit deren jeweiligen sozialen Umfeldern. Der entsprechende Miteinbezug in die Aufgaben der Berufspraxis ist anforderungsreich und verantwortungsvoll.

An den Schnittstellen interdisziplinärer und interinstitutioneller Zusammenarbeit im Sozialbereich, bei Abklärung, Beratung, Zuweisung, Planung, Durchführung und Evaluation der Behandlungsprozesse, wächst in den verschiedenen Praxisfeldern das Bedürfnis nach *Vernetzung und Kooperation,* beispielsweise durch Case-Management. Die Vertreterinnen und Vertreter der erwähnten Praxisfelder arbeiten jedoch mit unterschiedlichen Einschätzungs-, Handlungs- und Interventionsmodellen. Trotz spürbarer Bemühungen der Praxisfelder bestehen *Zuständigkeits- und Abgrenzungsprobleme,* die in der zunehmend komplexen Problemsituationen der Klientel begründet sind, die wiederum mit der Auflösung struktureller Fixierungen und kultureller Bindungen sowie mit Individualisierungsprozessen zusammenhängen. Kooperationsmanagement (Koordination, Vernetzung) wird damit zu einer Querschnittsaufgabe in allen Bereichen.

1.2 Teamarbeit fördern, die Organisation entwickeln

Leistungsgemeinschaften sind immer auch Personengemeinschaften, besonders dann, wenn die von einer Organisation angestrebten Produkte durch

Menschen getragen und erbracht werden. Die Art und Weise, wie diese Menschen zusammenarbeiten, einander fachlich ergänzen und im menschlichen Kontakt bereichern, ist für das Erreichen der Organisationsziele von entscheidender Bedeutung. Die besondere Aufgabe des Führens ist es in diesem Zusammenhang, Formen des internen Austausches, des gemeinsamen Angehens von Problemen, des Gleichgewichts zwischen Einzelarbeit und Teamarbeit zu finden. Das Zusammenwirken von Kräften, die Synergie, schaffte ein Klima, das den Einzelnen hilft, sich in der Organisation wohlzufühlen und die Kräfte zugunsten der Weiterentwicklung einzusetzen (vgl. Lotmar/Tondeur 2014: 25–33).

2 Führung, Management oder Leadership?

Führung, Management und Leadership haben eines gemeinsam: Sie bezeichnen eine Beziehung von Vorgesetzten gegenüber Mitarbeitenden. In ihrem Ansatz unterscheiden sich die Konzepte aber deutlich. Führung und Management sind begrifflich nahe beieinander und werden dann verwendet, wenn es eher um Autorität gegenüber Untergebenen geht. Diese werden unter diesen Begriffen eher als Befehlsempfangende betrachtet und handeln aus dem Anreiz der Anpassung, guter Entlöhnung und von Aufstiegsmöglichkeiten. Sie richten ihren Fokus auf das Erledigen der Arbeit, die Zielerreichung ist ihnen sehr wichtig. Die Führungskraft konzentriert sich auf das Überwachen der Arbeiten, sie plant und kontrolliert, setzt die Arbeit in den Fokus und versucht, Konflikte zu vermeiden, da diese die Zielerreichung in diesem Verständnis von Führung stören. Führung und Management meinen somit eher die bürokratische, direktive Seite von Führung.

Mit Leadership versuchte Kotter (1990) ein weiteres Verständnis von Führung einzubringen, da ihm das eher angepasste Verhalten von Mitarbeitenden unter dem Ansatz von Management missfiel. Er sieht in »Leadern« Visionärinnen und Visionäre, welche die Mitarbeitenden mit Ideen inspirieren und motivieren. Leader schaffen Kreativität, Innovation, Sinnerfüllung und Wandel. Sie gehen mutig voran, befähigen ihre Mitarbeitenden und versuchen, diese gedanklich an der Entwicklung des Unternehmens zu beteiligen.

Diese Trennung nach »Leadership« und »Management/Führung« ist heute umstritten. Die Dichotomie entspricht nicht mehr den Anforderungen an die Führung von Mitarbeitenden, »Leadership« und »Management« stellen nach heutiger Ansicht die beiden Seiten derselben Medaille dar. Führungskräfte sollen Visionen haben, begeistern und die Arbeit mit Sinn füllen. Leiten, ohne zu managen (zu organisieren), ist aber nicht möglich. Die beiden Seiten von Führung gewinnen in unterschiedlichen Phasen einer Organisation an Bedeutung. So ist in Umbruchphasen wohl mehr Charisma und Leadership gefragt, die (Zukunfts-)Orientierung gibt. In Krisensituationen ist dagegen Management gefordert, das im alltäglichen Handeln den Weg aufzeigt. Und wenn eine Umbruchphase zur Krise wird? Dann ist eben beides gefragt, Leadership und Management! Mintzberg (2011: 124) zieht diese Unterscheidung ebenfalls in Zweifel und meint: »Management steht für die Umsetzung der Ziele und die Organisation der Zusammenarbeit, sei es durch Führen und Verknüpfen oder durch Lenken, Kontrollieren und Kommunizieren.«

Wir sprechen deshalb im Folgenden von Führung – oder von Führungspersonen – und meinen damit beide Aspekte des Führungsverhaltens von Team- und Organisationsleitenden.

Müller-Schöll/Priepke haben für die Soziale Arbeit eine treffende Verbindung von Management und Leadership beschrieben:

Wege aufzuzeigen, wie man in komplexen und schwierigen Situationen in sozialen Organisationen »Grund« hineinbringen kann, wie man zu klientenorientiertem und zielbezogenem Handeln, Organisationstransparenz, Entscheidungsbeteiligung, Aufgaben- und Kompetenzklarheit, beteiligungsorientierter, systematischer Planung, Führung als Motivationsproblem und zielorientierter Erfolgskontrolle kommen kann, das ist die Aufgabe, die Sozialmanagement leisten will. Das Konzept Sozialmanagement ist ein Versuch, sowohl die Ansprüche der Ethik Sozialer Arbeit in den Strukturen ihrer Organisation einzulösen (»sozial«) als auch die Effektivität sozialen Handelns methodisch und systematisch zu verbessern (»management«) Somit umfasst Sozialmanagement Arbeitshilfen, die systematische und kontrollierbare Entscheidungen, Partizipation aller Betroffenen, Transparenz und zielorientiertes Handeln ermöglichen. (Müller-Schöll/ Priepke 1992: 37)

3 Wie zeigt sich gute Führung?

Führungsverhalten wurde lange Zeit an Einzelkompetenzen festgemacht. Dabei ging man davon aus, dass eine wirkungsvolle Führungskraft sich durch ihre persönlichen Fähigkeiten auszeichnet. Ein typisches Beispiel dafür ist die »great man theory«, die Führungserfolg von Persönlichkeitseigenschaften der Führungskraft abhängig macht. Die Arbeitssituation oder Merkmale von Mitarbeitenden haben dabei keinen Einfluss auf den Führungserfolg. Man ging davon aus, dass Eigenschaften wie Intelligenz, Selbstvertrauen, Entschlossenheit, Durchsetzungsvermögen, Vertrauenswürdigkeit und Aufgeschlossenheit, ja sogar die Körpergrösse und die Gesundheit wichtige Indikatoren für erfolgreiches Führen sind. Verwiesen wurde auf berühmte Führungspersonen der Geschichte. Führende haben in diesem Verständnis eine besondere Persönlichkeit, die angeborene Qualitäten und Charaktereigenschaften besitzt.

Auf diesen Annahmen baut auch die Eigenschaftstheorie auf. Sie fokussiert jedoch weniger auf die Persönlichkeit, sondern auf die Eigenschaften, die bei erfolgreichen Führungspersonen gefunden wurden, und die Frage, wie diese zu den jeweils auftretenden Situationen passten. Solche Annahmen über erfolgreiche Führungseigenschaften sind heute noch weit verbreitet. Metaanalysen konnten sie aber nicht bestätigen, da es sich als unmöglich herausgestellt hat, eine endgültige Liste der Eigenschaften zu erstellen, die in allen Situationen für Führungserfolg förderlich sind. Zudem wird die Wechselwirkung zwischen Führungsperson, Geführten und Situation zu stark vernachlässigt.

3.1 Situationstheoretischer Ansatz

Ganz andere Akzente als die »great man theory« setzt der *situationstheoretische Ansatz*. Es geht nicht mehr um die Persönlichkeit der Führungskraft oder um ihr Verhalten, sondern um die Führungssituation. Die Grundannahme des situationstheoretischen Ansatzes von Führung lautet: Für jede Situation ist ein jeweils spezifischer Führungsstil erforderlich, der wiederum von den Reifegraden beziehungsweise Kompetenzen der Mitarbeitenden abhängt (vgl. Merten 2014: 104). In diesem Verständnis nehmen Führungskräfte typische Rollen ein. Sie sind Repräsentierende, Koordinierende, Informierende, Krisenmanager, Ressourcenzuteilende, Instruierende, Anweisende, Verhandlungsführende, Delegierende und Ähnliches. Mit anderen Worten: Führungspersonen verkörpern je nach Situation unterschiedliche Rollen.

Beide Konzeptionen des Führungsverhaltens, die auf Eigenschaften des Individuums fokussierten persönlichkeitszentrierten Führungstheorien wie auch die mehr auf das System konzentrierten Konzepte wie der situationstheoretische Ansatz, weisen Bezüge zu Führung und Förderung der Kooperationskompetenz auf. Bei beiden Ansätzen kommt jedoch die Unterstützung von kooperativem Verhalten eher zufällig ins Spiel.

Beim persönlichkeitszentrierten Ansatz fördern Teamleitende Kooperation, wenn es ihrem Naturell, ihrer Persönlichkeit entspricht. Der situative Führungsstil unterstützt kooperatives Handeln deutlich mehr: Wenn die Führungskraft die Notwendigkeit vom kooperativen Handeln erkennt, unterstützt sie dies, indem sie die Rolle der Koordinatorin und Vermittlerin übernimmt.

3.2 Postheroische Führung

Baecker (1994) brachte eine weitere Unterscheidung von Führungsverhalten im deutschen Sprachraum ein: *heroische* und *postheroische Führung*. Er weist damit auf ein Führungsverhalten hin, das nicht unbedingt an eine Person gebunden ist, sondern sich in Führungssituationen unterschiedlich zeigt. Baecker geht davon aus, dass es ein und derselben Person möglich ist, sich in unterschiedlichen Situationen unterschiedlich zu verhalten, dass es dabei

immer wieder heroisches Verhalten braucht, um Affekte auszulösen, die Entscheidungen auch in unmöglichen Situationen möglich machen.
Aber wie zeigt sich heroische beziehungsweise postheroische Führung? *Heroische* Führung ist immer klar, der Führende geht als leuchtendes Beispiel voran und trifft seine Entscheidungen. Personen, die heldenhafte, eben »heroische« Taten vollbringen, zeichnen sich aus durch Ausdauer, Opferbereitschaft und Siegeswillen. Sie sind gegen aussen klar sichtbar, ermöglichen Einheit und wirken wie »Leuchttürme«. Sie garantieren klare und eher einfache Arbeitsprozesse in einer eher unterkomplexen Arbeitswelt. In diesem Sinne gleicht »heroische« Führung den Vorstellungen der »great man theory«.

Die Wende von heroischer zur postheroischen Führung trat nach Baecker dann ein, als klar wurde, dass sich Organisationen nicht rational gestalten lassen – dass die Logik von Hierarchie und Prozessen nicht zur Lösung aller Fragen beiträgt.

Postheroische Führung ist situativ, »inkrementalistisch« (kleine Schritte gehen, ohne zu wissen, ob sie erfolgreich sein werden), improvisierend und prozessorientiert. Sie überprüft aber regelmässig ihre Interventionen. Die Welt der postheroischen Führung ist eine komplexe. Sie kennt Gewinne, Verluste und darüber hinaus nicht nur deren Ununterscheidbarkeit, sondern auch die Schnelligkeit, mit der das eine sich als das andere entpuppen kann. Auf Helden wird verzichtet, dennoch bietet auch postheroische Führung immer wieder neu Orientierung.

Bei der heroischen Führung steht eine Idee, ein Ziel, ein Angriff an erster Stelle, um entweder zu triumphieren oder unterzugehen. Ein Triumph ist immer der Führung zu verdanken, im Fall des Untergangs scheiterte man am Unverständnis der Welt oder an der Inkompetenz der Mitarbeitenden. Die Welt der heroischen Führung ist einfach: Sie kennt nur Gewinne und Verluste. Sie preist ihre Helden und Heldinnen dafür, dass sie eine klare Orientierung bieten und mit leuchtendem Beispiel (Siegeswillen und Opferbereitschaft) vorausgehen.

Postheroische Führung hingegen:

- ist die Kunst der Problemdefinition, die nur fallweise an Lösungen interessiert ist;
- sieht Probleme als Katalysatoren, die immer neue Herausforderungen kreativer Lösungen fordern und diese auch konstruieren;
- schafft ein Design von Organisation, das ein Problem verschreibt, welches unlösbar ist, dieses aber zur Suche nach immer wieder neuen Lösungen nutzt (vgl. Grote 2011: 487).

Wie wirken sich nun heroische respektive postheroische Führung auf die Förderung der Kooperationskompetenz von Mitarbeitenden aus? Heroische Führung setzt eher wenig auf kooperatives Verhalten, da Kooperation eigentlich immer eindimensional über sie läuft. Heroische Führung bildet das Zentrum, Problemlösungen laufen in der Regel über sie. Sie gibt vor, wer mit wem zu kooperieren hat. Kooperation ist sachlogisch und organisiert. Kooperation unter einem postheroischen Führungsverständnis ist hingegen situativ und wird nicht formal eingefordert, sondern immer aufgrund der vorliegenden Problemstellung. Mitarbeitende sehen sich mit komplexen Fragestellungen konfrontiert und erkennen aus deren Bearbeitung die Bedeutung und den Nutzen von kooperativem Verhalten. Kooperation ist somit meist zeitlich begrenzt auf die Bearbeitung anstehender Aufgaben. Sie geschieht nicht im Auftrag, sondern bahnt sich über die inhaltliche Bearbeitung an. Sie basiert auf einer kooperativen Grundhaltung und richtet sich nicht nach reinen Nutzenprinzipien.

3.3 Konstruktive Führung

»Konstruktive Führung« nach Frey (1994) versucht, qualitativ und quantitativ hochwertige Ergebnisse durch Mitwirkung, Mitsprache, Mitverantwortung, durch gemeinsamen Einsatz für das Unternehmensziel und gemeinschaftliche Konfliktlösungen zu erreichen. Frey geht von der Idee aus, dass Mitarbeitende, da sie einen kompetenten Einblick in Abläufe, Verpflichtungen und Anforderungen der Organisation oder zumindest des eigenen Bereiches besitzen, gute Unternehmensberatende sind. Er definiert deshalb zehn Prinzipien, die nach seiner Ansicht Identifikation mit der Arbeit, Motivation, und Innovationsbereitschaft, Zufriedenheit am Arbeitsplatz, Wertschätzung und Partizipationsbereitschaft ansteigen lassen.

- *Prinzip der Sinngebung:* Mitarbeitende müssen Arbeit und persönliche Ziele in ein sinnvolles Ganzes einordnen können (Leitbild, Konzept, Strategien und Visionen).
- *Prinzip der Transparenz und Informiertheit:* Optimale Information fördert Koordination im Team und Blick für Zusammenhänge.
- *Prinzip der Partizipation:* Mitwirkungs- und Mitgestaltungsmöglichkeiten erhöhen die Identifikation, intrinsische Motivation und das Vorausdenken.
- *Prinzip der Zielvereinbarung:* Klar gesetzte, mitarbeiterorientierte, situationsangepasste und kontrollierbare Ziele fördern die Leistungskraft.
- *Prinzip der konstruktiven Rückmeldung*: Mut für klare, konstruktive Kritik und Lob (Feedbackregeln) kann ein Potenzial an Kreativität und Motivation frei-machen. Konstruktive Kritik meint dabei den Prozess, eine spezifische Verhaltensweise entwicklungsorientiert zu beurteilen.
- *Prinzip der persönlichen Wertschätzung:* Mitarbeitende haben das Anrecht, mit Respekt und Wertschätzung behandelt und geführt zu werden.
- *Prinzip der sozialen und emotionalen Integration:* Das Erleben sozialer und emotionaler Integration fördert Zusammenhalt, Kultur und Beziehungsfähigkeit.

- *Prinzip des kritischen Rationalismus:* Basierend auf Karl Poppers Ansatz des kritischen Rationalismus (Falsifikationsprinzip), müssen theoretische Konzepte, bestehende Strukturen, eingefleischte Verfahren und methodische Ansätze immer wieder kritisch auf den Prüfstand gestellt und hinterfragt werden. Ein angstfreies Klima lässt das Nachdenken über neue Problemlösungsstrategien zu.
- *Prinzip der konstruktiven Konfliktlösung:* Konflikte kooperativ lösen heisst Ursachen analysieren, Perspektivenwechsel vornehmen können und gemeinsame Mosaiksteine zur Lösung von Konflikten suchen.
- *Prinzip des Vorbildes:* Führen als Dienstleistung (dienen) – Führungspersonen müssen sich ihrer Funktion als Vorbild mit fachlicher Kompetenz und menschlicher Integrität bewusst sein und auf dieser Basis ein Vertrauensverhältnis aufbauen (Echtheit, Aufrichtigkeit, Ehrlichkeit, Mut zur Lücke und zu unpopulären Entscheiden, Übereinstimmung von Fähigkeit, Wort und Tat).
- *Prinzip der leitbildorientierten Führung (management by systems):* Führungskräfte identifizieren sich mit den Grundsätzen der Organisation, ihren Strukturen, ihrem Auftrag und ihren Konzepten. Sie sind loyal gegenüber dem Grundanliegen, der Unternehmenskultur und -philosophie und den Führungsgrundsätzen der Organisation sowie ihren Referenztheorien und Arbeitsweisen (vgl. Frey 1994: 48f.).

4 Transformationale und transaktionale Führung

Bass (1994) entwickelte ein weiteres interessantes Führungsmodell, das unterschiedliche Aspekte von Führungskompetenz aufgreift und aus unserer Sicht besonders geeignet ist, kooperatives Handeln von Mitarbeitenden zu unterstützen. Bass machte es sich zum Ziel, die unterschiedlichen Ansätze und Modelle von Führung, wie wir sie bisher dargestellt haben, auf ihre empirisch nachweisbare Wirksamkeit zu untersuchen. Seine Ergebnisse beziehen sich nicht explizit auf die Förderung von kooperativem Verhalten, sondern insgesamt auf wirksame Führung. Aus seinen Ergebnissen entwickelte er ein eigenes Modell »guter« Führung, das im Folgenden dargestellt wird. Aus diesem Modell und aus den daraus abgeleiteten Handlungsimplikationen lassen sich Ideen ableiten, wie Führung unter dem Aspekt der Förderung kooperativen Verhaltens von Mitarbeitenden aussehen kann.

Bass unterscheidet in seinem Modell nach *transaktionaler* und *transformationaler Führung*. Die beiden Führungsstile schliessen sich nicht gegenseitig aus, sondern ergänzen sich im Idealfall oder bauen aufeinander auf. Im Zentrum dieses Ansatzes steht der transformationale Führungsstil. Das Besondere daran ist, dass seine Wirkung in vielen empirischen Studien belegt werden konnte.

4.1 Transformationale Führung

Im Zentrum transformationaler Führung stehen vier Eigenschaften von Führungskräften:

- *Sie regen zu Kreativität an:* Führungskräfte sollen die kreativen und innovativen Fähigkeiten der Mitarbeitenden anregen und sie zu eigenständigem Problemlösen und kritischem Hinterfragen von Gewohnheiten ermuntern. Die Führungskraft ist fähig, neue Ideen einzubringen, die das Verständnis, die Problemwahrnehmung und Problemlösungsfähigkeit der Geführten verbessern.
- *Sie fördern persönliches Wachstum:* Führungspersonen verstehen sich als Coach und gehen auf individuelle Bedürfnisse ihrer Mitarbeitenden ein. Sie können gut zuhören (vgl. Abschnitt 4.3, »Dialogische Führung«) und entwickeln gezielt die Fähigkeiten und Stärken ihrer Mitarbeitenden. Eine solche Führungsperson hat eine förderungsbezogene, personenorientierte Ausrichtung auf die Mitarbeitenden. Sie hilft ihnen, ihr Selbstvertrauen, ihre persönlichen Fähigkeiten und ihre Motivation zu erhöhen, und schlägt neue Wege vor, wie Aufgaben bearbeitet werden können. Sie bringt Mitarbeitende dazu, Probleme aus verschiedenen Blickwinkeln zu betrachten, überprüft stets aufs Neue, ob zentrale Annahmen noch angemessen sind, und hilft, Stärken auszubauen.
- *Sie erwerben Bewunderung und Vertrauen:* Führungskräfte werden als Vorbilder wahrgenommen. Sie werden respektiert und geniessen das volle Vertrauen ihrer Mitarbeitenden. Sie werden hohen moralischen Ansprüchen gerecht, man kann sich auf sie verlassen. Die Führungsperson versteht es, eine fesselnde Vision zu formulieren, die zu höheren Anstrengungen anregt und zugleich Respekt, Vertrauen und Loyalität in sie selbst fördert. Sie stellt eigene Interessen zurück, wenn es um das Wohl der Gruppe geht, und teilt anderen ihre wichtigsten Überzeugungen und Werte mit. Sie berücksichtigt moralische und ethische Konsequenzen bei Entscheidungen.
- *Sie vermitteln Herausforderung und Sinn:* Führungskräfte motivieren und inspirieren, indem sie ihren Mitarbeitenden durch anspruchsvolle Ziele Sinn und Zuversicht vermitteln und für Teamgeist sorgen. Sie formulieren eine überzeugende Zukunftsvision und äussern sich optimistisch über die Zukunft. Sie zeigen Vertrauen, dass die gesteckten Ziele erreicht werden (vgl. Bass 2005).

Bei der transformationalen Führung steht somit die Persönlichkeit der Führungskraft im Zentrum, jedoch in einem weiteren Sinn als bei den Eigenschaftstheorien oder der »great man theory«.

Die Persönlichkeit der Führungskraft steht hier im Dienste der Förderung und Entwicklung der Mitarbeitenden. Sie kann durch ihre Persönlichkeit und durch Handeln für die Mitarbeitenden ein anregendes Umfeld schaffen. Mit Blick auf die Förderung einer kooperativen Haltung der Mitarbeitenden kann sie Einfluss nehmen, damit diese im Kontakt mit Klientinnen und Klienten auf Koproduktion (Hochuli Freund/Stotz 2011) bauen sowie mit Kolleginnen und Kollegen der eigenen und fremder Disziplinen soziale Dienstleistungen erbringen, die fachgerecht als Koproduktion entstehen und so den Klientinnen und Klienten einen möglichst hohen Nutzen versprechen. Damit werden Ziele der Gemeinschaft zugunsten der Ratsuchenden und nicht individuelle, selbstsüchtige Ziele erreicht.

4.2 Transaktionale Führung

Transaktionale Führung sieht Bass als eine Art Vorstufe zur transformationalen Führung. Transaktionale Führung basiert auf einem Austauschverhältnis zwischen einer Führungskraft und Mitarbeitenden. So wird bei der Zielvereinbarung – als ein Aspekt der transaktionalen Führung – geregelt, welche Erwartungen an Mitarbeitende gestellt werden, welche finanziellen oder immateriellen Belohnungen, aber auch Nachteile jemand zu erwarten hat, wenn er die Anforderungen erfüllt oder nicht erfüllt. Die Motivation von Mitarbeitenden basiert somit in erster Linie auf der Klärung von Zielen und Aufgaben sowie entsprechender Belohnung oder Bestrafung. Transaktionale Führung besteht also eher in einem sachlichen Austausch (Transaktion) zwischen den Leistungen der Mitarbeitenden und den Reaktionen des Vorgesetzten. Bekannt ist dieses Konzept auch als »Management by objectives«, Führen durch Zielvereinbarungen und »Management by delegation«. In diesem Modell werden die Umsetzung der Aufgaben und die dabei zu treffenden Entscheidungen an die Mitarbeitenden delegiert. Durch das Überprüfen der Zielerreichung erfährt der Vorgesetzten, ob der richtige Weg eingeschlagen wurde. Das Motto lautet: Rational handelnde Individuen sollen durch Leistungseinsatz einen Vorteil für die Organisation erbringen.

Transformationale Führung nach Bass und Avolio

Kernaussage: Mit der Häufigkeit transformationaler Verhaltensweisen steigt die Leistung (Erfolg)

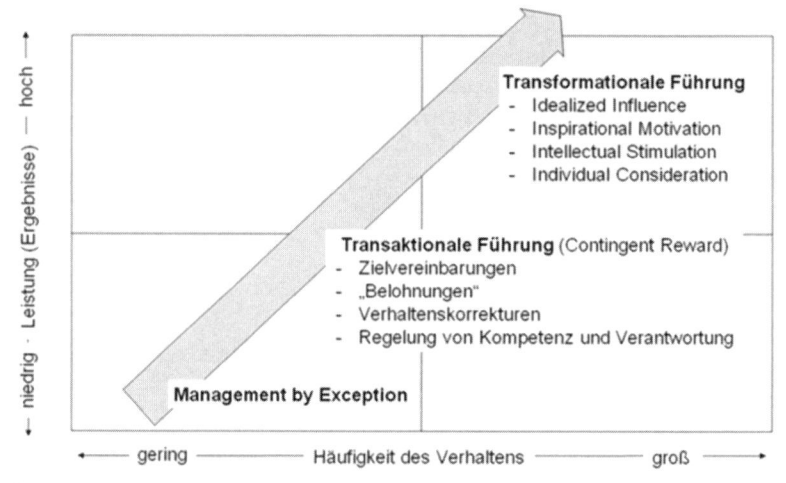

Transformationale Führung
- Idealized Influence
- Inspirational Motivation
- Intellectual Stimulation
- Individual Consideration

Transaktionale Führung (Contingent Reward)
- Zielvereinbarungen
- „Belohnungen"
- Verhaltenskorrekturen
- Regelung von Kompetenz und Verantwortung

Management by Exception

Achsen: Leistung (Ergebnisse) — niedrig / hoch; Häufigkeit des Verhaltens — gering / groß

Quelle: Institut für Management-Innovation, Prof. Dr. Waldemar Pelz

Abbildung 1: Modell der transformationalen Führung[1]

Auf der Grundlage der transaktionalen Führung hat Bass das Modell der transformationalen Führung aufgebaut und im Konzept des »full range leadership« transformationale und transaktionale Führung zusammengefügt:

	Transaktionale Führung	Transformationale Führung
Grundprinzip	*Gehorsam* Tausch von Belohnungen gegen Leistungen	*Verantwortung* Transformation der Einstellungen der Mitarbeitenden durch die Führungskraft
Verhalten	Zielvorgabe, Befehl und systematische Kontrolle	Befähigung, Mandate und kritische Reflexion
Leistungskultur	Zielvorgaben, systematische Kontrollen, Belohnungssysteme	Klima für Leistungsfreude und Inspiration schaffen, individuelle Anteilnahme pflegen, offen über Ziele und Ergebnisse sprechen, gemeinsame Lern- und Kritikkultur

Abbildung 2: Full range leadership (vgl. Bass 2005)

---

1 Quelle: http://rueetschli.net/wp-content/uploads/2012/02/Transformationale_Fuehrung.png [6.9.2014].

Erst die Kombination beider Führungsstile verspricht die wirkungsvollste Führung (Bass 2005): Die effektivsten Führungskräfte integrieren hohe Aufgabenorientierung und hohe Beziehungsorientierung; sie arbeiten transaktional *und* transformational. Bass hat freilich auch versucht zu unterscheiden, welcher der beiden Ansätze für sich alleine wirkungsvoller ist, und ist zum Schluss gekommen, dass eher transformationale Führungskräfte wirkungsvoller sind als eher transaktionale.

4.3 Dialogische Führung

Das Prinzip der dialogischen Führung (Buber 2014) wird im Rahmen der hier diskutierten transformationalen Führung dargestellt. Eine Führungskraft, die Mitarbeitende »dialogisch« führt, muss fähig sein, in Gesprächen sich auf die Aussagen der Mitarbeitenden einzulassen. Es geht nicht mehr zentral um richtig oder falsch oder das Erteilen von Verhaltenstipps, sondern primär um das Verstehen des Mitarbeitenden, das Interesse an seinen Problemlösungen und Herausforderungen. Dabei ist ein »höheres« Verstehen gefordert, bei dem die Teilnehmenden einen Sachverhalt, ein Problem oder eine Frage aus unterschiedlichen Blickwinkeln zu ergründen und die dahinter zu entdeckenden eigenen und fremden Annahmen zu erkennen suchen. In der dialogischen Gesprächsführung werden die Sichtweisen und Haltungen der anderen beachtet und wird auf Automatismen und vorbewusste Annahmen möglichst verzichtet. Dadurch werden mitunter Erkenntnisse und Entscheidungen erzielt, die nicht vorhersehbar waren.

Unter Dialog wird also eine Denk- und Entscheidungsmethode für Gespräche verstanden, die ein »höheres« Verstehen anstrebt als in Diskussionen üblich. Es geht nicht mehr darum, Wissen zu demonstrieren, sich bedeckt zu halten, und um fixierte Meinungen. Vorurteile sollen keinen Platz haben, auf Machtkämpfe soll verzichtet werden, das Gegenüber darf nicht unter Druck gesetzt werden. Im dialogischen Verständnis fixiert man sich nicht auf ein Ergebnis, es geht nicht ums Gewinnen und Verlieren oder darum, seine eigene Position zu verteidigen. In einem solchen Dialog gelten folgende Grundhaltungen: Ich höre mit voller Präsenz zu und stelle ehrlich zur Verfügung, was ich denke und fühle. Ich zeige Achtung und Respekt und handle unter der Annahme von Gleichwürdigkeit. Im Gespräch werden Möglichkeiten erkundet, es besteht Offenheit für neue Lösungen. Dabei gelten die Maximen: »frei bleiben und frei lassen« und Verschiedenheit zulassen. Die Haltung im dialogischen Prinzip bildet eine gute Grundlage für Führungskräfte, die Mitarbeitenden beim (Weiter-)Entwickeln ihrer kooperativen Fähigkeiten zu unterstützen. Das dialogische Prinzip stellt eine Haltung dar und nicht eigentlich eine Methode, die ohne Weiteres gelernt und angewendet werden kann.

4.4 Führung jenseits formeller Regeln

Durch den Wandel der Arbeitswelt sind Chancen, aber auch neue Risiken für Mitarbeitende und Führungskräfte entstanden. Die bisher häufig gültige Antwort, durch Formalisierungen wie Definition von Arbeitsabläufen, Weisungen und Vereinbarungen Orientierung zu schaffen, greift nicht mehr. Arbeitnehmende fordern heute zu Recht Personenorientierung, Partizipationsmöglichkeiten, überschaubare Arbeits- und Entscheidungsprozesse, flache Hierarchien und das Arbeiten in Projekten.

Der Blick zurück zeigt, dass die Herstellung von Berechenbarkeit eines der zentralen Merkmale moderner Gesellschaften darstellte. Bereits Max Weber (beispielsweise 1964) hat in seinem Bürokratiemodell aufgezeigt, wie durch die Entwicklung des Rechts, der bürokratischen Organisation und der ökonomischen Kalkulation Transparenz und Berechenbarkeit hergestellt werden kann: Moderne Gesellschaften und in unserem Fall »Organisationen« stellen durch wissenschaftliche Forschung Gewissheit her und versuchen, durch Verträge und Leistungsvereinbarungen Berechenbarkeit in sozialen Arbeitsbeziehungen herzustellen. Dieses Herstellen von Gewissheit und die damit verbundene Kontrolle birgt immer die Gefahr der Entmündigung von Arbeitnehmenden. Verantwortung kann nicht alleine an Kontrollierende delegiert werden; dies untergräbt ein selbstverantwortliches Arbeitsverständnis oder widerspricht ihm gar klar. Soziale Beziehungen und Interaktionen sind letztlich nie vollständig kontrollierbar. Gewisses und Ungewisses stehen darin in einer Balance.

Die steigende Komplexität von Arbeitsprozessen bei der Fallbearbeitung in der Sozialen Arbeit, aber auch die – insbesondere im Non-Profit-Bereich – häufig anzutreffende fehlende Standardisierbarkeit von Arbeitsprozessen führt auch heute noch zum Wunsch, über die Formalisierung von Arbeitsprozessen Planbarkeit und transparente Steuerbarkeit herzustellen. Es besteht, insbesondere in Zeiten grosser Veränderungen, der Wunsch, durch formelle Strukturen Klarheit gegen Willkür und nachvollziehbare Regeln der Arbeitsabläufe zu schaffen. Formelle Regeln schaffen Klarheit und Nachvollziehbarkeit und gelten als die anerkannten Teile von Organisationen. Sie erweisen sich aber häufig als wenig flexibel und veränderbar.

Im Folgenden werden deshalb Vertrauen als Ansatz zur Bewältigung von Ungewissheit und Führung des Informellen als mögliches Führungsverhalten vorgestellt, um zu zeigen, wie Organisationen der begrenzten Formalisierbarkeit begegnen können und wie auf diesem Weg zudem die Kooperationskompetenz der Mitarbeitenden gefördert werden kann.

4.5 Vertrauen als Basis von Kooperation

Der Ungewissheit durch Kontrolle stellen wir als Erstes die Bewältigung der Ungewissheit durch Vertrauen gegenüber. Luhmann (2014: 1) bezeichnet Vertrauen als »elementaren Tatbestand sozialen Lebens«. Er unterscheidet zwei Formen von Vertrauen: *Personal- und Systemvertrauen*. Personalvertrauen basiert auf konkreten Erfahrungen in Interaktionen zwischen Personen. Ich vertraue einer Vorgesetzten, da ich sie als verlässlich erlebt habe. Systemvertrauen ist generalisiertes Vertrauen, es bezieht sich also nicht auf zwischenmenschliche Beziehungen, sondern auf Systeme, Organisationen und Medien. Einem Staat, den ich als unberechenbar und intransparent beurteile, werde ich eher Misstrauen entgegenbringen. Systemvertrauen bleibt jedoch immer etwas diffus, da es nicht auf konkrete Interaktionen aufbaut, sondern auf Systeme, die dann aber doch wieder mit Personen in Bezug gesetzt werden. Man vertraut zum Beispiel dem Sozialamt, da dessen Leiterin weitherum geachtet ist und integer handelt. Sie wird stellvertretend für das Vertrauen in das ganze System gesetzt. Böhle et al (vgl. 2014: 33) schlägt deshalb vor, von personalen und systemischen *Dimensionen* des Vertrauens auszugehen. Er will damit ausdrücken, dass Vertrauen aus beiden Aspekten bestehen kann, diese sich aber häufig gegenseitig erst ermöglichen.

Vertrauen ist somit immer ein Wagnis, da es jeweils eine »riskante Vorleistung« (ebd.: 23) erfordert. Axelrod (2005) hat dies systematisch untersucht; er bestätigt, dass Vertrauen zu Beginn einer kooperativen Handlung immer ungewiss ist. Seine Berechtigung bestätigt sich erst in der anschliessenden sozialen Interaktion. Axelrod empfiehlt aufgrund seiner Untersuchungen, sich bei kooperativen Handlungen zu Beginn immer kooperativ zu verhalten, also Vertrauen in das ebenfalls kooperative Handeln des Gegenübers zu zeigen. Erst im Falle der Defektion, also der unkooperativen Reaktion des Gegenübers, empfiehlt er, sich ebenfalls unkooperativ zu verhalten – dies aber nur so lange, bis das Gegenüber sich wieder kooperativ verhält; dann solle man sich sofort, ohne Rachegelüste, kooperativ verhalten. Das Wagnis, Vertrauen zu geben, lohnt sich somit bei kooperativen Handlungen!

Vertrauen im Sinne Luhmanns ist ein Ersatz für fehlende Information, es liegt gewissermassen »jenseits von Gewissheit und Kontrolle« (Böhle et al. 2012: 22). Der klassische ökonomische Zugang zu Vertrauen bringt dieses immer mit einem Lohn in einen Zusammenhang: Vertrauen muss sich lohnen. Wie bei der Kooperation verbirgt sich dahinter die Annahme einer Tauschaktion, die den Beteiligten jeweils individuell nützt. Nun zeigt sich aber aufgrund der immer höheren Komplexität von organisationalem Handeln, dass die in diesem Modell notwendige Kalkulierbarkeit von Risiken gar nicht mehr gegeben, gar nicht mehr zu leisten ist. Vertrauen tritt anstelle der bisherigen Steuerung und Kontrolle. Vertrauen statt Kontrolle wird dann gewählt, wenn der Aufwand für Kontrolle sich nicht mehr lohnt. Es bleibt aber bei der Annahme, dass Vertrauen dann wichtig wird, wenn Informationsdefizite vorhanden sind. Vertrauen dient dazu, Kontrollkosten einzusparen.

Mit diesem ökonomischen Verständnis von Vertrauen wird man aber der deutlich breiteren Dimension von Vertrauen als sozialem Phänomen nicht gerecht (Böhle 2014: 36). Böhle setzt dem ökonomischen Verständnis von Vertrauen das reflexiv-erfahrungsbasierte Verständnis gegenüber. Für diesen Vertrauensbegriff gilt: »Je weniger Informationen, desto mehr Vertrauen ist möglich. Je mehr Informationen, desto weniger Vertrauen ist nötig« (ebd.: 37). Hier wird Vertrauen nicht mit einem Informationsdefizit in Verbindung gebracht, sondern es erscheint als ein Sich-Einlassen auf einen nicht berechenbaren und nicht kalkulierbaren Prozess. Erst in diesem Verständnis, wenn auf Vertrauenskalkulation verzichtet wird, kommt Vertrauen zur Entfaltung und wird zum Wagnis, das man eingeht. Vertrauen jenseits von Kontrolle und Kalkulation meint ein »Sich-auf jemanden-Verlassen« (ebd.: 43). Vertrauen heisst in diesem Verständnis ein situatives Sich-Einlassen, dessen Berechtigung sich erst in der Praxis bestätigt. Indem ich mich als vertrauenswürdig zeige, ermögliche ich dem Gegenüber die Entwicklung einer Vertrauensbeziehung. Vertrauen beruht somit auf einer grundlegenden Orientierung, einer Vorstellung vom Menschsein und, darauf aufbauend, von Handlungserwartungen der anderen und keiner ökonomischen Kalkulation. Es ist somit eine persönliche Haltung damit verbunden, aber auch eine Verpflichtung des Gegenübers, die Erwartung zu erfüllen.

Böhle (vgl. 2014: 55) sieht deshalb folgende Merkmale als Grundlagen zur Herstellung von Vertrauen:

- Vertrauenswürdigkeit als Selbstdarstellung: Mein Verhalten beeinflusst das Vertrauen der andern.
- Reflexiv bewusster Umgang bei der Herstellung von Vertrauen.
- Appell und Verpflichtung: Mein Vertrauen wird zum Appell und zur Verpflichtung des andern und ist so Grundlage einer sozialen Bindung.
- Erfahrungswissen/Gespür: Mein Vertrauen basiert auf meinen bisherigen Erfahrungen.
- Die symbolische Bedeutung materieller Gegebenheiten ist durch Kommunikation zu klären.
- Kooperation basiert auch auf strukturellen Grundlagen und fördert so Kooperation.

Was kann nun die Team- und Organisationsführung dazu beitragen, dass in einem Team, einer Organisation ein reflexiv-erfahrungsbasiertes Klima von Vertrauen wächst? Grob gesagt, geht es darum, dass Führungskräfte Vertrauenswürdigkeit der Organisation herstellen. Das bedeutet konkret, dass organisationale (Ver-)Änderungsprozesse nachvollziehbar ablaufen, dass Arbeitgebende den Erwerb neuer Kompetenzen unterstützen, Arbeitsanforderungen transparent gemacht werden und schliesslich sichere Beschäftigungsverhältnisse bestehen. Wenn all dies gegeben ist, bemühen sich Mitarbeitende, konstruktiv an Veränderungen mitzuarbeiten und den permanenten Wandel produktiv mitzugestalten. Dabei geht es nicht um ein »blindes« gegenseitiges Vertrauen, sondern um Transparenz der komplexen und oft widersprüchlichen Anforderungen, denen Organisationen und Mitarbeitende in Veränderungsprojekten ausgesetzt sind. Erst dieser Austausch und der gegenseitige Einblick helfen, Entscheidungen nachvollziehbar, Prozesse und Zusammenhänge verstehbar zu machen, ohne dass man durch direkte Kontrolle Einfluss nehmen müsste. Eine solche Kooperation ergibt sich somit nicht von selbst, sondern bedarf der aktiven Gestaltung.

Böhle (2014: 90) ergänzt den Diskurs um fördernde Arbeitsbedingungen durch die Aspekte der Leistungsbewertung und Anerkennung, den Einsatz fachlicher und kreativer Fähigkeiten und eine ausreichende Ressourcenausstattung.

4.6 Kooperation im Informellen

Das Informelle ist offiziell in Organisationen nicht vorgesehen. Es steht den formellen Strukturen jedoch nicht gegenüber, sondern ergänzt sie. Beide Formen schliessen sich nicht gegenseitig aus. Aus Sicht der Förderung von kooperativem Verhalten durch Führungskräfte sind – neben den formalen Vorgaben – insbesondere informelle Strukturen sehr bedeutsam. Kooperatives Handeln basiert selten auf langfristig geplanten Absprachen, sondern entsteht als Antwort auf aktuelle Einschätzungen, Verfügbarkeiten und aus häufig spontanen Absprachen. Informelle Strukturen antworten nicht selten auf plötzlich auftauchende Fragen und fehlende Kompetenzen, die durch Kooperationspartner eingebracht werden können. Sie sind somit oft situativ und kontextgebunden, lassen sich also nicht formalisieren und auch nicht durch weitere Flexibilisierungen von Organisationen herstellen. Führung kann allenfalls Freiräume zu Begegnungen im Informellen ermöglichen und Türen zu Kooperationspartnern öffnen. Sie kann solche Kooperation strategisch verankern, aber nicht verordnen. Allerdings muss sie Bedingungen schaffen, die den besonderen Charakter des Informellen schützen und ihm Räume zur Verfügung stellen. »Informelle Kooperation« im alltäglichen Arbeiten besteht häufig aus stillen Leistungen und wird weder gesehen noch gewürdigt.

Bolte und Porschen (2006) haben das mit dem Konzept der »situativen Selbststeuerung« und dem »explorativen Vorgehen« verdeutlicht. Sie unterscheiden »informelle, erfahrungsgeleitete Kooperation im Arbeitshandeln« (ebd.: 52) von formalisierten Kooperationen. Die Form der Kooperation im Informellen basiert nicht auf Absprachen bezüglich Ort, Inhalt und Zeit, sondern findet situativ, selbsttätig statt. »Der Anlass für ein Treffen ergibt sich aus dem aktuellen Kooperationsbedarf und nicht deshalb, weil vor vier Wochen ein Meeting angesetzt wurde« (ebd.: 53). Mit dem Begriff der »Selbststeuerung« betonen die Autorinnen, dass die Mitarbeitenden selbst entscheiden, ob die Aufgabe eine Kooperation notwendig macht. Mitarbeitende müssen fähig sein zu entscheiden, welche Themen sie ansprechen möchten, wo man sich trifft und wer dabei sein soll. Selbststeuerung heisst selbst aktiv werden, Informationen weitergeben, Wissen und Ideen teilen, Fragen gemeinsam erörtern. Damit dies gelingen kann, müssen Mitarbeitende aber wissen, wen sie ansprechen können, wer über welches Wissen verfügt, an welchen Themen die anderen arbeiten. Und sie müssen den Mut aufbringen, eigenes Unwissen transparent zu machen.

Selbstgesteuerte Kooperation ist zudem »explorativ«. Damit ist gemeint, dass in kooperativen Situationen bei der gemeinsamen Suche häufig neue Aspekte auftauchen, die auf den ersten Blick gar nicht erkannt wurden. Über den dialogischen Austausch auf der Suche nach Problemlösungen eröffnen sich somit bisher unbekannte Positionen anderer Berufsgruppen.

4.7 Das Informelle organisieren?

Die bürokratische Organisation, wie sie von Weber gefordert wurde, ist in Organisationen der Sozialen Arbeit grösstenteils überwunden und einer prozessorientierten Form gewichen. Mit andern Worten: Die Erbringung der Arbeitsinhalte steht im Zentrum und nicht mehr die Struktur oder die Einhaltung der Struktur. Sich verändernde Rahmenbedingungen wie beispielsweise der neue Finanzausgleich oder veränderte gesetzliche Rahmenbedingungen wie das neue Kindes- und Erwachsenenrecht erfordern ständige Anpassungen der betrieblichen Prozesse. Bei diesen Veränderungen, die sich meist auf struktureller Ebene abspielen, geraten aber häufig Qualifizierungen der Mitarbeitenden und die Organisation der Arbeit aus dem Blickfeld. Während zusätzliche Qualifizierungen von Mitarbeitenden strukturell mit Bildungsangeboten erfasst werden können, zeigt sich bei den Arbeitsprozessen eine begrenzte Planbarkeit. Steht zudem das Freisetzen von Innovationspotenzial im Zentrum von Veränderungen, so ist das Akzeptieren von struktureller Offenheit und eine »tendenzielle Nichtbeherrschbarkeit betrieblicher Prozesse« (Bolte/Porschen 2006: 65) anzuerkennen. Dazu zählt insbesondere die Soziale Arbeit mit ihren nicht standardisierbaren Situationen. An Führungskräfte stellt sich die Herausforderung, restriktive Arbeitsorganisation und zentralisierte Steuerung zu überwinden und durch weniger plan- und steuerbare Strukturen zu ersetzen. Wir werden im Folgenden, teilweise basierend auf Ideen von Bolte und Porschen (2006), einige Ideen skizzieren, wie dies konkret in Organisationen der Sozialen Arbeit durch Führungskräfte umgesetzt werden kann.

4.8 Personale Netzwerke in Organisationen

Organisationen können gezielt das Bilden von internen formalen und informellen Netzwerken unterstützen. Hier interessieren uns vor allem die informellen Netzwerke. *Personale Netzwerke* in Organisationen unterstützen die Anforderungen an informelle Arbeitsprozesse besonders, da sie kurze Wege, flexible Arbeitserledigung, soziale Kontakte und viele Lernfelder ermöglichen. Da sie nicht hierarchisch strukturiert sind, ermöglichen sie kreative Leistungen und Innovationen. Bereits Granovetter (1973) und später Burt (1995) haben mit den *weak ties*, den losen Netzwerken – im Gegensatz zu den etablierten, starken Beziehungen *(strong ties)* – auf den Nutzen für Innovationen und Diffusionsprozesse hingewiesen, der sich über kurze, informationsintensive Kontakte ergibt. Personale Netzwerke basieren auf Vertrauen, persönlichen Kontakten und Beziehungen. Eigentlich sind personale Netzwerke in Organisationen nichts anderes als die arbeitsbezogene Verdichtung von persönlichen Kontakten. Sie stehen den organisationalen Strukturen nicht entgegen, sondern werden durch diese begünstigt. Organisationale Strukturen liefern durch ihre Klarheit den verlässlichen Rahmen, aus dem sich personale Netzwerke bilden können. Führungskräfte in Organisationen können informelle Netzwerke nicht eigentlich kreieren, sie können aber den »Sinn für die Dynamik von Netzwerken« (Bolte/Porschen 2006: 85) schärfen und ihnen Legitimation zuerkennen. Blunk (2003) hat einige Fragen aufgelistet, die man sich stellen sollte, bevor man in ein Netzwerk eintritt: Wer bin ich? Was kann ich? Wer sind die andern? Was können sie? Was wollen wir gemeinsam erreichen? Sind wir auf dem Weg zu etwas Neuem? Ergänzen wir uns gegenseitig, um zu etwas Neuem zu kommen? Personale Netzwerke sollen weniger Bestehendes zementieren als neue, unbekannte Schritte ermöglichen!

Die Grundlagen von personalen Netzwerken können zum Teil strukturell gelegt werden. So bilden gemeinsame Weiterbildungen und Trainingsveranstaltungen mit der Möglichkeit organisationsübergreifender Teilgruppen neue Kontaktmöglichkeiten. Auch gemeinsame Feiern, Sportangebote, Kulturgruppen u.Ä. unterstützen formal die informellen Kontakte und können Basis personaler Netzwerke sein. Bekannt sind weiter überorganisationale Projektarbeiten, fallspezifische Supervisionen, Lerngruppen der Auszubildenden sowie gemeinsame Einführungsveranstaltungen für neue Mitarbeitende und Hospitationen in anderen Organisationsteilen. Bewährt haben sich auch Tandems mit unterschiedlichem professionellem Hintergrund, die gemeinsam ein Arbeitspaket bearbeiten respektive für einen Klienten oder eine Klientin zuständig sind.

Hier sind Führungskräfte gefragt, die darauf achten, dass solche Angebote genutzt werden und nicht in der Hektik des Alltags untergehen.

Die Anerkennung des Informellen durch Führungskräfte erfordert eine Veränderung der bisherigen Überzeugungen. Das Informelle wirkt immer etwas zu »psychosozial«, seine funktionale Bedeutung wird eher negiert. Vielfach werden Organisationen vor allem dann als effizient betrachtet, wenn sich die Leistungen »berechnen, planen und formalisieren lassen« (Bolte/ Porschen 2006: 151). Führungskräfte können aber durch eigenes Verhalten zeigen, wie wichtig ihnen informelles Kooperieren ist.

Literatur

Axelrod, Robert (2005): Die Evolution der Kooperation. München: Oldenbourg.
Baecker, Dirk (1994): Postheroisches Management – ein Vademecum. Berlin: Merve.
Bass, Bernard M. (1994): Improving organizational effectiveness through transformational leadership. Thousand Oaks: Sage.
Bass, Bernard M. (2005): Transformational Leadership. Thousand Oaks: Sage.
Blunk, Hans C. (2003): Weshalb die Netzwerk-Idee grossartig ist. In: Brand 1, 5. Jg., Heft 3, S. 70.
Böhle, Fritz (2012): Von der Beseitigung und Ohnmacht zur Bewältigung und Nutzung. Neue Herausforderungen und Perspektiven im Umgang mit Ungewissheit. In: Böhle, Fritz (Hrsg.), Management von Ungewissheit. Neue Ansätze jenseits von Kontrolle und Ohnmacht (S. 13–37). Bielefeld: transcript.
Böhle, Fritz./Bolte, Annegret/Huchler, Norbert/Neumer, Judith/Porschen-Hueck, Stephanie/Sauer, Stefan (2014): Vertrauen und Vertrauenswürdigkeit. Wiesbaden: Springer VS.
Böhle, Fritz/Bürgermeister, Markus/Porschen, Stephanie (2012): Innovation durch Management des Informellen: künstlerisch, erfahrungsgeleitet, spielerisch. Berlin: Springer Gabler.
Bolte, Annegret/Porschen, Stefanie (2006): Die Organisation des Informellen. Modelle zur Organisation von Kooperation im Arbeitsalltag. Wiesbaden: VS Verlag für Sozialwissenschaften.
Buber, Martin (2014): Das dialogische Prinzip (13. Auflage). Gütersloh: Gütersloher Verlagshaus.
Burt, Ronald S. (1995): Structural holes – The social structure of competition (Neuauflage). Cambridge: Harvard University Press.
Frey Dieter (1994): Auf der Suche nach Spitzenleistungen mit Menschenwürde. In: Maelicke, Bernd (2004), Führung und Zusammenarbeit. Baden-Baden: Nomos Verlagsgemeinschaft.
Granovetter, Mark S. (1973): The Strength of Weak Ties. In: American Journal of Sociology Vol. 78, Nr. 6, S. 1360–1380.
Grote, Sven (Hrsg.) (2011): Die Zukunft der Führung. Berlin: Springer Gabler.
Handy, Charles (1990): The Age of Unreason. Boston: Harvard Business School Press.
Hochuli Freund, Ursula/Stotz, Walter (2011): Kooperative Prozessgestaltung in der Sozialen Arbeit. Stuttgart: Kohlhammer.
Kotter, John P. (1990): A force for a change: how leadership differs from management. New York: Free Press.

Lotmar, Paula/Tondeur, Edmond (2014): Führen in sozialen Organisationen (7. durchgesehene Auflage). Bern: Haupt.
Lyotard, Jean-Francois (2009): Das postmoderne Wissen. Wien: Passagen-Verlag.
Luhmann, Niklas (2014): Vertrauen. Ein Mechanismus der Reduktion sozialer Komplexität (5. Auflage). Konstanz: UVK (UTB).
Merten, Ueli/Roth, Claudia (Hrsg.) (2014): Praxisausbildung konkret: Am Beispiel des Bachelor in Sozialer Arbeit der Fachhochschule Nordwestschweiz FHNW. Opladen: Verlag Barbara Budrich, 2014
Mintzberg, Henry (2011): Managen. Offenbach am Main: Gabal.
Müller-Schöll, Albrecht/Priepke, Manfred (1992): Sozialmanagement. Zur Förderung systematischen Entscheidens, Planens, Organisierens, Führens und Kontrollierens in Gruppen (3. Auflage). Neuwied: Luchterhand.
Weber, Max (1964): Wirtschaft und Gesellschaft: Grundriss der verstehenden Soziologie. Köln: Kiepenheuer und Witsch.

Intraprofessionelle Kooperation und Teamarbeit – eine Herausforderung

Ueli Merten

Die Soziale Arbeit leistet ihren Auftrag vornehmlich in intra- und interprofessioneller Kooperation. Der folgende Beitrag fokussiert auf Faktoren, welche die Kooperationsfähigkeit in Teams fördernd beeinflussen. Einleitend wird gezeigt, wie sich die Bedeutung von Teamarbeit in sozialen Organisationen entwickelt hat, und es werden Brennpunkte und Spannungsfelder effizienter und effektiver Teamarbeit diskutiert. Ausführungen zum Begriff »Team« und Gedanken zu strategischen, strukturellen und kulturellen Merkmalen eines Teams führen zu den Wirkfaktoren eines leistungsfähigen Teams. Ein besonderes Augenmerk gilt der Bedeutung der Rollendifferenzierung und der Problemlösungssystematik. Zum Schluss befasst sich der Beitrag mit der Notwendigkeit kontinuierlicher Teamentwicklung und der Fähigkeit zur Kooperation in der Teamarbeit.

1 Einleitung

In den Praxisfeldern der Sozialen Arbeit wird professionelles Handeln in Dienstleistungsorganisationen weitgehend in auftragsorientierter Teamarbeit geleistet. Unter einem Team verstehen wir eine Gruppe von Fachpersonen, die bei gegenseitiger Anerkennung und Nutzung der einzelnen fachlichen und personalen Kompetenzen und Spezialisierungen ihr kreatives und kooperatives Potenzial für die Erreichung eines gemeinsamen Zieles oder einer gestellten Aufgabe einsetzt. Es ist ein spezifisches Merkmal der Sozialen Arbeit, dass die Komplexität der Problemstellungen und die doppelte Aufgabe der Beeinflussung des Klientensystems und derjenigen des Hilfssystem in besonderem Masse die Fähigkeit erfordern, mit Vertreterinnen und Vertretern der eigenen und fachfremder Professionen in der eigenen Organisation zu kooperieren, um entsprechend ganzheitliche Problemlösungen zu initiieren und zu koordinieren (vgl. Heiner 2010: 472).

Teams gewinnen in Organisationen an Bedeutung und damit auch Bemühungen, diese Teams möglichst effizient und effektiv zu machen. Die wachsende Erkenntnisse, dass gut funktionierende Teamarbeit kein »Selbstläufer« ist, führt zur Investition in Teamreflexion und Teamentwicklung, Massnahmen, die zum Ziel haben, die Zusammenarbeit im Team und dadurch die Leistungsfähigkeit zu verbessern sind populär und ein Markt für Berater. (Kauffeld 2001: 1)

Die Entwicklung in sozialen Organisationen ist gekennzeichnet durch eine Zunahme von operativen, teilautonomen Einheiten mit dezentral definierten Handlungs- und Entscheidungsspielräumen und einem hohen Mass an Selbststeuerung. Dies ist begründet in einem Paradigmenwechsel von der bürokratischen, funktionalen zur flexiblen, teamorientierten Organisation. Dieser Wandel – hin zur Anerkennung der Leistungskraft von qualifizierten Teams – erklärt sich vor allem aus folgenden Faktoren:

- Veränderungen der Strukturen in sozialen Organisationen durch die Einführung neuer Managementmodelle, Hierarchieabflachung, Reduzierung von Führungsebenen und Dezentralisation von Entscheidungsspielräumen an die Basis;
- breiterer Zugriff auf das Leistungsvermögen, das Engagement und die Selbststeuerungs- und Abstimmungsfähigkeiten der Mitarbeitenden;
- gestiegene Bedeutung der Eigeninitiative und Innovationskraft und zunehmend geforderte Bereitschaft, Entscheidungs- und Handlungsverantwortung zu übernehmen;
- Erkenntnis, dass zwischen Leistung und Arbeitszufriedenheit ein klarer Zusammenhang besteht;
- wachsender Anspruch der Mitarbeitenden, die Arbeitsumgebung mitzugestalten, Wunsch nach Partizipation bei der Entscheidung von klientenbezogenen Entwicklungsprozessen;
- gestiegene Professionalisierung und Kompetenzorientierung in Ausbildung und Weiterbildung (vgl. ebd.: 4f).

Balz und Spiess (2009) zeichnen ein positives Bild von Teamarbeit in der Sozialen Arbeit, das sich auszeichnet durch ein Gefühl der Gemeinsamkeit, eine spontan hohe Kooperationsbereitschaft, durch regelmässige Kommunikation und Interaktion, partnerschaftliche Koordination, klare Führungs- und Aufgabenverteilung, gegenseitige Wertschätzung und ein Klima des Vertrauens und der Bereitschaft, die eigenen Interessen den gemeinsamen Aufgaben unterzuordnen (vgl. ebd.: 15).

Versteht man *Teamarbeit* als die kooperative, zielorientierte Arbeit von zwei bis acht Fachleuten, die bei Integration unterschiedlichen Fachwissens und unterschiedlicher Kompetenzen nach bestimmten, gemeinsam festgelegten Regeln und Strukturen gemeinsam an einer definierten komplexen Aufgabe, an einem Projekt oder an einem Problem arbeiten (vgl. Gellert/Nowak 2004: 23), ist Teamarbeit dann besonders sinnvoll, wenn

- komplexe Vorgaben verwirklicht und anspruchsvolle Probleme kreativ gelöst werden sollen;
- fachlich übergreifende Erfahrungen und Kompetenzen aus verschiedenen Professionen benötigt werden;
- Handlungsspielräume vielschichtig sind und die Selbststeuerung gross ist;
- Synergieeffekte zu erwarten sind und genutzt werden können und

- die Kommunikations- und Verhandlungskompetenz ausgeprägt ist (vgl. Baldegger 2004: 13).

Demgegenüber sind verschiedene Brennpunkte und negative Einflussfaktoren festzumachen, die effiziente und effektive Teamarbeit behindern beziehungsweise verhindern können:

- Unklarheit bei Auftrags- und Handlungszielen;
- zu wenig konsequent definierte Handlungs- und Entscheidungsspielräume und unklare Entscheidungsregelungen;
- mangelhafte Unterstützung durch das Management;
- Vermischung der verschiedenen Phasen von Problemlösungsprozessen;
- Schuldzuweisungen statt Lösungsorientierung;
- schlechte Informations- und Kommunikationsstruktur;
- fehlende konstruktive Feedback- und Konfliktkultur;
- fehlende Kooperationsfähigkeit, ungeklärte Rollendifferenzierung;
- ungeeignete Organisationstrukturen und fehlende Zeitressourcen;
- mangelhafte Teamzusammensetzung und ungenügende Kompetenzen und Qualifikationen im Team;
- unqualifizierte Führungskräfte;
- Profilierungssucht einzelner Mitarbeiter und Mitarbeiterinnen.

Teams sind komplexe und sozial empfindliche Gebilde, die nicht *einfach so* gut funktionieren, sie bedürfen der Entwicklung, Pflege, Überprüfung und Bewusstmachung der dabei ablaufenden Prozesse und Einflussfaktoren. Die Anforderung in Teams zu kooperieren, zeigt sich vermehrt auch in fachlichen Konzepten, da in inter- und intraprofessionellen Teams durch Kooperation die Folgen professioneller Ausdifferenzierung und Spezialisierung kompensiert werden müssen. Man spricht hier von der Paradoxie »interner Ausdifferenzierungsprozesse« auf der organisationalen Ebene. Auf der einen Seite stehen die Spezialistinnen und Spezialisten mit ihrem eigenen Autonomieanspruch. Es entstehen so einzelne Organisations- oder Funktionseinheiten, die sich »vornehmlich an sich selbst orientieren und somit der Logik der funktionalen Differenzierung immer mehr Raum geben«. Auf der anderen Seite ist die Bearbeitung komplexer Fälle durch einzelne spezialisierte Funktionssysteme auf eine Zusammenarbeit mit anderen Funktionssystemen angewiesen. Die »Paradoxie funktionaler Differenzierung liegt daher in der Gleichzeitigkeit von Autonomie und Abhängigkeit von organisierten Teilsystemen«. So wird die Fähigkeit zur Kooperation in intra- und interprofessionellen Teams durch Entwicklungs- und Innovationsinstrumente gefordert, um die Hürden der neuen komplexen Anforderungen der Sozialen Arbeit zu meistern (vgl. Bauer 2011: 342ff.). Damit sind gut funktionierende Teams in professionell geführten Organisationen Garantie für die geforderte Effizienz und Effektivität in der Zielerreichung. Als »Problemlösungsformationen der (nahen) Zukunft« (Schneider/Knebel 1995), als »Verbindungsglied zwischen Individuum und Organisation« und als »integrativer Ort der sozialen Balance- und Kontrollmechanismen« (Königswieser und Heintel 1998) gewinnen Teams immer mehr an Bedeutung, denn sie haben Einfluss auf den Informationsstatus, auf die gegenwärtigen Annahmen über die Organisation und sich selbst, auf das akkumulierte Wissen über die Anforderungen der Arbeit, den affektiven Status einschliesslich der Einstellungen, Werte und Emotionen der Teammitglieder sowie das Verhalten von Mitarbeitenden in der Organisation.

2 Team: Definition, Merkmale, Spannungsfelder

Für die Faszination und Attraktivität von kooperativer Teamarbeit gibt es eine zweifache Erklärung: Die Organisation in Teams als teilautonome Einheiten wird dem gestiegenen Komplexitätsgrad der Arbeitsprozesse, den Anforderungen an Flexibilität, Variabilität und abgestimmter Koordination und den zunehmend ausdifferenzierten und spezialisierten Aufgaben in den psychosozialen Berufen besser gerecht als traditionelle Organisationsstrukturen. Das Installieren von qualifizierten, selbstgesteuerten Teams wird als vielversprechende Antwort auf die Verknappung der Ressourcen durch politische Sparmassnahmen und den offenen Markt sozialer Dienstleistungen gesehen und scheint dem »erhöhten Effektivitäts- und Effizienzdruck sowie den gestiegenen Qualitätsanforderungen in sozialen Organisationen« Rechnung zu tragen (vgl. Balz/Spiess 2009: 14).

Die Herausgeberschaft versteht das Team als *leistungsstarke Arbeitseinheit mit einer (auftragsbezogenen) Anzahl ausgewählter Personen, die – in interdependenter Beziehung zueinander stehend – in einem umschriebenen Zeitrahmen, innerhalb definierter Strukturen und beschriebener Prozesse durch gemeinsam geplantes Handeln ein gemeinsam vereinbartes Leistungsziel erreichen will, ohne die individuellen Entwicklungsziele der Mitarbeitenden aus den Augen zu verlieren. Das Team verfügt über komplementäre Kompetenzen und entwickelt eine Arbeitsstrategie, für welche die Teammitglieder gemeinsam die Verantwortung übernehmen.*

Sucht man nun nach relevanten Merkmalen eines erfolgreichen Teams, scheinen vorerst fünf Elemente auf:

- Teamarbeit und Teamleistung orientiert sich an *Zielen*, an *Aufträgen*, an *Aufgaben*.
- Erfolgreiche Teams vollbringen ausserordentliche *Leistungen*, auch unter schwierigen Bedingungen.
- Die Mitglieder fühlen sich für die Arbeit *verantwortlich*, sie erörtern offen Probleme, die ihnen im Weg stehen, und organisieren sich selbst.
- Teams bzw. ihre Mitglieder erleben ihren Auftrag, ihre Funktionen und die daraus resultierenden Aufgaben und Rollen als *Herausforderungen*.

Intraprofessionelle Kooperation und Teamarbeit

- Erfolgreiche Teams *denken, gestalten und entscheiden* in ihrer Organisationen entwicklungsorientiert mit.

Baldegger ergänzt um weitere Hauptmerkmale:

- Ein Team hat ein genügend hohes Mass an Freiheit bezüglich Selbstorganisation, Selbststeuerung und Querinformation.
- Das Prozessdenken hat eine hohe Bedeutung, Kästchendenken ist wenig gefragt.
- Es bestehen ein Klima der Offenheit und des Vertrauens sowie ein direkter und konstruktiver Umgang miteinander bei Konflikten.
- Die Intensität der Zusammenhaltens und Mitverantwortung für die gemeinsame Aufgabe und die Erreichung des Zieles ist hoch (Baldegger 2004: 10).

2.1 Merkmale eines Teams

Wir haben es in einem Team immer mit einer ausgewählten Anzahl von (Fach-) Personen zu tun, die durch gemeinsames geplantes Handeln vorgegebene oder gemeinsam entwickelte auftragsbezogene Ziele zu erreichen suchen. Verbindet diese Gruppe Pflichtbewusstsein, Leistungsfähigkeit und Kompetenzen mit den Zielen und Strukturen einer Organisation, entsteht ein »Team«, das sich in seiner Arbeitsorganisation durch *Variabilität, Autonomie* und *Kooperationsfähigkeit* auszeichnet. Es ist nützlich, die Erfolg versprechenden Merkmale eines Teams (vgl. Kriz/Nöbauer 2003: 21), im Sinne von Gemeinsamkeiten, genauer zu erörtern. Als Orientierungshilfe greifen wir das Trilogie-Konzept (Steiger/Lippmann 2008; Baldegger 2004) auf, das den Zusammenhang zwischen Strategie, Struktur und Kultur von Teams im Kontext der Organisation als wechselseitiges Abhängigkeitsverhältnis beschreibt:

Merkmale der Strategie von Teams

Gemeinsame Ziele: Geteilte Ziele werden von allen Teammitgliedern anerkannt oder gemeinsam entwickelt. Die Hauptziele umfassen den Grundauftrag eines Teams (Organisationsorientierung), daneben gibt es persönliche Ziele, die zu erreichen das Team und jedes Teammitglied ein besonderes Interesse haben. Richtung und Stärke eines entwickelten Teams sind abhängig vom Einverständnis der Mitglieder mit Blick auf das Hauptziel und von ihrer Bereitschaft, ihre persönlichen Ziele in den Dienst des Hauptziels zu stellen.

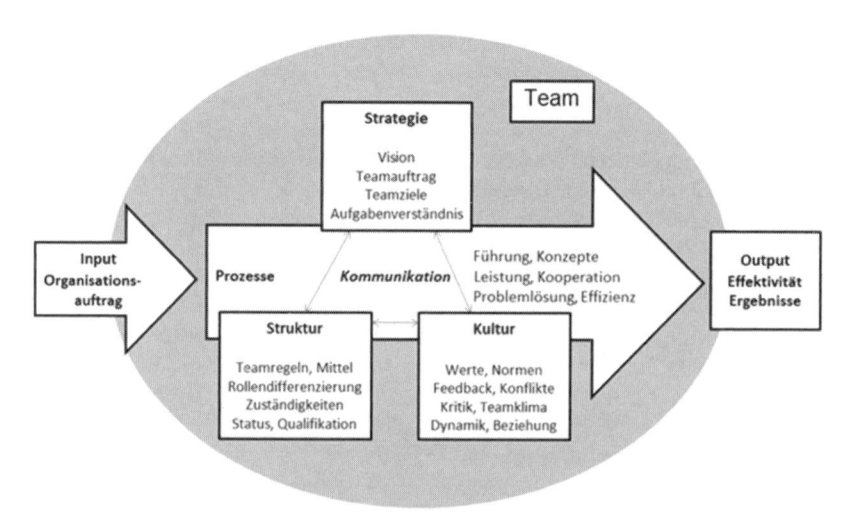

Abbildung 1: Team-Modell (eigene Darstellung)

Weiter unterstützt ein ausgeprägtes Mass an innerem Zusammenhalt und Engagement für die Teamleistungsziele aufgrund einer gemeinsamen Aufgabenorientierung und eines spezifischen Existenzzwecks, den das Team im Rahmen der Vorgaben selbst definiert. Der gemeinsame Arbeitsansatz und die kontinuierliche Kontrolle der Arbeitsabläufe ist für jedes Team ein weiterer Prüfstein seiner Leistungsfähigkeit. Ein Team ist ferner imstande, über das Erschliessen von Synergien Leistungen zu erzielen, die über die Summe der Beiträge der einzelnen Mitglieder hinausgeht.

Es besitzt Entscheidungsstrategien und die Flexibilität, diese Strategien den sich verändernden Situationsbedingungen anzupassen. Dem Team stehen schliesslich auch angemessene Problemlösungsstrategien zu Verfügung.

Merkmale der Struktur eines Teams

Die Aufhebung der Trennung zwischen denen, die denken und entscheiden, und denen, die umsetzen und ausführen, dank ressourcenorientierter Arbeitsteilung und Mechanismen der kollektiven Selbstregulation ist ein Merkmal der Struktur eines Teams. Die Macht über Regeldefinitionen und die Ressourcen werden im Team gleichmässig verteilt. Ein gut entwickeltes Team hat die Anforderungen wie Arbeitsabläufe, Verantwortlichkeiten, Kontrolle, Führungsansprüche, Arbeitsstil, Organisation und Rollenverständnis auf struktureller Ebene geregelt. Die Strukturen des Teams sind abgestimmt auf die zu lösenden Aufgaben; individuelle Fähigkeiten und Teilaufgaben werden ohne viele Worte sinnvoll koordiniert. Teammitglieder mit Führungsansprüchen haben gelernt, Rücksicht aufeinander zu nehmen und Rivalitäten, Konkurrenzdenken und Aggressionen aus dem Teamleben zu verbannen bzw. die dahinterliegenden Themen zu klären. Das Team hat es geschafft, flexibel, einfühlsam, methodisch, ressourcenorientiert und zielbewusst zu arbeiten, und strebt ein gleichberechtigtes Nebeneinander von individueller und wechselseitiger Verantwortung an. Weiter werden Aufgaben, Führungsfunktionen, Zuständigkeits- und Verantwortungsbereiche für die gemeinsame Arbeit geteilt und definiert. Alle Teilnehmenden partizipieren aktiv an der Teamarbeit. Führungspositionen und -funktionen sind geklärt, transparent und kompetent besetzt.

Drei bis sechs Teammitglieder werden je nach definiertem Auftrag und Unternehmensziel als ideale Grösse eines Teams betrachtet. Handlungsfähigkeit und Überschaubarkeit sind führungsbezogen wichtige Grössen.

In einem Team besteht zudem ein Netz von mehr oder weniger deutlich definierten Rollenbeziehungen (formelle und informelle Rollen), die das Verhalten und die Aufgaben und Leistung der einzelnen Mitglieder bestimmen. Diese Rollen sind klar definiert und offiziell anerkannt: Jedes Teammitglied weiss, was es vom Inhaber beziehungsweise von der Inhaberin einer bestimmten Rolle zu erwarten hat; ebenso wissen die Rollentragenden, welche Verhaltensweisen die anderen von ihnen erwarten. Im Zusammenhang mit der Rollendifferenzierung eines Teams kommt es zu einer Differenzierung des Status der einzelnen Teammitglieder, was wiederum deren gegenseitiges Verhalten beeinflusst. Es gibt in jedem Team ein Rangsystem mit hohen und niedrigen Positionen, das heisst es gibt unterschiedliche Bewertungen und Anerkennungen der einen durch die anderen Teammitglieder. Einen formellen Status verleiht die Organisation mit der Vergabe von Positionen, Funktionen und Rollen. Informellen Status erhalten die Mitglieder durch ihr tatsächliches Verhalten, wie es von den anderen Teammitgliedern erlebt wird. Jedes erfolgreiche Team hat die qualifizierten Mitarbeitenden, die es braucht, um die vereinbarten Auftragsziele zu erreichen.

Merkmale der Kultur eines Teams

Teams und Organisationen einigen sich über bestimmte Werte und Normen, die das Verhalten ihrer Mitglieder zumindest in solchen Situationen bestimmen, in denen die speziellen Belange des Teams oder einer Organisation betroffen sind. Die Einhaltung solcher Gruppennormen wird durch eine Vielfalt von direkten und indirekten Sanktionsmustern gewährleistet. Diese Werte- und Normenpalette wird in einem erfolgreichen Team kontinuierlich reflektiert.

Dabei entwickelt jedes Team seinen besonderen (Team-)Geist. Im Idealfall bewirkt er Offenheit zwischen den Mitgliedern und gegenseitige Freude und Motivation. Die Mitglieder identifizieren sich mit dem Team, dem Auftrag und den Strukturen; Erfolg oder Misserfolg überträgt sich auf ihre Stimmung, und sie werden mit ganzer Kraft die Interessen ihres Teams zu wahren suchen. Es herrscht ein Klima, in dem die Mitglieder Vertrauen zueinander fassen, persönliche Schwierigkeiten offen besprechen und bereit sind, Risiken einzugehen.

Ein Team ist seiner Qualität und Leistungsfähigkeit nach mehr als die Summe seiner Mitglieder. Es hat die Fähigkeit der Synergie im Sinne einer kollektiven Dynamik, die gezielt aufgebaut und nutzbar gemacht werden kann. Teammitglieder stehen in wechselseitigen, interdependenten Beziehungen zueinander. Persönlicher Kontext, Kommunikationsstrukturen, Wahrnehmungen, gruppendynamische Aspekte, Rollen- und Statusgefüge beeinflussen diese Beziehungen massgebend.

Weiter anerkennt ein erfolgreiches Team die innovative Kraft von Konflikten, es hat seine Grundeinstellung zu Konflikten geklärt und sich auf eine systematische Konfliktlösungssystematik geeinigt. Erfolgreiche Teams vereinbaren differenzierte Kommunikationsstrukturen und -gefässe, die auftragsbezogene Austausch-, Abstimmungs- und Entscheidungsprozesse gewährleisten; sie fordern kontinuierliche Teamreflexionen ein und ermöglichen institutionalisierte Teamentwicklungsprozesse. Das Tagesgeschäft und Grundsatzfragen sowie Abwicklungsgeschäfte und Entwicklungsaufgaben werden systematisch getrennt.

3 Leistungsfaktoren eines effizienten und effektiven Teams

Wenn wir den Kompetenzbegriff im Einleitungsartikel dieser Publikation zurate ziehen wollen, kann die »Leistungsfähigkeit«, die Kompetenz eines Teams verstanden werden als sein Vermögen, in einer bestimmten Handlungssituation teambezogene Ressourcen und Fähigkeiten entsprechend den Umweltanforderungen einzusetzen (vgl. Hof 2002: 159). *Die Leistungskraft des Teams* wird verstanden als *teambezogene Disposition,* die dazu befähigt, Handlungssituationen in enger Wechselwirkung mit gesellschaftlichen Erwartungen (Normen/Werte), Rahmenbedingungen und Ressourcen zu bewältigen. Eine Kompetenz wird durch Wissen, Fähigkeiten (Können) und Einstellungen/Haltungen fundiert und in Abhängigkeit von motivationalen/ volitionalen Aspekten in bestimmten Situationen als Performanz realisiert. Dabei lässt die beobachtbare Leistung (Performanz) gewisse Schlüsse auf die zugrunde liegende Kompetenz zu (vgl. Gerber/Markwalder/Müller 2011).

Um effiziente und effektive Teamleistungen realisieren zu können, müssen verschiedene Rahmenbedingungen und Strukturen erarbeitet werden. Ein gutes Team braucht ein gewisses Mass an Autonomie und einen Auftragsrahmen mit definierten Entscheidungs- und Handlungsspielräumen, eine klare Rollenverteilung und Funktionsbeschriebe, präzise Zielvorgaben und eine Partizipation an der Zielformulierung, eine direkte, wechselseitige und reibungsarme Kommunikation und entsprechende Kommunikationsgefässe, gegenseitige Wertschätzung und Anerkennung von fachlichen und persönlichen Aspekten; was es weiter braucht, ist eine Teamführung, die ihre Funktion als Dienstleistungsfunktion versteht, Rückhalt in der eigenen Organisation und Leistungs- und Erfolgserlebnisse (vgl. Grunwald/Steinbacher 2013: 1025).

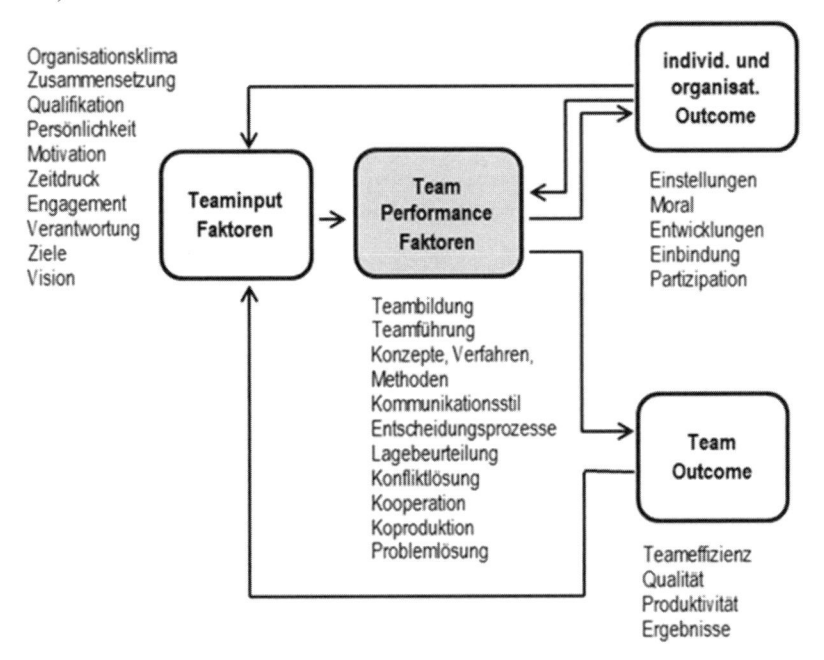

```
Organisationsklima                                              individ. und
Zusammensetzung      ─────────────────────────────────→         organisat.
Qualifikation                                          ─┐       Outcome
Persönlichkeit           ↓                              │
Motivation                                              │
Zeitdruck           ┌──────────┐     ┌──────────┐  ←────┤       Einstellungen
Engagement          │ Teaminput│ →   │   Team   │       │       Moral
Verantwortung       │ Faktoren │     │Performance       │       Entwicklungen
Ziele               └──────────┘     │ Faktoren │       │       Einbindung
Vision                   ↑           └──────────┘               Partizipation
                         │
                    Teambildung
                    Teamführung
                    Konzepte, Verfahren,
                    Methoden
                    Kommunikationsstil
                    Entscheidungsprozesse  ────→        ┌──────────┐
                    Lagebeurteilung                     │   Team   │
                    Konfliktlösung                      │  Outcome │
                    Kooperation                         └──────────┘
                    Koproduktion
                    Problemlösung
                                                        Teameffizienz
                                                        Qualität
                                                        Produktivität
                                                        Ergebnisse
```

Abbildung 2: Faktoren der Teamleistung (eigene Darstellung in Anlehnung an Helmreich und Schäfer 1994)

Teamleistung wird in diesem Sinne beeinflusst durch organisationale Umweltbedingungen, durch die Merkmale des Teams und seiner Mitglieder und durch die ihnen übertragene Aufgabe selbst.

3.1 Die zwölf Teamverstärker nach Francis und Young

Francis und Young (1998) haben zwölf Merkmale bestimmt, die es erlauben, die Ressourcen und Brennpunkte eines Teams herauszukristallisieren. Diese Einflussfaktoren werden Teamverstärker genannt, weil sie, wenn sie vorhanden und gut entwickelt sind, Energien freisetzen und dem Team Leistungsfähigkeit verleihen (vgl. Baldegger 2004: 15). Wenn ein Verstärker nicht funktioniert, hemmt dies das Team in seiner Entwicklung und Effektivität. Diese Hemmung erscheint als Widerstand. Ein reifes, leistungsfähiges Team entwickelt sich erst nach und nach, nachdem es Probleme gelöst, Beziehungen vertieft und Rollen geklärt hat. Francis und Young haben Fragebogen (1998: 55) und Übungen entwickelt, die eng an die Problemsituationen der täglichen Praxis angelehnt sind und gute Möglichkeiten aufzeigen, solche Brennpunkte und Defizite eines Teams aufzuarbeiten und diskussionsfähig zu machen.

1. *Führung:* Die Teamverantwortlichen haben das Talent und die Bereitschaft, mit dem Team eng zusammenzuarbeiten und Zeit für dessen Entwicklung aufzubringen. Sie betrachten Führung als Dienstleistung am Team, gleichzeitig als kollektive Aufgabe. Nicht nur der Vorgesetzte, sondern auch jedes einzelne Teammitglied hat die Chance, Führungsfunktionen zu übernehmen, wenn sein spezielles Wissen und Talent (Kompetenzen) gefragt ist.
2. *Qualifikation und Zusammensetzung:* Die Teammitglieder sind für ihre Arbeit qualifiziert und können ihre Fähigkeiten und Fertigkeiten so ins Team einbringen, dass eine ausgewogene Mischung aus Fachwissen, Handlungswissen, Talent und Persönlichkeit entsteht.
3. *Engagement:* Die Teammitglieder identifizieren sich mit den Zielen, dem Auftrag und den Absichten (intendierte Zusammenarbeit) des Teams. Sie sind gewillt, ihre Kräfte in die Entwicklung des Teams zu investieren und die anderen Teammitglieder zu unterstützen. Auch ausserhalb des Teams fühlen sie sich miteinander verbunden und wissen die Interessen ihres Teams zu vertreten.
4. *Klima:* Im Team herrscht ein Klima, in dem sich die Teammitglieder wohlfühlen; sie können offen und direkt miteinander kommunizieren und sind bereit, sich auch auf Risiken einzulassen.
5. *Leistungsniveau:* Das Team formuliert und kennt seine Ziele und hält sie für erreichbar und erstrebenswert. Die Teammitglieder setzen ihre Kräfte dafür ein, Resultate zu erzielen, und sie reflektieren rückblickend über notwendige Optimierungen.
6. *Rolle in der Organisation:* Das Team ist eingebunden, es partizipiert an der Gesamtplanung und hat eine klar definierte und sinnvolle Funktion innerhalb der Gesamtorganisation.
7. *Arbeitsmethoden:* Das Team hat praktische, systematische und effektive Wege gefunden, um Probleme gemeinsam zu meistern.
8. *Organisation:* Klar definierte Rollen, guter Informationsfluss und verwaltungstechnischer Rückhalt sind wesentliche Stützpfeiler eines Teams.
9. *Kritik- und Konfliktfähigkeit:* Bei der Besprechung ihrer Fehler und Schwächen verzichten die Teammitglieder auf Wertungen und Attacken; sie wollen aus der Kritik lernen können, um notwendige Veränderungen und Entwicklungen einzuleiten.
10. *Persönliche Weiterentwicklung:* Die Teammitglieder suchen bewusst neue Erfahrungen und stellen ihre ganze Persönlichkeit in den Dienst des

Teams. Entwicklungsbedarf und Weiterbildungsmöglichkeiten werden gemeinsam besprochen und entschieden. Weiterbildung ist Pflicht und Recht zugleich.

11. *Kreativität und Innovation:* Das Team hat die Fähigkeit, durch sein Zusammenspiel neue Ideen zu kreieren, es ist bereit, innovative Risiken einzugehen, neue Ideen von innen oder von außen mit Interesse aufzunehmen und umzusetzen.

12. *Beziehungen zu anderen Gruppen, Kooperationen:* Das Team hat systematisch mit anderen Gruppen Beziehungen geknüpft; damit hat es sich offene und persönliche Kontakte erschlossen, die eine optimale Zusammenarbeit gewährleisten. Die Teams pflegen regelmässig Kontakte zueinander und stimmen sich über die gemeinsam erarbeiteten oder von oben festgesetzten Prioritäten ab. Die Teammitglieder haben ein persönliches Interesse an dieser Zusammenarbeitsform (vgl. Francis/Young 1998: 77f.).

3.2 Kulturelle und klimatische Faktoren der Teamleistung

Die Leistung eines Teams wird massgeblich vom Zusammenspiel von sachlogischen und psychologischen Faktoren bestimmt. Es erscheint hier wichtig, ein spezielles Augenmerk auf kulturelle und klimatische Aspekte der Teamarbeit zu legen, da sie die Kooperationsfähigkeit in besonderem Mass beeinflussen. Die Tendenz, persönliche Gefühle, subjektive Wahrnehmungen und Irritationen auf der Beziehungsebene etwas auszublenden, da diese eher unangenehm sind und die sachorientierte Arbeit behindern, ist bekannt. Auch umgekehrt läuft das Team Gefahr, wenn Probleme bei der Sache entstehen, die Gründe bei fehlendem Vertrauen, mangelnder oder ungebührlicher Kommunikation und Defiziten im Bereich der sozialen Kompetenzen zu suchen. Offenheit, Konformität, Loyalität, Konfrontation mit Schwierigkeiten, Risikobereitschaft, gemeinsame Wert- und Normvorstellungen, Motivation und Kooperationsverständnis müssen regelmässig in entsprechenden Reflexionsgefässen erörtert werden.

Im Modell in Abbildung 3 werden die Faktoren dargestellt, die gemäss Lersch (1965) Teamleistungen beeinflussen. Sie seien hier kurz erläutert.

1. *Teamkohäsion* wird als Resultat zweier Kräfte beschrieben: erstens der Attraktivität des Teams für seine Mitglieder und zweitens des Ausmasses, in dem das Team Ziele gemeinsam aushandelt, abstimmt und vereinbart, ohne individuelle Entwicklungsziele ausser Acht zu lassen.

2. *Einstellung der Mitarbeitenden gegenüber der Art der Führung:* Interessant erscheint hier die Feststellung, dass nicht der Führungsstil der Teamleitenden an sich für die Leistungen eines Teams massgeblich ist, sondern die Einstellung der Teammitglieder gegenüber dem praktizierten oder vorherrschenden Stil. Dies bedeutet, dass die Diskussion um den viel zitierten »richtigen Führungsstil« sich nur auf einen Teil der Wahrheit bezieht und

dass sie sich auch darum drehen müsste, welchen Führungsstil eigentlich die Mitarbeitenden des betroffenen Vorgesetzten erwarten.

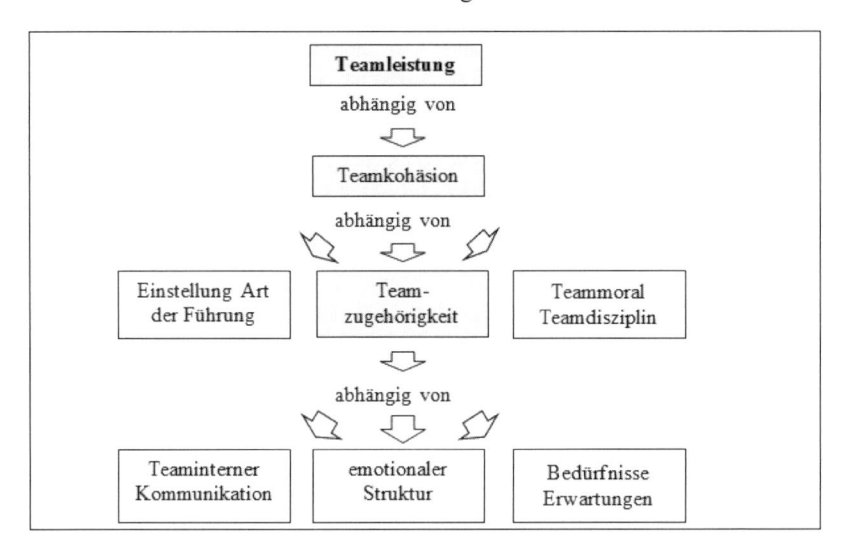

```
                        ┌──────────────┐
                        │ Teamleistung │
                        └──────────────┘
                         abhängig von
                              ⇩
                        ┌──────────────┐
                        │ Teamkohäsion │
                        └──────────────┘
                         abhängig von
                         ⇙    ⇩    ⇘
    ┌──────────────┐ ┌──────────────┐ ┌──────────────┐
    │ Einstellung Art│ │    Team-    │ │  Teammoral   │
    │  der Führung   │ │zugehörigkeit│ │ Teamdisziplin│
    └──────────────┘ └──────────────┘ └──────────────┘
                              ⇩
                         abhängig von
                         ⇙    ⇩    ⇘
    ┌──────────────┐ ┌──────────────┐ ┌──────────────┐
    │ Teaminterner │ │  emotionaler │ │  Bedürfnisse │
    │ Kommunikation│ │    Struktur  │ │  Erwartungen │
    └──────────────┘ └──────────────┘ └──────────────┘
```

Abbildung 3: Leistungsfaktoren des Teamklimas (eigene Darstellung, vgl. Lersch 1965)

3. *Teamdisziplin/Teammoral*: Als Teamdisziplin/Teammoral bezeichnen wir die Tatsache, dass Teammitglieder (Verbindlichkeit, Loyalität) Vereinbarungen einhalten. In jedem Team müssen Abmachungen oder Normen in Bezug auf verschiedenste Verhaltensweisen und Umgangsformen getroffen werden (Spielregeln), die den Teammitgliedern die Orientierung im Team erleichtern sollen. Wenn diese Normen ausgesprochen sind, ist es einfacher, sie auch einzuhalten oder aber festzustellen, wann sie überschritten oder missachtet werden.
4. *Erlebnis der Teamzugehörigkeit:* Um eine optimale Teamleistung zu erzielen, reicht es nicht, wenn Teamzugehörigkeit einzig darin besteht, dass einige Mitarbeitende am selben Arbeitsort eine Leistung vollbringen. Vielmehr muss die Zugehörigkeit von den einzelnen Teammitgliedern auch erlebt werden durch Partizipation, gegenseitige Anerkennung und ressourcenorientierte Aufgabenteilung.
5. *Befriedigung und Erfüllung persönlicher Bedürfnisse und Erwartungen:* Jeder Mensch hat Bedürfnisse, die in ihm bis zur Umsetzung eine gewisse Spannung verursachen. Jeder Mensch wird früher oder später danach trachten, diese Spannung zu reduzieren; das heisst, er wird versuchen, seine Bedürfnisse zu befriedigen. Zu diesem Zweck ist er bereit, Energien zu investieren. Je nachdem, wie gut nun ein Team solche Erwartungen zu er-

füllen vermag und wie gut das einzelne Teammitglied seine Bedürfnisse im Team befriedigen kann, wird es bereit sein, Energien zu investieren; das heisst, es wird bereit sein, sich in den Dienst der Aufgabe und der Ziele des Teams zu stellen – in der Hoffnung, dass damit auch seine Bedürfnisse erfüllt werden.

6. *Teaminterne Kommunikation:* Für das Erleben der Teamzugehörigkeit ist die Kommunikation im Team wichtig. Es sollte darauf geachtet werden, dass die einzelnen Mitglieder offen miteinander kommunizieren; Bedürfnisse, Ängste, Anregungen, Ideen, Konflikte, Ärgernisse und so weiter sollten deshalb möglichst offen und für alle verständlich und nachvollziehbar ausgedrückt werden. Dies wird dann möglich, wenn in einem Team ein angstfreies Klima herrscht, wenn kein Teammitglied befürchten muss, dass es für eine freie Meinungsäusserung abgestraft wird.

7. *Teaminterne Gefühlsbeziehungen:* Unter teaminternen Gefühlsbeziehungen versteht man die Summe der Sympathien und Antipathien innerhalb eines Teams. Wenn alle Mitglieder eines Teams sich sehr sympathisch sind und freundschaftliche Verbindungen herrschen, ist das Erlebnis der Zusammengehörigkeit höher als in einem Team, in dem sich alle Mitglieder gegenseitig auf die Nerven gehen.

Checkliste mit Reflexionsfragen zum Teamklima

Offenheit

- Welche inneren und äusseren Einflussfaktoren wirken auf das Team – positiv wie negativ?
- Gibt es Tabuthemen im Team? Gibt es geheime Absprachen? Können die Mitglieder ihre Meinungen über andere ausdrücken, ohne zu verletzen?
- Gibt es gegenseitige Aussprachen über das Führungsverständnis, sind die Erwartungen an die Führungsperson ausgesprochen, wie wird Führung umgesetzt, sind Führungsstil und Führungsverhalten kongruent, wo weichen sie ab? Ist die Führungskraft akzeptiert? Wie wird die Kommunikationsfähigkeit gefördert, welche Massnahmen stehen zur Verfügung? Sind die Kommunikationsgefässe richtig strukturiert?

Konformität

- Hat das Team Methoden, Rituale, Dogmen, Traditionen, Spielregeln usw., die eine effektive Arbeit behindern? Werden Meinungen älterer/langjähriger Mitglieder als »Gesetz« betrachtet? Können die Mitglieder ohne Sanktionen abweichende oder unpopuläre Ansichten und Meinungen frei äussern?

Loyalität
- Ziehen alle Mitglieder am selben Strang – und in dieselbe Richtung? Kümmern sich stärkere Mitglieder um weniger erfahrene oder weniger leistungsfähige Mitglieder? Was passiert, wenn ein Mitglied Fehler begeht? Wie werden Entscheidungsprozesse organisiert? Sind die Entscheidungsstrategien und -regeln klar? Wie steht es um die Identifikation der Teammitglieder mit Team und Organisation?

Konfrontation mit Schwierigkeiten
- Werden schwierige oder unbequeme Fragen erörtert? Werden Konflikte offen ausgetragen oder unter den Teppich gekehrt? Können sich Mitglieder Meinungsverschiedenheiten mit Vorgesetzten leisten? Setzt sich das Team dafür ein, seine Schwierigkeiten vollständig auszuräumen?
- Warum ist die Arbeitsweise unökonomisch, welche arbeitsmethodischen Elemente sollten verbessert werden?

Risikobereitschaft
- Dürfen Mitglieder Neues ausprobieren, dabei auch Fehlschläge riskieren und genießen sie trotzdem noch Ansehen und Loyalität? Werden die Einzelnen im Team ermuntert, ihre Fähigkeiten voll auszuschöpfen? Werden neue Konzepte, Verfahren und Methoden besprochen und ausprobiert?

Gemeinsame Wertvorstellungen
- Haben die Mitglieder ihre persönlichen Wertvorstellungen einander nahegebracht? Besitzt das Team gemeinsame Grundwerte, denen sich alle verpflichtet fühlen? Ist das Leitbild, dessen Lebbarkeit und Umsetzung regelmässig Thema im Team? Ist die Frage der Identifikation mit der Organisation Thema im Team? Sind die Wert- und Normvorstellungen der einzelnen Teammitglieder im Team bekannt? Gibt es unausgesprochene Normen? Wie reagiert das Team auf Normverletzungen?

Motivation
- Kümmern sich die Mitglieder genügend um die Vertiefung ihrer gegenseitigen Beziehungen?
- Wirkt die Zugehörigkeit zu dieser Gruppe stimulierend und motivierend auf die Einzelnen? Welche Anreizsysteme fördern oder hemmen die Motivation, welche Rolle spielt die Teamleitung?

Kooperation
- Ist das Kooperationsverständnis im Team geklärt? Wie wird Kooperation innerhalb der Organisation definiert und gefordert? Sind die Rollen des Teams geklärt, sind die notwendigen Kompetenzen (Wissen, Können, Dürfen) definiert? Werden Aufgabenrollen, Erhaltungsrollen und spannungserzeugende Rollen geklärt und zugeordnet?

4 Rollenklärung als Grundpfeiler kooperativer Teamarbeit

Eine wichtige Komponente der Kooperationsfähigkeit in Teams ist eine transparente Rollenklärung und -differenzierung. Hat ein Team einen Auftrag zu erledigen, bedarf es dazu inhaltlicher Beiträge, Ideen, Fakten und Meinungen. Sie liefern den Stoff, aus dem schliesslich ein Ergebnis entsteht.

Doch das reicht nicht aus; um die inhaltlichen Beiträge abzurufen, zu durchdenken, zu koordinieren, um ein angenehmes Arbeitsklima zu schaffen, um effiziente und effektive Beiträge zu ermöglichen, bedarf es spezieller Verhaltensweisen, spezieller Rollen. Die Teamrolle ist die Bezeichnung für die Position, Funktion oder Aufgabenstellung, die ein Teammitglied durch Klärung und Abstimmung im Team zugewiesen bekommt oder die sich aufgrund bestehender Eignungs- und Leistungsschwerpunkte innerhalb des Teams herausgebildet hat. In der Regel kann ein Team besser und erfolgreicher arbeiten, wenn ihre Mitglieder

- sich der jeweils erforderlichen Rollen und Funktionen bewusst sind,
- sensibler und geplanter solche Funktionen übernehmen, die notwendig sind, um das Arbeitsziel zu erreichen,
- und über ein möglichst grosses Repertoire von Rollen verfügen, die sie bei Bedarf übernehmen können.

Die soziale Rolle, »verstanden als ein Skript prototypischer Verhaltens- und Situationsaspekte« (Balz/Spiess 2009: 138), ist die Summe der Verhaltensweisen, die von einem Individuum erwartet werden, das in einem System eine Funktion oder Position innehat – egal, ob durch gesellschaftliche und professionsbezogene Werte und Normen, organisationale Vorgaben und Regeln, durch Vorgesetzte, durch Mitarbeitende oder durch Kundinnen und Kunden. »Sie [die soziale Rolle] hat, ähnlich den Normen, die Funktion, eine gewisse Vorhersagbarkeit der sozialen Interaktion verschiedener Rollenträger zu sichern« (Pöhlsen-Wagner 2013: 851). Dies beinhaltet Erwartungselemente mit Blick auf die Haltung, das Verhalten, das Erscheinungsbild sowie die Gesinnung einer Person und fördert die Regulation der sozialen Beziehungen durch ein gewisses Mass an Voraussagbarkeit und Einschätzbarkeit des Rollenträgers oder der Rollenträgerin; zudem garantiert die Rolle Sicherheit und Orientierung. Sie ist ein durch Selbst- und Fremderwartung gewähltes Verhaltensmuster, situationsbedingt und daher veränderbar (vgl. Marti 2010: 9).

Rollen können unterschiedlich detailliert beschrieben sein: Sie haben eine gewisse Verbindlichkeit, die Rollenträger identifizieren sich mehr oder weniger mit ihr, sind allgemein gesellschaftlich oder situationsspezifisch, sind eher explizit oder implizit, sind in gewissem Masse ausdifferenziert und dabei von den Interaktionspartnern im Konsens vereinbart oder potenziell strittig. (Pöhlsen-Wagner 2013: 852)

Hier einige typische Rollenkategorien in Teams: Die *Aufgabenrollen* beziehen sich direkt auf die Erledigung des Teamauftrages und der zugehörigen Aufgaben; sie tragen zur Lösung oder Erleichterung der gestellten Aufgaben bei.

Die *Aufbau- und Erhaltungsrollen* sind notwendig, um ein Team arbeitsfähig zu machen und die Teamkohäsion zu erhalten. Sie dienen der Erarbeitung und Erhaltung einer positiven Einstellung und eines leistungsfördernden Klimas im Team.

Im Gegensatz dazu sind *Konflikt und Spannung anzeigende Verhaltensweisen* eher kontraproduktiv. Sie wirken der Auftragserledigung entgegen, sind insofern dysfunktional und stehen somit einem leistungsorientierten Team zunächst im Weg (vgl. Antons 1992: 226f.).

Ist nun ein Teammitglied bereit, seine Rollen zu übernehmen, akzeptiert es damit auch die Erwartungen, die andere an sein Verhalten und Handeln haben. Dabei werden weitere Begriffe wichtig: Die *Rollenidentität* bezeichnet die konkret spürbaren Einstellungen und sichtbar praktizierten Verhaltensweisen, die mit einer Rolle konsistent sind. Unter *Rollenwahrnehmung* versteht man die auf eine Interpretation der eigenen Auffassung gestützte Ansicht eines Individuums darüber, welches Verhalten in einer bestimmten Situation der Rolle angemessen erscheint. Reflexive Spiegelung und der Vergleich mit anderen fördern auf diesen Ebenen Selbstwahrnehmung, Selbstwertgefühl und Selbstwirksamkeit. Die *Rollenerwartung* bezeichnet die Auffassungen der Teammitglieder darüber, wie sich der Träger, die Trägerin einer Rolle in bestimmten Situationen verhalten sollte. *Rollenkonflikte oder Rollenambiguität* entstehen bei Unklarheit der Person über die zugeordnete Rolle oder bei Ablehnung einer übertragenen Rolle. Schwierigkeiten in der Rollenklarheit und -verteilung treten auf bei fehlender Abstimmung und Zuordnung von Rollen im Team, diffuser Rolle der Teamleitung, bei Nichtbeachtung der Schnittstellen zwischen sich überschneidenden Tätigkeitsbereichen und wenn die zu erledigende Tätigkeit im Team in ihrer Wertigkeit sehr unterschiedlich dargestellt wird (vgl. Gellert/Nowak 2004: 41). Der *Person-Rollen-Konflikt* hingegen betrifft Probleme, die auftauchen können, wenn die tiefsten privaten Ansichten und Einstellungen einer Person dem widersprechen, was ein soziales System ihr an Taten oder Verhalten abverlangt. Dann kann sich jemand zum Beispiel »zerrissen« fühlen, wenn von ihm Dinge erwartet werden, die schwer mit seinem innersten Naturell vereinbar sind. Die Rolle wird als bindendes Glied zwischen Individuum, Team und Organisation angesehen, sie zeigt, was Rollentragende zu tun haben (Aufgaben, Pflichten), was sie nicht tun dürfen (Verbote, Tabus) und was sie tun können (Rechte, Privilegien).

4.1 Rollen im Team

Mit Blick auf die Arbeitssituation, die Funktionen und die unterschiedlichen Fähigkeiten und Fertigkeiten der Teammitglieder ist es notwendig, die Rollen, die in einem Team die Leistungs- und Kooperationsfähigkeit unterstützen und fördern, zu betrachten. Für die unterschiedlichen Rollen besitzen Teammitglieder Prädispositionen, erworben durch Erziehung, Erfahrung, Persönlichkeit und Bildung, die nahelegen, wie sie sich in einem Team verhalten beziehungsweise welche Rolle sie einnehmen können und wollen. Charles Margerison und Dick McCann (1989) identifizieren in ihrem Team-Management-System neun Schlüsselrollen, die unabhängig vom Arbeitskontext Bedeutung haben und sich stark an der Problemlösungsfähigkeit und den Verhaltensweisen von Teammitgliedern orientieren: *Advising* (informierter Berater, Reporter); *Innovating* (kreativer Innovator); *Promoting* (entdeckender Förderer, Wegbereiter); *Developing* (auswählender Entwickler, Überprüfer von Alternativen); *Organizing* (zielstrebiger Organisator und Planer, *Implementer*); *Producing* (systematischer Realisator); *Inspecting* (sorgfältiger Überwacher); *Maintaining* (unterstützender Stabilisator); *Linking* (vernetzender Koordinator, Manager) (vgl. Kauffeld 2001: 78f.).

Entdecken (innovating)	*Fördern (promoting)*	*Entwickeln (developing)*
Bestehendes infrage stellen, Neues entdecken innovieren, erneuern, experimentieren, kreatives Denken	Ideen aufnehmen, verkaufen, motivieren, anregen, Image pflegen, präsentieren, an Realisierung glauben, andere dafür gewinnen, überzeugen	Ideen aufgreifen, weiterentwickeln, Alternativen testen, perfektionieren, neue Methoden einführen, auf Machbarkeit überprüfen
Beraten (advising)	*Koordinieren (linking)*	*Organisieren (organizing)*
Informationen, Erfahrung, Fachkompetenz sammeln, weitergeben, helfen und die anderen unterstützen	Führen und koordinieren, die verschiedenen Aufgaben, Funktionen und Rollen bewusst aufeinander abstimmen, Prozesse steuern, Ziele im Auge behalten, Ziele korrigieren	Vorausschauend planen, zielstrebig organisieren, vorstrukturieren, sich gegen Widerstände durchsetzen Vorhaben durchführen
Stabilisieren (maintaining)	*Überprüfen (inspecting)*	*Umsetzen (producing)*
Teamkohäsion fördern, soziale Werte erhalten und pflegen, Spannungen ausbalancieren, harmonisieren, Ruhe und Ordnung halten	Normen einhalten und kontrollieren, Details prüfen, korrigieren, hohe Ansprüche stellen, Qualität überwachen, Zielkonflikte aufdecken, Zeitpläne einhalten	Realisieren, Zeitkompetenz überwachen, handeln, konkrete alltagspraktische Aufgaben erledigen, Ressourcen planen, Strukturen setzen

Abbildung 4: Die neun Schlüsselfunktionen der Arbeit im Team (eigene Darstellung nach Margerisen/McCann 1989)

In Abbildung 4, angelehnt an das »Team-Management-Wheel« von Margerisen und McCann (1989), lassen sich vier zentrale Ebenen der Teamrollen unterscheiden: (1) Die erste Zeile (Entdecken, Fördern, Entwickeln) zeigt das entdeckende Element, diese Rollen sind extravertiert, sie pflegen Image und Prestige des Teams, (2) die unterste Zeile entspricht dem introvertierten Element des Überwachens, es sind die effizienzbetonten Rollen wie Pflichtbewusstsein, Fleiss und Genauigkeit, (3) die linke Spalte betont die sozialen, teambezogenen Rollen, welche den Zusammenhalt im Team und das Teamklima, die Emotionalität sowie die Kooperationsfähigkeit des Teams in den Vordergrund stellen, und (4) die rechte fokussiert die sachlich-strukturelle Seite eines Team, wobei Aufgaben- und Zielorientierung im Vordergrund stehen; (5) im Zentrum steht die koordinierende Rolle der Teammoderation, die ergebnisorientiert die notwendigen Teamprozesse steuert. Die Präferenzen oder Rollen, also die Neigungen, Einstellungen und Kompetenzen eines Teammitgliedes werden in einem sechzig Punkte umfassenden Fragebogen (vgl. Margerisen/McCann 1989: 55) ermittelt.

Über die Bedeutung von Teamrollen und deren Einfluss auf die Leistungskraft und Effektivität von Teams, aber auch über die Zusammenhänge zwischen Führungsrolle und Zusammenarbeit im Team gibt eine grosse Anzahl von wissenschaftlicher und anwendungsorientierter Literatur Auskunft. Zu den wichtigeren Arbeiten gehören zweifellos die Untersuchungen von Belbin (1996). Er konzentrierte sich in seinen Überlegungen und Analysen auf den Einfluss der Zusammensetzung der Teams aus verschiedenen Persönlichkeitstypen, auf die Effektivität der Teamarbeit und Teamleistung. Belbin kristallisierte neun verschiedene Rollen heraus *(Belbin Team Roles)*, die in einem Team in unterschiedlicher Ausprägung vorkommen. Diese Rollen werden durch Verhaltensmuster, Charakterzüge und Persönlichkeit der Teammitglieder bestimmt. In der Kombination und den Ausprägungen der neun Teamrollen kann sich ein Team ideal unterstützen und ergänzen. In diesen Rollen sind zugleich Managementqualitäten enthalten, welche die Problemlösungsprozesse situativ unterstützen können. Dabei erscheint auch die besondere Fähigkeit von Teamleitungskräften wichtig, Teammitglieder ressourcenorientiert einzusetzen: Jedes Mitglied weiss, in welcher Situation es besonders zur Teamleistung beitragen und wann es auf die Stärken der anderen aufbauen kann.

Teamrolle	Rollenbeitrag	Charakteristik
	handlungsorientierte Rollen	
Macher/in *(shaper)*	Mut, Hindernisse zu überwinden, bekämpft Ineffizienz und Trägheit	Dynamisch, angespannt, arbeitet gut unter Druck
Umsetzer/in *(implementer)*	Hohe Arbeitsleistung, setzt Ideen in die Tat um, hat Selbstdisziplin	Pflichtbewusst, konservativ, berechenbar, verlässlich, fleissig
Perfektionierer/in *(finisher)*	Fristgerechte und gewissenhafte Arbeitseinstellung und Erledigung	Zeitkompetent, sorgfältig, strukturiert, gewissenhaft, oft ängstlich

Teamrolle	Rollenbeitrag	Charakteristik
	kommunikations- und menschenorientierte Rollen	
Koordinator/in *(chairman)*	Fördert Entscheidungsprozesse, Helikopteroptik, objektivierende Sichtweise	Ruhig, selbstsicher, klar, wertschätzend, würdigend, vertrauensvoll, integrierend
Teamarbeiter/in *(supporter)*	Fördert Solidarität und Teamkohäsion, beachtet das Teamklima	Ruhig, solidarisch, sozial orientiert, hilft gerne, empfindsam, vermittelnd
Wegbereiter/in *(promoter)*	Entwickelt Kontakte, bringt neues Wissen ein, liebt Herausforderungen, guter Verhandlungspartner	Ressourcenorientiert, extravertiert, kommunikativ, wissbegierig, enthusiastisch
	wissensorientierte, analytische Rollen	
Ideenproduzent/in *(creator)*	Innovativer Denker, pflanzt neue Ideen ins Team, Intellekt des Teams, gute Vorstellungskraft	Unorthodoxes Denkvermögen, fantasievoll, kreativ, Individualist
Beobachter/in *(analyst)*	Hohe Urteilsfähigkeit, analytisch-systematisches Denken, untersucht Beiträge des Team auf ihre Machbarkeit, »advocatus diaboli«	Abwägend, kontrollierend, strategisch, nüchtern und diskret, kritisch, analytisch, das Gewissen im Team
Spezialist/in *(specialist)*	Liefert Fachwissen und Informationen, fördert Professionalität	Selbstbezogen, engagiert, das theoretische und methodische Wissen zählt

Abbildung 5: Teamrollen nach Belbin 1996: 103; Kauffeld 2001: 85; Marti 2010: 34 (eigene Darstellung)

Der von Belbin entwickelte Fragebogen (vgl. Belbin 1996: 190ff.)[1] zur Bestimmung der Teamrollen soll einerseits den Teammitgliedern ermöglichen, eine individuelle Beurteilung ihrer eigenen Rollen im Team vorzunehmen, andererseits einem Team die Möglichkeit eröffnen, die Zusammensetzung und Ausprägung der einzelnen wichtigen Rollen im Team vergleichend zu erörtern. Im Fragebogen werden sieben hypothetische Arbeitssituationen vorgegeben, in denen aus acht rollenbezogenen Verhaltensbeschreibungen nach persönlichen Präferenzen ausgewählt werden kann.

4.2 Die Rolle der Teamleitung: Funktion und Aufgaben

Verstehen wir Führung als aktives und bewusstes Gestalten von Arbeitsbeziehungen zwecks Entwicklung und Koordination von Fähigkeiten und Fertigkeiten in der Absicht, gemeinsam vereinbarte und vorgegebene Ziele optimal zu erreichen (vgl. Marti 2010: 6), lässt sich die Führungsfunktion in der Teamarbeit wie folgt fassen: »Handlungen der Mitarbeitenden gezielt, bewusst, gewollt und koordiniert zu veranlassen, die notwendigen Bildungs- und Arbeitsprozesse zu steuern, veranlasste und vereinbarte Handlungen zu begleiten, und die Ergebnisse dieser Handlungen auszuwerten« (Merten 2014: 103). Kernelemente von Führung sind:

- Führung ist ein Gruppenphänomen, das die *Interaktion* zwischen Personen einschliesst.
- Führung ist *intentionale* soziale *Einflussnahme.*
- Führung zielt darauf ab, durch Kommunikationsprozesse *Ziele* zu erreichen.
- Führung macht *Partizipation* möglich, um die Kooperationsfähigkeit zu steigern (vgl. Balz/Spiess 2009: 37).

Positionen beschreiben den formalen Platz, den jemand in einem System, einer Organisation einnimmt. *Funktionen* beschreiben den Zweck und die inhaltlichen Aufgaben, die mit den Positionen verbunden sind. *Rollen* beschreiben die Verhaltenserwartungen, die an Inhaber von Positionen und Funktionen gerichtet werden.

Eine Funktion ist eine erworbene, verliehene, vereinbarte oder festgelegte Rahmenbedingung in einem sozialen System (Organisation, Familie), die an beidseitig abgesprochene Tätigkeiten gebunden ist. Eine Funktion bleibt unabhängig von der jeweiligen Situation im Unternehmen konstant. Eine Rolle ist ein durch Selbst- oder Fremderwartung gewähltes Verhaltensmuster, das, abgesprochen oder unabgesprochen, im sozialen System (Organisation, Abteilung, Familie) ausgeübt wird. Durch das Einnehmen

---

1 Das Internet liefert unter dem Stichwort »Teamrollen Belbin« weitere Varianten des Fragebogens von Belbin.

der Rolle wird den Erwartungen der Rollensender Rechnung getragen. Eine Rolle ist im Gegensatz zur Funktion situativ bedingt und daher veränderbar. Führungserfolg – aber auch persönliche Zufriedenheit – ergibt sich als Resultat einer optimalen Übereinstimmung der Erwartungen der verschiedenen Rollensender mit dem konkreten Verhalten der Führungskraft. (Marti 2010: 9)

Die Teamleitung hat zusammenfassend sieben Hauptfunktionen wahrzunehmen, nämlich die Funktionen

- der Bedarfsklärung und Zielausrichtung,
- der Problemlösungs- und Entscheidungsverantwortung,
- der Organisation, Koordination und Strukturierung der Teamabläufe,
- der Integration und Aktivierung der einzelnen Teammitglieder,
- der Prozesssteuerung und Qualitätssicherung,
- der Förderung der Teamkohäsion,
- der Teamentwicklung und Innovation des Teams.

Diese Funktionen sind nicht automatisch an eine Person gebunden; Teilfunktionen können je nach Kompetenzen und Reifegrad auch an andere Teammitglieder delegiert werden. Die Verantwortung bleibt allerdings bei der Teamleitung.

Die aus den Funktionen der Liste resultierenden Führungsrollen und Aufgaben können in Anlehnung an van Dick und West (2005) wie folgt gefasst werden:

Rollen der Führungskraft	Aufgaben
Koordinator/in	Ziele klären und vereinbaren, Arbeitsteilung und Prozesse organisieren, Zeitmanagement führen, Team- und Arbeitsstrukturen organisieren, Orientierungsdrehscheibe, Aufgaben nach dem AKV-Prinzip (Kongruenz von Aufgabe, Kompetenz und Verantwortung) delegieren
Entscheider/in	Alternativen erarbeiten, über Inhalte und Realisierung entscheiden, Problemlösungssystematik festlegen, Partizipation ermöglichen
Berater/in	Beziehungsprobleme zwischen Teammitgliedern klären, Fach-, Methoden- und Verfahrensfragen klären, Vertrauensperson für die Mitarbeitenden sein, konsequente Feedback- und Fehlerkultur gestalten

Rollen der Führungskraft	Aufgaben
Konfliktmanager/in	Konfliktlösungsmodell klären, Rollenkonflikte lösen, in Verfahrensfragen vermitteln, eigene Konflikte ansprechen
Darsteller/in	Ergebnisse und Erfolge des Teams nach aussen darstellen
Entwickler/in	Mitarbeitendenförderung und -entwicklung aktiv gestalten, ressourcen- und entwicklungsorientierte Beurteilungen realisieren, institutionalisierte Teamentwicklung einfordern und organisieren; Reflexionsfähigkeit des Team fördern, Leistungen anerkennen
Vernetzer/in	Abstimmungen mit anderen vornehmen, Partizipation (Teilhabe: Mitsprache, Mitbestimmung, Mitgestaltung) ermöglichen, Kooperationsprozesse fördern, Multiperspektivität einfordern,
Repräsentant/in	Teaminteressen gegenüber Organisation und anderen Teams vertreten
Verhandler/in	Über Ressourcen wie Zeit, Finanzen, Personal und Infrastruktur mit der Organisation verhandeln
Moderator/in	Kommunikationsprozesse im Team gestalten und relevante Kommunikationsgefässe installieren, Teamsitzung organisieren und moderieren; Abwicklungs- und Entwicklungsaufgaben unterscheiden, Spielregeln im Team gestalten
Kulturförder/in	Werte- und Normengefüge des Teams klären, ethische Prinzipien der Organisation (Vision, Leitbild, Konzept) vertreten und einhalten
Vorbild	Transparentes Führungsverständnis, versteht sich als mögliche Form der Gestaltung partnerschaftlicher Führung, gesundes Selbstbewusstsein (Selbstwert, Selbstwirksamkeit, Selbstreflexion)

Abbildung 6: Aufgaben Teamleiter/in, vgl. van Dick/West 2005: 28f. (eigene Darstellung)

Ob es gelingt, ein partizipatives und konstruktives Arbeitsklima zu entwickeln und die Zusammenarbeit kooperativ zu gestalten, hängt sehr stark von der Person der Teamleitung und der entsprechenden Gestaltung der Arbeitsabläufe und sozialen Beziehungen im Team ab. Die Persönlichkeit und die Sensibilität für die eigene Wirkung auf andere sind ebenso wie die fachlichen und sozialen Kompetenzen wichtige Bestandteile für die Entwicklung und das gemeinsame Lernen in einem Team.

5 Team als Problemlösungsformation – systematische Problemlösung

Wenn Schneider und Knebel (1995) Teams als *Problemlösungsformationen* skizzieren, so erscheint plausibel, dass Teams innerhalb der Kontextbedingungen einer Organisation spezielle Probleme zu lösen haben. Die angemessene Anwendung eines systematischen Problemlösungsprozesses ist eines der Kernelemente für erfolgreiche Teamarbeit. Steiger und Lippmann (2008) verstehen den Begriff »Problem« als Differenzbegriff und bezeichnen das Problem als die Differenz oder Barriere zwischen einem unerwünschten Zustand und einem erwünschten Endzustand. Das Problematische ist die momentan fehlende Handlungsalternative.

Ein »echtes« Problem ist eine Situation (oder eine Anzahl von Situationen), auf die das Individuum oder Team reagieren muss, um effektiv funktionieren zu können, für die jedoch unmittelbar keine Reaktionsalternativen zur Verfügung stehen. Diese Reaktionsmöglichkeiten können fehlen, weil: die Situation neu ist, die Situation sehr komplex ist, die Situation vieldeutig ist (Ambiguität), neue Aspekte aufgetaucht sind und die Anforderungen der Situation miteinander in Konflikt stehen. (D'Zurilla/Goldfried 1971: 108)

Gemäss von Schlippe und Schweitzer (vgl. 1997: 103) konstituieren vier zentrale Faktoren das, was als Problem beschrieben werden kann: (1) Der wahrgenommene *Zustand*, der *von jemandem* (also von mindestens einer Person), wenn auch in unterschiedlicher Form als (3) *unerwünschter und veränderungsbedürftiger Zustand*, angesehen wird und der (4) als prinzipiell *veränderbar* gilt. Problemlösung befasst sich demnach mit der Ermittlung der existierenden Differenzen oder Abweichungen zwischen einer aktuellen (Ist-Zustand) und einer gewünschten Situation (Soll-Zustand) und hat das Ziel, den unerwünschten Zustand erst gar nicht aufkommen zu lassen, ihn abzustellen oder zu lösen, die entstandenen Differenzen zu reduzieren sowie die Situation durch Methodik zu entemotionalisieren. Problemsituationen sind Situationen, in denen wir zwischen verschiedenen Verhaltensoptionen entscheiden müssen. Es sind Ergebnisse und Resultate des menschlichen Wahrnehmens, Urteilens und Vergleichens aufgrund menschlicher Wertvorstellungen (vgl. Ulrich/Probst 1995: 105). Wir unterscheiden *einfache* Probleme (wenige, klare Einflussgrössen), *komplizierte* Probleme (durch eine Vielzahl verschiedener Einflussfaktoren charakterisiert, die zusätzlich relativ stark miteinander verknüpft sind) und *komplexe* Probleme (verschiedene, stark verknüpfte Einflussfaktoren, kontinuierliche Veränderung der Interaktion, hohe Wechselwirkung und Interdependenz, hohe Dynamik und nicht vorhersagbare und somit berechenbare Zustände des Systems, des Kontextes).

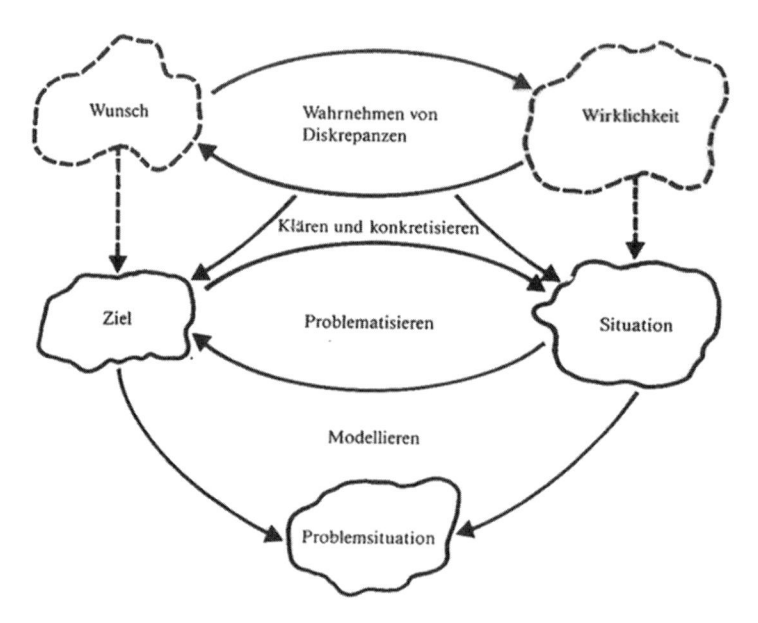

Abbildung 7: Das Modellieren eines Problems (Ulrich/Probst 1995: 117)

Das Problemlösen beginnt deshalb mit dem Wahrnehmen und Problematisieren einer bestimmten Situation und endet damit, dass die Situation sich unseren Wertvorstellungen entsprechend tatsächlich verändert hat oder die befürchtete Änderung abgewehrt werden konnte (vgl. a.a.O.: 105).

5.1 Phasenmodell Problemlösung

Teams einigen sich auf eine Problemlösungssystematik, um konstruktiv den Problemlösungsprozess zu gestalten. Im Folgenden sind die einzelnen Schritte und ihre Aufgaben dargestellt.

Intraprofessionelle Kooperation und Teamarbeit

Einstiegsphase: Modellieren der Problemsituation, Bedarfsklärung, Bestimmung der Ziele

Aufgaben
Situationsanalyse
Situation wahrnehmen, problematisieren und analysieren/problematischen Ist-Zustand detailliert erfassen und beschreiben/Standortbestimmung (Wo stehen wir?)/Barrieren wahrnehmen (institutionell, strukturell, personell)
Ursachensuche
Suche nach Gründen, Einflussfaktoren und Beteiligungen (Vernetzung) und deren Einwirkungsgrad (Wieso stehen wir hier?)/Vergleich zwischen problematischem Ist-Zustand und problemfreiem Soll-Zustand
Zielformulierung
Wie kann sich die Problemsituation verändern/Wohin wollen wir?/konkrete Fragestellung formulieren/Hauptziele und Zwischenziele festlegen/Zielformulierung: sinnvoll, erreichbar, realistisch, messbar/Beteiligung klären/Zeitbedarf und Informationsfluss aushandeln
⇩
Problemidentifikation, Problemdefinition

Antizipations- und Simulationsphase: Analyse der Wirkungsverläufe, Erfassen und Interpretieren der zukünftigen Veränderungsmöglichkeiten der Situation

Aufgaben
Analyse des Lösungsspielraumes
Vorhandene und fehlende Ressourcen zur Zielerreichung erfassen/Voraussetzungen festlegen: Anforderungsanalyse, Restriktionsanalyse/Möglichkeiten, Grenzen, Zeit/Kompetenzen, Qualifikationen klären
Erarbeitung alternativer Lösungswege
Kreative Methodenanalyse, Vierschritt: (1) möglichst viele brauchbare Ideen erzeugen, (2) produzierte Ideen analysieren (3) Simulation: Annahmen gedanklich durchspielen (Szenarien). Was passiert, wenn wir nichts tun? Was passiert, wenn wir als Problemlöser aktiv in die Situation eingreifen? (4) Besonders brauchbare Ideen weiterentwickeln

Verifikationsphase: Abklärung der Lenkungsmöglichkeiten und Entscheidung, Beschlüsse fassen

Aufgaben
Bewertung der Lösungsvorschläge   Lösungsvorschläge systematisch bewerten/Kriterien für die Beurteilung festlegen/ Strategien, Maßnahmen und Methoden festlegen/Entscheidungsform festlegen   ⇩   Entscheidung

Realisationsphase: Planen von Strategien und Massnahmen, Verwirklichen der Problemlösung

Aufgaben
Planung der Realisation/Auftragserteilung/Kontrolle   Strategien und Massnahmen planen, anordnen/zielorientiert Aufträge erteilen/Verantwortlichkeiten festlegen/Zwischenbilanzen terminieren (Wer macht was bis wann, wer kontrolliert?)

Evaluationsphase: Beurteilung des Problemlösungsprozesses, Bewertung der Wirkung

Aufgaben
Evaluation   Inhaltliche und persönliche Prozessevaluation/Ist-Soll-Vergleich, Ergebnis in neue Ausgangssituation überführen

Abbildung 8: Die fünf Problemlösungsphasen (eigene Darstellung)

Ob ein Problem einfach oder schwierig zu lösen ist, hängt vom Wissen über die Situation ab. Das für einen vernünftigen und erfolgreichen Entscheid erforderliche Wissen bezieht sich auf künftige Zustände. Es ergibt einen Sinn, sich zum Inhalt, zu den Zielen, zur Strategie und zum taktischen Vorgehen Fragen zu stellen, wie sie in der folgenden Checkliste zusammengestellt sind.

Intraprofessionelle Kooperation und Teamarbeit

Checkliste: Fragen zur Vorbereitung in Problemlösungsprozessen

Inhaltsfragen

- Wer hat warum und mit welcher Absicht (Interessen) den Inhalt zum Gegenstand der Verhandlung erklärt?
- Wie weit betrifft der Inhalt meinen Auftrag insgesamt?
- Für wie wichtig halte ich den Inhalt in Bezug auf meinen Auftrag?
- Wie vollständig ist der Inhalt, was muss ich ergänzen?
- Will beziehungsweise kann ich zu diesem Inhalt Stellung beziehen, welche Position nehme ich ein?
- Braucht es ein Vorgespräch, zusätzliche Informationen und Abklärungen?
- Braucht es die Beurteilung von Expertinnen und Experten?
- Was ist genau mein Mandat, was sind meine Kompetenzen?
- Welches sind, bezogen auf den Inhalt, meine Interessen?
- Welches sind, bezogen auf den Inhalt, die Interessen der anderen Gesprächspartner?

Zielfragen

- Welches sind meine Intentionen und Verhandlungsziele?
- Stimmen die Ziele mit meinem Auftrag beziehungsweise meinem Mandat überein?
- Welche Vermutungen über die gesetzten Ziele der Verhandlungspartner lassen sich aus der Situation herleiten?
- Welches ist mein Minimalziel bzw. meine beste Alternative?
- Wo erkenne ich bereits Zielkonflikte?

Strategiefragen

- Welches sind übereinstimmende, trennende Interessen beziehungsweise Ziele?
- Welche Mittel stehen mir zur Durchsetzung meiner Ziele und Interessen zur Verfügung?
- Welche Koalitionen sind denkbar bzw. haben sich im Vorfeld gebildet?
- Welche Verbündeten, Gleichgesinnten, Opponenten, Gegner und Abwartenden treten mir gegenüber?
- Welche Faktoren können die Verhandlung positiv/negativ beeinflussen?
- Gibt es Ressourcen, die ich zusätzlich erschliessen kann, wie stelle ich den Kontakt her?
- Welcher Zeitplan schafft mir optimierte Bedingungen?
- Gibt es Elemente, auf die ich besonders achten muss?
- Stehen hinreichende Hilfsmittel (Visualisierung, Moderationsmaterial) zur Verfügung?

Taktikfrage

- Wer führt die Verhandlung, den Problemlösungsprozess (formell/informell)?
- Welche Verhandlungsposition nehme ich ein, wo führe ich?
- Verhalte ich mich aktiv, zielstrebig, gestaltend und lenkend, oder verhalte ich mich abwartend?
- Wie mache ich meine Interessen, meine Position deutlich?
- Wie verhalte ich mich, wenn die Verhandlung blockiert ist, blockiert wird?
- Wo mache ich mich für einen Unterbruch stark?
- Wie verhalte ich mich bei unfairem Verhalten einer teilnehmenden Person?
- Wie verhalte ich mich, wenn unbefriedigende Resultate erzielt werden?
- Wie ist das Verhältnis von sachproblemorientiertem Handeln, machtorientiertem Verhalten und konsensorientiertem Verhalten?

6 Teamentwicklung als Instrument gelingender Kooperation

Organisationen setzen auf die Effizienz und Effektivität von Teams, um organisationale Ziele zu erreichen (vgl. Kauffeld 2001: 25). Gelingende Kooperation und effektive Teamarbeit erfordern demnach kontinuierliche Massnahmen wie Supervision, kollegiale Beratung, Teamcoaching, externe Teamberatung, institutionalisierte Teamentwicklung, um merkmalsbezogene und strukturelle Aspekte (Team-Designing) der Teamarbeit und teaminterne Arbeitsprozesse, die Problemlösungsfähigkeit sowie die sozialen Kompetenzen eines Teams (Teambuilding) zu hinterfragen und zu verbessern. Aufgrund der wachsenden Bedeutung von Teams als teilautonomen Arbeitseinheiten sozialer Organisationen hat sich *Teamentwicklung* neben Aus- und Weiterbildung für den fachlichen Wissenszuwachs und professioneller klientelbezogener Reflexionsarbeit als eigenständiges und akzeptiertes Aufgabenfeld im psychosozialen Bereich etabliert.

Neu gebildete und bestehende Arbeits- oder Projektteams können ihre Wirkung dann voll entfalten, wenn ausreichend Energie, Zeit und Ressourcen für die Entwicklung und Pflege dieser Organisationform investiert wird. Als Teamentwicklung können wir somit alle aufgrund einer systematischen Teamdiagnose notwendig gewordenen, horizontal oder vertikal eingeleiteten Interventionen oder Massnahmen zur Verbesserung der Leistungsfähigkeit, der Struktur-, Prozess- und Ergebnisqualität, des Teamklimas und der Wirksamkeit eines Teams verstehen. »Interventionen stehen dabei für ein kompetentes Dazwischentreten (*intervenire,* lat.) in ein psychosoziales Geschehen« (Kauffeld 2001: 25).

Teamentwicklung bezweckt den Aufbau, die Pflege und Förderung dieser und weiterer Erfolgsfaktoren. Teamentwicklung ist also ein gewollter, bewusster und gesteuerter Prozess von Personen, die miteinander arbeiten und die in ihrer Arbeit eine Beziehung einzugehen bereit sind, um ihre Ziele zu erreichen. (Baldegger 2004: 53)

Dabei unterliegen diese Interventionen und Massnahmen einer systemisch ganzheitlichen Betrachtungsweise (Organisationsumwelt, Organisationsebene, Teamebene und individuelle Ebene der einzelnen Teammitglieder) und haben diverse Rahmenbedingungen im Blickfeld, die schliesslich die Kooperationsfähigkeit, die Leistungskraft, die Arbeits- und Beziehungsqualität eines Teams hemmend oder förderlich beeinflussen. Die *Teamdiagnostik* erhält dabei Bedeutung als zielgerichtetes und methodisch geplantes Sammeln von Informationen über das Team, die Teammitglieder und ihre Beziehungen zum organisationalen Kontext. Die Diagnostik analysiert mit struktur- und prozessanalytischen Strategien (Fragebögen, Ratingverfahren, standardisierte Tests, Interviews, Checklisten, Teamcards, Beziehungslandkarten) die nicht sichtbaren, informellen Aspekte der Differenzen zwischen Ist- und Soll-Zustand in der Teamarbeit. Sie dient der Begründung, der Steuerung und des Feedbacks zu geplanten oder bereits durchgeführten Interventionen im Rahmen der Teamentwicklung (vgl. Balz/Spiess 2009: 138).

Teamentwicklung ist ein Sammelbegriff für Massnahmen, die reale Arbeitsprozesse in bzw. zwischen kooperierenden Arbeitsgruppen zum Gegenstand haben. Ziel der Umgestaltung bzw. Weiterentwicklung der Kooperation ist die Verbesserung der Effektivität und der psychosozialen Faktoren der Teamarbeit. Bei der Teamentwicklung handelt es sich um einen zielgerichteten, längerfristigen Veränderungsprozess, in dem sich Phasen der Informationssammlung zum Ist-Zustand mit Phasen der Veränderungsarbeit abwechseln [...]. Als Methoden kommen dabei gruppendynamische und Selbsterfahrungsübungen, Moderationsmethoden, Rollen- und Planspiele, Kreativmethoden und Elemente der Verhaltenstrainings zum Einsatz. (Balz/Spiess 2009: 153)

Voraussetzungen für den Erfolg von Teamentwicklungsmassnahmen sind neben organisationalen Rahmenbedingungen (Partizipation der Mitarbeitenden, Zeitressourcen, Personal- und Finanzressourcen) die willentliche Unterstützung der Organisationsleitung, die Bereitschaft und Motivation der Teamleitung und aller Teammitglieder zu Entwicklung und Veränderung des eigenen Verhaltens und der betrieblichen Abläufe, die arbeitstechnischen und kommunikativen Kompetenzen sowie ein grundsätzliches Bestreben, sich auf dem Markt sozialer Dienstleistungen mit qualifizierten und innovativen Angeboten zu positionieren. Dazu kommen gemeinsame Ziele, klare Spielregeln im Team, verbindliche Strukturen, geklärte Beziehungen und Rollen der Mitarbeitenden sowie eine möglichst weitgehende und transparente Beteiligung der betroffenen Mitarbeitenden bei der Planung, Organisation, Durchführung und Bewertung der Veränderungsprozesse.

West (1994) unterteilt Teamentwicklungsmassnahmen in fünf Hauptkategorien, die unterschiedliche methodische Verfahren und Techniken benötigen:

(1) Team Start-ups: Teambildungsmassnahmen

- Sicherstellen, dass das Team eine vollständige und bedeutungsvolle Aufgabe hat.
- Klärung der Teamziele.
- Sicherstellen, dass jedes Teammitglied eine ganzheitliche, bedeutungsvolle und intrinsisch motivierende Aufgabe zu bearbeiten hat.
- Sicherstellen, dass die Arbeiten der Mitarbeitenden beurteilt werden können.

- Sicherstellen, dass die Teamleistung als Ganzes beobachtet wird und dass die Teammitglieder ein regelmässiges und klares Feedback zur individuellen Leistung und der Leistung des Teams erhalten.
- Einrichten regelmässiger Kommunikationsmöglichkeiten und Reviewverfahren im Team.

(2) Regular formal reviews

Institutionalisierte externe Workshops zur gemeinsamen Betrachtung der geleisteten Arbeit und Zielerfüllung, Betrachtung aus der Metaebene der Qualität der Teamkommunikation, der Kooperationsfähigkeit sowie der Strukturen und Ressourcen.

(3) Addressing known task related problems

Gezielte Workshops mit dem vereinbarten Fokus eines umrissenen Problems.

(4) Identfying what the problems are

Problemdiagnose und -identifizierung bei Reibungsverlusten, unausgesprochenen Spannungen, Ineffektivität und Stagnation – mit dem Ziel, neue Strategien zur Problemlösungsfähigkeit zu entwickeln.

(5) Social process interventions

Betrachten der interpersonalen Beziehungen, der sozialen Unterstützung, des Teamklimas, Unterstützung für die Entwicklung der Kompetenzen der Teammitglieder, Verbesserung der Fähigkeit zur konstruktiven Konfliktbearbeitung mit dem Ziel, ein positives soziales Klima und allgemeine Arbeitszufriedenheit der Teammitglieder zu erarbeiten (vgl. Kauffeld 2001: 26ff.; West 1994: 98f.).

Der natürliche Entwicklungsprozess eines Teams kann durch gezielte und bewusst gewählte Massnahmen wirkungsvoll unterstützt werden. Jedes Team durchläuft typische Phasen in seiner Entwicklung, diese Phasen formen einen Wachstumsprozess, zeigen den Reifegrad eines Teams an, wenn auch nicht immer in der gleichen Intensität. Tuckman (1977) in seinem Fünf-Phasen-Modell und Francis/Young (1989) in ihrem Modell der Teamentwicklungsuhr unterscheiden vier Phasen, die immer wiederkehren und als gewisse Gesetzmässigkeiten gut auszurechnen sind. Für Leitende von Teams wie auch für Teammitglieder bedeutet dies, Widerstände in der Gruppe während gewissen Phasen nicht als Ergebnis des eigenen Verhaltens oder der eigenen Unzulänglichkeit, sondern als »normale Gegebenheiten« hinzunehmen.

Entwicklungsphase des Teams	Sachebene und Beziehungsebene
Forming (Testphase) *Merkmal: Orientierung und Exploration*	Auftrag, Ziele und Aufgaben kennenlernen, Personen, Abhängigkeiten einschätzen, sich als Gruppe zusammenfinden, persönliche Optionen einschätzen, Unsicherheit im Umgang
Storming (Kampfphase) *Merkmal: Auseinandersetzung und Machtkampf*	Differenzen in der Auffassung der Aufgaben, erste Spannungen und Konflikte im Team, Positionskämpfe, Rollenzuweisungen, Strukturfragen, Rivalität
Norming (Organisationsphase) *Merkmal: Festlegen von Prozessen, Fachdiskurs* *Bindung und Vertrauen*	Offener Austausch zu Aufgaben, Entwicklung von Spielregeln; Werte und Normen des Teams werden geklärt, Rollen festigen sich, gegenseitige Akzeptanz, Harmonisierung der Beziehungen
Performing (Integrationsphase) *Merkmal: Effektivität als Grundsatz, Differenzierung und Festigung*	Konstruktive Zusammenarbeit, Kohäsion im Team, zielorientierte Leistungserstellung, Kooperationsfähigkeit, Prozess- und Effizienzdenken, gefestigte Strukturen, transparente Beziehungen, Selbststeuerung
Adjourning (Auflösungsphase) *Merkmal: Reflexion und Trennung*	Abschluss eines terminlich begrenzten Auftrages (beispielsweise Projektteams), Dokumentation der Arbeit, Erkenntnis und Ergebnissicherung für die Zukunft

Abbildung 9: Teamentwicklungsphasen nach Tuckman (eigene Darstellung)

Die einzelnen Phasen können bei Neueintritt von Mitarbeitenden oder bei Veränderung der Aufgabenstellung wiederholt durchlaufen werden. Die für die Effektivität der Arbeit förderlichste Phase des »Performing« kann unterschiedlich lange dauern. Ein Rückfall in eine frühere Phase, meist in jene des »Storming«, ist gut möglich, wenn Themen dieser Phase nicht ausreichend bearbeitet wurden oder innerhalb der Gruppe Veränderungen stattfinden. Tuckmans Modell suggeriert durch die vereinfachende Beschreibung einen gewissen Automatismus. Dass die Entwicklungsphasen auch wirklich durchlaufen werden, ist aber Ergebnis intensiver Arbeit von Teamleitung und Teammitgliedern und stark beeinflusst durch die Führungskraft, die Persönlichkeiten und Kompetenzen der Mitarbeitenden, durch die Strukturen der Organisation und ihre relevanten Umweltfaktoren.

Teamentwicklung hat also insgesamt zum Ziel, in den unterschiedlichen Entwicklungsphasen eines Teams vorhandene Ressourcen und verborgene Potenziale der Mitarbeitenden für ein gemeinsames, auftragsbezogenes Anliegen zur Entfaltung zu bringen. Durch systematisch geplante Einwirkungen zielt Teamentwicklung darauf ab, »neu gebildete Teams schnellstmöglich zu

voller Leistungskraft zu bringen oder bestehende Teams in ihrer Effizienz zu optimieren beziehungsweise im Störfall die Leistungskraft und die Leistungsbereitschaft neu zu entzünden« (Comelli 1995: 395).
Comelli unterscheidet dabei folgende Hauptziele der Teamentwicklung:

1. Verbesserung des Verständnisses für die Rolle eines jeden Mitgliedes innerhalb des Teams.
2. Verbesserung des Verständnisses für die Beschaffenheit (Charakter) des Teams und seine Rolle innerhalb der Gesamtabläufe der Organisation.
3. Verbesserung der Kommunikation zwischen den Teammitgliedern über alle Punkte, welche die Effizienz und Effektivität des Teams angehen.
4. Stärkung der gegenseitigen Unterstützung unter den Teammitgliedern.
5. Klares Verständnis für die ablaufenden Teamprozesse, das heißt für jene gruppendynamischen Ereignisse, die in jedem Team ablaufen, in dem Personen eng zusammenarbeiten.
6. Für das Team effektive Wege finden, um die in ihm bestehenden Probleme auf der Sach- und Beziehungsebene zu bewältigen.
7. Die Fähigkeit entwickeln, Konflikte konstruktiv zu nutzen.
8. Verstärkung der Kooperation der Teammitglieder und eine Verringerung jenes Wettbewerbs, der auf Kosten des jeweiligen Teams bzw. der Organisation geht.
9. Die Fähigkeit des Teams verbessern, mit anderen Arbeitsgruppen innerhalb der Organisation zusammenzuarbeiten.
10. Das Bewusstsein des gegenseitigen „Aufeinander-angewiesen-Seins", der Interdependenz innerhalb des Teams verstärken.

Abbildung 10: Hauptziele von Teamentwicklungsmassnahmen (vgl. Kauffeld 2001: 33)

Insofern sind institutionalisierte Teamentwicklungsmassnahmen »kein Eingeständnis beruflichen Versagens (wie dies insbesondere ältere Kollegen gelegentlich vertreten)« (Balz/Spiess: 178), sondern anerkennen die belastenden Anteile sozialer Dienstleistungsarbeit und bauen auf dem Wissen spezifischer Regulationsanforderungen sozialer Prozesse und der gemeinsamen Verpflichtung und Verantwortung für eine qualitativ anspruchsvolle und innovative psychosoziale Arbeit auf (vgl. a.a.O.: 173).

7 Fazit: Kooperationsfähigkeit im Team

Teamarbeit ist immer eingebettet in den Kontext einer Organisation. Das zentrale Ziel erfolgreicher und effektiver Teamarbeit liegt in der nachhaltigen Qualifikation von Beratungs-, Handlungs- und Entscheidungsprozessen über die Bündelung von fachlicher Kompetenz, die Entwicklung und Förderung von Kreativität und Innovation, das Ausschöpfen von Ressourcen und die

Unterstützung der Wirtschaftlichkeit organisationaler und sozialer Prozesse und Strukturen (vgl. Grundwald/Steinbacher 2013: 1023). Ein Team braucht Autonomie und klare strukturelle Rahmenbedingungen, einen klaren Auftrag und darauf bezogene Ziele, klare Aufgaben- und Rollenverteilung, schnelle und wirksame Kommunikation, transparente Führung, Unterstützung sowie Erfolgs- und Leistungserlebnisse und Rückhalt durch die Organisation (ebd.: 2025f.).

Teamführung: Geklärtes Führungsverständnis, Umgang mit Macht Herausfordernde Zielsetzungen Identifikation mit Zielen, Position, Funktion und Rolle Geklärtes Ausmass an Partizipation der Mitarbeitenden Bereitschaft zur Teamentwicklung	Teamarbeit braucht: Klare Kommunikations- und Informationsstruktur Aufgabenkoordination, Solidarität, Unterstützung klare ethische Prinzipien Teamkohäsion Ausgewogenheit der Beiträge Soziale Kompetenzen Strukturen Engagement Problemlösungsfähigkeit Klare Führung und positive Einstellung Geklärte Beziehungen Teammoral und -disziplin Reflexion im Team Anerkennung Einsichten in Absichten Forderung und Förderung Teamentwicklung
Betriebskulturelle Aspekte: (Organisationsebene) Vertrauenskultur Kooperations- und Konfliktbewältigungskultur Feedbackkultur Lern- und Innovationskultur (Teamentwicklung) (vgl. Steiger/Lippmann 2008: 145)	
Teamzusammenstellung: Teamgrösse und Heterogenität Fachliche, methodische Kompetenzen Persönlichkeiten und Rollendifferenzierung Geklärtes Kooperationsverständnis	

Teamerfolg:
Leistung, Produktivität, positive Ergebnisse
Arbeitszufriedenheit und Lerneffekte
Hoher Selbststeuerung, konstruktive Zusammenarbeit, Kooperationsfähigkeit
Partizipation bei Organisation und Gestaltung von Entscheidungs- und Handlungsprozessen

Abbildung 11: Faktoren des Teamerfolgs (eigene Darstellung)

Teamfähigkeit ist der verbreitete Oberbegriff für die Bereitschaft und Fähigkeit, produktiv und konstruktiv mit anderen Menschen in Teams zu interagieren und zusammenzuarbeiten. Dies misst sich vor allen Dingen am Willen und Vermögen, mit anderen für gemeinsame Ziele zu arbeiten und sich in angemessenem Umfang in ein Team einzuordnen; damit ist nicht Unterordnung gemeint, nicht Verlust der eigenen Identität oder eigener Ziele. Die Leistungsstärke und Arbeitsfähigkeit eines Teams, also ein entspanntes Teamklima, klare, akzeptierte Ziele und Aufgaben, verbindliche Vereinbarungen, offene Kommunikation und konstruktive Konflikt- und Feedbackkultur, wirkt sich nicht nur auf die Lokomotion (Zielstrebigkeit), sondern auch auf die Kohäsion (Art und Weise des inneren Zusammenhalts) eines Teams aus (vgl. Steiger/Lippmann 2008: 309f.).

Die Teamfähigkeit der einzelnen Mitarbeitenden zeichnet sich ganz allgemein aus durch eine Reihe sozialer Kompetenzen wie Flexibilität und Kreativität, positive und partnerschaftliche Grundhaltung, ein Verständnis für unterschiedliche Meinungen und Positionen, Lernbereitschaft, Kritikfähigkeit, Offenheit und Ehrlichkeit, Sensibilität für die emotionale Lage, hohen Grad persönlicher Eigenständigkeit und fachlicher Sicherheit (vgl. Grundwald/Steinbacher 2013: 1024).

Im Speziellen ist die Kooperationsfähigkeit im Team hoch, wenn Mitarbeitende:

- sich der eigenen Kompetenzen bewusst und sicher sind und über die Möglichkeiten verfügen, diese anderen gegenüber effektiv darzustellen;
- die eigenen Standpunkte argumentativ vertreten und in den fachlichen Diskurs einbringen können;
- auf Rivalität und unangemessenen Machteinsatz verzichten;
- willens sind, die eigene Arbeit und deren Ergebnisse (auch Fehler und Unzulänglichkeiten) offenzulegen;
- fremde Leistungen anerkennen können, ohne sich selbst dabei abzuwerten;
- bereit und fähig sind, teamintern und -extern Konflikte konstruktiv auszutragen und nach gemeinsamen Lösungen zu suchen;
- über die Fähigkeit zur Metakommunikation verfügen, das heisst in der Lage sind, das eigene Verhalten und den Umgang miteinander zum Thema zu machen;
- persönliche Interessen mit kollektiven Zielen des Teams verbinden können, ohne ständig zwischen dem einen oder anderen wählen zu müssen;
- die Notwendigkeit von Teamentwicklungsprozessen erkennen, solche Prozesse aktiv mitgestalten und als Teil von Organisationsentwicklung sehen (vgl. Gellert/Nowak 2004: 89).

Ein typisches Team soll aus Mitarbeitenden aus den von einer Aufgabe betroffenen Funktionen bestehen; es besitzt in der Wahl seiner eigenen Strukturen genügend Freiheiten und geniesst in seiner Arbeit ein hohes Mass an Autonomie. Es stimmt die Fähigkeiten und Interessen seiner Mitglieder aufeinander ab, kompensiert Schwächen, nützt Stärken mehrfach und rivalitätsarm. Die Leistung der Selbstorganisation, Selbststeuerung, Querinformation und Selbstbeauftragung sind vergleichsweise hoch entwickelt. Dabei herrscht Prozessdenken vor, die menschlichen Ressourcen werden möglichst gut genutzt. Ein Team kann Leistungen aus dem Stand erbringen, die sich nicht in offenen oder verdeckten Kämpfen um Geltung wieder verbrauchen (Voigt 1993: 37).

Somit wird ein Team der »integrative Ort der sozialen Balance- und Kontrollmechanismen« (Königswieser/Heintel 1998), also der Ort der kollektiv gültig gemachten Handlungspraxis, wo Deutungsmuster, Überzeugungen, Haltungen, Kompetenzen, Strukturen, Rollen- und Leistungsverständnis aufgebaut, bestätigt, irritiert, kritisiert, verworfen und weiterentwickelt werden und wo der mögliche Einfluss auf den Informationsstatus, auf die gegenwärtigen Annahmen über die Organisation und sich selbst, auf das akkumulierte Wissen zu den Anforderungen der Arbeit, den affektiven Status inklusive der Einstellungen, Werte und Emotionen der Teammitglieder sowie das Verhalten von Mitarbeitenden in der Organisation bedeutungsvoll ist.

Teamcheck Kooperation

Zum Abschluss sei hier eine Checkliste angeführt, die als praktisches Beispiel Teams die Möglichkeit aufzeigt, die eigenen Kooperationsfähigkeit regelmässig zu überprüfen und die durch die Auswertung entstandenen Differenzen zu erörtern und zu reflektieren.

Die einzelnen Aspekte werden anhand der vorgegebenen Skalierung bewertet. Zusätzlich können ergänzende Kommentare und Notizen angebracht werden.

A. Rollen und Beziehungen:

1. *Die Rollenverteilung im Team ist klar und transparent.*

   -3   -2   -1   0   +1   +2   +3
   stimmt nicht   stimmt

   _____

2. Unsere Arbeitsstile und Vorgehensweisen passen gut zusammen.

   -3   -2   -1   0   +1   +2   +3
   stimmt nicht   stimmt

   _____

3. Die Zusammenarbeit wird nicht durch ungeklärte akute oder schwelende Beziehungskonflikte behindert.

   -3   -2   -1   0   +1   +2   +3
   stimmt nicht   stimmt

   _____

B. Ziele, Interessen und Prioritäten:

1. Wir stimmen in unseren Zielen und Vorstellungen überein.

    -3   -2   -1   0   +1   +2   +3
stimmt nicht   stimmt

2. Für unsere Aufgabe/unser Thema ist Kooperation sinnvoll und machbar.

    -3   -2   -1   0   +1   +2   +3
stimmt nicht   stimmt

3. Die Kooperation hat für uns alle einen ähnlichen Stellenwert.

    -3   -2   -1   0   +1   +2   +3
stimmt nicht   stimmt

C. Konkurrenz:

1. Die zur Verfügung stehenden Ressourcen werden unter uns gerecht verteilt.

    -3   -2   -1   0   +1   +2   +3
stimmt nicht   stimmt

2. Meine Wünsche und Vorstellungen werden angemessen berücksichtigt, ohne dass ich darum kämpfen muss.

    -3   -2   -1   0   +1   +2   +3
stimmt nicht   stimmt

3. Im Team gibt es weder offene noch verdeckte Machtkämpfe.

    -3   -2   -1   0   +1   +2   +3
stimmt nicht   stimmt

D. Kompetenz:

1. Ich halte unser Team für ausreichend kompetent, die gestellten Aufgaben zu bewältigen.

-3	-2	-1	0	+1	+2	+3
stimmt nicht						stimmt

2. Ich kann anderen Teammitgliedern mit gutem Gefühl Arbeitsaufträge überlassen.

-3	-2	-1	0	+1	+2	+3
stimmt nicht						stimmt

3. Meine Kompetenzen werden ausreichend gewürdigt.

-3	-2	-1	0	+1	+2	+3
stimmt nicht						stimmt

Quelle: Gellert/Nowak (2007: 119f.)

Literatur

Antons, Klaus (1992): Praxis der Gruppendynamik. Übungen und Techniken. 5. überarbeitete Auflage. Göttingen: Hogrefe.
Baldegger, Rainer (2004): Erfolgreich im Team. Aarau: Baldegger.
Balz, Hans-Jürgen/Spiess Erika (2009): Kooperation in sozialen Organisationen. Grundlagen und Instrumente der Teamarbeit. Stuttgart: Kohlhammer.
Bauer, Petra (2011): Multiprofessionelle Kooperation in Teams und Netzwerken – Anforderungen an die Soziale Arbeit. In: Zeitschrift für Sozialpädagogik. Jhrg. 9, 4. S. 341-361.
Belbin, Raymond Meredith (1996): Management Teams: Erfolg und Misserfolg. Wörrstadt: Bergander.
Comelli, Gerhard (1995): Qualifikation für Gruppenarbeit: Teamentwicklungstraining. In: Rosenstiel, Lutz von/Regnet, Erika/Domsch, Michel (Hrsg.), Führung von Mitarbeitern. Handbuch für erfolgreiches Personalmanagement (S. 387–409). Stuttgart: Schäffer-Pöschel.
Dick, Rolf van/West, Michael (2005): Teamwork, Teamdiagnose, Teamentwicklung. Göttingen: Hogrefe.

D'Zurilla, Thomas/Goldfried, Marvin (1971): Problem solving and behavior modification. In: Journal of abnormal psychology, Vol. 78, Nr. 1, S. 107–126.
Francis, Dave/Young Don (1998): Mehr Erfolg in Teams. Hamburg: Windmühle.
Gellert, Manfred/Nowak, Claus (2004): Teamarbeit – Teamentwicklung – Teamberatung. Ein Praxisbuch für die Arbeit in und mit Teams. Meezen: Limmer.
Gerber, Andrea/Markwalder, Sonja/Müller, Elisabeth (2011): Der Kompetenzbegriff. Internes Dokument. Olten: Hochschule für Soziale Arbeit FHNW (unveröff.).
Gomez, Peter/Probst Gilbert (1987): Vernetztes Denken im Management. Bern: Schweizer Volksbank.
Grunwald, Klaus/Steinbacher, Elke (2013): Team/Teamarbeit. In: Grunwald, Klaus/Horcher, Georg/Maelicke, Bernd (Hrsg.), Lexikon der Sozialwirtschaft (2. aktualisierte Auflage) (S. 1022–1027). Baden-Baden: Nomos.
Hartfield, Günter/Hillmann, Karl-Heinz (1982): Wörterbuch der Soziologie. Stuttgart: Kröner.
Heiner, Maja (2010): Soziale Arbeit als Beruf. Fälle – Felder – Fähigkeiten (2. Auflage). München: Reinhardt.
Helmreich, Robert/Schäfer, Hans-Gerhard (1994): Team Performance in the operating room. In: Bogner, Marilyn Sue (Hrsg.), Human Error in Medicine (S. 225–253). Hillsdale: Lawrence Erlbaum.
Hof, Christiane (2002): Von der Wissensvermittlung zur Kompetenzentwicklung in der Erwachsenenbildung. In: Report 49, S. 80–89.
Kauffeld, Simone (2001): Teamdiagnose. Göttingen: Verlag für Angewandte Psychologie.
Königswieser, Roswita/Heintel, Peter (1998): Teams als Hyperexperten im Komplexitätsmanagement. In: Heinrich Ahlemeyer/Roswita Königswieser (Hrsg.), Komplexität managen. Strategien, Konzepte und Fallbeispiele. Wiesbaden: Gabler.
Kriz, Willy/Nöbauer, Brigitta (2003): Teamkompetenz. Göttingen: Vandenhoeck & Ruprecht.
Lersch, Philipp (1965): Der Mensch als soziales Wesen. Eine Einführung in die Sozialpsychologie. München: Barth.
Margerison, Charles/McCann, Dick (1989): Managing high-performing teams. In: Training and Developement, November, S. 53–60.
Marti, Stefan (2010): Toolbox Führung. Nützliche Werkzeuge und Modelle für Führungskräfte und Projektleiter. Winterthur: Marti.
McCann, Dick/Margerison, Charles (2001): Schlüsselfunktionen der Arbeit im Team. In: Simone Kauffeld, Teamdiagnose. Göttingen: Verlag für Angewandte Psychologie.
Merten, Ueli (2014): Situatives Führen in der Praxisausbildung. In: Roth, Claudia/Merten, Ueli (Hrsg.), Praxisausbildung konkret. Opladen: Budrich.
Ossig, Heinz (1985): Einführung Teamentwicklung. In: Comelli, Gerhard (Hrsg.), Training als Beitrag zur Organisationsentwicklung (S. 9–10). München: Hanser.
Pöhlsen-Wagner, Inga (2013): Rolle. In: Grunwald, Klaus/Horcher, Georg/Maelicke, Bernd (Hrsg.), Lexikon der Sozialwirtschaft (2., aktualisierte Auflage) (S. 851–852). Baden-Baden: Nomos.
Schlippe, Arist von/Schweitzer, Jochen (1997): Lehrbuch der systemischen Therapie und Beratung. Göttingen: Vandenhoeck & Ruprecht.
Schneider, Helmut/Knebel, Heinz (1995): Team und Teambeurteilung: Neue Trends in der Arbeitsorganisation. Köln: Wirtschaftsverlag Bachem.

Steiger, Thomas/Lippmann, Eric (Hrsg.) (2008): Handbuch angewandte Psychologie für Führungskräfte. Band 1 (3. Auflage). Berlin: Springer.
Tuckman, Bruce (1977): Stages of small group development revisited. In: Group and Organization Studies, Vol. 2, Nr. 4, S. 419–427.
Ulrich, Hans/Probst, Gilbert (1995): Anleitung zum ganzheitlichen Denken und Handeln (4., unveränderte Auflage). Bern: Haupt.
Voigt, Bernd (1993): Team und Teamentwicklung. In: Organisations-Entwicklung, Heft 3, S. 34–49.
Vopel, Klaus (1994): Die Unternehmenskultur. München: Iskopress.
West, Michael (1994): Effective Teamwork. Leicster: British Psychological Society.

Projektmanagement erfordert Kooperation

Marcello Schumacher

Projektmanagement ist zu Recht in aller Munde, denn ein professionell geführtes Projektmanagement kann entscheidende Vorteile bringen. Projekte, verstanden als »besondere Vorhaben«, stehen tagtäglich an und sind aus der heutigen Arbeitswelt und somit auch aus der Sozialen Arbeit nicht mehr wegzudenken. Projektmanagement ist eine sehr anspruchsvolle und herausfordernde Führungs- und Organisationsform, verlangt aber auch eine besondere Form der Zusammenarbeit, die für die Beteiligten hochbefriedigend, aber manchmal auch ziemlich frustrierend sein kann. Gutes Projektmanagement ist in hohem Masse praxisorientiert und pragmatisch. Der folgende Beitrag liefert in einem ersten Teil Grundlagen und Grundbegriffe des Projektmanagements, nennt Spannungsfelder und skizziert Überlegungen zur Zusammensetzung eines Projektteam und zum Profil einer Projektleitung. Im zweiten Teil werden bestimmte Herausforderungen und Spannungsfelder von Projektmanagement und Kooperation mit einem Blick auf die Erfolgsmerkmale von Projektmanagement genauer beleuchtet.

1 Einleitung

Projektmanagement ist so alt wie die menschliche Geschichte. Immer wenn Menschen grössere Vorhaben gemeinschaftlich durchführen, können wir von Projektmanagement sprechen. Grossartige Bauwerke, wichtige Entdeckungen und Erfindungen oder erfolgreiche Kriege sind nicht vorstellbar, ohne dass die Verantwortlichen diese Projekte geplant hätten.

Doch erst in erst jüngster Zeit wurden die unterschiedlichen Konzepte zusammengetragen, systematisiert und in wissenschaftlich aufbereitete Methoden und Verfahren gebracht, unter der heute Projektmanagement betrieben wird.

Projekte sind komplexe, zeitlich befristete, thematisch definierte und bereichsübergreifende Vorhaben, die besondere organisatorische Massnahmen erfordern. Obwohl Anfang und Ende eines Projektes definiert werden, sind Projektaufgaben in der Regel wegen ihres einmaligen Charakters mit erheblichen Risiken des Scheiterns verbunden. Projekte widerholen sich nicht in identischer Form, weshalb man Projektmanagement auch als Management nicht-repetitiver Aufgaben umschreiben kann (vgl. Kuster et al. 2011; Witschi/Erb/Biagini 1996). Projekte sind demnach wichtige Vorhaben, oft mit langfristiger Wirkung. Ihre Durchführung verursacht erheblichen Aufwand. Projektmanagement stellt das Potenzial bereit, um diese Vorhaben erfolgreich, zeitgerecht und wirtschaftlich durchzuführen. Oftmals verlangt die Auseinandersetzung mit dem Neuen einen Einbezug von Wissen und Erfahrung aus den verschiedensten Fachbereichen – je nach Situation auch ausserhalb der Organisation und ausserhalb der bekannten Entscheidungsebenen –, die über Kenntnisse zum in ihren Organisationseinheiten vorhandenen Potenzial verfügen; es braucht also eine »transversale Handlungsstruktur« – eine Projektorganisation.

2 Was verstehen wir unter einem Projekt?

Der Begriff »Projekt« ist vom lateinischen Wort *proiectum* abgeleitet und bedeutet zunächst »das nach vorn Geworfene«, es zeigt auf eine richtungweisende Sache, ein Motiv, ein Symbol, ein Objekt. Aus einer zweiten Bedeutung ergibt sich ein Hinweis auf die zukunftsgerichtete Planung einer Idee, einer Vision, einer für die Zukunft lohnenswerten Angelegenheit, die überlegt beziehungsweise ausprobiert werden sollte. Damit lässt sich ein Projekt durch seine spezifische Eigenschaften klar von Routinearbeiten, von Tagesgeschäften und Alltagsaufgaben in der eigenen Organisation abgrenzen.

Gemäss der Definition nach dem Standard des Deutschen Instituts für Normung wird ein Projekt (DIN 69901) verstanden als »ein Vorhaben, das im Wesentlichen durch Einmaligkeit der Bedingungen in ihrer Gesamtheit gekennzeichnet ist, wie zum Beispiel: Zielvorgabe, zeitliche, finanzielle, personelle oder andere Bedingungen, Abgrenzungen gegenüber anderen Vorhaben, und eine projektspezifische Organisation aufweist« (DIN 2009). Eine allgemein gültige Definition des Begriffs »Projekt« scheint sich nicht durchgesetzt zu haben, Projekte werden in verschiedenen Organisationen und Professionen unterschiedlich aufgefasst und definiert. Im Handbuch für Projektmanagement (2011) finden wir folgende Definition:

> Wenn ein einmaliges, bereichsübergreifendes Vorhaben zeitlich begrenzt, zielgerichtet, interdisziplinär und so wichtig, kritisch und dringend ist, dass es nicht einfach in der bestehenden Linienorganisation bearbeitet werden kann, sondern besondere organisatorische Vorkehrungen getroffen werden müssen, dann handelt es sich um ein Projekt. (Kuster et al. 2011: 5)

Für diesen Artikel wird der Begriff wie folgt verstanden: Ein Projekt ist ein neuartiger, einmaliger und innovativer Arbeitsauftrag, der sich von den Routinetätigkeiten, die in der Organisation anfallen, differenziert, der von einer gewissen Bedeutung für die Organisationseinheit ist, Veränderung mit sich bringt und nicht in der Linienorganisation abgewickelt werden kann, sondern eine Parallelorganisation (Projektorganisation) braucht.

Der Projektauftrag verfolgt festgelegte Ziele, beansprucht ausserordentliche und zu planende personelle, strukturelle und finanzielle Ressourcen, ist komplex und umfangreich, mit Risiken und Unsicherheiten verbunden, bereichs- und zuständigkeitsübergreifend ebenso wie interdisziplinär zu organisieren und hat eine zeitlich begrenzte Struktur (klar definierter Anfangs- und Endtermine).

Der Auftrag beansprucht dadurch ausserordentliches Wissen, setzt die formulierte Übergabe von Verantwortung und Zuständigkeiten, klare Kommunikationsstrukturen, die Fähigkeit zur Verhandlung und Kooperation voraus und verlangt periodisch klare und eindeutige Zwischenbilanzen und Entscheide, sogenannte Meilensteine.

Die folgende Tabelle listet einige typische Merkmale von Projekten auf:

Merkmal	Beschreibung
Neuartigkeit und Einmaligkeit	Projekte haben innovativen Charakter und liegen ausserhalb der Routinetätigkeiten. Es muss neues Wissen erschlossen werden. Projekte stossen oft an fachliche, technische und organisatorische Grenzen, weil sie eine völlig neue Situation darstellen. Die Aufgabenstellungen in Projekten sind oft einmalig und mit hohen Risiken und Unsicherheiten verbunden.
Komplexität und Interdisziplinarität	Projekte sind oft komplex, weil sie bekannte Organisationsstrukturen überschreiten und so verschiedene Verantwortungsbereiche und Handlungsbereiche der Organisation und damit auch der Professionen tangieren. Es braucht hierarchieübergreifende Zuständigkeiten. Die Aufgabenstellungen sind umfangreich, der Schwierigkeitsgrad ist hoch, das Wissen auf verschiedene Personen verteilt und die Beziehungen nicht standardisiert. Sprachbarrieren der verschiedenen Professionen müssen überwunden werden.
Zielorientierung	Projekte beinhalten immer formale und sachbezogene Ziele, die durch ein gemeinsames Handeln des Projektteams erreicht werden wollen. Aus den Zielen lassen sich strukturelle und methodische Massnahmen und Interventionen ableiten. Entsprechend dem innovativen Charakter von Projekten sind die Ziele zu Projektbeginn nicht immer exakt definierbar, es braucht daher klar vereinbarte Zwischenziele.
Ressourcen	Projekte fordern ausserordentliche Ressourcen bezüglich Wissen, Kompetenzen, Personal und Finanzen, die aber oft nur begrenzt vorhanden sind; strukturelle Ressourcen müssen oft erst installiert werden.
Zeitliche Begrenzung	Projekte sind abgegrenzte Vorhaben: Sie sind einmalig terminiert, das heisst zeitlich begrenzt, und stehen dadurch häufig unter Termindruck. Es gibt einen klaren Start (Kick-off) und einen terminierten Projektabschluss.

Merkmal	Beschreibung
Veränderungen	Projekte bringen Veränderungen mit sich, die unterschiedlich sein können (von Euphorie bis Widerstand, von Skepsis und Angst bis Freude und Motivation) und grosse organisationspsychologische Ansprüche an die Projektleitung und -organisation stellen.
Projektcharakter und Planung	Der Projektcharakter (Vision, Konzept, Ausführung) ändert sich von Phase zu Phase und erfordert unterschiedliche Managementfähigkeiten. Es ist herausforderungsreich, Projekte zu planen und zu steuern, sie verlangen besondere organisatorische Massnahmen sowie periodisch klare und eindeutige Entscheide; Projekt sind teilautonome Einheiten.
Risiken	Projekte weisen je nach Grösse und Komplexität unterschiedliche Risiken finanzieller, personeller, fachlicher und terminlicher Natur auf.

Abbildung 1: Merkmale von Projekten (vgl. Kuster et al. 2011; Witschi/Erb/ Biagini 1996) (eigene Darstellung)

3 Projektmanagement

Projektmanagement ist eine Methode mit einer klaren Organisationsstruktur, einem ausgewählten Führungsverständnis, definierten Verfahrenselementen und Instrumenten, die darauf ausgerichtet sind, innerhalb einer festgelegten Zeit mit definierten Mitteln ein zukunftsgerichtetes Vorhaben zu realisieren.

Erfolgreiches Projektmanagement ist vernetzt angelegt und setzt aus organisatorisch ganzheitlicher Perspektive folgenden Aspekte als entscheidende Gestaltungsgrössen in den Mittelpunkt:

- Der Zielaspekt liefert die Richtung des Projektes;
- der Strukturaspekt setzt den Rahmen der Projektorganisation;
- der Personalaspekt befragt die personelle Zusammensetzung und
- der Kulturaspekt klärt die sozialen Beziehungen und fördert konstruktive und kooperative Prozesse (vgl. Christen 2013: 4).

Erst die Berücksichtigung aller vier Aspekte garantiert eine erfolgreiche Projektdurchführung. Die Notwendigkeit als auch der Nutzen eines systematischen Projektmanagements ist in der Praxis unbestritten. Ebenso unbestritten ist die Fülle von Problemen, die immer wieder aus dem Projektmanagement resultieren. Der Grund liegt erfahrungsgemäss darin, dass im Projektmanagement noch zu oft die sachlogische Ebene gegenüber der psychologischen Ebene dominiert. Zu häufig klammert man sich im Projektmanagement noch

Projektmanagement erfordert Kooperation 289

an die Illusion, dass ein formaler Zeitplan alle ablaufbezogenen Probleme lösen könne. (Christen 2013: 3)

Ebenfalls gehört es zu den Aufgaben des Projektmanagements, dafür Sorge zu tragen, dass die definierten Projektziele innerhalb des festgelegten Zeitraums mit den zur Verfügung stehenden Ressourcen erreicht werden. Bei der Abwicklung von Projekten müssen stets die angestrebten Zielgrössen *Ergebnis* (Qualität), *Zeit* und *Aufwand* (Kosten) im Auge behalten und gesteuert werden. Dazu müssen die entsprechenden Verfahren und Methoden gewählt und angewendet werden.

Im Folgenden finden sich einige Hinweise auf *Spannungsfelder* innerhalb der Arbeitsprozesse von Projekten.

Spannungsfeld Zielsetzung

Probleme beim Projektmanagement beginnen bei Zielunklarheiten und -konflikten. Ziele müssen in Abstimmungs- und Aushandlungsprozessen der verschiedenen Anspruchsgruppen vereinbart, formuliert und hierarchisiert werden. Dabei ist zwischen Systemzielen (Ziele, die sich auf das zukünftige System beziehen) und Vorgehenszielen (Ziele, die sich auf die Durchführung des Projektes beziehen) zu unterscheiden.

Spannungsfeld Strukturen

Jedes Projekt braucht eine geeignete Projektorganisation; dabei bestehen für Organisationen unterschiedliche Strukturierungsmöglichkeiten. Ausserhalb der Linienfunktionen sind Steuerung, Projektleitung und Projektteam zu organisieren. Strukturen divergieren primär mit dem Grad ihrer Ausrichtung auf spezifische Projektziele und ihrer Einbindung in die Gesamtorganisation. Immer geht es im Prinzip jedoch darum, den »Quasifremdkörper Projekt« sinnvoll in die Organisationsstruktur zu integrieren.

Spannungsfeld Personen

Projektmanagement steht und fällt mit den beteiligten Personen. Auf der einen Seite stehen für Projektleitende differenzierte Anforderungsprofile. Führungs-, Methoden- und Sozialkompetenzen bilden darin die Hauptanforderungen. Die Projektleitenden müssen für »ihr« Projekt die geeigneten Mitarbeitenden auswählen, dabei sind Fachlichkeit, Rollendifferenzierung, Charaktereigenschaften und Projekterfahrung massgebende Auswahlkriterien.

Spannungsfeld Kultur

In der Organisationskultur sind verschiedene Einstellungen zu Projekten und Projektteams oft verwurzelt. Diese Grundeinstellungen können bestimmte Formen des Projektmanagements unterstützen, andere dagegen können sie behindern. Zudem besteht ein Spannungsfeld zwischen der »Projektkultur«

im Projektteam und der »Kultur« der sie umgebenden Organisation. Projektmanagement in einer Organisation einführen heisst *Veränderungen anstossen*. Wenn Projektarbeit nicht auf allen Stufen konkret mitgetragen wird, wird sie auf Dauer nicht erfolgreich sein. Voraussetzung ist, dass Mitarbeitende nicht ausschliesslich in der Technik des Projektmanagements geschult werden, sondern auch im Bereich der Organisationskultur und der sozialen Kompetenzen wie konstruktive Konfliktbearbeitung, Fähigkeit zur Kooperation und Teamarbeit sowie der Fähigkeit zur systematischen Problemlösung (vgl. Christen 2013: 4f.).

Spannungsfeld Führung

Projektmanagement bedeutet immer auch Koordination von Teilaufgaben, die von unterschiedlichen Mitarbeitenden gelöst werden. Projektmanagement ist demnach auch eine Form der Personalführung. Projektleitende sollten aus zeitlichen, aber auch aus ökonomischen Gründen Strategien zur Vermeidung von Konflikten und Methoden zur konstruktiven Konfliktbearbeitung beherrschen. Meinungsverschiedenheiten und das Beharren auf Standpunkten sorgen nicht nur für Zeitverzögerungen, sondern können auch die Kosten in die Höhe treiben.

Spannungsfeld Kommunikation

Kommunikation ist der »Flaschenhals« des Projektmanagements. Sie umfasst den formellen und informellen Informationsaustausch zwischen den Projektbeteiligten. Dabei ist die Projektkommunikation einer der Hauptfaktoren, die entscheidend zum Projekterfolg beitragen. Den Projektbeteiligten kommt dabei eine wichtige Rolle zu. Sie müssen bereit sein, untereinander Informationen auszutauschen, einander Erfahrungen mitzuteilen sowie bei Problemen Fragen zu stellen und eine gewisse Form der Fehlerkultur zu leben.

Die Kommunikation positiv beeinflussen können zum Beispiel eine einfache, gut verständliche Sprache, persönliche und soziale Kompetenz, Feedbacktechniken, gut aufbereitete und transparente Arbeitsunterlagen, klar definierte Projektziele und Meilensteine.

Aus Sicht der Projektleitung ist die Kommunikation eine wichtige Aufgabe, damit sie im Projekt frei agieren kann. Es gilt darum, folgende Fragen zu klären:

- Welches ist die geeignete Kommunikationsstruktur im Projekt?
- Welche Informationen müssen an welche Personen bzw. Instanzen weitergegeben werden?
- Wann müssen Arbeitsergebnisse mit welchen Personen beziehungsweise Instanzen abgestimmt werden?

- Wann muss das Management über Zielkonflikte und Abweichungen im Projektverlauf informiert werden, und wer genehmigt diesbezügliche Änderungen?

Spannungsfeld Kooperation

Projektmanagement ist eine kooperative Arbeits- und Organisationsform, in der versucht wird, komplexe, neuartige Themenstellungen in interprofessionellen und heterogenen Teams zu bewältigen. Die Zusammenarbeit von verschiedenen Akteuren in einem Projekt findet auf mehreren Ebenen statt (Position, Beruf und Persönlichkeit). Aus diesem Grund ist Kooperation eine Herausforderung bezüglich Hierarchie, beruflicher Kompetenzen und persönlichen Vertrauens.

Moderne Gesellschaften haben eine Komplexität erreicht, die nur durch einen wachsenden Kooperations-, Koordinations- und Kommunikationsaufwand beherrscht werden kann. [...] Kooperationsfähigkeit wird vor allem in der Gruppenarbeit, die sich in allen Bereichen der Informationsgesellschaft zunehmend durchsetzt, eingefordert. Die meisten Informationsarbeiter sind in Projekten, Arbeitsgruppen und Netzen eingebunden. (Nefiodow 2006: 94)

Es ist somit zu beachten, dass sich viele Problemstellungen nicht einfach durch Information oder arbeitsbezogene Logiken lösen lassen, sondern auf der Werte- oder persönlichen Ebene angegangen werden müssen. Die kooperative Kompetenz wird hier zu einem Schlüsselfaktor in zukunftsorientierten Projekten.

Kooperative Kompetenz verlangt menschlich-emotionale Qualitäten, systemisches Wahrnehmen und Denken sowie Empathie. Nötig sind darum Instrumente, um die verschiedene Erwartungen zu kommunizieren, sowie Instrumente, um Teamsituationen zu moderieren und zu vermitteln. Voraussetzung für Kooperationen ist ein allseitiger Nutzen für die involvierten Projektanspruchsgruppen.

4 Phasenmodell von Projekten

Der Projektmanagementprozess umfasst zentrale Projektmanagementaufgaben – von der Initiierung bis zum Abschluss eines Projekts (Kuster et al. 2011). Das Phasenmodell teilt ein Projekt in zeitlich klar getrennte Abschnitte, wodurch sichergestellt werden soll, dass das Risiko des Scheiterns minimiert wird.

Durch die sogenannten Meilensteinentscheide während und nach jeder Phase soll geklärt werden, ob das Projekt fortgeführt werden kann, ob Modifikationen notwendig sind oder ob das Projekt sogar abgebrochen wird. Die

Phasen sind zeitlich und funktionell abgrenzbare Teile innerhalb eines Projektablaufes. Die Unterteilung in Phasen geschieht deshalb, weil dadurch ein Projekt in planbare und kontrollierbare Etappen gegliedert wird.

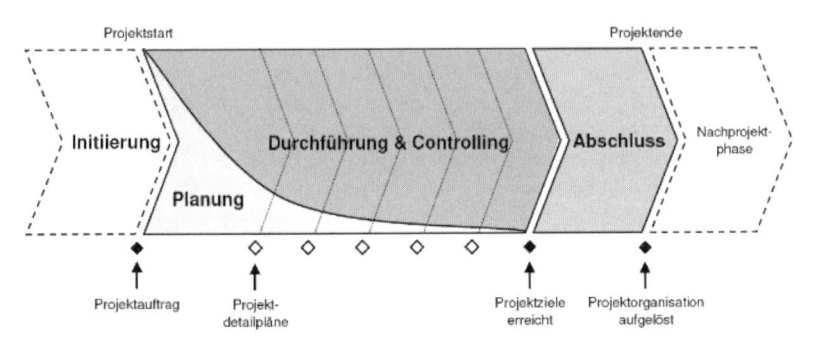

Abbildung 2: Phasenmodell Projekt (startup euregio management GmbH 2007)

4.1 Initiierung

In der Phase der Initiierung geht es um die Erstellung einer systematischen Auslegeordnung der Grundlagen der vorliegenden Projektidee und darum, dass der Anstoss für eine Neuorientierung oder eine Um- und Neugestaltung einer Situation (Ausganglage, Problemstellungen, Ideen, Anspruchsgruppen, mögliche Strategien, Zuständigkeiten, Rollenklärungen, Ressourcenzuteilungen usw.) auf Akzeptanz trifft. Diese Vorarbeiten und eine mögliche zusätzliche Machbarkeitsstudie führen zu einer Projektvereinbarung. Diese legt den Grundstein und liefert die Entscheidungsgrundlagen für den konkreten Projektauftrag.

4.2 Planung

In der Phase der Planung gilt es vorerst aus den Vorstudien ein Gesamtkonzept mit konkreten Lösungsvarianten zu erarbeiten. Darin sind Zielerreichung, Funktionstüchtigkeit, Zweckmässigkeit und Wirtschaftlichkeit des Projektes fundiert zu beurteilen. Im Anschluss wird nun die Detailplanung des Projektes erstellt. Ein Masterplan ist zu erstellen, Meilensteine sind festzulegen, Teilprojekte zu definieren, Investitionsentscheide zu formulieren, und die Projektorganisation ist festzulegen. Wenn das Projekt offiziell gestartet ist, konkretisiert das Projektteam in der Planung die Projektinhalte (Ziele, Aufgaben, Risiken, Rollenklärung, Kommunikationsstruktur, Konfliktlösungsmodell usw.).

4.3 Durchführung und Controlling

Sobald die Planung einen ausreichenden Detaillierungsgrad erreicht hat, wird mit der Umsetzung begonnen. Parallel dazu steuern und überwachen die Projektleitenden die Projektorganisation und den Projektverlauf.
Meilenstein (geplante Zwischenbilanzen) sind wesentliche Zeitpunkte in einem Projektablauf, an die normalerweise die Ergebnissicherung und weiterführende Entscheidungen geknüpft sind. Standardisierte Meilensteine sind: Entscheid und Vereinbarung des Projektauftrages und dessen Finanzierung, Genehmigung der Detailpläne und Ziele, Ergebnissicherung nach Erreichung der Zielsetzung und die Auflösung der Projektorganisation.
Bei jedem Meilenstein muss den Entscheidungsträgern detailliert Bericht erstattet werden. Diese müssen entscheiden,

- ob die Phase abgeschlossen werden kann oder ob es bei festgestellten Abweichungen eine Nachbesserung bis zu einem definierten Termin braucht,
- ob das Projekt weitergeführt oder abgebrochen wird,
- ob die nächste Phase freigegeben wird,
- ob wesentliche Änderungen des Zielkatalogs beschlossen werden müssen,
- ob wesentliche Änderungen im Projektablauf vorgenommen werden müssen,
- ob zusätzliche Massnahmen (z.B. Informationsveranstaltungen) aufgrund der Projektdynamik einzuleiten sind,
- ob wesentliche personelle Massnahmen zu ergreifen sind (zusätzliche Ressourcen, Umbesetzungen, Rollenerweiterungen, neue Teams),
- ob zusätzliche Investitionen oder Projektkredite zu bewilligen sind.

4.4 Abschluss

Ein Projekt sollte genauso systematisch beendet werden, wie es begonnen hat. Erfahrungswerte (»lessons learned«) sollten kritisch reflektiert werden. Die Projektergebnisse müssen entsprechend evaluiert werden. Die Ergebnisse des Projektabschlusses sind in einem Abschlussbericht zu dokumentieren. Das Projekt muss von der Seite der Auftraggeber, der Projektleitung und des Projektteams aufgelöst werden.

4.5 Nachprojektphase

In der Nachprojektphase werden die Projektergebnisse genutzt. Oft ist es wichtig und ratsam, auch die Verantwortlichkeiten für die Nachprojektphase klar zu definieren (vgl. Kuster et al. 2011: 16ff.).

5 Projektorganisation und Projektorgane

Sinn und Notwendigkeit einer speziellen Projektorganisation ergeben sich aus der Tatsache, dass die bestehende Linienorganisation (meist Fachbereiche) für die Erfüllung ihrer Teilaufgaben in der Organisation aufgestellt ist, jedoch nicht für die Führung einmaliger, neuartiger und fachübergreifender Vorhaben. Der Linienorganisation fehlt die nötige Flexibilität, um bei Problemen und Änderungen entsprechend rasch reagieren zu können.

Jede Projektorganisation sollte demnach folgende Kriterien erfüllen:

- klare und genügende Führungsverantwortung und Entscheidungskompetenzen im Projekt durch das Management der Organisation;
- passende interprofessionelle Fachvertretungen und Fachkompetenz im Projekt;
- Einbinden aller Anspruchsgruppen (Betroffene zu Beteiligten machen, Akzeptanz erreichen);
- Projektorganisation muss »anschlussfähig« an die Stammorganisation sein, das heisst nicht in zu grossem Gegensatz dazu stehen.

Je grösser der Projektumfang, desto eher müssen Funktionen im Zusammenhang mit den Projekten formell wahrgenommen und institutionalisiert werden. Die am häufigsten formalisierten Funktionen beziehungsweise Projektorgane sind:

Auftraggebende Stelle: Sie erteilt die Aufträge, fällt die grundsätzlichen Entscheidungen, integriert das Projekt in die Gesamtorganisation und ist verantwortlich für die begünstigenden Rahmenbedingungen und genügend Ressourcen. Die Funktion des Auftraggebers wird oft zu wenig bewusst wahrgenommen und ausgeübt, sie umfasst auch Rückendeckung für die Projektleitung und die Prioritätensetzung. Hier ist die Machtebene und abschliessende Entscheidungskompetenz angesiedelt.

Steuerungsgruppe: Die Steuerungsgruppe, auch Projektausschuss genannt, ist das Scharnier zwischen auftraggebenden Stellen und der Projektleitung. Dieses Organ steuert den groben Ablauf des Projektes, erarbeitet Vorentscheidungen und gibt dem Projektteam Rückendeckung. Um eine möglichst gute Akzeptanz der Projektresultate zu erreichen, ist es zweckmässig, in dieses Gremium Verantwortungsträger und -trägerinnen aus den Benutzerkreisen (Linie) sowie Interessenvertreterinnen und -vertreter der Auftraggebenden einzubeziehen.

Projektleitung: Der Projektleiter oder die Projektleiterin ist verantwortlich für die operative Abwicklung des Projektes und führt das Projektteam oder die Teilprojektteams. Die Projektleitungen sind für die vereinbarten Prozesse verantwortlich.

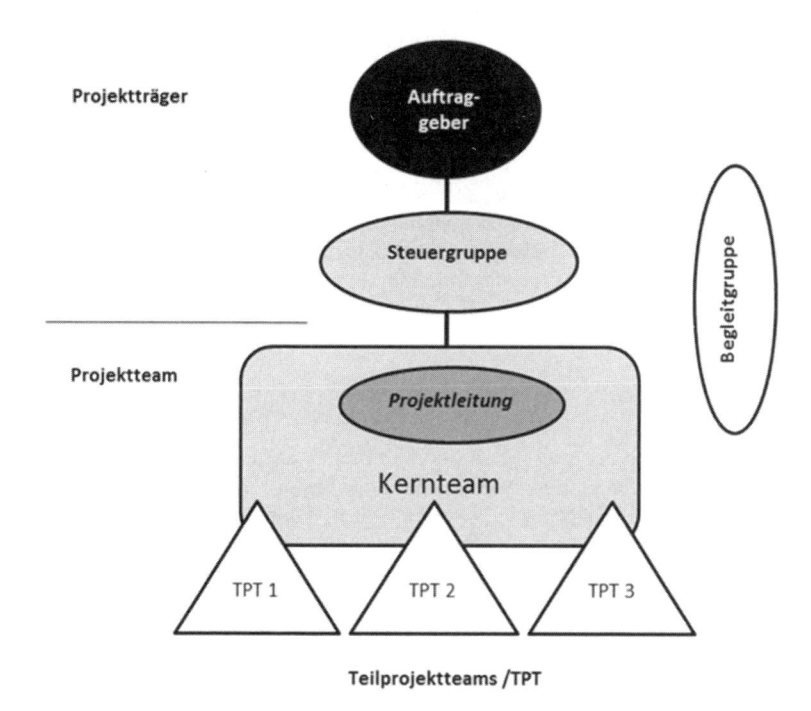

Abbildung 3: Idealtypische Projektorganisation (vgl. Kuster et al. 2011: 101) (eigene Darstellung)

Projektteam: Das Projektteam leistet die konkrete Projektarbeit. In grösseren Projekten können diese Teammitglieder Teilprojektteams oder spezifische Arbeitsgruppen leiten.

Begleitgruppen: Bei spezifischen fachlichen Fragestellungen können fachliche oder technische Begleitgruppen eingesetzt werden.

Entscheidend bei Projektorganisationen ist, dass die Rollen klar definiert werden und möglichst keine Rollenkumulation bei einzelnen Personen vorkommt. Wenn zum Beispiel der Auftraggebende gleichzeitig im Projektteam ist oder wenn die Aufgaben und Kompetenzen der Teilprojektleitenden nicht klar definiert sind, so führt dies zu gegenseitigen Einmischungen oder unklaren Situationen, die das Projekt in grosse Schwierigkeiten bringen können. Es empfiehlt sich daher, die Rollen mindestens stichwortartig zu umschreiben, gegenseitig zu klären, den Projektmitarbeitenden zuzuordnen und zu vereinbaren.

6 Die Zusammensetzung von Projektteams

Ein entscheidender Faktor für den späteren Projekterfolg ist die richtige Zusammensetzung von Projektteams. Eine ausgewählte Mischung von Persönlichkeiten, Fachlichkeit und unterschiedlichen Kompetenzen macht sich bezahlt, wenn ein Projekt möglichst reibungslos abgewickelt werden soll. Welche Eigenschaften der Personen machen ein Projektteam stark? Welche Kompetenzen fördern den erfolgreichen Projektverlauf und helfen, die Projektziele effizient und effektiv zu erreichen? Für Projektbesetzungen kann ein Raster mit den drei Dimensionen Kompetenz, Hierarchie und Persönlichkeit hilfreich sein.

6.1 Kompetenz

In den Projekten werden drei Arten von Kompetenzen benötigt:
Fachkompetenzen: fachliches und methodisches Know-how mit Blick auf das Thema und den Inhalt des Projektvorhabens, Kenntnis von erfolgreichem Projektmanagement, dienstrechtliche Kompetenz der Organisation, Einsicht in die Wirkungsabsichten von Veränderungen;
Methodenkompetenzen: Problemlösungskompetenz, Fähigkeit, in Projekten aktiv mitzuarbeiten, Entscheidungsfähigkeit, Organisations- und Planungsfähigkeit, Zeitkompetenz, Präsentationstechnik;
Sozialkompetenzen: Teamfähigkeit, Kooperationsfähigkeit, Fähigkeit zur konstruktiven Konfliktlösung, Durchsetzungsfähigkeit, Kommunikations- und Verhandlungskompetenz.

6.2 Hierarchie

Projekte gewinnen einerseits mit den vielseitigen Kompetenzen der Mitarbeitenden, die genau wissen, wie gearbeitet wird. Andererseits benötigen gute Projekte auch Einflussmöglichkeiten und den Support der Hierarchie. Projektvorhaben sollten »die Sicherung ausreichender Top-Management-Unterstützung« (Keplinger 1992) erhalten. Die Projektleitung sollte aus den Reihen der Chefetage einen Förderer ihres Projektes suchen, sofern ein solcher nicht schon von Beginn weg im Projekt engagiert ist. Die Kunst besteht darin, Linienautoritäten zugunsten von Projektteamarbeit zurückzustellen.

6.3 Persönlichkeit

Gute Projektteams zeichnen sich dadurch aus, dass unterschiedliche Persönlichkeiten mit unterschiedlichen Charaktereigenschaften vertreten sind. Zur Vereinfachung kann man auf verschiedene Rollentypen zurückgreifen, wie sie Belbin (1996), McCann und Margerisen (1989) oder Spencer und Pruss

(2001) in ihren Teamrollenprofilen beschrieben haben, wie etwa »die kreativen Entwickler«, »die Organisatoren und Planer«, »die systematischen Umsetzer«, »treibenden Macher« und die »sorgfältigen Überwacher«. Je nach Projektphase bringen sie ihre jeweiligen Stärken unterschiedlich intensiv in den Projektverlauf ein. Projektmitglieder sollten Fähigkeiten und Fertigkeiten aus allen drei Dimensionen mitbringen, allerdings in unterschiedlicher Kombination und Ausprägung.

7 Was macht eine gute Projektleitung aus?

Projekte erfolgreich zu führen und diese verantwortungsvolle Aufgabe zur Zufriedenheit aller direkt und indirekt Beteiligten (Stakeholders) zu bewältigen, ist eine herausfordernde Aufgabe, die nicht jeder Person liegt. Oft kommt es vor, dass Projektleitende hauptsächlich aufgrund ihrer fachlichen Kompetenzen und ihres technisch-instrumentellen Wissens in einem Fachgebiet ernannt werden. Dies reicht aber nicht aus, um effizient und effektiv Projekte zu führen. An erster Stelle steht das Methodenwissen auf dem Gebiet des Projektmanagements. Dieses umfasst neben der Fähigkeit, ein Projekt sinnvoll zu planen und zu organisieren, auch das Definieren von realistischen Zielen und die Vorgabe der richtigen Schritte, um das Ziel budget- und termingerecht zu erreichen. Auch das Controlling fällt in die Verantwortlichkeit der Projektleitenden. Es dient nicht nur dazu, den Projektfortschritt zu überprüfen, sondern soll gleichzeitig Vertrauen in die Arbeit der Mitarbeitenden schaffen. Empfehlenswert ist es hier, nur angekündigt zu kontrollieren, jedem Teammitglied die Chance zur Selbstkontrolle zu geben und den Mitarbeitenden nicht das Gefühl zu vermitteln, dass sie permanent überwacht werden. Zudem sind Projektleitende die Personen, die letztlich für das Projekt geradestehen und es nach aussen vertreten. Daher müssen gute Projektleitende in der Lage sein, sowohl die Wünsche und Anliegen der Auftraggebenden im Auge zu behalten als auch auf ihre Umsetzbarkeit unter Berücksichtigung der gegebenen Ressourcen zu achten.

Dazu gehört Führungsstärke, also die Fähigkeit, ein Team zu formen, es anzuleiten, ihm eine Richtung vorzugeben und die notwendigen Handlungsspielräume zu gewährleisten. Wichtig ist hier ein hohes Mass an sozialer Kompetenz. Da Kommunikation einer der wichtigsten Erfolgsfaktoren im Projekt ist, kommt es besonders auf die kommunikativen Fähigkeiten der Projektleitenden an. Sie sollten in der Lage sein, sich auf die Mitarbeitenden einzustellen, bei diesen eine Akzeptanz für das Projekt herzustellen, durch offene Kommunikation klare Arbeitsaufträge zu erteilen sowie konstruktive Kritik zu üben. Ausserdem ist es ihre Aufgabe, bei eventuellen Widerständen und Konflikten zu vermitteln und gute Lösungen anzustreben. Dies alles dient vor allem dazu, die Motivation und Disziplin aller Beteiligten zu erhöhen, um das bestmögliche Ergebnis im Projekt zu erzielen. Da Projektleitenden oft keine disziplinarischen Massnahmen zur Verfügung stehen, erfüllen sie diese Anforderungen im Idealfall durch natürliche Autorität und eine ausgewiesene Fähigkeit, kooperative Prozesse zu führen und die relevanten Beziehungen sorgfältig zu gestalten.

In Anlehnung an den Einleitungsartikel dieser Publikation stehen bezüglich Kooperationsfähigkeit folgende Kompetenzen für Projektleitende im Vordergrund:

- Projektleitende können in arbeitsteiligen, kooperativen Prozessen innerhalb von Projekten ihre Dienstleistung als Vertretung der eigenen Organisationseinheit und Profession einbringen sowie fachlich begründen und argumentieren.
- Projektleitende sind fähig, Kooperations-, Aushandlungs- und Zusammenarbeitsprozesse zu initiieren, aufrechtzuerhalten und zu evaluieren. Dabei können sie Datenschutz, Interessen und Auftrag der Projektbeteiligten berücksichtigen.
- Projektleitende können sich in die Denk- und Handlungslogiken anderer Fachkräfte eindenken, eigene Intentionen darstellen und tragen zur Klärung unterschiedlicher Zielvorstellungen bei.
- Sie erkennen gegenseitige Akzeptanz, Wertschätzung, einseitige Vorleistung und Ungewissheit als Grundlage der Kooperation an und verstehen Kooperation in ihrer Reziprozität und in der zeitlichen Dimension.
- Sie verfügen über grundlegende kommunikative Fertigkeiten und Verhandlungsgeschick und sind fähig, diese in Zusammenarbeit mit Fachkräften und/oder Dritten einzubringen. Sie können unterschiedliche Werte und (Rollen-) Erwartungen wahrnehmen, klären und berücksichtigen. Sie sind fähig, einen eigenen Standpunkt zu begründen und sich mit den Standpunkten anderer auseinanderzusetzen. Bei unterschiedlichen Interessen und Widerständen können sie fair und transparent verhandeln.

Auch unternehmerische Kompetenzen sollten Projektleitende mitbringen. Dazu gehört eine genaue Übersicht über das vorhandene Budget genauso wie das Entwickeln geeigneter Strategien, um die Ressourcen optimal zu nutzen. Ausserdem sollen Projektleitende in der Lage sein, eventuell vorhandene Risiken zu erkennen, zu bearbeiten oder zu umgehen. Da Projekte nur selten exakt nach Plan laufen, sollten Projektleitende auf Unvorhergesehenes flexibel reagieren können und auch in hektischen Projektphasen Ruhe und Übersicht bewahren. Persönlichkeiten mit angemessenem Selbstwert (Selbstbewusstsein, Selbstwirksamkeit) und Reflexionsfähigkeit sind hier klar im Vorteil.

8 Herausforderung Projektmanagement und Kooperation

Im Zentrum intra- und interprofessioneller Kooperation in Projektarbeiten steht das Wissen über Interaktions- und Verhandlungsprozesse ebenso wie das Verständnis von Organisationen als Kontext von Kooperationsbemühungen, die Kenntnis der Methoden zur Gestaltung von effizienter und effektiver Teamarbeit, die Grundlagen konstruktiver Konfliktbearbeitung sowie die spezifischen Methoden und Instrumente erfolgreicher Projektbearbeitung und die Fähigkeit zu strategischer Arbeit in zielorientierter Netzwerkarbeit.

Projektbeteiligte arbeiten jedoch mit unterschiedlichen Einschätzungs-, Handlungs- und Interventionsmodellen und unterschiedlichen Zielperspektiven. Es bestehen oft Abstimmungsbedarf, Zuständigkeits- und wettbewerbsbedingte Abgrenzungsprobleme, die begründet sind in den zunehmend komplexen Problemsituationen, sei es auf der Ebene von Klienten und Klientinnen, die durch die Auflösung struktureller Fixierungen und kultureller Bindungen sowie durch Individualisierungsprozesse gekennzeichnet sind, oder durch organisatorische und strukturelle Unklarheiten der Dienstleistungsanbietenden.

Zur Anbahnung erfolgreicher Kooperationsbeziehungen in Projekten bedarf es in Anlehnung an Rabeneck (2001) einiger kompetenzorientierter Grundschritte:

1. einer Bestimmung der eigenen Problemdefinition, Auftragsklärung, Projektzielsetzung und der erwünschten Kooperationspartner (Zusammensetzung des Projektteams);
2. der Abklärung der eigenen kontextbezogenen Handlungsspielräume (dienstrechtliche Kompetenz) und des möglichen handlungsbezogenen Gewinns (für das Projekt lohnenswerte Kooperation);
3. des Hineinversetzens in die Projektparteien, ihre möglichen Arbeitsweisen (Konzepte, Verfahren, Methoden) und Zielperspektiven, ihre Interessen und Widerstände und
4. der Entwicklung einer Handlungsstrategie, die ressourcen- und lösungsorientiert auch an den Zielen und Interessen der Projektpartner und -partnerinnen ansetzt und die Attraktivität einer Kooperation im jeweiligen Projekt für alle Beteiligten in den Vordergrund stellt (vgl. Rabeneck 2001: 3).

8.1 Die Herausforderung der Auftrags- und Zielformulierung

Ein Projektziel ist ein nachzuweisendes Ergebnis und/oder eine vorgegebene Realisierungsbedingung des Gesamtauftrags eines Projekts. Projektleitende und Projektmitarbeitende haben dadurch eine gesicherte Planungs- und

Durchführungsgrundlage; der Auftraggeber weiss, was er wann und zu welchen Kosten bekommt; das Projektziel bildet zudem die Grundlage für die Abnahme des Projektergebnisses. Es ist wichtig, exakte und für alle Beteiligten nachvollziehbare Projektziele sicherzustellen. Projektziele sind:

- anzustrebende Funktionen,
- Termine von Meilensteinen und der Projektabschluss,
- das Kostendach,
- Wünsche, Hoffnungen und Emotionen,
- zu erzielende Wirkungen,
- wahrnehmbare Kriterien, an denen künftige Lösungen gemessen werden, also Qualitätsanforderungen an Produkt, Dienstleistung und Prozesse,
- eine Vorstellung von dem, was sein wird, was nicht mehr sein darf (vgl. Kuster et al. 2011: 352).

Zur Sicherstellung einer realistischen Planung und Durchführung von Projekten trägt ein aktiv geführter Zielfindungs- und Abstimmungsprozess entscheidend bei, in dem Ziele klar definiert werden. Die Zielformulierung geschieht in einem Aushandlungsprozess – in der gemeinsamen Zielidentifikation und -definition der Projektbeteiligten.

8.2 Indikatoren

Zielindikatoren sind richtungsweisend. Sie sind das Ergebnis einer kooperativen Verständigung zwischen den Projektbeteiligten und beschreiben wesentliche Merkmale von Annahmen, Zielen und Ergebnissen. Ziele – und die Qualitätsvorstellungen von Projekten – sind an solch operationalen Indikatoren ausgerichtet. Dabei handelt es sich um Zustandsbeschreibungen, mit denen die Situation und damit das Erreichen eines Ziels operational beschrieben und gemessen werden kann (Sollwert). Indikatoren werden meist in der Phase der Zielfindung und -klärung zwar mitgedacht, aber nicht immer erörtert und ausformuliert. Dies wäre aber das Ziel kooperativer Prozesse in der Phase der Abstimmungs- und Verhandlungsprozesse. Wo präzise Indikatoren fehlen, rächt sich dies meist in Form von Missverständnissen und Konflikten bei der Projektdurchführung, weil von den Beteiligten der Umfang der angestrebten Ziele und/oder der an sie gerichteten Erwartungen und Ansprüche unterschiedlich interpretiert wird. Die bewusste Entwicklung von Qualitätsindikatoren und die konkrete Aufgabenplanung sollten daher unbedingt auf das Verfahren der Zielfindung von Projekten folgen. Dabei soll bereits bei der Zielfestlegung darauf geachtet werden, dass die Ziele operationalisierbar und somit messbar sind. Nur durch die Benennung von Zielen in Verbindung mit der Definition von messbaren Indikatoren, die als Meilensteine fungieren können, kann eine Bewertung des Projektfortschritts – auch durch aussenstehende Dritte – objektiv vorgenommen werden (vgl. Asmuth 1999: 11).

Bei der Formulierung von Projektzielen sind folgende Aspekte zu beachten:

- Ziele so beschreiben, als ob sie bereits erreicht wären: Ziele sind Zustandsbeschreibungen.
- Ziele sind lösungsneutral zu formulieren.
- Ziele sollen alle Kriterien beinhalten, nach denen Ergebnisse beurteilt und bewertet werden.
- Neben den Zielen sind die dazugehörenden Rahmenbedingungen festzuhalten.
- Ziele müssen operational formuliert werden: einfach, spezifisch, verständlich, klar, attraktiv, eindeutig messbar, widerspruchsfrei, realistisch und terminiert.
- Ziele sind vor dem Projektstart zu formulieren, sie können später aufgrund des Projektverlaufs ergänzt oder allenfalls modifiziert werden (vgl. Kuster et al. 2011: 353).

Eine ungenügende Definition von Zielen oder erwarteten Ergebnissen ist häufig der Grund für Verzögerungen im Projektverlauf, für Missverständnisse, Widerstände und Konflikte. Es sind Systemziele (Forderungen und Bedürfnisse, die am Schluss des Projektes erreicht werden sollen) und Vorgehensziele (Vorgaben oder Auflagen, die während des Projektes zu beachten sind) zu verfolgen.

Dabei gilt folgende Formel (vgl. Kuster et al. 2011: 356):

- Was soll erreicht werden (Qualität, Funktionalität, Umgang)?
- Wer soll das erreichen (Personen, Projektleitung, Projektteam)?
- Wann soll das erreicht werden (zeitliche Begrenzung)?
- Womit soll das erreicht werden (Kostenrahmen)?

8.3 Gemeinsame Klärung der Projektstruktur durch Analyse und Verhandlung mit der Projektumwelt

Was gehört eigentlich zum Projektumfeld? Da ein Projekt ein komplexes sozio-technisches System darstellt, kann man das Umfeld recht gut in sachliche und soziale Umfeldfaktoren aufteilen. Zu den Sachfaktoren zählen dabei das natürliche beziehungsweise physische, technische, ökonomische, organisatorische, gesellschaftliche und rechtliche Umfeld, zum sozialen Umfeld die sogenannten Stakeholder, also alle Personen und Personengruppen, die ein berechtigtes Interesse am Projekt oder seinen Ergebnissen haben.

Diese verschiedenen Faktoren des Projektumfeldes wirken in vielfältiger Art und Weise auf das Projekt ein. Zwischen dem Projekt und seinem Umfeld bestehen also unterschiedlichste Wirkungs- und Wechselwirkungsbeziehungen. Mit diesen müssen die Projektleitenden und das Projektteam in geeigneter Weise umgehen, dazu ist strategisch-taktisches Geschick, Kommunikations- und Verhandlungsfähigkeit sowie Kooperationsfähigkeit wichtig.

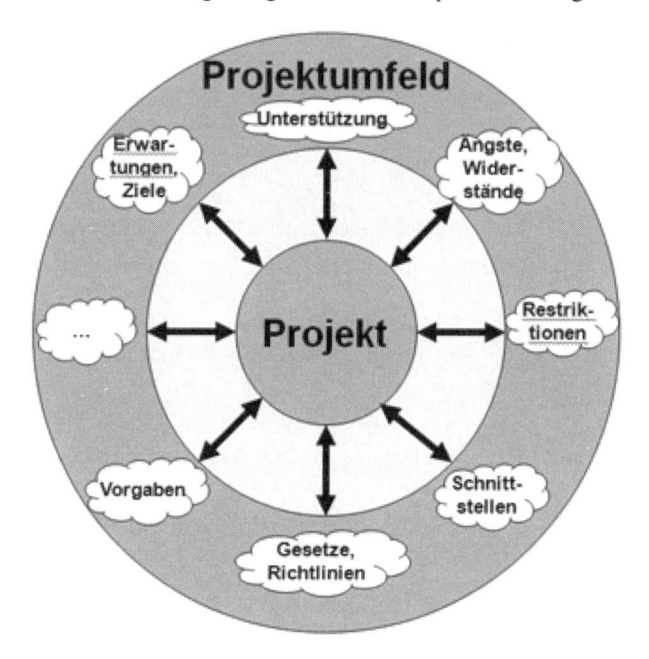

Abbildung 4: Projektumfeld. Quelle: Seidl (2012)

Wichtig ist vor allem, dass die wesentlichen, für das jeweilige Projekt relevanten Umfeldfaktoren überhaupt identifiziert werden, damit eine Einschätzung der Wirkungen, Chancen und Risiken möglich wird. Vielfach wird zu sehr auf die Kernaufgaben eines Projekts geachtet, dabei werden wesentliche Rahmenbedingungen oft übersehen (vgl. Seidl 2012).

Es ist kein Geheimnis, dass die Ursachen für ein Scheitern von Projekten seltener im technisch-methodischen Umfeld zu suchen sind, sondern eher im sozialen Projektumfeld. Aus diesem Grund ist es meist unverzichtbar, die Analyse des Projektumfeldes mit einer Analyse der wichtigsten Interessen- und Anspruchsgruppen zu vertiefen. Dabei ist zunächst einmal wichtig zu verstehen, wer überhaupt zu den Stakeholdern eines Projektes zu zählen ist. Dazu gehören selbstverständlich die unmittelbar Beteiligten und Betroffenen des Projektes. Eine Beschränkung auf diesen engen Kreis reicht aber meist nicht aus, da durchaus noch deutlich mehr Personen ein Interesse am Projekt haben können. Andererseits kann nicht jeder wie auch immer Interessierte als Stakeholder eines Projektes angesehen werden.

Aus der Analyse des Projektumfeldes gewinnen wir im Idealfall bereits eine Liste sozialer Umfeldfaktoren, differenziert nach internen und externen Personen oder Gruppen und/oder nach direkt beziehungsweise indirekt betroffenen oder beteiligten Personen. Diese werden nun näher betrachtet. Bei kleinen Projekten mit sehr wenigen Stakeholdern mag der Aufwand einer systematischen Analyse überzogen erscheinen, weil man vier oder fünf Personen noch gut im Blick haben kann. Zuweilen ist der Kreis der Stakeholder jedoch sehr gross und unübersichtlich. Dann kann man nicht für jeden einzelnen eine detaillierte Analyse durchführen und individuelle Massnahmen vorbereiten. Stattdessen sollte man die Stakeholder klassifizierend bewerten und Normstrategien für den Umgang mit ihnen ableiten. In diesem Zusammenhang gibt es einige bewährte Handlungsstrategien im Sinne von Kooperation, Partizipation und Information, mit denen Stakeholder behandelt werden können. Dazu gehören:

Partizipative Strategie

Die Stakeholder werden vom Projektleiter intensiv in Kommunikations- und Kooperationsprozesse eingebunden und an wichtigen Entscheidungen im Projekt beteiligt. Die Kommunikation erfolgt dabei häufig im Dialog, also wechselseitig. Diese Strategie ist für mächtige Stakeholder geboten, insbesondere für den oder die Auftraggeber.

Diskursive Strategie

Diese Strategie eignet sich besonders für Stakeholder, die einen hohen Einfluss geltend machen können, aber dem Projekt eher skeptisch oder kritisch gegenüberstehen. Hier wird ein intensiver Diskurs angestrebt mit dem Ziel, bestehende Vorbehalte auszuräumen oder abzuschwächen und einen negativen Einfluss auf das Projekt im Vorfeld zu vermeiden.

Repressive oder restriktive Strategie

Diese Handlungsmaxime wird auf Stakeholder angewendet, deren Einfluss auf das Projekt eher begrenzt ist. Hier muss man darauf achten, dass der Aufwand für die Behandlung der Stakeholder angemessen bleibt. Dies kann meist durch den Verzicht auf beidseitige Kommunikation erreicht werden. Die Stakeholder werden vielmehr durch Newsletter, Präsentationen und Bekanntmachungen regelmässig informiert. (Peterjohann 2013: 41)

8.4 Rollenklärung

Wenn man nach Merkmalen eines erfolgreichen Projektteams sucht, scheinen vorerst fünf Elemente auf:

- Projektarbeit orientiert sich an Aufträgen, Zielen und Aufgaben.
- Erfolgreiche Projektarbeit vollbringt ausserordentliche Leistungen unter schwierigen Bedingungen ausserhalb von Routine- und Alltagsarbeiten.
- Mitglieder fühlen sich für das Projekt verantwortlich und erörtern kooperativ und offen alle Probleme, die ihnen im Weg stehen.
- Projektmitarbeitende wollen ihren Fähigkeiten und Fertigkeiten (Kompetenzen) entsprechend eingesetzt werden. Sie wollen ihre Funktionen und zugewiesenen Rollen als Herausforderungen erleben.
- Erfolgreiche Projektteams wollen an der Entwicklung ihrer Organisation zukunftsorientiert mitdenken, mitgestalten und mitentscheiden.

Für den Erfolg eines Projektes ist die Klärung der Rollen sehr wichtig.

Eine Rolle ist ein durch Selbst- oder Fremderwartung gewähltes Verhaltensmuster, das abgesprochen oder unabgesprochen in einem sozialen System [zum Beispiel in einem Projekt, Anm. d. A.] ausgeübt wird. Durch das Einnehmen der Rolle wird den Erwartungen der Rollensender Rechnung getragen. Eine Rolle ist im Gegensatz zur Funktion situativ bedingt und daher veränderbar. (Marti 2010: 9)

Die Rollen in einem Projekt müssen unter den Mitarbeitenden geklärt, müssen ihnen zugewiesen und von ihnen übernommen werden. Spencer und Pruss (2001) gehen davon aus, dass bestimmte Funktionen und Rollen im Team je nach Situation, nach Wissensstand, nach Kompetenz und nach Position in der Projektorganisation ausgewogen erfüllt und zugeordnet werden müssen, damit das Team effektiv arbeitet und funktionieren kann.

Teamrollen	Beschreibung Teamrollen, typische Merkmale
Visionär/in	Überblicken den Projektauftrag in der Gesamtheit; sind überzeugt von der Idee; wenig detailtreu, sondern deuten eher den grossen Plan.
Pragmatiker/in	Gegengewicht zu den Visionär/innen, erinnern an praktische Punkte und Schwierigkeiten, sind realistisch; zeigen aber in Projekten auch, dass damit vieles erreicht werden kann.
Entdeckende	Holen Informationen, Materialien; Unterstützung usw. von aussen ins Projekt; sind Botschafter des Teams; oft Kommunikationsdrehscheiben; erstellen Vernetzungen.

Teamrollen	Beschreibung Teamrollen, typische Merkmale
Herausfordernde	Stellen Bestehendes infrage, spielen den Advocatus Diaboli im Projektteam; oft Einzelgänger; pedantisch; Generalisten.
Unparteiische	Betrachten aus der Helikopteroptik, Beratende, Aussenseiter; zeichnen sich aus durch Flexibilität, Neutralität und Optimismus und Entschlusskraft.
Friedenstiftende	Stehen für Gerechtigkeit, Vermittler bei Meinungsverschiedenheiten, Konfliktmanager; gelten als kommunikationsfähig, engagiert und objektiv.
Arbeitstier	Macher/innen, stark aufgabenorientiert, strukturiert; beachten Regeln und Vereinbarungen.
Trainer/innen	Stehen für Motivation und Stärkung der Moral, Ansporner, Taktiker; zeigen mögliche andere Wege.
Bibliothekar/innen	Dokumentalist/innen, Informationsquelle, detailliebend; Gewissenhaftigkeit, Hintergrundarbeit.
Vertrauensperson	Ansprechperson, Sorgentelefon, verschwiegen.

Abbildung 5: Teamrollen nach Spencer und Pruss (vgl. Kauffeld 2001: 83)

8.5 Umgang mit Widerstand im Projektmanagement

Eines der häufigsten Phänomene, mit denen sich Projektleitende und Projektteams in ihrer täglichen Projektarbeit auseinandersetzen müssen, ist Widerstand – der sich oft proportional zur Komplexität der jeweiligen Projekte gegen die anstehende Projektarbeit und Projektinhalte entwickeln kann. Handlungseinschränkungen, Ängste vor Neuerungen, diffuse Kompetenzen, Unklarheiten oder Differenzen über die Sachlage, drohende Mehrarbeit, Existenzbedrohungen stehen bei diesen Veränderungsvorhaben, was Projekte nun einmal sind, im Vordergrund. Viele technisch und methodisch versierte Projektleitende stehen diesem Problem oft hilflos gegenüber und sehen sich nicht oder nur eingeschränkt in der Lage, diese Widerstände zu überwinden, geschweige denn im Sinne der Projektzielerreichung nutzbar zu machen (vgl. Karavul 2012: 1).

In diesem Kapitel wird das Phänomen »Widerstand« betrachtet, werden Hintergründe und Ursachen ergründet sowie Handlungsempfehlungen für die praktische Arbeit in kooperativen Prozessen im Rahmen von Projekten und im Umgang mit Veränderungen formuliert. Widerstand kann im Projektmanagement in den unterschiedlichsten Erscheinungsformen und Ausprägungen auftreten.

Offener Widerstand

Offener Widerstand zeichnet sich dadurch aus, dass er von den Widerstand ausübenden Personen bewusst ausgeübt wird und diese damit auch eine klare Intention verbinden. Ausprägungen des offenen Widerstandes können sein: offener Widerspruch, offene Kritik und/oder Beschwerden, offen beabsichtigte Interventionen oder Aktivitäten, die sich gegen das geplante Vorhaben richten.

Diese Form des Widerstandes ist meist konstruktiv, sodass der Umgang damit möglich ist. Hier erscheint es gemäss dem Harvard-Verhandlungsmodell (Fisher/Ury/Patton 2000) nowendig, interessengeleitet und nicht aus verhärteten Positionen heraus zu kommunizieren und zu kooperieren.

Verdeckter Widerstand

In den meisten Fällen haben es Projekte aber mit verdecktem Widerstand zu tun, der oft den Beteiligten, selbst den Widerstand ausübenden Personen nicht bewusst ist. Diese Tatsache macht es in der Praxis schwierig, den Widerstand zu bearbeiten, da erst einmal das Bewusstsein dafür geschaffen werden muss. Dies ist umso schwieriger, als sich in diesem Zusammenhang eine Konfrontation mit den Widerstand ausübenden Personen meist nicht vermeiden lässt.

Meist entstehen diese Widerstände nachvollziehbar aus folgenden Elementen:

- fehlende Übereinstimmung hinsichtlich Problemstellungen und Projektziel;
- fehlende Übereinstimmung bezüglich Verantwortung und Rollenklärung;
- fehlende Übereinstimmung bezüglich Lösungsansätzen;
- Ablehnung aufgrund befürchteter Nebeneffekte und Konsequenzen;
- Ablehnung aufgrund personeller Zusammensetzung;
- Ablehnung aufgrund befürchteter Stolpersteine;
- Ablehnung aufgrund mangelnder Unterstützung durch die Entscheidungsträgerinnen und -träger in der eigenen Organisation;
- Ablehnung aufgrund fehlender günstiger Rahmenbedingungen (Karavul 2012: 4).

Es braucht hier von den Beteiligten die Fähigkeit, solche rationalen, sachlich-fachlichen und persönlich-emotionalen Ursachen für Widerstände wahrzunehmen, sie anzusprechen und sichtbar zu machen.

Umgang mit Widerstand

Projektmanagement verändert die Verhaltens- und Arbeitsweisen der involvierten Mitarbeitenden durch neue und ungewohnte Methoden und Verfahrensanforderungen. Diese können Widerstand erzeugen. Im Sinne der Einführung in jedes Projekt ist diesem Umstand durch Erwähnung und Ernstnehmen Rechnung zu tragen. Eine der wesentlichen Erfahrungen im praktischen Umgang mit Widerstand ist, dass Ignorieren oder Nicht-Beachtung von Widerstand zu Blockaden führt. Dies soll nicht zwangsläufig bedeuten, dass Widerstand immer im Sinne der Widerständigen zu handhaben ist. Völliges Ignorieren führt aber meistens auch nicht weiter. Vielmehr kommt es darauf an, auf geäusserte oder latent vorhandene Widerstände eine Antwort zu geben und für klare Verhältnisse zu sorgen, auch wenn die Klarheit nicht immer im Sinne der Widerstand leistenden Personen ist.

Die Energie des Widerstandes wird so für das Projektziel kanalisiert, statt dass es sich dagegen richtet. Ausserdem wird so das Signal gesetzt, dass Vorbehalte und Ängste ernst genommen werden. Daraus folgen einige Empfehlungen zum Umgang mit Widerstand in der praktischen Arbeit in Projekten:

1. Schaffen von Transparenz, Widerstand kann nur bearbeitet werden, wenn alle Beteiligten wissen, worum es geht.
2. Stellen Sie aktiven Kontakt zu allen relevanten Stakeholdern her und pflegen Sie diese Beziehungen sorgfältig, sie sind die Grundlage für die Überwindung von Widerständen.
3. Wechseln Sie die Sichtweisen und Perspektiven auf Widerstände und fordern Sie dies auch aktiv von allen Beteiligten ein, Sie werden interessante Erfahrungen machen.
4. Zeigen Sie die Konsequenzen des Widerstandes auf: Was wird nicht mehr möglich sein, wenn der Widerstand aufrechterhalten wird?
5. Intervenieren Sie paradox, nutzen Sie den damit verbundenen Überraschungseffekt.
6. Betreiben Sie aktives Marketing für Ihre Sache, es wird sich langfristig lohnen.
7. Erkennen Sie Ängste, versuchen Sie, diese frühzeitig abzubauen.
8. Nur wenn es gar nicht anders geht: Brechen Sie Widerstand, indem Sie Ihre aufgebauten Netzwerke und Beziehungen machtvoll nutzen. (Karavul 2012: 12)

9 Erfolgsfaktoren im Projektmanagement

Anstelle einer Zusammenfassung sollen hier die Erfolgsfaktoren von Projektmanagement und daraus abgeleitete Handlungsempfehlungen skizziert werden. Keplinger (1992) hat in seiner Dissertation »Merkmale erfolgreichen Projektmanagements« aufgrund einer Literaturrecherche und von Interviews mit Projektleitenden vierzehn Erfolgsfaktoren zusammengetragen. Diese lassen sich in fünf Gruppen unterteilen:

Bereich	Erfolgsfaktoren
Projektmanagementfunktionen	Beachtung der Startphase, Kick-off-Meeting Ausreichende Projektplanung (Top-down-Ansatz) Zweckmässige Projektkontrolle (Meilensteine) Offene, direkte Kommunikation und Information
Projektumwelt	Sicherung ausreichender Top-Management-Unterstützung Intensive externe Beziehungen Klar vereinbarte Projektziele
Projektabwicklungsinstrumente	Situationsgerechte Methoden und situationsgerechter Tooleinsatz (Projektdokumentationen)
Organisation	Zweckmässige und unbürokratische Organisationsstruktur Ausreichende Kompetenz der Projektleitenden
Personen	Fähigkeit, Autorität und Erfahrung des Projektleitenden Situativer Führungsstil des Projektleitenden Adäquate Zusammensetzung des Projektteam (Fachlichkeit, Kompetenzen und Persönlichkeit) Teamgeist, motivierte, kooperative und engagierte Teammitglieder

Abbildung 6: Erfolgsfaktoren im Projektmanagement (vgl. Keplinger 1992: 99ff.)

Hansel und Lomnitz (2000) betrachten den Erfolg von Projekten unter dem Aspekt verbesserter Kooperation, Kommunikation und Koordination und entwickeln daraus acht Merkmale für die effiziente und effektive Projektbearbeitung:

1. Projektmanagement muss in der Stammorganisation als besondere Arbeits-, Organisations- und Führungsfunktion von Mitarbeitenden und Führungsverantwortlichen wahrgenommen und gelebt werden.
2. Die Bereitschaft zur Kooperation und die Weitergabe von Informationen durch den Aufbau und die Pflege von Netzwerken erleichtern und beschleunigen die Projektabläufe und das erfolgreiche Einhalten der Meilensteine.
3. Eine hierarchieübergreifende Zusammenarbeit der Führungsverantwortlichen ist unvermeidlich. Eine schnelle und unbürokratische Entscheidungsfindung in Projekten spielt eine wesentliche Rolle für ein erfolgreiches Projektmanagement.
4. Eine klare Definition von Grenzen und Rollen in der Startphase des Projektes ist entscheidend. Hier müssen Ziele, Zeitrahmen, Aufgabenverteilung und Finanzierung eindeutig erklärt und festgelegt werden. Mangel an Rollenklarheit und -bewusstsein in Projekten sorgt dafür, dass Konflikte häufig nicht aufgelöst werden, sondern sich vielmehr verfestigen.

5. Für ein erfolgreiches Projektmanagement ist es notwendig, Widersprüche und Widerstände innerhalb der Organisation möglichst rechtzeitig zu erkennen und aufzulösen.
6. Projektmanagement bedeutet, einen Problemlösungsprozess methodisch zu gestalten. Ein erfolgreiches Projektmanagement ist dann gegeben, wenn der Prozess einer Problemlösung mithilfe von Methoden und Instrumenten systematisch durchgeführt wird.
7. Ein erfolgreiches Projektmanagement erfordert Fähigkeiten zur konstruktiven Konfliktbearbeitung, um Auseinandersetzungen und Probleme lösen und austragen zu können. Immer wieder werden Konflikte in Projekten ignoriert, verdrängt oder nicht erkannt. Projektleitende sollten aus zeitlichen und ökonomischen Gründen Strategien zur Vermeidung von Konflikten und zur konstruktiven Konfliktbearbeitung beherrschen. Konflikte können zu Zeitverzögerungen und Kostenerhöhung führen.
8. Ein erfolgreiches Projektmanagement ist mit einem kontinuierlichen Lern- und Organisationsentwicklungsprozess verbunden. Dies erfordert eine kontinuierliche Verbesserung der Lernprozesse der Projektgruppe und qualifizierte Evaluation der Projektabschnitte beziehungsweise des Projektabschlusses (vgl. Hansel/Lomnitz 2000: 12ff.).

Grundlegende Prinzipien sind dabei: »Vom Groben ins Detail«, das Denken in Alternativen und Optionen, das etappenweise Vorgehen mit definierten Zwischenbilanzen, eine kooperative Grundhaltung, die Offenheit für innovative Ansätze und eine gesunde Risikobereitschaft.

Kooperation ist harte Arbeit an Inhalten, Konzepten und Methoden der eigenen professionellen Fachlichkeit im konstruktiven Austausch mit anderen Meinungen und Standpunkten. (Schwarz 1994: 73ff.)

Literatur

Asmuth, Simone (1999): Handreichung zur Zielfindung. Jobstarter – Für die Zukunft ausbilden. Hrsg. Bundesinstitut für Berufsbildung, Bonn. Wörrstadt: Bergander.
Belbin, Raymond Meredith (1996): Management Teams: Erfolg und Misserfolg. Wörrstadt: Bergander.
Beywl, Wolfgang/Schepp-Winter, Ellen (1999): Zielfindung und Zielklärung. Bonn: Bundesamt für Familie, Senioren, Frauen und Jugend.
Braun, David (2013): Was macht einen guten Projektmanager aus? München: InLoox. http://projektmanagement-definitionen.de/was-macht-einen-guten-projektmanager-aus/ [15.10.2014].
Christen, Bruno (2013): Grundlagen Projekte und Projektmanagement. www.adhoc-beratung.ch/PDF_Files/2-Projektleitung/GrundlagenProjekteundProjektmanagement.pdf [15.10.2014].
Dörfel, Hans Jürgen (1997): Projektmanagement – Aufträge effizient und erfolgreich abwickeln (3. Auflage). Renningen-Malmsheim: expert Verlag.

Fisher, Roger/Ury, William/Patton, Bruce (2000): Das Harvard-Konzept. Sachgerecht verhandeln – erfolgreich verhandeln (19. Auflage). Frankfurt am Main: Campus.
Gebhard, Hans/Hasler, Barbara/Lampert, Kurt (1994): Von der Idee zur Tat. Ein Leitfaden für Einsteigerinnen und Einsteiger in die gemeinwesenorientierte Projektarbeit. Zürich: Pro Senectute.
Hansel, Jürgen/Lomnitz, Gero (2000): Projektleiter-Praxis: erfolgreiche Projektabwicklung durch verbesserte Kooperation und Kommunikation. Berlin: Springer.
Heuer, Georg (1979): Projektmanagement: Planung und Steuerung komplexer Vorhaben in Phasen und Stufen. Würzburg: Vogel-Verlag.
Hölzle, Philipp/Grünig, Carolin (2002): Projektmanagement: professionell führen – Erfolge präsentieren. Freiburg: Haufe.
Horsch, Jürgen (2003): Innovations- und Projektmanagement – Von der strategischen Konzeption bis zur operativen Umsetzung. Wiesbaden: Gabler.
Jossé, Germann (2001): Projektmanagement – aber locker! (2. Auflage). Hamburg:. CC-Verlag.
Karavul, Berekat (2012): Online Projekthandbuch. Umgang mit Widerstand im Projektmanagement. www.projektmanagementhandbuch.de/soft-skills/umgang-mit-widerstand/[15.10.2014].
Kauffeld, Simone (2001): Teamdiagnose. Göttingen: Verlag für angewandte Psychologie.
Keplinger Wolfgang (1992): Erfolgsmerkmale im Projektmanagement – Was Sie von erfolgreichen Projekten lernen können. In: Zeitschrift für Führung und Organisation, Heft 2, S. 99–105.
Kessler, Heinrich/Winkelhofer, Georg (1997): Projektmanagement – Leitfaden zur Steuerung und Führung von Projekten. Berlin: Springer.
Krcmar, Helmut (2005): Informationsmanagement (4. Auflage). Berlin: Springer.
Kuster, Jürg/Huber, Eugen/Lippmann, Robert/Schmid, Alphons/Schneider, Emil/ Witschi, Urs/Wüst, Roger (2011): Handbuch Projektmanagement (2. Auflage). Berlin: Springer.
Marti, Stefan (2010): Toolbox Führung. Nützliche Werkzeuge und Modelle für Führungskräfte und Projektleiter. Winterthur: S. Marti.
McCann, Dick/Margerison, Charles (1989): Managing high-performing teams. In: Training and Developement, Nr. 11, S. 53–60.
Nefiodov, Leo (2006): Der sechste Kondratieff. Wege zu Produktivität und Vollbeschäftigung im Zeitalter der Information. Sankt Augustin: Rhein Sieg Verlag.
Peterjohann, Horst (2013): Stakeholdermanagement (in Projekten). Eine Übersicht. Workshoppräsentation. www.peterjohann-consulting.de/index.php?menu-id= downloads [15.10.2014].
Rabeneck, Jörn (2001): Kooperation in der Jugendhilfe unter dem Fokus der neuen Steuerungsmodelle. Stuttgart: Ibidem.
Rationalisierung- und Innovationszentrum der deutschen Wirtschaft e.V. (2003): Projektmanagement-Fachmann. Band 2 (7. Auflage). Eschborn: RKV.
Schelle, Heinz/Ottmann, Roland/Pfeiffer, Astrid (2005): Projektmanager (2. Auflage). Nürnberg: GPM Deutsche Gesellschaft für Projektmanagement e.V.
Schiersmann, Christiane/Thiel, Heinz Ulrich (2000): Projektmanagement als organisationales Lernen. Ein Studien- und Lehrbuch für den Bildungs- und Sozialbereich. Opladen: Leske + Budrich.
Schwarz, Gotthart (1994): Sozialmanagement. München: Sandmann.

Seidl, Jörg (2012): Jedes Projekt hat ein Umfeld. GPM – Der Blog zum Projektmanagment. http://gpm-blog.de/jedes-projekt-hat-auch-ein-umfeld/[15.10.2014].

Spencer, John/Pruss, Adrian (2001): Top Teams. Der Königsweg zu mehr Flexibilität, Effizienz und Erfolg im Betrieb. In: Simone Kauffeld (Hrsg.), Teamdiagnose. Göttingen: Verlag für angewandte Psychologie.

Startup euregio Management GMBH (2007): Checkliste Projektablauf. www.pm-handbuch.com/assets/PM-Methodik_startup-euregio.pdf.

Witschi, Urs/Erb, Andreas/Biagini, Renzo (1996): Projekt-Management. Der BWI-Leitfaden zu Teamführung und Methodik. Zürich: Verlag Industrielle Organisation.

Kooperation im Case Management

Jeremias Amstutz

Case Management damals und heute – das ist der Gegenstand dieses Beitrags. In Anlehnung an die Geschichte der Methodenentwicklung in der Sozialen Arbeit wird hergeleitet, welche theoretischen und methodischen Entwicklungen dem Handlungskonzept Case Management zugrunde liegen. Das Hauptaugenmerk des Beitrags liegt jedoch auf den verschiedenen Definitionen und dem Case Management-Prozess. Die einzelnen Phasen werden ebenso beschrieben wie die Vorkehrungen, die für eine erfolgreiche Anwendung von Case Management erforderlich sind, oder welche Formen von Kooperation häufig vorkommen. Im Rahmen einer kritischen Auseinandersetzung werden zwei der Hauptkritikpunkte aufgegriffen und diskutiert, bevor abschliessend auf die Risiken und Chancen von Case Management eingegangen wird.

1 Einleitung

Case Management präsentiert sich heute in vielen verschiedenen Gewändern. Es wird als Fallführungsinstrument bei komplexen Fällen in der Sozialen Arbeit angewendet, von Versicherungen bei problematischen Verläufen, von Grossbetrieben, um Mitarbeitende im Arbeitsprozess zu halten, oder im Gesundheitswesen, um die Schnittstelle zwischen ambulantem und stationärem Aufenthalt zu koordinieren – und diese Aufzählung ist bei Weitem nicht vollständig. Je nach Anwendungsbereich variieren auch die Zielsetzung und das Verständnis von Case Management (vgl. Fürst 2008). Die einen wollen sicherstellen, dass Klientinnen und Klienten in vorübergehend oder dauerhaft schwierigen Lebenslagen bedarfsgerechte und qualitativ hochstehende Leistungen erhalten, andere wollen damit Kosten sparen. Wieder andere wollen ihre Klientinnen und Klienten in einen anderen Zuständigkeitsbereich »wegdelegieren«, indem beispielsweise die Verantwortung für einen »schwierigen Fall« abgegeben wird. Allen Anwendungsformen ist jedoch gemein, dass in unterschiedlichen Formen und in unterschiedlicher Ausprägung Kooperation immer eine wichtige Rolle spielt.

Ziel dieses Beitrags ist es, Case Management sowohl in seiner Entstehungsgeschichte und seinem Entstehungskontext zu beschreiben als auch in seiner heutigen Darstellungsform. Dazu wird zunächst auf die Methodenentwicklung in der Sozialen Arbeit eingegangen. Anschliessend werden verschiedene Definitionen von Case Management erläutert. Das Hauptaugenmerk ist auf das Verfahren beziehungsweise die einzelnen Prozess-

314 Jeremias Amstutz

schritte und die verschiedenen Kooperationsformen gerichtet. Ferner sollen am Beispiel zweier Kritikpunkte die Kontroversen im Fachdiskurs in seinen Grundzügen dargelegt werden. Der Beitrag schliesst mit einer Einschätzung über Risiken und Chancen, die für das Case Management gegenwärtig bestehen.

In der gebotenen Kürze kann nur ein grober Überblick über das *Handlungskonzept Case Management* vermittelt werden. Ausserdem wird ausschliesslich deutschsprachige Literatur referiert. Aufgrund seiner historischen Entwicklung spielt aber Case Management in den angelsächsischen Ländern eine wesentlich bedeutendere Rolle als hierzulande (vgl. Neuffer 2013). Das Verfahren ist dort in vielen Bereichen gesetzlich verankert, und Case Manager[1] stellen eine eigenständige Berufsgruppe im Sozialwesen dar, sogenannte »Social Work Case Manager« (vgl. National Association of Social Workers, o. J.).

2 Methodengeschichte und die Entwicklung von Case Management

Um Case Management in seiner heutigen Erscheinungsform verstehen zu können, hilft ein Blick zurück in die Geschichte und den Verlauf der Methodenentwicklung in der Sozialen Arbeit. In den Anfangszeiten der professionellen Sozialen Arbeit wurde zwischen den drei »klassischen« Methoden »Case Work« (Einzelfallhilfe), »Gemeinwesenarbeit« und »Arbeit mit Gruppen« unterschieden. Bis heute ist der Einfluss dieser drei Grundmethoden auf das methodische Repertoire in der Sozialen Arbeit erkennbar. Sie bilden die Grundlage vieler Ansätze, Konzepte und Modelle, wie sie heute in den verschiedenen Handlungsfeldern der Sozialen Arbeit zur Anwendung kommen.

Case Work, beziehungsweise Einzelfallhilfe, deren Ursprung auf das Werk »Social Diagnosis« von Mary Richmond aus dem Jahr 1917 zurückzuführen ist (vgl. Meinhold 2012: 635), fokussierte auf die Arbeit mit einzelnen Klientinnen und Klienten. Sie wird als erste *systematische Arbeitsmethode* (vgl. Meinhold 2012) betrachtet, die den Praktikerinnen und Praktikern (damals vor allem bürgerliche Frauen) ermöglichen sollte, ihre Arbeit nach einer bestimmten Methodik zu gestalten und der damals weit verbreiteten Willkür Vorschub zu leisten. Das fundierte »Fallverständnis« gewann an Bedeutung. Die Klientin oder der Klient wurde nicht mehr einfach als »verwahrloster, disziplinierungsbedürftiger Armer« betrachtet, sondern als ebenbürtiger Mensch, dessen Selbstdisposition es zu stärken galt. Die Unterstützung wurde vermehrt als intendierter Prozess gestaltet – zunächst wurde also eine

---

1 Als englischer Terminus ist »the Case Manager« geschlechtsneutral. Deshalb wird in diesem Beitrag ausschliesslich diese Schreibweise angewendet; angesprochen sind jeweils aber sowohl weibliche als auch männliche Professionelle.

detaillierte Einschätzung der gegenwärtigen Lage der Klientel vorgenommen, eine »soziale Prognose« (Meinhold 2012: 637) gestellt, um auf dieser Grundlage gezielte Unterstützungsleistungen zu erbringen. Bereits 1929 formulierte Alice Salomon die Anforderungen an die Soziale Arbeit folgendermassen: »Die soziale Arbeit ist nicht nur auf das Erkennen, sondern auf das Handeln gerichtet. Sie soll Änderungen herbeiführen, für einzelne Menschen, ganze Gruppen und Völker, für die Menschen. Sie soll die äusseren Umstände gestalten helfen, in denen die Menschen leben, und die innere Entwicklung der Menschen beeinflussen« (Salomon 1929, zit. in Eggemann 1999: 174).

Die Erkenntnis, dass die Problemlagen der Klientinnen und Klienten sich in der Regel aus verschiedenen (biologischen, sozialen und ökonomischen) Anteilen zusammensetzen, die miteinander verknüpft sind, dass sie also einen mehrdimensionalen Charakter haben, setzte sich durch. Damit einhergehend geriet auch die Einzelfallarbeit zusehends in die Kritik: Ihre therapeutisch ausgerichtete Fokussierung (vgl. Wendt 2010) auf die einzelne Person und die Bearbeitung der Persönlichkeitsmerkmale greife zu kurz. Das soziale Umfeld (Familie, Nachbarn, Dorf oder Stadtteil) sowie gesellschaftliche Gegebenheiten (Status einer Person, Bildungsniveau usw.) würden in der Fallbearbeitung zu wenig berücksichtigt. Ausserdem werde mit der Ausrichtung auf das Individuum das Vorantreiben des sozialen Wandels vernachlässigt (vgl. Meinhold 2012: 638ff.).

Die Gruppenarbeit, auch soziale Gruppenarbeit oder Arbeit mit Gruppen genannt, hat ihre Wurzeln im frühen 20. Jahrhundert (für weitere Hinweise vgl. auch Nellessen 2012). Die soziale Gruppenarbeit nahm viele Impulse der Jugendbewegungen dieser Jahre auf und zielte darauf ab, aus den beengenden gesellschaftlichen Strukturen des Bürgertums auszubrechen (vgl. Galuske/ Müller 2012: 588). Anders als die beziehungsorientierte Einzelhilfe war die Gruppenarbeit aktivitätsorientiert (vgl. ebd.: 598). Methodische Ansätze wie die Gruppenpädagogik oder die Gruppendynamik, die heute insbesondere für gruppenorientierte Settings wie erlebnispädagogische Angebote oder beim Leiten von Teams bedeutsam sind, entstanden in dieser Zeit.

Die Gemeinwesenarbeit, eine konsequente Weiterentwicklung aus der Einzelfallhilfe und der Arbeit mit Gruppen – der Blickwinkel sozialarbeiterischen Handelns wird immer breiter –, hat ihren Ursprung in den 1960er-Jahren. Sie wurde als Chance gesehen, »die engen Grenzen des leidenden Individuums und der mit sich selbst zerstrittenen Gruppe zu überspringen und gesamtgesellschaftlich relevante Lehr-Lern-Prozesse einzuleiten« (ebd.: 600). Die sogenannte »Fall/Feld-Diskussion« (Meinhold 2012: 640) prägte die Konzeption der Gemeinwesenarbeit stark. Dabei ging es darum, nicht nur die Schwierigkeiten, Probleme, Fähigkeiten und Strategien des Einzelnen in den Blick zu nehmen, sondern genauso die Belastungen, Ressourcen und Anregungen in einem Sozialraum (zum Thema Sozialraumorientierung siehe z.B. Hinte 2012; Budde/Früchtel/Hinte 2006; Haller/Hinte/Kummer 2007).

Case Management vereint Elemente aus allen drei Grundmethoden. Seine Wurzeln sind eindeutig bei der Einzelfallarbeit zu suchen (vgl. Meinhold 2012; Löcherbach 1998; Neuffer 2013). Im Case Management steht jedoch nicht die einzelne Person im Mittelpunkt, sondern ihre problembelastete Gesamtsituation.

Die Entstehung von Case Management ist auf eine Situation der »Unübersichtlichkeit« zurückzuführen. In den frühen 1990er-Jahren wurden in den Vereinigten Staaten infolge von stark steigenden Kosten zahlreiche Organisationen im Sozial- und Gesundheitswesen von einem Tag auf den anderen geschlossen. Diese radikale Massnahme, auch unter dem Stichwort »Deinstitutionalisierung« (Fürst 2008: 62) bekannt, führte dazu, dass unzählige Menschen mit einer psychischen Beeinträchtigung, mit kognitiven und anderen Formen von Beeinträchtigungen, die zuvor in Grosseinrichtungen gelebt hatten, mit einem Mal ohne Heimat und ohne Unterstützung dastanden. Sie waren gezwungen, sich selbst um die benötigten Hilfeleistungen zu kümmern. In der Folge wurden in kürzester Zeit vor allem ambulante Unterstützungsangebote in unterschiedlichsten Formen und für unterschiedlichste Zielgruppen entwickelt. Es begann sich ein hoch spezialisiertes und ausdifferenziertes System an Hilfsangeboten zu etablieren, erbracht von einer Vielzahl von kleineren und mittleren Organisationen. Die Konsequenz war, dass Menschen mit komplexen Problemlagen von etlichen Stellen gleichzeitig unterstützt wurden – für jeden Problembereich eine andere Stelle, die ihre je eigenen Zielsetzungen mit der Klientin oder dem Klienten verfolgte. Doppelspurigkeiten, Überversorgung und Zielkonflikte waren nur einige der Folgen, die sich aus diesem System ergaben. Der Ruf nach Koordination und Entflechtung dieses unübersichtlichen »Hilfe-Dschungels« (vgl. Grossmann 2010: 9) wurde immer lauter.

Dies war die Geburtsstunde von Case Management. Mit dem Anspruch, die Unterstützungsleistungen von Menschen in schwierigen Lebenslagen zu koordinieren und die Zusammenarbeit unter den verschiedenen involvierten Stellen zu verbessern, wurde Case Management entwickelt (vgl. Neuffer 2013). »Die zunehmende Komplexität der Dienstleistungslandschaft in der Sozialen Arbeit sowie der sozialen Problemlagen verlangt ein hohes Mass an Kooperation« (Früh: 2012: 7). Mit der Entwicklung des Case Managements ging auch ein Paradigmenwechsel im Umgang mit den Klientinnen und Klienten einher (vgl. Meinhold 2012: 643). Ihr Status hat sich grundlegend verändert. Sie wurden vermehrt als Kundin oder Kunde betrachtet, mit einem berechtigten Anspruch auf eine qualitativ hochstehende (soziale) Dienstleistung, die dazu beitragen soll, dass sich die Lebensqualität verbessert und die Autonomie gefördert wird.

3 Case Management – Definitionen und Verortung in der Sozialen Arbeit

Im Zuge der schnellen Verbreitung von Case Management haben sich zahlreiche Definitionen herausgebildet. Selbst im Fachdiskurs konnte man sich nicht auf eine einheitliche Definition einigen. Nachfolgend einige verbreitete Definitionen:
Corinna Ehlers und Wicher Broer, die ein aktuelles Grundlagewerk zu Case Management in der Sozialen Arbeit (2013) herausgegeben haben, verstehen unter Case Management

> ein Verfahren, das über Einrichtungs- und Sektorengrenzen hinweg Hilfeprozesse im Sinn der AdressatInnen koordinieren möchte. Dieser transsektorale Ansatz richtet sich an den Versorgungsbedarfen und Bedürfnissen der AdressatInnen aus. Ebenso sollen die Ressourcen der Versorgungssysteme sowie die Qualität der Versorgung berücksichtigt werden. Hierzu wirkt Case Management auch vermittelnd und koordinierend auf verschiedenen Ebenen (Makro-, Meso- und Mikroebene) und zwischen unterschiedlichen Versorgungsstufen. (Ehlers/Broer 2013: 9f.)

Ruth Remmel-Faßbender, ebenfalls eine Vertreterin des Fachdiskurses um Case Management, bezeichnet Case Management als

> soziale Unterstützungsarbeit für Menschen mit vielschichtigen Problemen, [die] sowohl Ressourcen der KlientInnen als auch der Umwelt aktivieren und zur Problembewältigung nutzbar machen [will]. Die beteiligten Hilfeleistungspotenziale sollen im Sinne einer ganzheitlichen Handlungsperspektive optimal vernetzt werden. Das methodische Vorgehen gliedert sich in fünf Phasen und erhebt den Anspruch auf Transparenz [...]. (Remmel-Faßbender 2005: 69)

Wolf Rainer Wendt, der wohl bedeutendste unter den Vertreterinnen und Vertretern von Case Management im deutschsprachigen Raum und zugleich derjenige, der Case Management aus den USA nach Deutschland »importiert« hat, legt folgende Definition vor:

> Case Management ist eine Verfahrensweise in Sozial- und Gesundheitsdiensten, mit der im Einzelfall die nötige Unterstützung, Behandlung, Förderung und Versorgung von Menschen rational bewerkstelligt wird und nach der sich Versorgungsprozesse in vielen Fällen organisieren lassen. Die individuelle Handhabung des Vorgehens und des Einsatzes von Mitteln wird bei einem längeren Ablauf gebraucht, nicht wenn in einer Notsituation sofort geholfen oder eingegriffen werden muss. Angezeigt ist das gemeinte Vorgehen bei einer in der Regel komplexen Problematik mit einer Mehrzahl von Beteiligten und in vernetzten Bezügen. Im Case Ma-

nagement wird ein zielgerichtetes System der Zusammenarbeit organisiert. (Wendt 2010: 15)

Das Netzwerk Case Management Schweiz (Fachverein für im Case Management tätige Fachkräfte) legt ebenfalls eine Definition vor:

> Case Management ist ein Handlungskonzept zur strukturierten und koordinierten Gestaltung von Unterstützungs- und Beratungsprozessen im Sozial-, Gesundheits- und Versicherungsbereich. In einem systematisch geführten, *kooperativen Prozess* [Kursivsetzung J. A.] werden Menschen in komplexen Problemlagen ressourcen- und lösungsorientiert unterstützt und auf den individuellen Bedarf abgestimmte Dienstleistungen erbracht. Die Erreichung gemeinsam vereinbarter Ziele wird angestrebt. Case Management will Grenzen von Organisationen und Professionen überwinden und eine organisationsübergreifende Steuerung des Unterstützungsprozesses gewährleisten. Dazu werden Netzwerke initiiert und gepflegt. Case Management respektiert die Autonomie der Klientinnen und Klienten, berücksichtigt die Anforderungen des Datenschutzes und nutzt und schont die Ressourcen im Klient- sowie im Unterstützungssystem. Die bedarfsbezogene Weiterentwicklung des Versorgungsangebotes wird gefördert. (Netzwerk Case Management Schweiz 2014: 5).

Obwohl sich die Definitionen in einzelnen Punkten unterscheiden und je unterschiedliche Aspekte akzentuieren, ist ein gemeinsamer Wesenskern zu erkennen: Es geht immer um die Arbeit mit Menschen in einer vorübergehend oder dauerhaft komplexen Problemkonstellation, in der verschiedene Akteurinnen und Akteure beteiligt sind. Es geht um Koordination der Hilfeleistung und Sicherstellung der Kooperation unter den Beteiligten. Das Vorgehen erfolgt strukturiert, entlang klar definierter Phasen. Zusammenfassend könnte man sagen, Case Management sei eine Form von *»Kooperationssteuerung«* auf Fall- und Systemebene.

In einigen der Definitionen ist es bereits angeklungen: Case Management wird auch in anderen Bereichen angewendet, namentlich im Gesundheits- oder Versicherungsbereich. Auch wenn die Sinnhaftigkeit dieser Abgrenzung umstritten ist, wird im vorliegenden Beitrag Case Management explizit im Kontext der Sozialen Arbeit verortet.

4 Kooperation und Beziehungsarbeit im Case Management

Case Management kommt ohne Kooperation nicht aus. Neben der Koordination ist Kooperation eines der Kernelemente von Case Management. Sie findet auf verschiedenen Ebenen statt. Im Mittelpunkt steht die Kooperation mit dem Klienten oder der Klientin. Wie in der Sozialen Arbeit generell gilt auch im Case Management das Handlungsprinzip der »Koproduktion« (Trube 2005: 97). Die problematische Lebenslage einer Klientin oder eines Klienten kann sich nur verbessern, wenn sie oder er bereit ist, etwas daran zu verändern und sich am Hilfeprozess zu beteiligen. Folglich spielt die Beziehungsarbeit eine wichtige Rolle, vor allem auch in Bezug auf die durchgehende Fallverantwortung (vgl. Neuffer 2013: 29). Kooperationen mit dem sozialen Umfeld einer Klientin oder eines Klienten sind eine weitere Ressource. Familienangehörige, Partnerinnen und Partner oder Personen aus dem Freundeskreis können tragende Bezugspersonen sein und sind folglich auch in den Unterstützungsprozess einzubeziehen. Voraussetzung für eine gelingende Kooperation mit der Klientin oder dem Klienten ist das ehrliche Interesse an deren Lebenslage sowie ihre ständige und aktive Beteiligung am Hilfeprozess. Jemandem die Verantwortung für das Gestalten des Hilfeprozesses und damit auch das Eingreifen in die eigene Lebenswelt zu übergeben respektive solche Eingriffe zuzulassen, setzt viel Vertrauen voraus. Dieses muss in jedem Case Management-Prozess erarbeitet werden (vgl. Neuffer 2013).

In einer komplexen Fallkonstellation sind in der Regel mehrere Stellen involviert. Hier kommen die interprofessionelle, die interdisziplinäre und die interorganisationale Kooperation zum Tragen. »Um einen gesellschaftlich relevanten Beitrag zur Bearbeitung von die Grenzen von Organisationen und Funktionssystemen überschreitenden Problemen zu leisten, bedarf Case Management einer Entwicklung der Kooperationsfähigkeit innerhalb der einzelnen Organisationen und zwischen ihnen« (Grossmann 2010: 9). Insofern ist es Teil des Auftrags eines Case Managerrs, die Zusammenarbeit mit Fachpersonen anderer Professionen, Disziplinen und Organisationen zu suchen. In der Begleitung einer Person mit Abhängigkeitsproblematik beispielsweise ist es angezeigt, die Kooperation mit der Hausärztin, dem Therapeuten, der Bezugsperson in der Wohneinrichtung und der Beraterin der Alkoholfachstelle zu suchen. Gegenstand dieser Kooperationen ist es, sich gemeinsam auf eine Zielrichtung zu einigen und die Form der Mitwirkung zu vereinbaren. Jede gelingende Kooperation kann zur Verbesserung der Gesamtsituation beitragen. Nicht zuletzt werden durch Kooperationen Entwicklungsschritte denkbar, die eine einzelne Stelle alleine nicht ermöglichen könnte (vgl. Grossmann 2010: 11).

Dem Case Management-Konzept wird immer wieder vorgeworfen, es würde durch seinen Fokus auf die Steuerung und Koordination im Fallverlauf die Beziehung zur Klientel vernachlässigen. Damit werde eines der Wesenselemente der Sozialen Arbeit – *die helfende Beziehung* – geringgeschätzt. Das Gegenteil ist der Fall. Wie eben ausgeführt, spielt der Aufbau einer vertrauensvollen, auf berufsethischen Prinzipien beruhenden Beziehung eine zentrale Rolle (vgl. Remmel-Faßbender 2005: 71f.). Die Gefahr, diesen Aspekt zu vernachlässigen, besteht allenfalls dann, wenn in einem Case Management-Prozess der Handlungsschwerpunkt des Case Managers ausschliesslich auf koordinative Tätigkeiten und das Agieren auf Systemebene gelegt wird. Gerade in dieser Umsetzungsform von Case Management, die in der Praxis durchaus anzutreffen ist und teilweise auch ihre Berechtigung hat, ist es aber wichtig, sich der Bedeutung der Beziehungsarbeit bewusst zu sein.

Die Intensität der Zusammenarbeit zwischen Klientinnen und Klienten und Case Managern können je nach Setting stark variieren. So kann es zum Beispiel vorkommen, dass ein Case Manager in der Arbeit mit einem psychisch beeinträchtigten Klienten aufgrund seiner psychischen Verfassung hauptsächlich mit dem informellen Unterstützungssystem und den involvierten Fachpersonen korrespondiert, bis sich die Situation des Klienten stabilisiert hat. Hingegen ist in der Arbeit mit Jugendlichen an der Schwelle zwischen Schule und Berufseinstieg ein engerer Kontakt angezeigt. In diesem Fall arbeitet der Case Manager näher mit den Klientinnen und Klienten zusammen und zieht das Umfeld nur periodisch mit ein.

5 Das Case Management-Verfahren

Ähnlich wie bei den verschiedenen Definitionen verhält es sich mit der methodischen Umsetzung von Case Management. In der Literatur existieren unzählige Verfahrensvorschläge (Wendt 2010; Neuffer 2013; Kleve et al. 2011; Brinkmann 2010). Je nach Autorin oder Autor werden die einzelnen Phasen unterschiedlich bezeichnet. Zudem wird der Startpunkt eines Case Management-Verfahrens an unterschiedlichen Stellen im Fallverlauf verortet. Doch auch hier ist Übereinstimmung im Hinblick auf die Kernfunktionen von Case Management zu erkennen, wie sie in Abbildung 1 dargestellt sind.

Mit Blick auf ein grundlegendes Wesensmerkmal von Case Management stimmen die Expertinnen und Experten überein: Auch wenn die Ausführungen und Darstellungen (vgl. Abb. 1) einen linearen Verlauf implizieren, wird einhellig betont, dass es sich um einen »iterativen Prozess« handle. Wie in jedem Hilfesetting kommt es bei Case Management-Prozessen zu Krisen oder anderen Ereignissen, die den Prozessverlauf beeinflussen. Die Phasen sind in einer idealtypischen Reihenfolge beschrieben. Tritt ein unvorhergesehenes Ereignis auf, muss darauf eingegangen werden. Dies kann dazu führen, dass der geplante Prozessverlauf nicht eingehalten werden kann und stattdessen eine alternative Intervention eingeschoben werden muss. Flexibilität und Offenheit gegenüber der Lebenswelt der Klientinnen und Klienten aufseiten der Case Manager ist daher unabdingbar.

Ein weiteres Merkmal, über das weitgehend Einigkeit herrscht, ist die Unterscheidung zwischen Fall- und Systemebene. Während es auf der Fallebene, wie noch ausführlich dargestellt wird, darum geht, den Hilfeprozess gemeinsam mit der Klientin oder dem Klienten zu planen, zu organisieren, umzusetzen und zu kontrollieren, setzt sich Case Management auch auf der

Kooperation im Case Management 321

Ebene der Systemsteuerung für geeignete Rahmenbedingungen ein. Damit soll sichergestellt werden, dass die Angebotsstruktur sozialer Hilfeleistungen nicht auf den Erhalt ihrer Träger ausgerichtet ist, sondern darauf, den Bedarfslagen ihrer Klientinnen und Klienten angemessen zu begegnen (vgl. Fass 2013: 75ff.). Im Austausch mit professionellen Verbänden, Verwaltung, Politik und Partnerorganisationen bemühen sich Case Manager zudem um kooperative Strukturen, damit sich Unterstützungsprozesse im Rahmen von Case Management optimal entfalten können (vgl. Grossmann 2010: 10).

Die nachfolgenden Erläuterungen zu den einzelnen Phasen lehnen sich an die Konzeption von Wendt an (vgl. 2010: 123–164).

5.1 »Vor-Phasen«

Case Finding

Bevor mit der eigentlichen Unterstützungsarbeit begonnen werden kann, gilt es zunächst zu klären, auf welche Zielgruppe das Case Management-Angebot ausgerichtet sein soll. Auch wenn Case Management handlungsfeld- und sektorenübergreifend zur Anwendung kommt, bietet sich vor dem Hintergrund der Breite und Heterogenität sozialer Problembereiche eine grobe thematische Ausrichtung an. Die Anforderungen an einen Case Manager im Suchtbereich unterscheiden sich erheblich von denen im Bereich der Arbeitsintegration oder der Berufsbildung.

Access

Wenn die Zielgruppe bestimmt ist, gilt es den Zugang zum Case Management-Angebot sicherzustellen. Wie kommen Klientinnen und Klienten in belasteten Lebenslagen zum passenden Angebot? Wie können zuweisende Stellen wie zum Beispiel Sozialdienste, Beratungsstellen oder Gemeinden über das Angebot in Kenntnis gesetzt werden?

Um seinem Anspruch gerecht zu werden, den Hilfebedarf von Klientinnen und Klienten mit den Angeboten des regionalen Hilfesystems zusammenzubringen, ist es wichtig, dass Case Management-Stellen und vor allem Case Manager gut vernetzt sind. Nur so kann sichergestellt werden, dass die Klientinnen und Klienten die Unterstützung erhalten, die sie wirklich benötigen, und nicht bloss die Angebote, welche dem Case Manager bekannt sind. Im Rahmen der »Access-Vorphase« und auch darüber hinaus gilt es folglich, »gegenseitige Netzwerkarbeit« zu betreiben. Damit ist gemeint, dass sich auf der einen Seite Case Manager aktiv mit Fachpersonen und -stellen aus dem regionalen Versorgungssystem vernetzen und auf der anderen Seite Professionelle im Sozialwesen ständig nach entsprechenden Case Management-Angeboten, von denen ihre Klientinnen und Klienten profitieren könnten, Ausschau halten.

Intake

Im Rahmen des Intake wird über die Initiierung eines Case Management-Verfahrens in einem Fall entschieden. Das bedeutet, dass bereits ein Kontakt zwischen Klientin oder Klient und Case Manager stattgefunden hat. Beide Seiten haben sich kennengelernt und über Möglichkeiten und Grenzen einer möglichen Zusammenarbeit diskutiert. An diesem Punkt ist es wichtig, dass der Case Manager der Klientin oder dem Klienten einen Überblick über das ganze Verfahren gibt, seine Rolle darin beschreibt und die Aufgaben aufzeigt, die auf beiden Seiten anfallen. Um Missverständnissen vorzubeugen, gehört hier auch die Klärung von gegenseitigen Erwartungen dazu. Auch wenn Case Management einen bereichsübergreifenden Ansatz verfolgt, so hat der Auftrag eines Case Managers dennoch seine Grenzen, auf die es hinzuweisen gilt. Ziel des Intake ist es, die »Compliance« zu erreichen, also die Bereitschaft zur Mitarbeit der Klientin oder des Klienten.

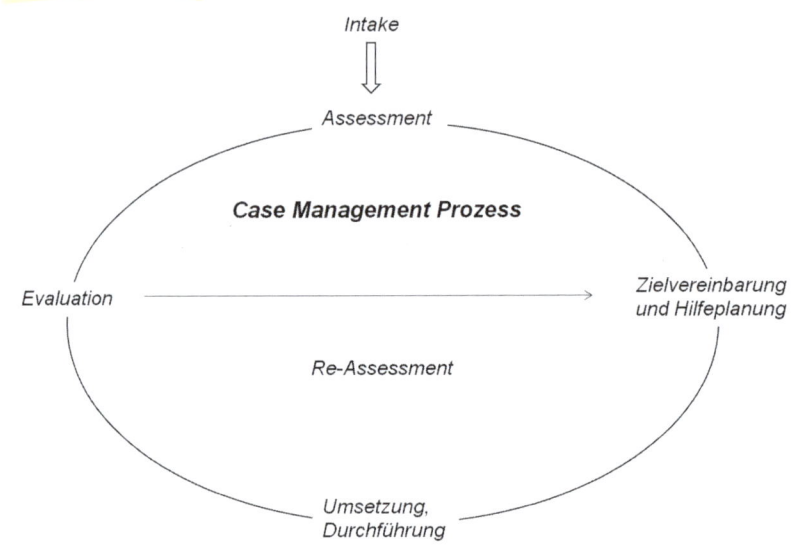

Abbildung 1: Der Case Management-Prozess (eigene Darstellung, nach Wendt 2010)

5.2 Assessment

In der Assessment-Phase steht das Erfassen und Beurteilen der Situation und der Lebenslage der Klientin oder des Klienten im Vordergrund. Wie bereits erwähnt, steht beim Case Management nicht der Mensch als Person im Mittelpunkt, sondern die Gesamtsituation, in der er sich befindet. Hintergrund dieser Orientierung auf die Lebenslage ist die Abkehr von einer rein psychologisch-personenzentrierten hin zu einer verstärkt systemischen Sichtweise

Kooperation im Case Management 323

der Fallarbeit. Es geht also nicht darum, die Ursache der problematischen Situation allein beim Individuum und seinen Unzulänglichkeiten zu suchen, sondern dieses in seiner gesamten Lebenslage zu betrachten. Die Lebenslage wiederum ist geprägt durch wechselseitige Abhängigkeiten. Im Assessment sollen diese Abhängigkeiten erfasst werden. Mittels eines »Genogramms« lässt sich beispielsweise das Beziehungsnetz einer Klientin oder eines Klienten visualisieren und so ihre soziale Eingebundenheit als Grundlage für das weitere Vorgehen nutzbringend abbilden. Neben dem Erfassen der Ist-Situation sollen im Rahmen des Assessments auch die Ressourcen der Klientin oder des Klienten ermittelt werden, wie zum Beispiel Erfahrung einer früheren Arbeitsstelle oder besondere Fähigkeiten und Fertigkeiten. Diese Ressourcen sollen im Prozess ebenfalls gezielt eingesetzt werden.

Auf der Basis dieser ersten Bestandsaufnahme erfolgt eine Bewertung der Situation. Die Ursachen für die gegenwärtige Lage werden eruiert. Erste Hypothesen über die Problemsituation und mögliche Lösungsansätze werden formuliert. Im Dialog mit der Klientin oder dem Klienten und dessen (informellem sowie fachlichem) Hilfesystem wird die Lage, wie sie sich zu diesem Zeitpunkt darstellt, eingeschätzt – also eine Art Diagnose gestellt. Diese dient dazu, die Komplexität des Falles umfassend darzustellen, damit sie für alle Beteiligten sichtbar wird und zu einem besseren Verständnis der Situation beiträgt. Sie bildet darüber hinaus die Grundlage für die weiteren Prozessschritte.

Eine anspruchsvolle Aufgabe in der Assessment-Phase ist das Abwägen zwischen individuellen *Bedürfnissen* und gesellschaftlich legitimiertem *Bedarf*. Klientinnen und Klienten in einer schwierigen Situation haben in der Regel eine klare Vorstellung, was sie brauchen und welche Bedürfnisse befriedigt werden müssen, um die Situation zu verbessern. Demgegenüber steht ein gesellschaftlich und sozialpolitisch definiertes Verständnis von Bedarf, beziehungsweise: wer welches Anrecht auf welche Leistungen hat (vgl. SKOS-Richtlinien für Sozialhilfeempfängerinnen und -empfänger 2000). Orientierung können hier die Rückbindung an den eigenen organisationalen Auftrag – welches spezifische soziale Problem mit dem Case Management-Angebot gelöst oder gelindert werden soll – oder fachliche Standards geben, wie sie zum Beispiel im Berufskodex der Sozialen Arbeit (vgl. AvenirSocial 2010: 6f.) dargelegt sind. Sozialwissenschaftliche Modelle wie das Social-Impact-Modell (SIM; vgl. Uebelhart/Zängl 2013), das zur Analyse und Bearbeitung sozialer Probleme eingesetzt wird, können ebenfalls wichtige Hilfestellung bieten.

In der Phase des Assessments kommt der Gesprächsführung eine bedeutende Rolle zu. Für Menschen, deren jüngere oder auch längere Vergangenheit von Misserfolgen, Enttäuschungen und Stagnation geprägt ist, ist es entscheidend, wie Fachpersonen, insbesondere diejenigen, mit denen eine längere Zusammenarbeit bevorsteht, ihnen begegnen. Für Case Manager bedeutet das, die aktive Beteiligung der Klientinnen und Klienten kommunikativ, strukturell und organisatorisch sicherzustellen. Die Verantwortung für die Lebenslage der Klientinnen und Klienten liegt hingegen bei ihnen selbst. Die Case Manager übernehmen »lediglich« die Verantwortung für die Gestaltung des Hilfeprozesses. Diese Balance der Verantwortungsübernahme stellt generell eine grosse Herausforderung dar. Zum Beispiel ist bei depressiv veranlagten Personen die Gefahr gross, das Case Manager zu viel Verantwortung übernehmen und damit Entwicklungsschritte auf Klientinnen- oder Klientenseite eher hemmen als fördern. Auch bei Jugendlichen, die sich in einer pubertären Krise befinden, ist es schwierig, sich auf die Gestaltung des Prozesses zu konzentrieren und nicht zu viel Verantwortung zu übernehmen.

5.3 Zielvereinbarung und Hilfeplanung

Anknüpfungspunkt für diese Phase ist neben den Grundlagen aus dem Assessment insbesondere die Lebensplanung der Klientinnen und Klienten. Die Zielrichtung des Case Management-Prozesses soll demnach mit den Lebenszielen, Zukunftsvorstellungen und Visionen der Klientinnen und Klienten korrespondieren. So ist es beispielsweise wenig Erfolg versprechend, bei einem grundsätzlich arbeitsfähigen und vor allem arbeitsbereiten Klienten auf eine Rente hinzuarbeiten. Vielmehr muss es darum gehen, die verschiedenen Zielvorstellungen in Übereinstimmung zu bringen.

Die Ziele zeigen den Weg auf, der im Rahmen eines Case Management-Prozesses eingeschlagen werden soll. Sie machen Vereinbarungen verbindlich, wer welche Aufgaben im Hilfeprozess übernimmt und weisen die Ressourcen aus, die zur Bedarfsdeckung benötigt werden. In den Zielen sind schliesslich Indikatoren enthalten, anhand deren bei der Evaluation beurteilt werden kann, inwieweit ein Case Management-Prozess zur Verbesserung der Situation und zur Steigerung der Lebensqualität der Klientinnen und Klienten beigetragen hat.

Die Zielformulierung ist eng mit der Hilfeplanung verknüpft. Diese gewährleistet ein nahtloses Ineinandergreifen der verschiedenen Hilfeleistungen in einem Case Management-Prozess. Die Hilfeplanung bildet die Teilleistungen der involvierten Personen und Stellen ab. Ebenso sind darin die Zielformulierungen enthalten und Meilensteine definiert, welches Ziel bis zu welchem Zeitpunkt erreicht werden sollte. Die Hilfeplanung wird in der Regel im Rahmen von Hilfeplankonferenzen entwickelt. Beteiligt an einer solchen Konferenz sind alle Personen, die in einem Case Management-Prozess mitarbeiten, auch die Klientin oder der Klient und deren persönliches Netzwerk. Aus einer Hilfeplankonferenz gehen verbindliche Aufgabenteilungen und Kooperationsvereinbarungen hervor.

5.4 Umsetzung, Durchführung

In der Phase der aktiven Umsetzung der vereinbarten Hilfeleistungen im Unterstützungsprozess sind vor allem drei Elemente zu benennen: *Koordination, Monitoring* und *Dokumentation*.
Wenn der Hilfeprozess so weit fortgeschritten ist, dass die Problemsituationen eruiert sind, eine Gesamteinschätzung vorliegt, Kooperationsbeziehungen zwischen allen Beteiligten geknüpft sind und die Zielrichtung gemeinsam definiert wurde, tritt der Case Manager in den Hintergrund und konzentriert sich vor allem auf die Koordination der Hilfeleistungen. Je nach Setting übernimmt er auch Betreuungs- und/oder Beratungsaufgaben, in der Regel sind dafür jedoch die Fachstellen und die Expertinnen und Experten des jeweiligen Handlungsfeldes zuständig. Koordination bedeutet in diesem Fall, dass der Case Manager »die Fäden in der Hand hält«. Er hat den Überblick über die verschiedenen Hilfeleistungen im Fallgeschehen und stellt deren Umsetzung sicher.

Das Begleiten und Koordinieren der Umsetzung wird bisweilen auch »Monitoring« genannt. Es handelt sich dabei um eine Kontrollfunktion, die dem Case Manager zugewiesen wird. Er ist dafür verantwortlich, dass alle Beteiligten im Hilfeprozess ihren zugesicherten Beitrag leisten. Gemeinsam mit der Klientin oder dem Klienten verfolgt er den Verlauf im Hilfeprozess und prüft regelmässig den Zielerreichungsgrad. Die Kontrollfunktion ist eine konflikträchtige Aufgabe. Insbesondere wenn Kooperationspartnerinnen und -partner sich nicht an die Vereinbarungen halten, kann es zu Schwierigkeiten kommen. Interdisziplinäre Kooperationen sind besonders anfällig für Spannungen. So kann es beispielsweise vorkommen, dass sich eine Hausärztin oder ein Psychiater nur ungern in ihre Arbeit mit der Klientin oder dem Klienten von einem Case Manager mit sozialarbeiterischem Hintergrund hineinreden lässt. Deswegen ist es zu Beginn eines Hilfeprozesses unerlässlich, mit allen Beteiligten eine Rollen- und Aufgabenteilung vorzunehmen. Ist dies erfolgt, so ist es für andere Fachpersonen einfacher, »Anweisungen« eines Case Managers entgegenzunehmen. Beim Monitoring ist vom Case Manager viel Vermittlungs- und Verhandlungsgeschick gefragt, zumal es vorkommen kann, dass es zwischen einer involvierten Fachperson und der Klientin oder dem Klienten zu Meinungsverschiedenheiten kommt. In solchen Situationen nimmt der Case Manager für die Klientin oder den Klienten eine anwaltschaftliche Rolle ein und unterstützt sie oder ihn in ihren Belangen. Konfliktmanagement- und Mediationskompetenzen sind hier unabdingbar.

Die Verlaufsdokumentation spielt nicht nur in der Umsetzungsphase eine Rolle, aber in dieser Phase ist sie besonders wichtig. Sie dient als Leistungsnachweis und zur Qualitätssicherung. Softwaregestützte Instrumente erleichtern die Dokumentation. Der Case Manager stellt sicher, dass der Hilfeprozess systematisch dokumentiert wird. Dabei erscheint es sinnvoll, dass sich alle Mitwirkenden an der Dokumentation beteiligen. Diese dient letztlich auch als »Gedankenstütze« für die Evaluation. Sie gibt die Ereignisse im Fallverlauf präzise wieder und hilft damit bei der Überprüfung der Zielerreichung.

5.5 Evaluation

Die Evaluation ist die letzte Phase in einem Case Management-Prozess. Sie hat zum Zweck, den Zielerreichungsgrad auszuwerten und den neuen Ist-Zustand zu überprüfen. Die Evaluation erfolgt gemeinsam mit der Klientin oder dem Klienten und allen weiteren involvierten Personen. Mit der Gegenüberstellung von Selbst- und Fremdeinschätzung soll sichergestellt werden, dass keine »blinde Flecken« entstehen und nicht einzelne Aspekte übersehen werden. Neben der Auswertung der Zielerreichung soll auch der Prozess bewertet werden. Was hat sich wie, warum und bei wem verändert? Wer hat dazu wie beigetragen?

Die zuvor formulierten Ziele bilden eine wichtige Grundlage bei der Evaluation. Ihre Überprüfung gibt Aufschluss über die Wirkung des Case Management-Prozesses. Für den Wirkungsnachweis ist es wichtig, zwischen verschiedenen Zielebenen zu unterscheiden: Konnte eine positive Veränderung in der unmittelbaren Lebenslage der Klientin oder des Klienten erreicht werden? Hat der Case Management-Prozess dazu beigetragen, dass sich die Situation auch im erweiterten Umfeld der Klientin oder des Klienten verbessert hat? Oder hat der Prozess gar zu einer Lösung oder Linderung eines sozialen Problems beigetragen (vgl. Uebelhart 2011)?

In der Zusammenarbeit mit Menschen in einer komplexen Problemkonstellation kommt es immer wieder zu Krisen und Rückschlägen. Vor diesem Hintergrund dient die Phase der Evaluation auch dazu, ein »Re-Assessment« durchzuführen (vgl. Abb. 1). Wenn sich bei der Auswertung der Zielerreichung herausstellt, dass wesentliche Ziele noch nicht erreicht wurden, wird ein neuer Case Management-Prozess initiiert und erneut zur Phase der Zielvereinbarung und Hilfeplanung übergegangen.

Im nachfolgenden Zitat fasst Wendt die Essenz von Case Management sehr anschaulich zusammen:

> Der Case Manager muss nach aussen und mit Klienten kommunizieren, Rollen klären und Absprachen treffen, Situationen und Personen einschätzen können, sich in der Planung auf Mittel und Wege verstehen, koordinieren, anwaltlich handeln, Vorgänge und Ergebnisse bewerten und sie dokumentieren können. Mit diesen Fähigkeiten lässt sich im Einzelfall angemessen handeln – und eine bloss mechanische Ausführung der Schritte im Case Management vermeiden. Es ist kein Rezept, wie sich soziale Probleme lösen, Fehlhandlungen korrigieren, Kinder erziehen oder Krankheiten behandeln lassen. (Wendt 2010: 129)

6 Kontroversen im Case Management

Das Handlungskonzept Case Management hat im Laufe seiner Verbreitung nicht nur Zustimmung bekommen. Insbesondere im professionstheoretischen Diskurs der Sozialen Arbeit wurden in den letzten Jahren vermehrt kritische Stimmen laut. Generell wird kritisiert, dass keine offene und kritische Auseinandersetzung mit Case Management stattfindet (vgl. Hansen 2006). Den Vertreterinnen und Vertretern der Case Managements wird vorgeworfen, sie würden nur die positiven Aspekte von Case Management herausstreichen und kritische Fragen eher im Hintergrund abhandeln oder ganz darauf verzichten (vgl. Biesel 2011).

Nachfolgend werden zwei Hauptkritikpunkte aufgegriffen und zur Diskussion gestellt. In der hier gebotenen Kürze können nicht alle Kritikpunkte umfassend diskutiert werden (für Kritik am Case Management vgl. etwa Hansen 2006).

6.1 Nationalstaatliche Rahmenbedingungen

Von Kritikerinnen und Kritikern wird immer wieder darauf hingewiesen, dass die nationalstaatlichen Rahmenbedingungen, also die Art und Weise, wie das Sozialwesen in einem Land rechtlich, strukturell und fachlich organisiert ist, einen erheblichen Einfluss auf die Ausgestaltung von Case Management haben (vgl. Fürst 2008: 66). Diesem Kritikpunkt kann hier kaum widersprochen werden. Wie die Lebenslagen von Menschen in Not unterscheidet sich auch die Ausgestaltung des Versorgungssystems in der Schweiz stark von demjenigen in Deutschland und noch stärker von demjenigen in Grossbritannien oder den USA. Diesen unterschiedlichen Rahmenbedingungen sind bei der Implementierung eines Case Management-Angebots Rechnung zu tragen (vgl. Hansen 2006). Was sich jedoch gleich bleibt, ist der Anspruch an das Case Management, dass es strukturell so verankert werden muss, dass es seine anwaltschaftliche Rolle gegenüber den Klientinnen und Klienten wahrnehmen kann.

Gewarnt werden muss allerdings vor der unreflektierten und unkritischen Übernahme und Rezeption von Erkenntnissen aus Case Management-Studien, die in anderen Ländern durchgeführt wurden. So können beispielsweise aus einer Evaluationsstudie über die Patientenbegleitung von Klientinnen und Klienten der Betriebskrankenkasse der Firma Bosch (vgl. Löcherbach et al. 2010) keine direkten Rückschlüsse über den Erfolg von Case Management bei einer schweizerischen Krankenkasse gezogen werden, nicht zuletzt deshalb, weil zwischen den Versicherungssystemen in der Schweiz und in Deutschland grosse Unterschiede bestehen. Die Studie kann jedoch interessante Erkenntnisse enthalten, deren Beachtung sich auch im schweizerischen Kontext lohnt.

6.2 Standardisierung

Unter Stichworten wie »Ökonomisierung der Sozialen Arbeit« oder »aktivierender Sozialstaat« (vgl. Neuffer 2013; Seithe 2010; Heite 2008; Dahme/ Wohlfahrt 2008) wird Case Management unterstellt, es diene lediglich dem Zweck der Kostenreduktion und trage als neoliberal ausgerichtete Programmatik zum Autonomieverlust der Sozialen Arbeit bei. Die einseitige Fokussierung auf Steuerung und Steigerung der Effizienz und Effektivität gehe zulasten der Beziehungsqualität und der Professionalität des sozialarbeiterischen Handelns (vgl. Früh 2012: 8).

Hauptkritikpunkt ist der hohe Anteil an Standardisierung, die das Case Management-Konzept beinhaltet (vgl. Biesel 2011). Nicht nur müsse das Verfahren einer ganz bestimmten Systematik folgen, sondern auch die einzelnen Prozessphasen, wie beispielsweise das Assessment, seien stark standardisiert. Diese (Über-) Formalisierung des Hilfeprozesses führe, heisst es, zu einem technokratischen Abarbeiten von vordefinierten Prozessmanualen, statt dass die Autonomie der Klientinnen und Klienten gefördert werde.

Um die vermeintlich richtigen Entscheidungen zu treffen, seien die Case Manager angehalten, unzählige standardisierte Checklisten, Aufgaben-Folgepläne oder Funktionendiagramme zu befolgen. Die eigentliche Aufgabe rücke dabei in den Hintergrund. Hauptsache sei, dass die Dokumente vorschriftengetreu ausgefüllt würden, damit in einem Missbrauchsfall nachgewiesen werden könne, dass alles nach Massgabe erfüllt worden sei.

Die standardisierten Instrumente sollten Entscheidungssicherheit geben, vernachlässigen jedoch, dass Entscheidungsprozesse von vielen, bisweilen höchst irrationalen Einflussfaktoren abhängen (vgl. Amstutz/Zängl 2015). Verfechterinnen und Verfechter einer Standardisierung entgegnen, dass standardisierte Verfahren und die entsprechenden Instrumente zu einem einheitlichen, das heisst für alle gleichen Ablauf beitragen. Damit werde der Willkür vorgebeugt und Konstanz in der Qualität der Leistung sichergestellt. Die Checklisten seien als Gedankenstütze zu betrachten, die dem Case Manager helfen soll, im Prozessverlauf nichts zu vergessen.

7 Risiken und Chancen im Case Management

7.1 Risiken

Case Manager sind heute mit hohen Anforderungen und Erwartungen konfrontiert. Aus den unterschiedlichen Definitionen ist abzuleiten, was sie alles beherrschen müssten. Besonders das gleichzeitige Interagieren auf der Fall- und der Systemebene stellt Case Manager vor eine herausforderungsreiche Aufgabe. Während die Arbeit mit den Klientinnen und Klienten strukturiert und methodisch breit ausgestattet ist, bleibt offen, wie Case Manager Optimierung auf Systemebene bewerkstelligen sollen. Gegenwärtig lässt sich beobachten, dass Case Management vor allem auf der Fallebene erfolgreich umgesetzt wird, während auf der Systemebene zu viele Barrieren (zum Beispiel in Form von »Tunneldenken« im sozialen Sicherungssystem oder »Gärtchendenken« unter einzelnen Organisationen) gegen Veränderungen bestehen.

Aufgrund seiner erfolgreichen Umsetzung in verschiedenen Bereichen des Sozial- und Gesundheitswesens besteht für Case Management selbst das Risiko der Spezialisierung und Diversifizierung. Einst entwickelt, um genau diesen Tendenzen mit Koordination, Fallführung und Kooperation zu begegnen, läuft Case Management mit der zunehmend zielgruppenorientierten Ausrichtung Gefahr, sich selbst zu »verzetteln«. Falls diese Entwicklung anhält, könnte dies dereinst ein Case Management für die Koordination der Case Manager erfordern. Einmal mehr kommt hier der Interaktion auf Systemebene eine wichtige Rolle zu, sollen solche Entwicklungen verhindert werden.

Gegenwärtig ist bei Sozialarbeitenden vereinzelt zu beobachten, dass sie in ihrer professionellen Identität gekränkt sind, wenn sie mit einem Case Manager zusammenarbeiten sollten. »Was können die besser als wir?«, ist oftmals die Reaktion, oder: »Die tun ja dasselbe wie wir.« Damit wird eine Grenzlinie gezogen, die weder fachlich noch konzeptuell intendiert war. Bei dieser Reaktion zeigt sich die vulnerable Seite der professionellen Identität, und es geht vergessen, dass der organisationale Auftrag der einzelnen Fachkräfte Grenzen hat. Sind diese Grenzen infolge der zunehmenden Komplexität in einem Fallgeschehen erreicht, wird dies aufseiten der Sozialarbeitenden bisweilen als persönliches Versagen gedeutet (zum Problem der »Allzuständigkeit« vgl. auch Galuske/Müller 2012) – umso mehr, wenn in solchen Situationen externe Case Manager hinzugezogen werden. Anstatt sich durch die Unterstützung, die ihrerseits ebenfalls einem organisationalen Auftrag folgt – einem, der die organisationsübergreifende Fallführung zum Gegenstand hat –, fühlen sich die Sozialarbeitenden infrage gestellt und grenzen sich von den Case Managern ab.

7.2 Chancen

Damit Case Management als Handlungskonzept seine volle Wirksamkeit entfalten kann, ist es bei dessen Umsetzung angezeigt, sich auf die Wurzeln zurückzubesinnen. Denn in seiner ursprünglichen Konzeption hat Case Management das Potenzial, komplexe Problemkonstellationen von Klientinnen und Klienten nachhaltig zu verbessern. Unter Berücksichtigung von Gütekriterien wie Partizipation, Werteorientierung, Wirkungsorientierung und Interdisziplinarität (vgl. Uebelhart/Zängl 2013) oder Standards einer »demokratisch-dialogischen Form der Hilfeplanung« (vgl. Biesel 2011) kann Case Management dazu beitragen, soziale Probleme zu lösen oder zu lindern.

Case Management in der Sozialen Arbeit kann einen wertvollen Beitrag zur Professionalisierung der Fallarbeit leisten, wenn es sich seiner Mythen entledigt, nicht von anderen Professionslogiken überlagert und nicht das Verfahren zur managerialen Steuerung von Fällen zweckentfremdet wird. (Biesel 2013: 43)

Soll auch auf der Systemebene das Potenzial von Case Management ausgeschöpft werden, ist von Case Managern ein Bewusstsein der Systemrelevanz und der politischen Dimension ihres Handelns gefordert (vgl. Grossmann 2010; Fass 2013). Ähnlich wie Führungskräfte sozialer Organisation interagieren sie nicht nur mit Klientinnen und Klienten, sondern gleichzeitig mit Vertreterinnen und Vertretern anderer Organisationen, Behörden und Expertinnen und Experten verschiedener Disziplinen (vgl. Amstutz/Fritze/Wüthrich 2014). Vor diesem Hintergrund sollten sie die Gelegenheit nutzen und sich gemeinsam mit den anderen Beteiligten für die Optimierung des Hilfesystems einsetzen, auf Versorgungslücken hinweisen und veränderte Bedarfslagen publik zu machen. Um den Gestaltungsraum von Case Management optimal auszugestalten, sind entsprechende Strukturen erforderlich. Vor diesem Hintergrund ist es wichtig, dass Case Management auf der Systemebene angesiedelt und strukturell verankert ist (vgl. Früh 2012: 7).

Mit seinem auf die Zusammenarbeit aller Beteiligten ausgerichteten Ansatz bietet Case Management schliesslich eine gute Umsetzungsform intra- und interprofessioneller sowie interorganisationaler und interdisziplinärer Kooperation. Es stellt ein Prozessschema für die Gestaltung dieser verschiedenen Kooperationsformen zur Verfügung. Und es kann letztlich nur erfolgreich sein, wenn alle am Hilfeprozess Beteiligten zusammenarbeiten.

Weiterführende Literatur, Fachzeitschriften

Case Management, Fachzeitschrift für Care und Case Management. Viermal jährlich, medhochzwei Verlag, Heidelberg.
Neue Praxis, Fachzeitschrift für Sozialarbeit, Sozialpädagogik und Sozialpolitik für den deutschsprachigen Raum. Verlag Neue Praxis GmbH, Lahnstein.
Schweizerische Zeitschrift für Soziale Arbeit. Peer Reviewed Journal. Einmal jährlich, Seismo, Zürich.
SozialAktuell, Fachzeitschrift der Sozialen Arbeit in der Schweiz. Monatlich, Schweizerischer Berufsverband Soziale Arbeit.
Sozial Extra, Fachzeitschrift der Sozialen Arbeit in Deutschland. Sechsmal pro Jahr, Springer Verlag, Heidelberg.

Internetseiten

Fachgruppe Case Management der Deutschen Gesellschaft für Soziale Arbeit. http://dgsainfo.de/fachgruppen/case_management.html.
Fachkommission Sozialmanagement der Schweizerischen Gesellschaft für Soziale Arbeit. www.sgsa-ssts.ch/de/kommission_sozialmanagement.
Netzwerk Case Management Schweiz. Fachverein für Case Manager in der Schweiz. www.netzwerk-cm.ch/.

Literatur

Amstutz, Jeremias/Fritze, Agnès/Wüthrich, Bernadette (2014): Sozialmanagerinnen und Sozialmanager und ihre Rolle bei der Gestaltung sozialer Versorgung. In: dies. (Hrsg.), Soziale Versorgung zukunftsfähig gestalten. Wiesbaden: Springer VS.

Amstutz, Jeremias/Zängl, Peter (2014): Was heisst hier eigentlich Management? Entscheidungsarenen und Entscheidungsprozesse in sozialen Dienstleistungsorganisationen. In: Wüthrich, Bernadette/Amstutz, Jeremias/Fritze, Agnès (Hrsg.), Soziale Versorgung zukunftsfähig gestalten. Wiesbaden: Springer VS.

AvenirSocial (2010): Berufskodex Soziale Arbeit Schweiz. Ein Argumentarium für die Praxis der Professionellen. Bern: AvenirSocial.

Biesel, Kay (2011): Standardisierung von Hilfeplanverfahren – (Case) Management oder Beziehungsgestaltung? In: Bundesarbeitsgemeinschaft der Kinderschutz-Zentren (Hrsg.), Hilfe ...! Über Wirkungen, Risiken und Nebenwirkungen im Kinderschutz (S. 147–163). Köln: Bundesarbeitsgemeinschaft d. Kinderschutz-Zentren.

Biesel, Kay (2013): Case Management-Mythen und ihre Bedeutung für die Soziale Arbeit: zur Ideologie eines selbstverständlichen Arbeitsprinzips. In: Ehlers, Corinna/Broer, Wicher (Hrsg.), Case Management in der Sozialen Arbeit (S. 39–54). Opladen: Budrich.

Brinkmann, Volker (Hrsg.) (2010): Case Management. Organisationsentwicklung und Change Management in Gesundheits- und Sozialunternehmen. Wiesbaden: Gabler.

Budde, Wolfgang/Früchtel, Frank/Hinte, Wolfgang (Hrsg.) (2006): Sozialraumorientierung. Wege zu einer veränderten Praxis. Wiesbaden: VS Verlag für Sozialwissenschaften.

Dahme, Heinz-Jürgen/Wohlfahrt, Norbert (2008): Der Effizienzstaat: die Neuausrichtung des Sozialstaates durch Aktivierungs- und soziale Investitionspolitik. In: Bütow, Birgit/Chassé, Karl August/Hirt, Rainer (Hrsg.), Soziale Arbeit nach dem Sozialpädagogischen Jahrhundert. Positionsbestimmungen Sozialer Arbeit im Post-Wohlfahrtsstaat (S. 43–58). Opladen: Budrich.

Eggemann, Maike (1999): Alice Salomon. In: Eggemann, Maike/Hering, Sabine (Hrsg.), Wegbereiterinnen der modernen Sozialarbeit (S. 159–182). Weinheim: Beltz.

Ehlers, Corinna/Broer, Wicher (2013): Case Management in der Sozialen Arbeit. In: dies. (Hrsg.), Case Management in der Sozialen Arbeit (S. 9–18). Opladen: Budrich.

Fass, Reinald (2013): Management im Case Management auf Fall- und Systemebene. Über den Management-Begriff im Case Management. In: Ehlers, Corinna/Broer, Wicher (Hrsg.), Case Management in der Sozialen Arbeit (S. 71–84). Opladen: Budrich.

Früh, Andreas (2012): Chancen und Tücken von Case Management für die Soziale Arbeit. Ein kritischer Blick auf Case Management-Projekte in der Deutschschweiz. In: SozialAktuell, Nr. 3, S. 7–9.

Fürst, Roland (2008): Case Management und Clearing. In: Josef Bakic, Marc Diebäcker & Elisabeth Hammer (Hrsg.), Aktuelle Leitbegriffe der Sozialen Arbeit. Ein kritisches Handbuch (S. 56–72). Wien: Löcker.

Galuske, Michael/Müller, C. Wolfgang (2012): Handlungsformen in der Sozialen Arbeit. Geschichte und Entwicklung. In: Thole, Werner (Hrsg.), Grundriss Soziale Arbeit. Ein einführendes Handbuch (4. Auflage) (S. 587–610). Wiesbaden: VS Verlag für Sozialwissenschaften.

Grossmann, Rolf (2010): Kooperationen zwischen Professionen und Organisationen. Erfolgsvoraussetzungen für Case Management. In: Zeitschrift für Case Management, Heft 1, S. 8–12.

Haller, Dieter/Hinte, Wolfgang/Kummer, Bernhard (Hrsg.) (2007): Jenseits von Tradition und Postmoderne. Sozialraumorientierung in der Schweiz, Österreich und Deutschland. Weinheim: Juventa.

Hansen, Eckhard (2006): Das Case/Care Management. Anmerkungen zu einer importierten Methode: Qualitätssicherung und -management in der Sozialen Arbeit. In: Galuske, Michael/Thole, Werner (Hrsg.), Vom Fall zum Management. Neue Methoden der Sozialen Arbeit (S. 17–36). Wiesbaden: VS Verlag für Sozialwissenschaften.

Heite, Catrin (2008): Soziale Arbeit im Kampf um Anerkennung. Professionstheoretische Perspektiven. Weinheim: Juventa.

Hinte, Wolfgang (2012): Von der Gemeinwesenarbeit über die Sozialraumorientierung zur Initiierung von bürgerschaftlichem Engagement. In: Thole, Werner (Hrsg.), Grundriss Soziale Arbeit. Ein einführendes Handbuch (4. Auflage) (S. 663–676). Wiesbaden: VS Verlag für Sozialwissenschaften.

Kleve, Heiko/Haye, Britta/Hampe-Grosser, Andreas/Müller, Matthias (Hrsg.) (2008): Systemisches Case Management. Falleinschätzung und Hilfeplanung in der Sozialen Arbeit (2. Auflage). Heidelberg: Carl Auer.

Löcherbach, Peter (1998): Altes und Neues zum Case Management – Soziale Unterstützungsarbeit zwischen persönlicher Hilfe und Dienstleistungsservice. In: Mrochen, Siegfried/Berchtold, Elisabeth & Hesse, Alexander (Hrsg.), Standortbestimmung sozialpädagogischer und sozialarbeiterischer Methoden (S. 104–123). Weinheim: Beltz.

Löcherbach, Peter/Klug, Wolfgang/Remmel-Faßbender, Ruth/Wendt, Wolf Rainer (Hrsg.) (2005): Case Management. Fall- und Systemsteuerung in der Sozialen Arbeit (3., aktualisierte Auflage). München: Reinhardt.

Löcherbach, Peter/Hermsen, Thomas/Macsenaere, Michael/Arnold, Jens/Klein, Joachim (2010): Evaluationsstudie zur Patientenbegleitung der Bosch BKK. Abschlussbericht. KFH-Mainz: Eigendruck

Meinhold, Marianne (2012): Über Einzelfallhilfe und Case Management. In: Thole, Werner (Hrsg.), Grundriss Soziale Arbeit. Ein einführendes Handbuch (4. Auflage) (S. 635–647). Wiesbaden: VS Verlag für Sozialwissenschaften.
National Association of Social Workers (o.J.): Social Work Case Manager. www.naswdc.org/credentials/specialty/c-aswcm.asp [14.8.2014].
Nellessen, Lothar (2012): Von der Gruppenarbeit bis zur Familientherapie. In: Thole, Werner (Hrsg.), Grundriss Soziale Arbeit. Ein einführendes Handbuch (4. Auflage) (S. 649–661). Wiesbaden: VS Verlag für Sozialwissenschaften.
Netzwerk Case Management Schweiz (2014): Definitionen und Standards Case Management. www.netzwerk-cm.ch/page/fachwissen [4.8.2014)].
Neuffer, Manfred (2013): Case Management. Soziale Arbeit mit Einzelnen und Familien (5., überarbeitete Auflage). Weinheim: Beltz Juventa.
Remmel-Faßbender, Ruth (2005): Case Management als Methodenkonzept in der Sozialen Arbeit. Erfahrungen und Perspektiven. In: Löcherbach, Peter/Klug, Wolfgang/Remmel-Faßbender, Ruth/Wendt, Wolf Rainer (Hrsg.), Case Management. Fall- und Systemsteuerung in der Sozialen Arbeit (3., aktualisierte Auflage) (S. 67–87). München: Reinhardt.
Seithe, Mechthild (2010): Schwarzbuch Soziale Arbeit (2., durchgesehene und erweiterte Auflage). Wiesbaden: VS Verlag für Sozialwissenschaften.
Trube, Achim (2005): Casemanagement als Changemanagement? Zur ambivalenten Professionalisierung Sozialer Arbeit im aktivierenden Sozialstaat. In: Dahme, Heinz-Jürgen/Wohlfahrt, Norbert (Hrsg.), Aktivierende Soziale Arbeit. Theorie – Handlungsfelder – Praxis (S. 88–103). Baltmannsweiler: Schneider-Verlag Hohengehren.
Uebelhart, Beat (2011): Das Social-Impact-Modell (SIM) – vom sozialen Problem zur Wirkung. In: Fritze, Agnès/Maelicke, Bernd/Uebelhart, Beat (Hrsg.), Management und Systementwicklung in der Sozialen Arbeit (S. 221–286). Baden-Baden: Nomos.
Uebelhart, Beat/Zängl, Peter (Hrsg.) (2013): Praxisbuch zum Social-Impact-Modell. Baden-Baden: Nomos.
Wendt, Wolf Rainer (2010): Case Management im Sozial- und Gesundheitswesen. Eine Einführung (5., überarbeitete Auflage). Freiburg im Breisgau: Lambertus.

Netzwerkarbeit, Kooperation und Versorgungsketten

Beat Uebelhart

Nach einer ersten Begriffsklärung rund um Netzwerke wird in diesem Beitrag der Fokus auf soziale Netzwerke gerichtet. Zunächst werden einige Spezifika unterschiedlicher Netzwerktypen beschrieben, anschliessend Formen und Bezugsebenen von Netzwerken und die unterschiedlichen Blickwinkel dargestellt, aus denen sich Netzwerke betrachten lassen. Nach einer Begründung der Notwendigkeit von unterschiedlichen Netzwerken in der Sozialen Arbeit wird deren Innenleben, etwa in Abgrenzung zu hierarchischen Systemen, näher untersucht und die Frage beantwortet, ob und inwieweit Netzwerke überhaupt gesteuert werden können. Nach der Abgrenzung der Begrifflichkeiten »Netzwerk« und »Kooperation« wird eine netzwerkartige Versorgungskette aus Sicht von Zielgruppen der Sozialen Arbeit entworfen.

1 Einleitung

Nach der postindustriellen Gesellschaft, der Risikogesellschaft, der Dienstleistungsgesellschaft, der Informationsgesellschaft, der Mediengesellschaft und der Wissensgesellschaft sind wir, so scheint es, in der Netzwerkgesellschaft angelangt (Castells 2001): Internet, Facebook, Wissensnetzwerke, networken, sich vernetzen – all dies sind längst Alltagsbegriffe geworden.

Menschen geraten zunehmend an die Grenzen einer individualisierten Gesellschaft, denn viele Vorhaben sind nicht alleine zu bewältigen. Auch die Komplexität der Problemlagen hat aufgrund von leicht zugänglichen Informationen und verteiltem Wissen zugenommen. Hinzu kommt, dass die Wissenschaften trotz aller Bemühungen auch dazu beitragen, dass wir immer klarer erkennen können, was wir nicht wissen. Dem Zwang zu neuen Formen der Zusammenarbeit entgehen weder Politik und Verwaltung noch produktive Unternehmen, auch nicht Medien oder andere gesellschaftliche Kräfte und schon gar nicht die Wissenschaft(en). So ist aus dem »consumer« längst ein »prosumer« geworden, der mit seinem Kaufverhalten die nächste Produktegeneration beeinflusst.

Diese Entwicklungen sind Ausdruck der Begrenztheit einer einzelnen Steuerungs- oder Koordinationsform; vermehrt sind deshalb Formierungen ausserhalb rein hierarchischer oder rein marktlicher Logiken anzutreffen: Kooperationen, Netzwerke, neuere Formen der Zusammenarbeit. So mischen sich Bürgerinitiativen mit Erfolg in die Quartierplanung der Kommunen ein, Grossprojekte (Autobahnen, Fußballstadien) werden zunehmend in Public-

Private-Partnerschaften realisiert, und Mitarbeitende haben vermehrt echte Mitspracherechte in der Unternehmung.

Wenn Netzwerke ausserhalb von Markt (Preisregulation) oder Hierarchie (Macht, Durchsetzung von Regeln) stehen, stellt sich die Frage nach ihrem »Betriebsmittel«. Es ist nicht Geld und nicht Macht, sondern Vertrauen. Dieses Vertrauen ist nötig, damit die Mitglieder ihr Wissen und Können, spezielle Informationen weitergeben oder Dinge von sich preisgeben, die sie anderswo nicht einbringen würden. Netzwerke stellen nicht direkte Tauschbeziehungen dar (Markt: Geld – Ware), ihre Tauschbeziehungen können über längere Zeit nur teilweise oder gar nicht erfolgen. Dies bedeutet, dass Netzwerke nur mit einem gewissen Vertrauensvorschuss überhaupt gegründet werden können. »Ich gebe heute mein Fachwissen preis und weiss nicht, wann ich – im Gegenzug – Zugang zu Informationen bekomme, die für mich wichtig sind.«

Die nachfolgende Darstellung gibt einen Überblick über die hauptsächlichen Unterschiede zwischen marktlicher und hierarchischer Regulation im Vergleich zu Netzwerken.

Koordinationstyp	Markt	Hierarchie	Netzwerk
Koordinationsmittel	Preise	formale Regeln	Vertrauen
Koordinationsform	spontan, spezifisch	geregelt, unspezifisch	diskursiv
Akteursbeziehungen	unabhängig	abhängig	interdependent
Zugang	offen	geregelt	begrenzt, exklusiv
Zeithorizont	kurzfristig	langfristig	mittelfristig
Konfliktregulierung	Recht	Macht	Verhandlung

Abbildung 1: Typologie von Koordinationsformen (Weyer 2000, S. 7)

Sind Netzwerke damit Erscheinungen unserer modernen Zeit (Internet, Sicherheits- und Überwachungsnetzwerke nach 9/11), oder gab es Netzwerke schon früher (Fischernetz der Frühzeit, Familien- und Clanwirtschaft bei den Griechen)? Zu dieser Frage gibt es in der Literatur unterschiedliche Positionen. Klärend kann dabei schon mal eine erste – aber nicht klar trennende (vgl. Degele/Simms 2004, S. 265) – Unterscheidung von Netzwerken sein. Wir kennen:

- biologische Netzwerke (z.B. Zusammenspiel von Parasiten und Baumwachstum);

- technische Netzwerke (z.B. Telekommunikation, Internet, interaktive Schaltungen zwischen Maschinen);
- soziale Netzwerke (z.B. Familie, Freundeskreis, Nachbarschaft, Unternehmensnetzwerke).

Wir kennen viele Situationen, in denen alle drei Arten von Netzwerken zusammenwirken, wie dies etwa Schulz-Schaeffer (2000: 189ff) am Beispiel der Wiederansiedlung von Muscheln nach dem Einbau von Wellenbrechern aus Beton durch ein interdisziplinäres Team beschrieben hat. Im vorliegenden Beitrag konzentrieren wir uns auf soziale Netzwerke. Dabei werden umgangssprachliche »soziale Netzwerke« (eigentlich »soziale Medien«/Social Media) wie Internet, WhatsApp, Twitter und so weiter als technische Netzwerke betrachtet, denn soziale Netzwerke bestehen aus Beziehungen zwischen Individuen und/oder Organisationen; ob es sich dabei um Face-to-Face-Beziehungen oder um Beziehungen über Internet handelt, ist von untergeordneter Bedeutung.

2 Was sind soziale Netzwerke, und wo treffen wir sie an?

Grundsätzlich besteht ein Netzwerk aus »Knoten« und »Kanten« (Beziehungen):

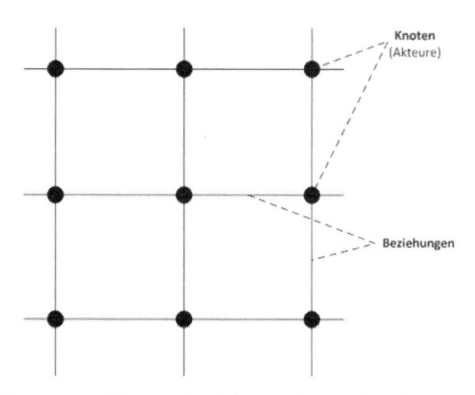

Abbildung 2: Struktur eines Netzwerks (eigene Darstellung)

Ein Netzwerk besteht zudem in der Regel aus mindestens drei Akteuren (Triade), wobei es sich dabei um Einzelpersonen und/oder Organisationen handeln kann. Ein Netzwerk ermöglicht es, Ressourcen (Zeit, Personal, Geld, Wissen, Informationen, Kontakte usw.) über die Grenzen der eigenen Möglichkeiten hinweg zu akquirieren, zu bündeln und zu verteilen. Dies geschieht in der Regel nur dann, wenn Interessen, Ziele oder Visionen von den beteiligten Akteuren gemeinsam getragen werden. Dies ist in einem Freundschaftsnetzwerk (Ziel: Aufbau, Aufrechterhaltung und Pflege einer Freundschaft) genauso der Fall wie beispielsweise in einem Unterstützungsnetzwerk eines Klienten/einer Klientin der Sozialen Arbeit (Ziel: Stärkung bestehender, Entwicklung neuer Fähigkeiten und Ressourcen). Es gilt aber auch für ein industrielles Verkaufsnetzwerk (Ziel: Die Produkte meines Unternehmens werden durch Unternehmen vor- oder nachgelagerter Produktelinien an deren bestehende Kundschaft verkauft). Dabei bleiben die Teilnehmerinnen und Teilnehmer des Verkaufsnetzwerks eigenständig, mit unterschiedlichen, eigenständigen Interessen (ihre jeweiligen Produkte), und gleichzeitig profitieren alle beteiligten Unternehmen davon, dass eine Problemlage (z.B. Feuergefahr) von der Kundschaft erst dank diesem Netzwerk ganzheitlich erfahren wird und damit unterschiedliche, aber zusammenhängende Produkte – vom Rauchmelder über den Feuerlöscher bis zur Nachsorge des betroffenen Personals – leichter abgesetzt werden können.

Brocke definiert ein Netzwerk wie folgt:

> Als Netzwerk bezeichnet man in der Regel den losen Zusammenschluss von eigenständigen Akteuren mit unterschiedlichen, eigenständigen Interessen und mindestens einem gemeinsamen Ziel oder einer gemeinsamen Vision. [...] [Die Netzwerkarbeit hat dabei] die Aufgabe, Wissen und andere Ressourcen der verschiedenen Akteure zusammenzutragen, in einen neuen übergreifenden Kontext unterschiedlicher Problemwahrnehmungen und Interessen einzubringen [...] und über Sektorgrenzen hinweg neue Lösungsansätze zu entwickeln. (Brocke 2003: 14).

Nun funktionieren wenig strukturierte Nachbarschaftsnetzwerke nicht genauso wie hoch strukturierte Firmennetzwerke. Ihre Verschiedenartigkeit skizziert die folgende morphologische Darstellung.

Je nach Betrachtungswinkel wird ein soziales Netzwerk unterschiedlich wahrgenommen. Betrachte ich meine bestehenden oder fehlenden sozialen Beziehungen (egozentriert), betrachte ich als Mitglied einer speziellen Gruppe den eigenen Clan (Teilnetzwerk), oder betrachte ich aus der Vogelperspektive ein Gesamtnetzwerk?

| egozentriertes Netzwerk | Teil-Netzwerk | Gesamt-Netzwerk |

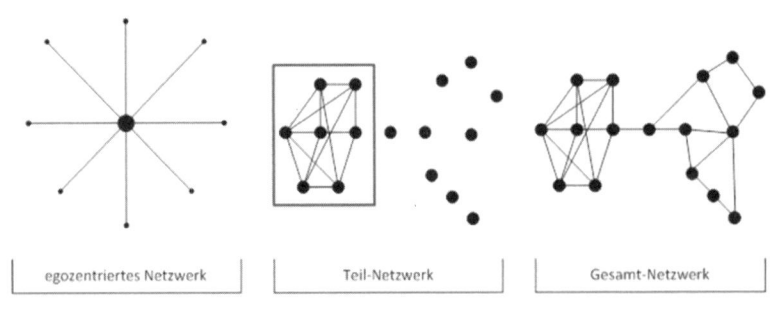

Abbildung 3: Betrachtungswinkel von Netzwerken (eigene Darstellung)

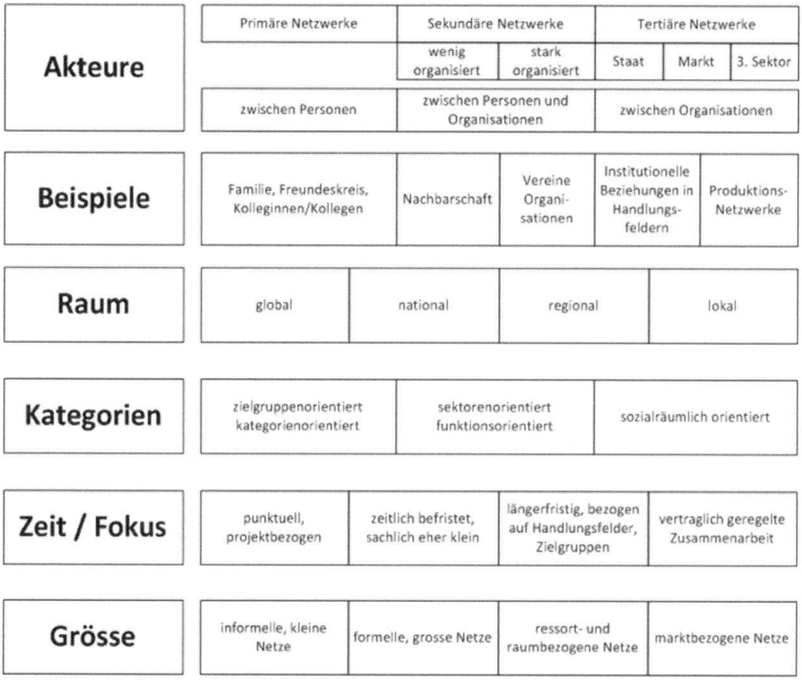

Netzwerkarbeit, Kooperation und Versorgungsketten 339

	Primäre Netzwerke	Sekundäre Netzwerke		Tertiäre Netzwerke		
Akteure		wenig organisiert	stark organisiert	Staat	Markt	3. Sektor
	zwischen Personen	zwischen Personen und Organisationen		zwischen Organisationen		
Beispiele	Familie, Freundeskreis, Kolleginnen/Kollegen	Nachbarschaft	Vereine Organisationen	Institutionelle Beziehungen in Handlungsfeldern	Produktions-Netzwerke	
Raum	global	national	regional	lokal		
Kategorien	zielgruppenorientiert kategorienorientiert	sektorenorientiert funktionsorientiert	sozialräumlich orientiert			
Zeit / Fokus	punktuell, projektbezogen	zeitlich befristet, sachlich eher klein	längerfristig, bezogen auf Handlungsfelder, Zielgruppen	vertraglich geregelte Zusammenarbeit		
Grösse	informelle, kleine Netze	formelle, grosse Netze	ressort- und raumbezogene Netze	marktbezogene Netze		

Abbildung 4: Typen, Formen und Bezugsebenen von Netzwerken (eigene Darstellung)

In allen gesellschaftlichen Bereichen begegnen uns Netzwerke. Wenn wir uns entlang der Funktionssysteme moderner Gesellschaften (Parsons 2009) umsehen, begegnet uns – bezogen auf den Bereich der Sozialen Arbeit in der Schweiz – eine Vielzahl von Netzwerken, zum Beispiel:

- *das politische Funktionssystem:* Schweizerische Konferenz für Sozialhilfe (SKOS), Städteinitiative Sozialpolitik, Schweizerische Vereinigung für Sozialpolitik (SVSP), Schweizerische Gesellschaft für Soziale Arbeit (SGSA), AvenirSocial (vertritt die Interessen der Professionellen mit einer Ausbildung in Sozialarbeit, Sozialpädagogik, Soziokultureller Animation, Kindererziehung und Sozialpädagogischer Werkstattleitung), Public-Private-Partnership beim Bau von Alters- und Pflegeheimen, Jugendzentren usw.
- *das wirtschaftliche Funktionssystem:* Verband Heime und Institutionen Schweiz (CuraViva), Verband anthroposophische Heilpädagogik und Sozialtherapie (VAHS), Schweizerischer Verein Netzwerk für sozial verantwortliche Wirtschaft (NSW/RSE) usw.

- *das gesellschaftliche Funktionssystem:* Netzwerk Case Management, persönliche Netzwerke albanischer Migrantinnen und Migranten in der Schweiz usw. Dazu kommen Beteiligungsnetzwerke und Bürgergruppen auf kommunaler und regionaler Ebene, Selbsthilfegruppen und persönliche Netzwerke der Klientel der Sozialen Arbeit.
- *das Legitimationssystem:* Schweizerisches Netzwerk für qualitative Sozialforschung, Alumni-Vereinigungen der Fachhochschulen und Universitäten, Fachkommissionen (z.B. Fachkommission Sozialmanagement der SGSA), unterschiedliche Wissensnetzwerke im akademischen Bereich, religiöse Netzwerke usw.

Um auf dem Spenden- und Finanzierungsmarkt noch wahrgenommen zu werden, müssen sich soziale Organisationen vermehrt spezialisieren; sie fokussieren deshalb auch zunehmend ihr Dienstleistungsangebot auf spezifische Zielgruppen. Diese Entwicklung dient nicht wirklich dem ganzheitlichen Denken in Bezug auf die Versorgungslage Benachteiligter (vgl. zum Thema Arrangements insbesondere Wendt 2009), bleiben doch aufgrund des Konkurrenz- und Abgrenzungsdenkens wichtige Ressourcen ungenutzt. Gerade im Bereich der Sozialen Arbeit können Netzwerke dazu beitragen, dass das Ressortdenken überwunden wird und Lücken/Redundanzen in der zergliederten Dienstleistungslandschaft transparent gemacht und überbrückt werden können.

Die Lebenslagen und Problematiken der Klientel der Sozialen Arbeit werden zunehmend komplexer und damit auch die Settings sozialer Hilfe und Unterstützung, und gleichzeitig wächst auch die Vielfalt sozialer Organisationen (öffentlich oder privat) mit ihren entsprechenden Angebotspaletten. Wir können also eine Pluralisierung sowohl auf der Akteursebene als auch auf der Leistungsebene feststellen. Diese Unübersichtlichkeit führt zur Notwendigkeit eines »Wohlfahrtsarrangements«, also zu »neuen flexiblen Formen von Diensten und Einrichtungen im Angebot gemischter Wohlfahrtsproduktion« (Wendt 2010).

Die beschriebene Pluralisierung auf Akteurs- und Leistungsebene und die veränderte Rolle der staatlichen Verwaltung im Zeichen des »New Public Management« weisen darauf hin, dass bei den Aushandlungsprozessen, wer im Sozialbereich welche Aufgaben zu erfüllen, zu finanzieren und zu verantworten hat, verschiedene und unterschiedliche Logiken und Rationalitäten aufeinandertreffen. Schedler (2012) hat »Ansätze eines relativistischen Umgangs mit Rationalitäten in Organisationen« unter dem Begriff »*Multirationales Management*« zusammengefasst. Verschiedene Anspruchsgruppen mit höchst unterschiedlichen Bedürfnissen und die Tatsache, dass Macht zwischen und innerhalb der beteiligten Organisationen unterschiedlich verteilt ist, die unterschiedlichen Routinen dieser Akteure in der Leistungserbringung sowie das akteursspezifische Wissen führten dazu, dass vermehrt »multirationale« Entscheidungen getroffen werden müssten. Am Beispiel der Sozialen Arbeit bedeutet dies für die öffentliche Verwaltung etwa, dass sie die Rationalitäten des Administrativsystems (Finanzierung, Rechtssicherheit, Rechtsgleichheit, Kontrolle usw.), zusammen mit den Rationalitäten des auftraggebenden Politiksystems (Aufrechterhaltung der politischen Lösbarkeit von gesellschaftlichen und sozialen Problemen) und den Rationalitäten der Hilfe in unterschiedlichen Lebenslagen oder Lebenswelten (professionelles System der Sozialen Arbeit) bei ihren Entscheiden gleichzeitig verarbeiten muss. Damit ist für die öffentliche Verwaltung die Rationalität der Hilfe nicht die einzige und auch nicht die zwingend dominante, wenn sie Leistungen bei verschiedenen Akteuren bestellt. Diese multirationalen Entscheidungsgrundlagen bedeuten gleichzeitig eine neue Umweltrationalität für die auftragnehmenden privaten Organisationen. Es gibt keinen Grund, weshalb wir diese Multirationalität nicht auch in Netzwerken antreffen sollten. Selbst rein spendenfinanzierte Organisationen oder Stiftungen stehen vor multiplen, sich teilweise widersprechenden Herausforderungen. Aus Sicht der Sozialen Arbeit müssen wir zur Kenntnis nehmen, dass nebst dem Tripelmandat – Mandat der Gesellschaft, Mandat der Klientel, Mandat der Profession (vgl. Staub Bernasconi 2007) – ein viertes Mandat (Röh 2006), dasjenige der leistungserbringenden Organisation, die Komplexität der Problemlösung erhöht (Uebelhart 2014).

In Anbetracht der vier Mandate Sozialer Arbeit können für soziale Organisationen und Dienste folgende Netzwerktypen identifiziert werden, die eine ganzheitliche Soziale Arbeit erst ermöglichen (in Anlehnung an Reiser 2003: 10f):

1. *Wissensnetzwerke* zwischen Betroffenen, zivilgesellschaftlichen Gruppen, sozialen Organisationen und Bildungsstätten im Bereich der Sozialen Arbeit (Theorie-Praxis-Transfer). Wissensnetzwerke dienen aber auch dazu, interdisziplinäre Lösungsansätze Wirklichkeit werden zu lassen und Soziale Arbeit aus der Allzuständigkeitsfalle herauszuführen.
2. *Kommunikationsnetzwerke* und Lobbying-Gruppen auf lokaler/regionaler oder nationaler Ebene zwischen Betroffenen, sozialen Organisationen, Mitgliedern der Zivilgesellschaft und Politik.
3. *Partizipationsnetzwerke* zwischen zivilgesellschaftlichem Engagement, Betroffenen, sozialen Organisationen und kommunalen Einrichtungen.
4. *Koproduktionsnetzwerke* zwischen Bürgerinnen, Bürgern und sozialen Einrichtungen sowie Betroffenen; Koproduktionsnetzwerke zwischen vor- und nachgelagerten Organisationen aus dem Sozialbereich oder Koproduktionsnetzwerke zwischen sozialen Organisationen, Betroffenen und Spenderinnen und Spendern und anderen Förderern.
5. *Ressourcennetzwerke:* Soziale Organisationen benötigen aufgrund abnehmender öffentlicher Mittel und anderer Einnahmen ein Netzwerk, das es ermöglicht, Ressourcen aller Art (Personal, Geld, Liegenschaften usw.) stärker zu teilen. Soziale Organisationen wären aber auch in der Lage, ei-

gentliche Tauschbörsen für einfache Handreichungen, Dienstleistungen innerhalb der Zivilgesellschaft zu organisieren und somit grössere Handlungsmöglichkeiten für ihre Klientel zur Verfügung zu stellen.
6. *Personalisierte Netzwerke:* Soziale Organisationen müssen für ihre Klientel Unterstützungsnetzwerke aufbauen und ihre Klientel dazu befähigen, sich selber zu vernetzen, um damit eine grössere Vielfalt von Möglichkeiten zu entdecken und für sich auszuwählen. Zuvor müssten sich Klientinnen und Klienten jedoch der Möglichkeiten und Lücken ihrer bestehenden Netzwerke bewusst werden.

Alle diese Netzwerkbeispiele zeigen vier Besonderheiten auf: (a) Als Mitglied eines Netzwerks handelt der einzelne Akteur nicht nur aus reinem Eigennutz, sondern als Teil einer sozialen Gruppe; gemeinsame Interessen eines auf Vertrauen aufgebauten Netzes von Akteuren sind der Motor. (b) Die Mitglieder eines Netzwerks können zusammen mehr und Grösseres leisten als Einzelne; sie produzieren im Bereich der Sozialen Arbeit in der Regel nicht Waren, teilweise jedoch Dienstleistungen, ganz besonders aber Gewinne in Form sozialen Kapitals. Denn bereits die Zugehörigkeit zu einer bestimmten Gruppe kann als Ressource aufgefasst werden. (c) Die Netzwerkmitglieder geben ihre Eigenständigkeit nicht auf, ihre Überlegungen sind nach wie vor in einzigartiger Weise multirational, sodass die gemeinsamen Interessen in einem Netzwerk laufend überprüft und möglicherweise auch angepasst werden müssen (Dynamik). (d) Die Zugehörigkeit zu einem Netzwerk kann nicht erzwungen oder eingeklagt werden; entweder bin ich drin – oder draussen (Exklusionsgefahr). Umgekehrt verhindert der eingebrachte Vertrauensvorschuss oder das eingebrachte Wissen die Mitglieder, leichtfertig aus einem Netzwerk auszusteigen. Damit kommen wir zur Frage, wie Netzwerke funktionieren.

3 Das Innenleben von Netzwerken

Netzwerke werden in der Regel aus einer Mangelsituation, aus einer Unzufriedenheit mit der aktuellen Situation heraus angedacht. Die Formulierung von Zielen oder Visionen und die Suche nach gleichgesinnten Netzwerkmitgliedern laufen vielfach in einem iterativen (sich gegenseitig beeinflussenden) Prozess ab. Ziele von Netzwerkgründungen im Sozialbereich können sein:

- effizienterer Einsatz von Ressourcen auf Organisationsebene oder auf der Ebene des Einzelfalls;
- Steigerung der Effektivität und Effizienz oder des Innovationsgehalts von Dienstleistungen, Projekten oder Programmen;
- Schliessung von Versorgungslücken, Verbesserung der Versorgungslage;

- Wahrnehmung gemeinsamer Interessen gegenüber Dritten (Lobbying) oder die Öffentlichkeitsarbeit für besonders benachteiligte Zielgruppen oder gegen eine ineffiziente Praxis der Problemlösung (Agenda-Setting);
- Professionalisierung, Weiterbildung, trans- und interdisziplinäre Herangehensweisen;
- verbesserte Transparenz von und Zugänglichkeit zu Angeboten und Massnahmen.

Diese Ziele lassen auch gleich die Kriterien für eine allfällige Partnerwahl erkennen. Für allfällige künftige Netzwerkmitglieder gilt Folgendes:

- Sie ermöglichen den Ausbau bestehender oder den Zugang zu zusätzlichen Ressourcen auf individueller und/oder organisationaler Ebene (Kontakte, Unterstützung, Hilfe, Zeit, Geld usw.);
- sie erlauben die Steigerung der Effizienz und Effektivität oder versprechen eine höhere Rentabilität;
- sie erleichtern die Erschliessung neuer Zielgruppen;
- sie ermöglichen den Aufbau ganzheitlicher Versorgungsketten;
- sie verbessern die Legitimation, Kontrollmechanismen oder den Zugang zu wichtigen Akteuren;
- sie ergänzen die bestehenden oder erschliessen neue Wissensbestände;
- sie ermöglichen durch multiperspektivische, interdisziplinäre Problemsichten eine ganzheitliche Betrachtungsweise.

Der Aufbau und die Pflege eines Netzwerkes, das – wie bereits ausgeführt – mittels gegenseitigen Vertrauens funktioniert und auf sozialen Beziehungen basiert, sind anspruchsvoll. Dass soziale Beziehungen völlig anders funktionieren können als etwa hierarchische, zeigt die Gegenüberstellung des Organigramms eines Sozialdienstes und der Netzwerkkarte der Beziehungen zwischen den Mitarbeitenden.

In Abbildung 5 können wir erkennen, dass ausserhalb der hierarchischen Beziehungen ein weiteres Beziehungsmuster für den tatsächlichen Informationsfluss in diesem Sozialdienst eine besondere Bedeutung hat. Dabei können wir unter anderem Mitarbeitende (Schlüsselpersonen) identifizieren, bei denen die Informationen zusammenlaufen, sodass diese »gefiltert« und auf »Umwegen« bei der Leitung eintreffen.

Nebst den mit den Pfeilrichtungen angedeuteten *Richtungen des Informationsflusses* (einseitige/wechselseitige Beziehungen) kennen wir eine Vielzahl weiterer Eigenschaften von Beziehungen in sozialen Netzwerken. Dazu gehören beispielsweise *dyadische* (zwischen zwei Mitgliedern) oder *triadische* Beziehungen (zwischen drei oder mehr Mitgliedern); der unterschiedliche *Grad der Netzwerkdichte* (zum Beispiel Beziehungen von drei Personen »übers Eck«; alle drei Mitglieder sind gegenseitig verbunden); die *Häufigkeit*

Beat Uebelhart

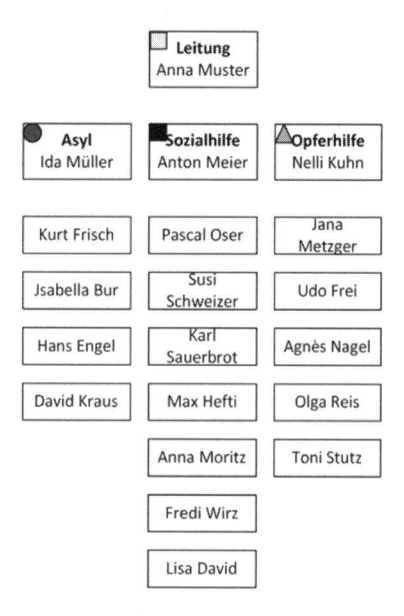

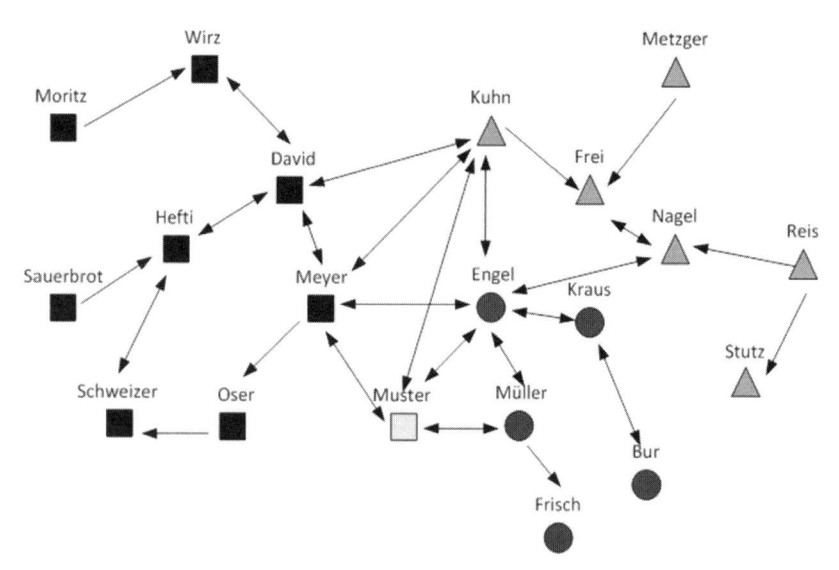

	Leitung Anna Muster	
● Asyl Ida Müller	■ Sozialhilfe Anton Meier	▲ Opferhilfe Nelli Kuhn
Kurt Frisch	Pascal Oser	Jana Metzger
Jsabella Bur	Susi Schweizer	Udo Frei
Hans Engel	Karl Sauerbrot	Agnès Nagel
David Kraus	Max Hefti	Olga Reis
	Anna Moritz	Toni Stutz
	Fredi Wirz	
	Lisa David	

Abbildung 5: Hierarchie (oben) versus Netzwerk (unten) am Beispiel eines Sozialdienstes (eigene Darstellung)

der Beziehungen sowie die *Zentralität* einzelner Netzwerkakteure (vgl. Schlüsselpersonen in Abbildung 5). Die *Multiplexität* beschreibt, ob die Beziehungen auf unterschiedliche Art und zu verschiedenen Zwecken genutzt werden. Daneben ist die *Stärke* der Beziehung von Bedeutung (vgl. dazu am Beispiel Stellensuche Granovetter 1985). Starke Beziehungen *(strong ties)* bedeuten Nähe, Vertrautheit und die Bereitschaft gegenseitiger Unterstützung, sie beinhalten aber gleichzeitig auch das Risiko, dass die Mitglieder mit ähnlichem Bildungsstand und ähnlichen Werten sich gegenseitig laufend bestätigen und dass damit Seilschaften entstehen, die Neues oder Ungewohntes eher ablehnen. In schwachen Beziehungen *(weak ties)* kann die Kommunikation dadurch erschwert sein, dass keine oder zu wenige Anknüpfungspunkte vorhanden sind. Schlüsselpersonen müssen daher im Netzwerk moderieren, sodass das drohende Auseinanderdriften verhindert werden kann. Wenn in schwachen Beziehungen die Bereitschaft zur gegenseitigen Unterstützung einerseits geringer ist, steigert sich andererseits die Wahrscheinlichkeit, an völlig neue Informationen zu kommen und mit anderen Werten konfrontiert zu werden und damit leichter zu neuen Erkenntnissen zu kommen. Ideal ist deshalb ein ausgewogenes Verhältnis zwischen starken und schwachen Beziehungen in einem Netzwerk, damit die jeweiligen Vorteile genutzt und die Nachteile minimiert werden können.

Mittels einer egozentrierten Netzwerkanalyse können wir die Ressourcen unserer Klientel in den verschiedenen Lebensbereichen erkennen – oder die Einseitigkeit respektive die Vielfalt unserer beruflichen Beziehungen, wie nachfolgende Abbildung zeigt (*ego* [ich] im Zentrum; Nähe/Häufigkeit der Kontakte nach aussen abnehmend):

Netzwerkmitglieder, ob Individuen oder Repräsentantinnen und Repräsentanten von Organisationen, sind gleichzeitig auch Mitglieder in anderen Netzwerken, sie sind beispielsweise Gemeinderätin, Unternehmer, Vorstandsmitglied der Musikgesellschaft, Mutter, Ehemann und so weiter. Aufgrund der verschiedenen Beziehungsstrukturen innerhalb eines Netzwerks haben sie da durchaus auch unterschiedliche Rollen inne. Beispielsweise können sie als *»Cutpoint«* (Schlüsselperson) strukturelle Löcher in Netzen oder Lücken zwischen Teilnetzen überbrücken. Der Besitz von knappen Ressourcen (beispielsweise Informationen) führt zu asymmetrischen Beziehungsmustern, die wiederum dazu führen können, dass einzelne Akteure innerhalb eines Netzwerks über mehr oder weniger Prestige, mehr oder weniger Macht und damit über einen mehr oder weniger hohen Status verfügen.

Umgekehrt müssen Prestige und Status auch von den übrigen Netzwerkmitgliedern tatsächlich anerkannt sein. Akteure mit hohem Prestige oder Status sind deshalb gut geeignet, Aufgaben der Koordinierung und Steuerung innerhalb eines Netzwerks wahrzunehmen.

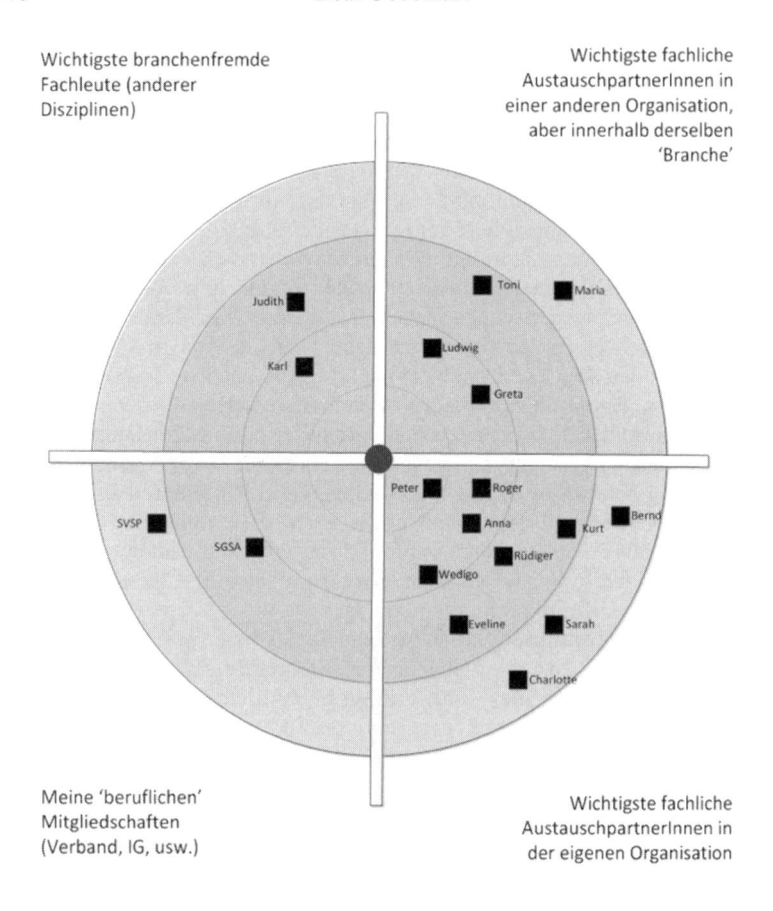

Abbildung 6: Mein soziales Netzwerk im fachlichen Kontext (eigene Darstellung)

Damit kommen wir zur Frage der Steuerbarkeit von Netzwerken, die ja bekanntermassen nicht hierarchisch organisiert sind und auch über keine eindeutig definierten Aufgabenzuweisungen verfügen. Es braucht also einen Mechanismus, der einerseits die Vielfalt und Unterschiedlichkeit der Akteure (auch ihrer Multirationalität) als Ressource zur gemeinsamen Zielerreichung nutzen und andererseits ein Auseinanderfallen des Netzwerks aufgrund von zu großer Unterschiedlichkeit verhindern kann. Quilling et al. (2013) schlagen hierzu drei Steuerungsmodelle vor:

1. Eine *Koordinationsstelle* stellt ein absolutes Minimalkonzept dar und ist daher vor allem für kleine Netzwerke und zeitlich befristete Aktionen geeignet. Die Autonomie der Partner bleibt weitestgehend erhalten, deshalb

muss die Konsensfähigkeit nicht so ausgeprägt sein wie in grossen, sehr komplexen Netzwerken. Die Vorteile eines Netzwerks können daher nur in geringem Masse genutzt werden.
2. Eine *Clearingstelle* hat in einem Netzwerk eine herausgehobene, aber neutrale Stellung mit eigenem Auftrag. Sie kann Schieds- und Entscheidungsstelle sein. Diese Organisationsform führt aufgrund der Entscheidungshoheit der Clearingstelle zu einer deutlichen Machtasymmetrie. Ihre Vorteile liegen darin, dass sie wie eine Geschäftsstelle agieren kann, die auch Verwaltungsaufgaben erledigt und aus eigener Initiative heraus das Netzwerk in Bewegung halten kann. Allerdings besteht bei einer solchen Konstruktion die Gefahr, dass sich das Netzwerk abschottet und dadurch Kooperationschancen ungenutzt bleiben.
3. Ein *runder Tisch* ermöglicht einen gleichberechtigten und demokratischen Arbeits- und Diskussionsprozess. Starke und schwache Organisationen sind gleichgestellt und tragen gemeinsame Verantwortung. Die Struktur ist offen, neue Akteure sind vergleichsweise leicht integrierbar. Allerdings kommt es leicht zu »endlosen« Diskussionen. Dieses Steuerungsinstrument verursacht hohen Zeitaufwand und fordert von allen Beteiligten hohe Disziplin. Der »runde Tisch« eignet sich daher eher für kleine, übersichtliche Netzwerke. Beim Aufbau von grossen, komplexen Netzwerken gibt es viele Arbeitsschritte und Strukturen, die sich – egal in welchem Kontext, sei es in der Jugendarbeit, der Gesundheitsförderung oder Erwachsenenbildung – immer wieder finden. (Quilling 2013: 17)

Die Koordination der Beteiligten, ihre Kooperation, die Aktivitäten und Verfahren bei der Verfolgung des gemeinsamen Zieles sind nicht fest vorgegeben (im Gegensatz etwa zu hierarchischen Systemen), sondern müssen immer wieder neu ausgehandelt werden. Die Ebenen der unterschiedlichen Aushandlungsprozesse können nach Quilling et al. – insbesondere für mittlere und grössere Netzwerke – wie folgt dargestellt werden:

Wichtige *Erfolgsfaktoren* der Netzwerkarbeit haben Baitsch und Müller (2001) sowie Endres (2001; 2011) zusammengestellt. Genannt werden beispielsweise die folgenden:

- Die *Wichtigkeit gemeinsamer Ziele und Visionen*, denn sie entscheiden nicht nur in der Startphase, sondern im »Normalbetrieb« wesentlich über das Gelingen von Netzwerken.
- Die Bereitschaft zu *Kooperation unter gleichzeitigen Wettbewerbsbedingungen*. Man kooperiert untereinander: Vereinbarungen werden getroffen, Informationen ausgetauscht, und gemeinsame Projekte werden initiiert und durchgeführt.

348 Beat Uebelhart

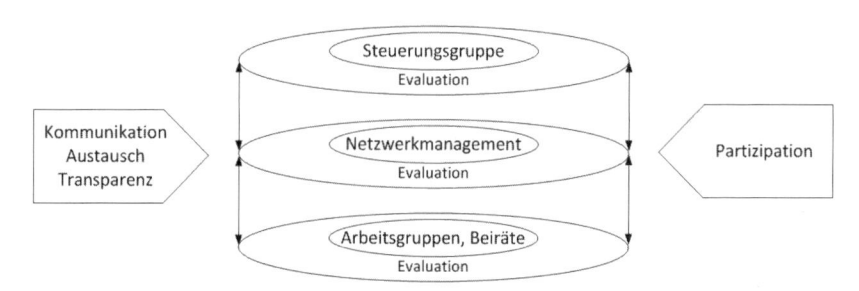

```
         ┌─────────────────┐
         │ Steuerungsgruppe │
         │   Evaluation    │
         └─────────────────┘
┌──────────────┐  ┌─────────────────┐  ┌──────────────┐
│ Kommunikation│  │ Netzwerkmanagement│ │              │
│  Austausch   │→ │   Evaluation    │→│ Partizipation│
│  Transparenz │  │                 │  │              │
└──────────────┘  └─────────────────┘  └──────────────┘
         ┌─────────────────────────┐
         │ Arbeitsgruppen, Beiräte │
         │      Evaluation         │
         └─────────────────────────┘
```

Abbildung 7: Arbeitsebenen in Netzwerkstrukturen. Quelle: (Quilling et al. 2013, S. 21)

Kooperation im Netzwerk schliesst den Wettbewerb untereinander nicht aus, sondern ein. Dies ist eine Leistung, die nicht ohne Weiteres gelingt. »Koopetition« – wie die Zusammensetzung aus *cooperation* und *competition* heisst – ist der Boden für einen strategischen/taktischen Umgang mit Informationen bei gleichzeitiger sozialer und emotionaler Verbundenheit; Vertrauen und Verbindlichkeit unter Koopetitionsbedingungen setzen die Spiele um Einfluss und Ressourcen nicht ausser Kraft, sorgen aber mit für den Zusammenhalt in einem Netzwerk und den Erfolg.
- Die *Bereitschaft und Fähigkeit zum Perspektivenwechsel*. Ein gesunder Mix aus starken und schwachen Beziehungen erlaubt das Denken und Handeln ausserhalb festgefahrener Denkstrukturen.
- Die *Bereitschaft zur Innovation*. Die Tatsache, dass die verschiedenen Netzwerkmitglieder unterschiedliche Ressourcen und Ideen einbringen, erlaubt es, Neues zu schaffen.
- Das *Einbringen gegenseitigen Vertrauens*. Endres betont, dass mit diesem Punkt nicht der Aufbau intensiver persönlicher Beziehungen gemeint sei, sondern »die Verlässlichkeit, dass eigene Vorleistungen durch die andere Seite nicht ausgenutzt werden«. Baitsch weist darauf hin, dass vertrauensvolle Zusammenarbeit anhand der Preisgabe erfolgskritischer Informationen zwischen den Akteuren beobachtet werden kann.
- Das *Verfolgen des Win-win-Prinzips* für alle Netzwerkmitglieder.
- Das Beachten der *Reziprozitätsnorm*.
- Geeignete *Organisationsstrukturen*.
- Die *regelmässige Kontaktpflege und Kommunikation* sowohl nach innen wie auch die gemeinsame, einheitliche Kommunikation nach aussen (vgl. Baitsch/Müller 2001: 19 f.).

4 Netzwerke und Kooperation

Die zentralen Definitionen von Kooperation und Netzwerk sind von Merten schon in der Einleitung zu diesem Band festgehalten worden. Nun könnte man eigentlich erwarten, dass bei einer vertrauensbasierten Zusammenarbeit in Netzwerken automatisch von Kooperation zu sprechen sei. Dass dies durchaus nicht in allen Fällen so ist, ergibt sich aus den Kriterien in der Zehn-Punkte-Liste gelingender Kooperation bei Merten und aus den Erfordernissen gelingender Netzwerkarbeit in Kapitel 3 dieses Beitrags.

Aus der Netzwerkdefinition von Brocke (2003: 14) lässt sich ableiten, dass Kooperation sowohl als Voraussetzung wie auch als Bestandteil von Netzwerkarbeit verstanden werden kann. Veränderungsziele auf übergeordneten Sphären (zum Beispiel politische Veränderungen, Verbesserung öffentlicher Infrastruktur für den Sozialbereich usw.) verlangen meistens nach kooperativem Vorgehen durch und in Netzwerken. Im Bereich der Sozialen Arbeit erlauben Netzwerke ein Zusammengehen von Fachleuten aus verschiedenen (angrenzenden) Professionen und Disziplinen einerseits und von Akteuren aus dem privaten, dem professionellen und dem politischen respektive öffentlichen Bereich weit über ein einzelnes Problem hinaus. Mit Netzwerken können verbesserte, effizientere und ganzheitliche Problemlösungen realisiert werden (vgl. Abschnitt Versorgungsketten).

Kooperation dagegen stellt eine auf einzelne Vorhaben bezogene, an der Problemlösung orientierte und damit zeitlich begrenzte informelle Zusammenarbeit zwischen zwei oder drei Akteuren dar. Im Grad der strukturellen Verdichtung liegt in diesem Verständnis die Abgrenzung zur Netzwerkarbeit, die die auf der Arbeitsebene häufig praktizierte Kooperation überwinden soll. (AWO-Bundesverband 2004)

Netzwerkarbeit geht also in einem strukturellen Verständnis über Kooperation hinaus. Sie verlangt das Zusammenwirken möglichst aller relevanter und eben nicht einzelner, exklusiver Akteure. Es geht nicht um die maximale Durchsetzung eigener Interessen mit Hilfe Dritter, sondern um das Erreichen eines gemeinsamen Ziels zum Wohle aller Beteiligten. Schubert (2008: 10) weist auf einen weiteren wichtigen Aspekt hin: »Die beteiligten Akteure ziehen daraus den Vorteil, ihre Ressourcen zu bündeln, ihre Kapazitäten zu verknüpfen und ihr Leistungsspektrum erweitern zu können.«

Zum besseren Verständnis der Unterschiede zwischen Netzwerken und strukturellen Kooperationen soll hier die *Geschichte vom Ostseehering* dienen. Die Doktorandin Friederike Lempe (Lempe/Strehlow/Hauck 2014) ist im Rahmen ihres Forschungsprojekts »Nachhaltige Küstenraumentwicklung. Eine soziale Netzwerkanalyse« auf die Problematik von Netzwerken und (fehlender) Kooperation gestossen. Hier wird diese Problematik – aufgrund ihrer Tagungsdokumentation und eines Gesprächs mit Frau Lempe – vereinfacht und verdichtet wiedergegeben:

Die Ökosysteme der Küstengewässer unterliegen seit Jahren einem stetig steigenden Nutzungsdruck durch Freizeitgestaltung der Anwohner und Touristen, den Wassersport, die Fischerei und viele weitere Einflussfaktoren. Wir können damit ein biologisches/technisches/soziales Netzwerk identifizieren. Die Verhaltensweisen der unterschiedlichen Netzwerkakteure interagieren miteinander. Verstärkter Wellengang und Emissionen der immer leistungsfähigeren Schiffsmotoren der Fischerei und der Sportgeräte führen zum Bau von Betonspundwänden zur Küstensicherung und verändern zusammen mit billigen Farbanstrichen der Schiffe die Lebensbedingungen der Meeresbewohner, die unsere Nahrungsgrundlage sind, die aber auch Erwerbsarbeit in der Berufsfischerei und nachgelagerten weiterverarbeitenden Betrieben ermöglichen. Die hohe ökonomische Bedeutung für die regionale Küstenfischerei können wir daran ablesen, dass daraus rund 45 Prozent des jährlichen Einkommens in dieser Region stammen. Der Heringbestand nimmt aber immer stärker ab, obwohl die Zahl der laichreifen Tiere konstant geblieben ist. Um die Interessenkonflikte zwischen einzelnen Akteuren und Akteursgruppen in diesem Gesamtnetzwerk identifizieren zu können, bedient sich Lempe der sozialen Netzwerkanalyse, um einige zentrale Fragen zu klären:

»1. Welches sind die relevanten Akteure und Institutionen, die Einfluss auf den Schutz und die Nutzung küstennaher Lebensräume haben?
2. Wie gestalten sich politische Netzwerkstrukturen, und wie kommt dadurch ›Macht‹ und ›Ohnmacht‹ einzelner Akteure zum Ausdruck?
3. Wie können Kriterien wie Effektivität, Legitimität und Partizipation aus der Sicht einzelner Akteursgruppen besser umgesetzt werden?« (A.a.O.)

Bis hierher haben wir es mit einem gemischten Netzwerk zu tun, und niemand kommt auf die Idee, die Zerstörung der Nahrungsgrundlagen am Beispiel des Herings als Ziel einer Kooperation zu verstehen. Lempe hat, mit dem Ziel, ein kooperatives Verhalten der verschiedenen Akteure zu entwickeln, eine Übersicht der Selbst- und Fremdeinschätzung der potenziell einflussmächtigen Akteure erstellt:

Einige der Resultate dieser Analyse sind: a) Die Fischerei fühlt sich marginalisiert und benachteiligt im Hinblick auf die Umsetzung ihrer Interessen in politischen Entscheidungen, b) Naturschutzbehörden und -verbände werden als einflussreich eingeschätzt (Diskrepanz zwischen Fremd- und Selbstwahrnehmung), c) Wahrnehmung ungleicher Machtverhältnisse in Bezug auf die Umsetzung von Nutzungsinteressen oder politischen Mandaten und d) Identifizierung zahlreicher Konfliktlinien zwischen einzelnen Akteuren und Akteursgruppen.

Netzwerkarbeit, Kooperation und Versorgungsketten

How do you estimate your own influence and the influence of other stakeholders in the governance network? (read lines from the left to the right)	Fishery authorities	Fishery associations	Nature conservation authorities	Nature conservation associations	Agriculture authorities & associations	Spatial planning authorities & environmental consulting	Industrial & economic interests	Research institutions (Science)	Resource extraction authority
Fishery authorities	low to medium	very low to medium	very high	very high	very high	n.a.	very high	medium to high	very high
Fishery associations	medium	very low to medium	very high	very high	high	n.a.	very high	medium to high	very high
Nature conservation authorities	medium	low	low to high	medium to high	very high	low	high	low	high
Nature conservation associations	medium to high	medium to high	low to high	medium to high	very high	high	very high	low to medium	high
Agriculture authorities & associations	medium	low	high	high	high	high	n.a.	high	n.a.
Spatial planning authorities & environmental consulting	low to medium	low to medium	high	high	high	n.a.	high	high	high
Research institutions (Science)	medium to high	low to medium	high	high	high	high	medium to high	low to high	high
Resource extraction authority	n.a.	n.a.	high	high	n.a.	n.a.	high	n.a.	high

Abbildung 8: Selbst- und Fremdeinschätzung der Einflussmöglichkeiten der unterschiedlichen Akteure im Küstenraum »Greifswalder Bodden« (Lempe et al. 2014 Foliensatz)

Für eine mögliche Kooperation, die in völlig unterschiedlichen Formen erfolgen könnte (von bilateralen Kooperationen weniger Akteure bis zu einem Zusammenschluss vieler unterschiedlicher Akteure in Form eines grossen Kooperationsnetzwerks) würde dies heissen, dass:

- die Einflussmächtigen erst mal ein Problembewusstsein entwickeln;
- dass Ressourcennutzende ein Verständnis für einen erweiterten Schutz entwickeln;
- viele verschiedene Akteure eine tatsächliche Notwendigkeit für eine zielgerichtete Kooperation zugunsten eines erweiterten Schutzes des Küstenraums erkennen;
- sich die Akteure über ihre jeweiligen Rollen und Aufgaben im Rahmen dieser Kooperation klar werden und die Finanzierung der Massnahmen sichern müssten.

5 Versorgungssysteme

Kommen wir zurück zur Sozialen Arbeit. Wir verstehen sie als ein Teilsystem der modernen Gesellschaft, das aufgrund wissenschaftlicher Erkenntnisse »bestimmte soziale Folgeprobleme der funktionalen Differenzierung bearbeitet« (Sommerfeld 2003, S. 11). Soziale Arbeit befasst sich mit präventiven und kurativen Aspekten der Exklusions- und/oder Inklusionsproblematiken, insbesondere mit Personen oder Gruppen, »die mit ihren gesellschaftlichen Lebensbedingungen nicht zurechtkommen, die in ihrer individuellen Lebensbewältigung scheitern, die nur sehr eingeschränkt an der Gesellschaft teilhaben und von dauerhafter gesellschaftlicher Exklusion bedroht oder betroffen sind« (ebd.). Dies bedeutet, dass Soziale Arbeit im Rahmen präventiver und/oder kurativer Ansätze sich sowohl mit den »objektiven« (Lebenslagen-Konzepte) als auch mit den »subjektiven« (Lebenswelt-Konzepte) Rahmenbedingungen der Klientel auseinandersetzen muss. Demzufolge kann sich Soziale Arbeit, ob im staatlichen oder im privaten Auftrag, nicht mit der Erbringung einzelner, isolierter Dienstleistungen begnügen, die – im Falle staatlichen Handelns – sowohl flächendeckend als auch unter dem Aspekt der Rechtsgleichheit erbracht werden. Wenn die Politik und die Soziale Arbeit sowohl die Lebenslagen als auch die Lebenswelten ihrer Klientel ernst nehmen, rücken Versorgungslagen respektive Versorgungssysteme im Sozialraum und entlang der in den verschiedenen Lebensphasen auftauchenden sozialen Probleme dieser Menschen in den Fokus politischer und sozialarbeiterischer Interventionen (vgl. Uebelhart/Zängl 2012).

Beispiele für Versorgungssysteme kennen wir bis heute vorwiegend aus dem medizinischen Bereich, wo »integrierte Versorgung«, »managed care systems«, »Disease-Management-Programme« (DMP) oder »diagnosis related groups« (DRG) bereits zum Alltag gehören. Im Bereich der Sozialen

Arbeit sind erst wenige Beispiele bekannt, die sich zudem meist auf eine einzelne, wenn auch komplexe Problematiken beziehen (z.B. Strafvollzug, vgl. Kirchhofer 2013; Maelicke 2007). Wendt etwa hat schon früh auf dieses Erfordernis aufmerksam gemacht:

> Von einem Arrangement sprechen wir im Sozialleistungssystem, wenn verschiedene personenbezogene Dienste, auch über Sektorgrenzen hinweg, zur Deckung eines Bedarfs zusammengestellt werden. Es können Unterstützungsarrangements, Betreuungsarrangements, Pflegearrangements, Lernarrangements sein. Institutionelle Versorgungsarrangements sind auf bestimmte Personengruppen oder häufig vorkommende Bedarfskonstellationen zugeschnitten, d.h. nicht so weit differenziert, dass sie direkt individuellen Bedürfnissen entsprechen. Allerdings wird im Sprachgebrauch bereits eine Kundenorientierung unterstellt. (2009: 7)

Damit kann noch einmal auf den Unterschied zwischen fallweiser Kooperation unter verschiedenen Akteuren und einem Netzwerk hinsichtlich ganzheitlicher Bedarfskonstellationen über zeitliche und räumliche Grenzen hinweg aufmerksam gemacht werden.

Ein effizientes Versorgungsmodell für den Sozialbereich müsste folgende Komponenten integrieren (in Anlehnung an Giger/De Geest 2008):

- Zugang zu und Kontinuität der Versorgung (Ort und Zeit, Lebenslagen/ Lebenswelten und Lebensphasen),
- strikte Klienten- und Klientinnenbeteiligung am eigenen Versorgungsprozess,
- Unterstützung zur Selbsthilfe beziehungsweise zum Selbstmanagement und
- Koordination der Versorgung zwischen einzelnen Strukturen beziehungsweise Institutionen und Leistungserbringenden (interorganisationale und interprofessionelle Aspekte) mit dem Ziel, die Wohlfahrtsproduktion zu steigern.

Ein Versorgungsmodell dürfte also nicht einzig und allein aus Sicht der Organisationen im Sozialbereich, der Versicherungsträger und der öffentlichen Hand und ihrer Logiken und Rationalitäten gedacht werden. Der politisch anerkannte Bedarf zu sozialen Problemen der Betroffenen und deren Bedürfnisse müssten in einen Konzeptentwurf einbezogen werden. Dabei sprechen wir nicht von Arrangements, die Menschen selbst in ihrem Leben eingehen, sondern von formeller Versorgung.

Wenn wir neben den Arrangements formeller Versorgung und weiteren lebensweltlichen Arrangements der einzelnen Personen auch noch Aspekte wie Barrierefreiheit, Gleichbehandlung, Vermeidung von Fehl- und/oder Überversorgung hinzudenken, könnte eine Versorgungskette physikalisch– in Analogie zu Modernisierungskonzepten in anderen Disziplinen – etwa darin

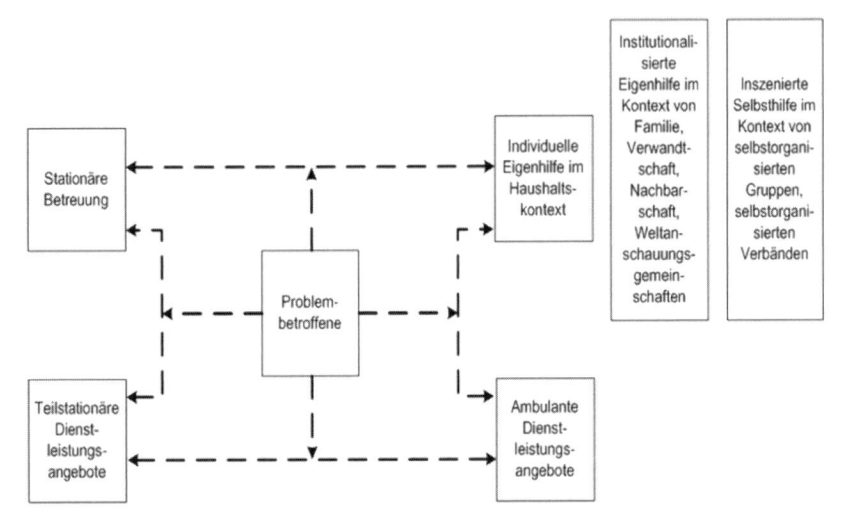

Abbildung 9: Klientelorientierte Sichtweise für ein ganzheitliches Versorgungskonzept über Lebensphasen und unterschiedliche soziale Probleme hinweg (eigene Darstellung)

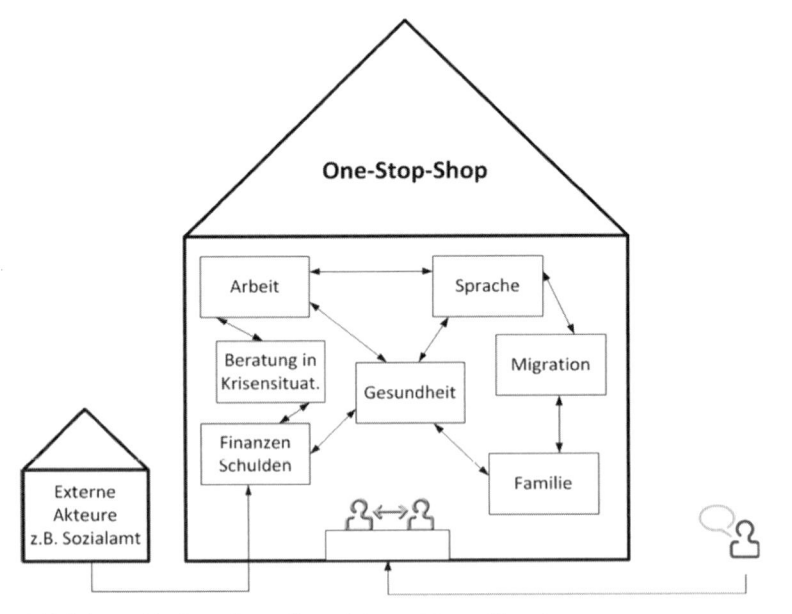

Abbildung 10: One-Stop-Shop (eigene Darstellung)

bestehen, einen Ort zu schaffen, wo Kontakte geknüpft, gegenseitige Unterstützung geplant und formelle Versorgung erfolgen kann: einen »One-Stop-Shop«. Ein One-Stop-Shop ist ein Ort, wo Hilfe zur Selbsthilfe sowie Fremdhilfe über die verschiedenen Problemzonen und Lebenslagen der Klientel hinweg erbracht, koordiniert und vermittelt werden. Hier können Kompetenzen erworben werden, um Partizipation und den Aufbau von Netzwerken zu erlernen oder Angebote der Share-Economy (vgl. z.b. Frick/Hauser/Gürtler 2013) zu nutzen.

Literatur

AWO-Bundesverband (2004) (Hrsg.): Qualitätsentwicklung für lokale Netzwerkarbeit. Eine Arbeitshilfe für die Praxis. Bonn.
Baitsch, Christof/Müller, Bernhard (2001) (Hrsg.): Moderation in regionalen Netzwerken. Mering: Hampp.
Brocke, Hartmut (2003): Soziale Arbeit als Koproduktion. In: Jahresbericht 2002/ 2003. S. 8–21.
Castells, Manuel (2001): Die Netzwerkgesellschaft. Das Informationszeitalter: Wirtschaft, Gesellschaft, Kultur. Opladen Leske+Budrich.
Degele, Nina/Simms, Timothy (2004): Bruno Latour (*1947) Post-Konstruktivismus pur. In: Hofmann, Martin Ludwig/Korta, Tobias F./Niekisch, Sibylle (Hrsg.). Cultural Club. Klassiker der Kulturtheorie. Bd. 1. Frankfurt: Suhrkamp. S. 259–275.
Endres, Egon (2001): Erfolgsfaktoren des Managements von Netzwerken. In: Howaldt, Jürgen/Kopp, Ralf/Flocken, Peter (Hrsg.). Kooperationsverbunde und regionale Modernisierung. Theorie und Praxis der Netzwerkarbeit. Wiesbaden: Gabler. S. 103–117.
Endres, Egon (2011): Vernetzung – Was ist das und wie kann sie funktionieren? In: Berlin-Brandenburg, Gesundheit (Hrsg.). Dokumentation 16. Kongress Armut und Gesundheit. Berlin. S. 1–6.
Frick, Karin/Hauser, Mirjam/Gürtler, Detlef (2013): Sharity. Die Zukunft des Teilens. Rüschlikon/Zürich: Gottlieb Duttweiler Institute GDI.
Giger, M/De Geest, Sabine (2008): Neue Versorgungsmodelle und Kompetenzen sind gefragt. In: Schweizerische Ärztezeitung. (89/43). S. 1839–1843.
Granovetter, Mark (1985): Economic Action and Social Structure: The Problem of Embeddedness. In: AJS. Vol. 91. Jg. S. 481–510.
Kirchhofer, Roger (2013): Komplexlösungen, Versorgungsketten und Übergangsmanagement am Beispiel des Strafvollzugs. In: Uebelhart, Beat/Zängl, Peter (Hrsg.). Praxisbuch zum Social-Impact-Modell. Baden-Baden: Nomos. S. 203–215.
Lempe, Friedericke/Strehlow, Harry Vincent/Hauck, Jennifer (2014): Nachhaltige Küstenraumentwicklung. Eine soziale Netzwerkanalyse. Dynamiken räumlicher Netzwerkstrukturen. Interdisziplinäre Tagung der DGS Sektion Soziologische Netzwerkforschung in Kooperation mit der Professur für Wirtschafts- und

Sozialgeographie der Universität Heidelberg und der Schader-Stiftung am 12. und 13. Juni 2014. Darmstadt.

Maelicke, Bernd (2007): Komplexleistung Resozialisierung: im Verbund zum Erfolg. In: Forum Strafvollzug. Zeitschrift für Strafvollzug und Straffälligenhilfe. Heft 2. Jg. (März 2009). S. 60–62.

Parsons, Talcott (2009): Das System moderner Gesellschaften. Bd. 7. Auflage. Weinheim: Juventa.

Quilling, Eike/Christine, Graf/Nicolini, Hans J./Starke, Dagmar (2013): Praxiswissen Netzwerkarbeit. Gemeinnützige Netzwerke erfolgreich gestalten. Wiesbaden: VS Springer.

Reiser, Brigitte (2003): Soziale Dienste brauchen sechs Netzwerke. In: Sozialwirtschaft. 2. Jg. (2013). S. 10–12.

Röh, Dieter (2006): Die Mandate der Sozialen Arbeit. In wessen Auftrag arbeiten wir? In: Soziale Arbeit. Zeitschrift für soziale und sozialverwandte Gebiete. (12). S. 442–449.

Schedler, Kuno (2012): Multirationales Management. Ansätze eines relativistischen Umgangs mit Rationalitäten in Organisationen. In: dms – der moderne staat – Zeitschrift für Public Policy, Recht und Management. 5. Jg. (Heft 2/2012). S. 361–376.

Schubert, Herbert (2008) (Hrsg.): Netzwerkmanagement. Koordination von professionellen Vernetzungen – Grundlagen und Beispiele. Wiesbaden: VS Verlag für Sozialwissenschaften.

Schulz-Schäffer, Ingo (2000): Akteur-Netzwerk-Theorie: zur Koevolution von Gesellschaft, Natur und Technik. In: Weyer, Johannes (Hrsg.). Soziale Netzwerke: Konzepte und Methoden der sozialwissenschaftlichen Netzwerkforschung. München, Wien: Oldenbourg. S. 187–210.

Sommerfeld, Peter (2003): Zukunftsszenarien Soziale Arbeit: Überlegungen zur Lösung sozialer Probleme: ein Essay zum zehnjährigen Jubiläum der Unternehmensberatung Viktor Schiess. Aarau: Unveröffentlichtes Manuskript.

Uebelhart, Beat (2014): Warum lösen sich historisch gewachsene Grenzen zwischen Wohlfahrtsorganisationen, klassischen For-Profit-Organisationen und hybriden Organisationsformen auf? In: Jugendhilfe. Sonderheft (August).

Uebelhart, Beat/Zängl, Peter (2012): Konzeption sozialer Dienstleistungen für die ältere Generation. In: Fretschner, Rainer/Hilbert, Josef/Maelicke, Bernd (Hrsg.). Jahrbuch Seniorenwirtschaft 2012. Baden-Baden: Nomos. S. 97–108.

Wendt, Wolf Rainer (2009): Arrangements treffen, komplexe Lösungen finden. In: Sozialwirtschaft. 6. Jg. S. 7–10.

Wendt, Wolf Rainer (2010) (Hrsg.): Wohlfahrtsarrangements. Neue Wege in der Sozialwirtschaft. Baden-Baden: Nomos.

Weyer, Johannes (2000) (Hrsg.): Soziale Netzwerke. Konzepte und Methoden der sozialwissenschaftlichen Netzwekforschung. München, Wien: Oldenbourg.

Kooperative Praxisentwicklung

Daniel Oberholzer

Kooperative Praxisentwicklung befasst sich mit der kooperativen Beschreibung und Bewertung bestehender professioneller Praxen und mit der Frage, ob und wie diese in weiteren Kooperationen weiterzuentwickeln sind. Dabei trifft das Anliegen auf unterschiedliche Typen von Praxen, die Möglichkeiten der Entwicklung eher begünstigen oder erschweren. Während organisationale Praxen relativ einfach zu bewerten und auch weiterzuentwickeln sind, sind den Entwicklungsmöglichkeiten in institutionellen Praxen oft enge Grenzen gesetzt. Dies hat zum einen mit dem Institutionstypus zu tun; zum anderen aber auch damit, dass Möglichkeiten und Zugänge für institutionsbezogene Entwicklungsprozesse nicht richtig eingeschätzt und erkannt werden. Der Beitrag versucht eine Analyse der zwei zentralen professionellen Praxistypen und zeigt Bedingungen und Möglichkeiten zur Entwicklung bestehender professioneller Praxen auf. Dabei werden insbesondere die Praxen von stationären und teilstationären Einrichtungen und Angeboten in den Blick genommen. Die Begriffe »Organisation« und »Institution« werden im Beitrag soziologisch gefasst. Organisationen werden als Entscheidungssysteme definiert, die sich über ihre spezifischen Entscheidungsfolgen und -formen reproduzieren. Institutionen werden in Abgrenzung dazu als Sinnsysteme definiert, die sich über Traditionen und bedeutungsspezifische Regelsysteme ausbilden.

1 Ausgangslage

Soziale Dienstleistungsorganisationen stehen seit Jahren vor vielfältigen und grossen Herausforderungen. Traditionelle Aufgaben oder auch Arbeitsformen verändern sich. Scheinbar feste Normen und Moralvorstellungen wandeln sich mit der Entwicklung von Gesellschaft und Gemeinschaft. Vorstellungen von spezifischen Klientelgruppen erweisen sich als unangemessen oder unrichtig. Die Auseinandersetzung mit neuem professionellem Wissen; die Forderung, Wirkungen des Handelns offenzulegen und vorhandene Ressourcen verantwortungsvoll und kostenbewusst einzusetzen, all dies schafft ein Praxisumfeld, in dem scheinbar »nichts so beständig ist, wie der Wandel«.

Aber nicht nur die aktuellen Praxen werden mit Blick auf Entwicklungsmöglichkeiten und -bedarfe kritisch betrachtet. Nach den noch eher akademisch geführten institutionskritischen Auseinandersetzungen mit den stationären professionellen Praxen werden viele Einrichtungen heute von ihren dunklen Institutionsgeschichten mit ihren zum Teil gewaltvollen und menschenverachtenden Praxen eingeholt. Dabei werden nicht nur die viel zu lange unbeachteten Praktiken aufgedeckt und kritisiert, sondern es werden auch traditionelle institutionelle Zuständigkeiten und sogar die fachlichen Kompetenzen von Einrichtungen und Professionen infrage gestellt.

Der Bedarf, die professionelle Praxis weiterzuentwickeln, war bereits vor Jahren gross, heute scheint er riesig. Entsprechend umfassend sind auch die Bemühungen, die professionellen Praxen weiterzuentwickeln. Dies gilt für alle professionellen Praxen und ist offenbar ganz unabhängig vom Einrichtungstyp, von den beteiligten Berufsgruppen, Professionen oder von der Klientel. Die Bandbreite der Bemühungen geht von »Gutes Tun – und darüber sprechen« bis hin zu umfassenden Praxis- und Organisationsentwicklungsprojekten, welche die kontinuierliche Verbesserung der Angebote und Leistungen hinsichtlich klar definierter Ziele und Wirkungen im Blickfeld haben.

Neben den Praktikerinnen und Praktikern und einer grossen Zahl von Beraterinnen und Beratern, die mehr oder weniger gemeinsam an der Entwicklung der verschiedenen Praxen arbeiten, versuchen gleichzeitig die beteiligten Disziplinen, Professionen und Berufsgruppen das zur Entwicklung notwendige Wissen oder neue Handlungskonzepte bereitzustellen.

Gemessen an diesen Bemühungen und den doch enormen finanziellen Mitteln, die für die Entwicklung der Praxen direkt oder indirekt eingesetzt werden, scheinen sich die Praxen selber jedoch kaum weiterzuentwickeln. Traditionelle Einrichtungsformen, ihre Handlungsansätze, der institutionelle Wissensvorrat oder auch die Einstellungen und Haltungen der Dienstleistenden scheinen mitunter gar entwicklungsresistent. Und auch nach Jahren der Entwicklungsarbeit scheint noch überwiegend unklar, wie wirkungsvoll oder nachhaltig soziale Dienstleistungsorganisationen arbeiten, respektive ob sie dies nach Jahren der Entwicklungsarbeit heute besser tun als früher.

Warum aber ist es so schwer, insbesondere stationäre und teilstationäre Praxen zu entwickeln? Welches sind Gründe, die dazu führen, dass letztlich auch Handlungssysteme weiterbestehen, die sich sogar als dysfunktional erwiesen haben? Und wo zeigen sich Zugänge und Möglichkeiten, eine Praxis kooperativ weiterzuentwickeln?

2 Gründe für Entwicklungsresistenzen

2.1 Institutions- und Versorgungslogik

Entwicklung beschreibt einen Prozess der Veränderung. Soziale Systeme sind immer in Entwicklung begriffen. Sie verändern sich also über die Zeit. Im Unterschied zur Entwicklung, die quasi aus sich heraus entsteht, befasst sich die kooperative Entwicklungsarbeit immer auch mit der Frage, was sein soll, und damit mit der Frage, was ist.

Kooperation setzt die gemeinsame Orientierung an Zielen voraus. Ziele generieren einen Spannungsbogen von Sein und Sollen.

Soziale Dienstleistungsorganisationen sind andererseits als Zweck-Mittel-Systeme zu verstehen (Zwicky 2005: 127). Organisationen verfolgen bestimmte Ziele, und sie entwickeln und realisieren Programme und Produkte, die zur Zielerreichung geeignet sind. Organisationen folgen immer auch einer oder mehreren Zweckbestimmungen, die den definierten Zielsetzungen übergeordnet sind. Organisationen sind letztlich Entscheidungssysteme. Sie treffen zweck- und zielbezogene Entscheidungen, und sie überprüfen ihre Entscheidungen wie auch die eingesetzten Programme und Produkte regelmässig an den erreichten Zielen oder an den beabsichtigten Wirkungen.

Jede Organisation besteht aus Mitgliedern, die für die Organisation arbeiten und die für und mit der Organisation lernen, immer bessere Entscheidungen zu treffen. Gelingt es der Organisation selbst, Wissen über organisationale Lernprozesse zu generieren und zu speichern, kann von einer »lernenden Organisation« gesprochen werden, die eine gewisse Unabhängigkeit von den Mitgliedern der Organisation entwickeln kann (Reinhardt 1995: 269ff.; Oberholzer 1999b).

Organisationen sind relativ leicht kooperativ zu entwickeln, da Zwecke, Ziele oder auch Wirkungen (personenunabhängig) definiert sind und die entsprechenden Entscheidungs- und Lernprozesse über kontinuierliche Qualitätsentwicklungsprozesse gut zu steuern sind.

Mit Blick auf die Praxen sozialer Dienstleistungsorganisationen wird jedoch ein anderer Systemtyp bedeutsam, der zwar formal noch dem gerade vorgestellten Typ der Organisation entspricht. Doch obwohl auch hier Zwecke, Ziele oder auch Wirkungen eine Bedeutung zu haben scheinen, entwickeln sie nicht die erwartete richtende Kraft. Dies hängt damit zusammen, dass anders, als es der Begriff Dienstleistungsorganisation vermuten lässt, es sich bei den Einrichtungen und Angeboten Sozialer Arbeit meist nicht um organisationale, sondern um institutionelle Praxen handelt.

Anders als Organisationen, die sich über ihre Entscheidungen und Entscheidungsfolgen definieren, sind Institutionen sogenannte Sinnsysteme, die sich gerade nicht über Entscheidungen reproduzieren, sondern über bedeutungsvolle Inhalte und Traditionen. Damit soll nicht gesagt werden, dass Institutionen keine Entscheidungen treffen. Sie beziehen ihre Entscheidungen jedoch nicht auf eine organisationale (beispielsweise eine Zweck-Mittel-) Entscheidungslogik, sondern auf die institutionelle Geschichte und die Handlungssysteme (ausgewählter Persönlichkeiten), die diese Geschichte mitgeprägt haben.

Institutionen entwickeln sich also zu einem grossen Teil aus sich selbst heraus und bilden dabei lebensweltliche Strukturen aus, die von aussen nur schwer zu perturbieren und auch nicht zu steuern sind (Oberholzer 2011: 113; Schütz/Luckmann 2003).

Hier zählt also, was in der eigenen Logik als sinnvoll erscheint und für und in der bestehenden Praxis »Sinn macht«. Dadurch kann eine eigentliche

Selbstbestätigungskultur entstehen, die eine eigene institutionelle Wirklichkeit erzeugt, welche sich auch noch erfolgreich gegenüber anderen Wirklichkeiten abzugrenzen weiss.

Institutionelle Praxen können eigentliche Parallelwelten hervorbringen und über die Zeit aufrechterhalten, in denen ganz andere Norm- und Moralvorstellungen gelten als in normalisierten Lebenssituationen. Dabei können sich die so geschaffenen Binnen-Wirklichkeiten derart sinnhaft von anderen Lebensbereichen abgrenzen, dass die Unterschiedlichkeit des »Innensystems« gar nicht mehr infrage gestellt wird (Japp 1986: 42ff.). Sie wird, heisst das, von den Teilnehmenden im und am Raum als »normal« wahrgenommen, obwohl sie es im Grunde nicht ist und »im richtigen Leben« auch nicht als Lebensform akzeptiert würde. Und über die Zeit gilt als normal, dass es in Altersheimen, Kinder- und Jugendheimen oder sozialpsychiatrischen Einrichtungen eben »so ist, wie es ist«.

Zielsetzungen, wie normalisierte Lebenssituationen zu ermöglichen, Familien tragfähig zu machen oder Personen mit Beeinträchtigungen in den allgemeinen Arbeitsmarkt einzugliedern, werden zwar von der institutionellen Wirklichkeit aufgenommen, mit Blick auf die Klientel aber als unmöglich oder unangemessen bewertet, wenn sie sich nicht direkt an die Institution anschliessen lassen (Oberholzer 1999a: 245).

Mögliche Anschlüsse an ausserinstitutionelle Lebenssituationen und Wirklichkeiten bleiben so systematisch unerkannt, unbearbeitet oder institutionslogisch ausgeschlossen. Das Lernen an Zielen und Wirkungen wird nicht relevant, da sich das System anhand von sich selbst immer wieder selbst bestätigt. Personen spielen zwar als Handelnde eine Rolle, jedoch nicht als Lernende in einem organisationalen Kontext. Die Kultur, die sich immer wieder neu herstellt, steht über den Wirkungen, die diese Kultur erzeugt. Die Institution kennt keine Mitglieder, sondern besteht aus temporären Mitarbeitenden, welche die Kultur mittragen. Lernen besteht im Kennenlernen und in der Anwendung der institutionellen Praxen. Die Frage ist nicht, wer welchen Beitrag zur Zielerreichung oder Wirkungserzielung leisten kann, sondern wer in welches Angebot passt, was sinnigerweise über »Schnuppertage« eruiert wird. Für die Klientel gelten hierbei mitunter dieselben »Aufnahmeprozedere« wie für die professionellen Begleitpersonen.

Eine solche Binnenorientierung und Selbst-Besinnung ist selbstverständlich nur möglich, wenn sie im Gesamtsystem der sozialstaatlichen Hilfen so vorgesehen und erlaubt sind. Beides wird insbesondere im stationären oder teilstationären Bereich über das Versorgungsprinzip gesichert (vgl. Beck 1994). Gilt die »Versorgung« (von Personen mit besonderen Hilfebedarfen) als Hauptzweck, so werden mögliche Zielsetzungen oder auch Wirkungen an diesen Zweck gebunden und diesem zugeordnet. Die Orientierung an der Versorgung führt erst dazu, dass der Blick auf die Angebote gerichtet wird und nicht mehr auf die Wirkungen, die mit den Angeboten erzielt werden.

Die staatliche Praxis also, Institutionen mit der Bereitstellung von Wohn-, Schul- oder Arbeitsmöglichkeiten zu beauftragen, ermöglicht nicht nur das Bilden von institutionellen Wirklichkeiten. Sie sichert sie auch ab. Angebote und Leistungen entwickeln sich eigennützig. Die Frage, was damit bewirkt werden soll, entwickelt keine Relevanz oder richtende Kraft. Wird letztlich auch noch die Finanzierung der Angebote und Leistungen an den Versorgungsauftrag gebunden und werden entsprechende Mittel objektorientiert und nicht personenbezogen zugesprochen, so kann sich die Institution vollends auf sich selber beziehen. Eine direkte Kontrolle von aussen oder eine wirkungsorientierte Bewertung ihrer Angebote und Leistungen wird strukturell ausgeschlossen.

2.2 Leitung von oben und Leitung von unten

Wie die ersten Ausführungen deutlich machen, sind Institutionen nur schwer zu leiten. Institutionelle Sinnstrukturen und Bedeutungen setzen praxis- und organisationsbezogenen Entscheidungsmöglichkeiten enge Grenzen. Und die Logik einer institutionellen Praxis kann durchaus als durchdringend bezeichnet werden. »Andersdenkenden« wird schnell vermittelt, was denkbar ist und was nicht.

Traditionellerweise werden Institutionen entweder von oben oder von unten geleitet. Und in beiden Fällen sind es Personen, die innerhalb der institutionellen Rahmenbedingungen ihre persönlichen Entscheidungen treffen. Was eine Institution ist, wird als Sinnstruktur immer wieder neu reproduziert. Die Entscheidungen werden dabei nicht auf ihre Wirkungen geprüft, sondern daran gemessen, ob sie mit Blick auf die institutionelle Praxis richtig oder falsch sind (vgl. Japp 1986: 42ff.). Der Blick geht also auf die Handlungen selbst und nicht auf das, was sie bewirken. Entsprechend kommt es kaum zu Auseinandersetzungen mit Alternativen. Eine »Good Practice« könnte zwar auch über einen Vergleich unterschiedlicher Angebote in derselben Einrichtung beschrieben werden. Es ist nämlich durchaus möglich, dass sich in verschiedenen Angeboten unterschiedliche institutionelle Handlungsweisen und Kulturen herausbilden. Ein solcher Vergleich kommt jedoch kaum zustande, da die einzelnen Angebote von innen wie von aussen als eigenständige und in sich geschlossene Systeme konstruiert werden, die keine Vergleiche zulassen. Entsprechend werden auch hier kaum einmal Qualitäten zum Thema gemacht.

Bei einer Leitung von oben kommt in Institutionen überwiegend das sogenannte Patron-Prinzip zum Tragen. Abgeleitet vom lateinischen Wort *patronus* resp. *pater,* also Vater, bezeichnet es eine Form väterlicher Verantwortung gegenüber Schutzbefohlenen. In dieser Form der Leitung werden klare Zuständigkeiten und Verantwortlichkeiten definiert. Neben der Aufgabe und Pflicht, zu schützen, hat der Patron auch das Recht, zu strafen. Institutionelle

Macht ist hier auch persönliche Macht. Dies begünstigt eine »führende Leitung«, wobei der Aspekt der Beziehung eine zentrale Bedeutung erhält. Der Fokus geht also auf die Person selber und nicht auf die Entscheidungen leitenden Ziele und Wirkungsabsichten.

Viele Institutionen sind von solchen Patron-Persönlichkeiten mitgeprägt. Es sind und waren Gründerväter und -mütter, Hausmütter und -väter, die *ihre* Institutionen mit ihren Handlungsweisen prägten. Und der institutionellen Sinnlogik folgend, tun sie dies oft weit über ihren Tod hinaus und wirken noch immer in den aktuellen Praxen nach.

Zuweilen ist es auch »der Geist« der Gründerzeit oder auch der kirchlichen und weltlichen Gründervereine, der die Praxis bis heute nachhaltig prägt. Etwas frei könnte man wohl ohne Weiteres den Grundsatz formulieren: »Sag mir, wer dich ins Leben gerufen hat, und ich sage dir, welche Themen dich in der Praxis umtreiben.«

Aber auch die Leitung von unten darf nicht ausser Acht gelassen werden. Sie nimmt insbesondere in denjenigen institutionellen Praxen zu, in denen die Leitung der Einrichtungen und Angebote keine Patron-Aufgaben mehr übernimmt und damit die Nähe zur Praxis reduziert wird. Und sie nimmt in denjenigen Einrichtungen zu, in denen eine starke Hierarchisierung der Leitung über unterschiedliche Leitungsebenen realisiert wird. Ausdifferenzierte Leitungsebenen verteilen zwar Aufgaben und Verantwortlichkeiten auf mehrere Personen. Sie schaffen mitunter aber auch »institutionelle Sedimentschichten«, welche die Durchlässigkeit zwischen den Systemebenen erschweren und direkte Kooperationen verhindern.

Dies kann durchaus zum Vorteil der einzelnen »Schichten« sein, weil die »unteren« Schichten von ganz oben, leitungsbezogen, nicht direkt erreicht werden können. Das schafft Freiheiten in den unteren Schichten und die Möglichkeit, etwaige Probleme den oberen Schichten zuzuweisen. Die oberen Schichten können andererseits viel besser ihren administrativen Aufgaben nachgehen, wenn sie nicht immer mit den Problemen der unteren Schichten behelligt werden. Und die dazwischen geschobenen mittleren Leitungsschichten sind grundsätzlich der Mitverantwortung enthoben, weil sie in der Sandwichposition weder unten noch oben Gehör und Zugang finden.

Aus organisationaler Sicht scheint ein solches System unglaublich dysfunktional. Aus Sicht der Institutionslogik erlaubt es die Veranstaltung institutioneller Kulturen in gegeneinander abgegrenzten Systemteilen.

Was gut und richtig ist, kann nun ganz institutionell definiert und verstanden werden. Zielsetzungen, Aufgaben, ja sogar Funktionen werden zweitrangig. Führung von unten wird entsprechend nur zu oft nicht von Leitungspersonen, sondern von Persönlichkeiten mit ganz bestimmten Merkmalen wahrgenommen. Ausbildungen und Fachabschlüsse sind dabei nur bedingt wichtig.

Solche Institutionstypen sind für Anliegen der Praxisentwicklung besonders heikel, da Praxisentwicklung hier systemlogisch meist an externe Beratungspersonen delegiert wird. Eingekauft wird die Praxisentwicklung durch die Leitung der Einrichtung, wobei diese dann auch gleich die Verantwortung für die Praxisentwicklung abgibt, um sich wieder den dringlichen Leitungsaufgaben zu widmen. Die Praxis selber sieht nur zu oft keinen Bedarf an Praxisentwicklung, weil die Praxis ja grundsätzlich funktioniert. Sie möchte lieber, dass jemand ihre (institutionell verursachten) Praxisprobleme löst, und erwartet solche Lösungen auch von den Beratungspersonen. Beratung erhält neben der Aufgabe der Praxisentwicklung also auch den Auftrag, eben diese verständlich zu machen, respektive der Leitung aufzuzeigen, warum eine Entwicklung der Praxis nicht möglich ist, solange die dringlichen Praxisprobleme nicht gelöst sind.

Bedient die Beratung andererseits nicht die Bedeutungs- und Sinnstrukturen der Angebote, fühlen sich diese unverstanden oder gar unter Druck gesetzt. Beratung wird selber zum definierten Problem der Praxis und erhält im Gegenzug keinen Zugang mehr zu den Praxen.

Eigentliche Kooperationen können in einem solchen System weder in den Angeboten selber (untere Ebenen) noch auf der Leitungsebene erwartet werden. Sie finden höchstens in der Zusammenarbeit mit den Vertreterinnen und Vertretern der Leitungs-Zwischenschichten (wie Bereichs- oder Abteilungsleitungen) statt. Hier findet sich oft das beste Verständnis für die institutionellen Zusammenhänge und Fragestellungen. Das Problem ist nur, dass hier in den wenigsten Fällen auch entschieden und tatsächlich geleitet wird.

2.3 Leitbilder und Methoden statt Qualitätssysteme

Mit Blick auf das System der Institution darf es nicht erstaunen, wie wenig strukturierte Qualitätsentwicklungsbemühungen zur Entwicklung der professionellen Praxen beitragen. Es muss jedoch erstaunen, wie umfassend die institutionelle Praxis praktisch jede Form der Praxisentwicklung an sich abprallen lässt. Und es sollte noch mehr erstaunen, dass diese Abwehr sogar vom Gesamtsystem staatlicher Hilfen akzeptiert zu werden scheint.

Kooperationen setzen die Auseinandersetzung mit Zielen voraus, an denen sich die Handlungen ausrichten müssen. Solche Ziele sind durchaus in allen agogischen Praxen zu finden – und dabei meist in einer unglaublichen Fülle. Institutionen zeichnen sich geradezu durch ihre Vielfalt an Zielvorgaben und Zielkonzepten aus. Zielsetzungen schliessen zum Teil aneinander an. Zum Teil scheinen sie sich auch zu widersprechen. Dies scheint jedoch kaum jemanden zu stören, weil Widersprüche auf der Zielebene oft nicht bemerkt werden, und zwar, weil sie letztlich gar nicht auf die eigentlichen Praxen wirken.

Ziele, die nicht in ihrer Wichtigkeit und Bedeutung geordnet werden, die nicht messbar gemacht und dann auch in den Praxen überprüft werden, entwickeln keine richtende Kraft.

Leitkonzepte und -bilder gaukeln Zielorientierung vor, bleiben letztlich jedoch nicht mehr als die »gehäkelten Haussprüche«, die sich Oma und Opa an den Kamin hängen. Sie zeigen Absichten und verweisen auf persönliche Einstellungen und Haltungen. Sie erzeugen jedoch keinen Spannungsbogen in der Ausrichtung der Praxis auf das, was sein soll – mit Blick auf die Praxis, wie sie gerade ist.

Ein Geschäftsleiter einer grossen Einrichtung in Deutschland sagte bei der Auftaktveranstaltung zur Einführung einer neuen Teilhabekonzeption, dass es nicht darum gehe, »wieder mal eine neue Sau durchs Dorf zu treiben« – eine Aussage, die seine Befürchtungen, aber auch eine gängige Praxis deutlich macht. Zielsetzungen und neue Handlungskonzepte kommen – und sie gehen meist auch wieder. Man muss nur genügend lang ausharren.

Um bei diesem Bild zu bleiben, bleibt in einem grossen Dorf auch entsprechend Platz für viele »Schweine« oder Hühner und auch Waschbären, die friedlich nebeneinander koexistieren können.

Wo nicht die Ziele, sondern Menschen und Kulturen leiten, braucht es entsprechend viele Regelungen und Ordnungssysteme, die die Zusammenarbeit und das Zusammenleben regeln. Dies ist ein weiteres wichtiges Merkmal von Institutionen: Sie zeichnen sich durch eine (Über-)Fülle an Regelungen, Weisungen und Hausordnungen aus. Solche Regelsysteme ersetzen die Handlungsorientierung an gemeinsamen Zielen und verhindern gleichzeitig die Auseinandersetzung mit den beabsichtigen Zielen und Wirkungen. Die Frage ist also nicht, was Praxis bewirken soll, sondern wie (institutionelle) Praxis durchgesetzt werden kann. Regel- und Ordnungssysteme bilden ein Korsett, das sich dauernd über die Bearbeitung von Abweichungen und Ausnahmen neu reproduzieren muss.

Ein solches Regelsystem kann einem letztlich überdimensioniert erscheinen; geht der Blick jedoch auf die einzelnen Regelungen und Vorgaben, so hat doch jede ihre ganz eigene Wichtigkeit und Bedeutung. Dies wurde beispielsweise in einer Einrichtung deutlich, die in ihrem Qualitätssystem über 600 Regelungen festgeschrieben hatte – eine Tatsache, die bei allen Beteiligten zu ungläubigem Staunen führte. Nachdem die Praxis jedoch angefragt wurde, welche der 600 Regelungen gestrichen werden könnten, zeigte sich, dass alle als notwendig erachtet wurden. Keine einzige Regelung, Weisung oder Verordnung konnte aufgegeben werden.

Qualitäts(management)systeme haben in allen institutionellen Praxen eine zentrale Bedeutung, auch wenn die ihnen im institutionellen Kontext zugedachte Rolle eigentlich nicht ihrer Aufgabe entspricht. Über die Sammlung aller Regel- und Ordnungssysteme und über die Beschreibung (festgelegter) institutioneller Abläufe bilden sie eine sichernde Klammer um die institutionelle Praxis und Wirklichkeit. Hervorgehoben werden Struktur- und Prozessqualität, wobei sich die Prozessqualität wiederum nicht an der Ergebnis- oder Erlebnisqualität der professionellen Angebote und Leistungen ausrichtet, sondern an der Beschreibung und inneren Logik der Prozesse selber.

Als besonders geeignet erweisen sich hierbei Qualitätssysteme, die eine ISO[1]-Logik bedienen, da diese wiederum genau solche Prozessstrukturen und Regelsysteme fokussieren. Mit Blick auf das Technologiedefizit in der Sozialen Arbeit und den Mangel an evidenzbasiertem Wissen in Bezug auf die Wirkungen sozialer Dienstleistungen wäre eine solche Wahl kritisch zu überprüfen. Mit Blick auf die institutionelle Wirklichkeit erfüllt das ISO-System jedoch genau das, was von ihm erwartet wird. Über die Definition von Normen und Standards geht der Blick auf das Regelsystem selber, was wiederum die Praxen gegen innen und aussen absichert. Eine Zertifizierung wird hier zum Nachweis funktionierender (resp. funktioneller) institutioneller Praxis.

Qualitätssysteme können also eine institutionelle Praxis absichern. Sie beantworten jedoch nicht unbedingt die Qualitätsfrage – auch wenn das einige Institutionen gerne so sehen. Da entsprechende Qualitäten in Institutionen jedoch nicht ziel- oder wirkungsbezogen definiert und ausdifferenziert sind, bedient sich die institutionelle Praxis zweier einfacher Hilfen: Zum einen übergibt sie das »Qualitätsproblem« den Nutzerinnen und Nutzern der Angebote. In stationären Praxen geschieht dies meist über Förder- und Entwicklungspläne (Herriger 2006: 63ff.). Gemessen wird hier nicht, welche Qualitäten Angebote und Leistungen der professionellen Hilfen hervorbringen, sondern wie sich der betreffende Mensch selber (!) in den Angeboten entwickelt. Nicht die Hilfe verfolgt also spezifische Ziele, sondern die Nutzerinnen und Nutzer haben persönliche Ziele zu verfolgen. Die Qualitätsaussage kann sich dann auch auf die betreffenden Personen beziehen. Einer Person gelingt es also entweder gut oder weniger gut, die ihr gesetzten Ziele zu erreichen.

Eine andere Übergabe der Qualitätsfrage an die Nutzenden stellen sogenannte Klientelbefragungen dar. Dabei werden die Nutzerinnen und Nutzer zur Zufriedenheit mit den Angeboten und Leistungen befragt, was insbesondere mit Blick auf die häufig eingeschränkten Wahl- oder Mitbestimmungsmöglichkeiten kritisch zu reflektieren wäre. Und wäre tatsächlich »die Zufriedenheit« der Kunden und Kundinnen ein massgebliches Ziel, so hätten sich viele der institutionalisierten Praxen grundlegend zu ändern.

Zum anderen wird versucht, Qualität über den Einsatz institutionell anerkannter Methoden sicherzustellen. Wie die Praxis zeigt, müssen solche Methoden nicht unbedingt im Zusammenhang mit den entsprechenden Handlungsfeldern stehen, und sie müssen auch nicht aneinander anschlussfähig sein. Auch müssen sie nicht unbedingt methodisch »richtig« angewendet

---

1 International Organization for Standardization, Internationale Organisation für Normung.

werden. Es ist vielmehr wichtig, dass einfach entsprechende methodische Zugänge und Arbeitsweisen vorhanden sind. Die Methode hat immer Recht. Sie beantwortet also quasi von selbst die Qualitätsfrage, und sie sichert gleichzeitig gegen Probleme und Misserfolg ab. Versagt eine Methode, kann es im Grunde nur am Kunden oder der Kundin liegen. Methodische Misserfolge können zu neuen Diagnosen (z.b. dissoziale Persönlichkeitsstörung) führen oder dann zur Ausdifferenzierung neuer Angebote (z.B. Wohnen für Personen mit Autismusspektrumsstörung). Beides schützt und stützt die institutionelle Wirklichkeit, löst jedoch nicht das Qualitätsproblem.

3 Möglichkeiten und Zugänge der Praxisentwicklung

Wie unsere bisherigen Ausführungen zeigen, ist die geleitete Entwicklung einer institutionellen Praxis schwierig, es sei denn, es werden die Sinn- und Bedeutungsstrukturen der institutionellen Handlungsfelder bespielt. Dies ist beispielsweise dann der Fall, wenn neue Methoden eingeführt oder neue Angebote entwickelt werden, um die Praxisprobleme der institutionellen Praxen zu lösen.

Andererseits erweist es sich als einfach, organisationale Praxen weiterzuentwickeln, weil sich diese bereits an Zielen, Wirkungen und mit effektiven und effizienten Handlungssystemen befassen und die Qualität ihrer Angebote und Leistungen kontinuierlich überprüfen und zu verbessern suchen (Greving/Tietz 2000: 172ff.).

Der einfachste Weg der Praxisentwicklung müsste also sein, Institutionen in Organisationen weiterzuentwickeln. Dies ist jedoch kein einfaches und mit Blick auf die Systemtypen eigentlich ein unmögliches Unterfangen (Heinl 1996).

Kombinierte, qualitätsorientierte und kooperative Vorgehensweisen zeigen jedoch durchaus Möglichkeiten und Wege zur Praxisentwicklung auf.

3.1 Das System Neuanfang

Eine probate Möglichkeit der Praxisentwicklung ist der Neuanfang. Statt bestehende institutionelle Praxen weiterentwickeln zu wollen, wird an neuem Ort mit neuen Angeboten, neuen Nutzerinnen und Nutzern und neuen Begleitpersonen ganz neu angefangen. Dieses Vorgehen versucht, bestehende Sinnstrukturen nicht mehr zu bedienen, und baut auf der Erkenntnis auf, dass (nicht institutionelle) neue Räume einen grossen Einfluss auf die Nutzenden haben.

Dass ein Neuanfang dann aber doch nicht ganz so einfach ist, zeigt folgendes Beispiel:

Im Rahmen einer Angebotsentwicklung wurde für Personen mit Lernbeeinträchtigungen ein Appartementhaus gebaut. Dieses sieht Einzelwohnungen mit Wohn- und Schlafzimmer und Küche und Bad vor. Das Haus liegt in einem lebendigen Wohnquartier, nahe dem Bahnhof und mit gut erreichbaren Einkaufsmöglichkeiten und anderen gemeindenahen Dienstleistungen. Für die professionelle Hilfe steht im Haus ein Büro zur Verfügung.

Aufgrund von Bauverzögerungen ergab sich zudem die Möglichkeit, mit den künftigen Nutzerinnen und Nutzern in einen vertieften Dialog zum Wohnen im Appartementhaus einzusteigen. Gemeinsam mit den Interessierten wurden Möglichkeiten der Teilhabe, aber auch Rechte und Pflichten besprochen. Vorstellungen, Wünsche, aber auch teilhabebezogene Fakten wurden visualisiert und in leichte Sprache übersetzt.

Dies alles gewährleistete vorerst einen reibungslosen Umzug aus den bisherigen Wohnformen in das Appartementhaus. Doch bereits nach wenigen Wochen zeigten sich einige altbekannte institutionelle Phänomene. So versammelten sich die Nutzerinnen und Nutzer jeden Tag vor und nach der Arbeit vor dem Büro der professionellen Begleitung und warteten da, bis jemand für sie Zeit hatte. Die an das Büro gebundenen Aktivitäten der Medikamenten- oder der Geldausgabe banden die Nutzerinnen und Nutzer zusätzlich an diesen Raum.

Dieses klassisch institutionelle Phänomen war nur so zu beheben, dass zum einen über die Dienstzeitenplanung der professionellen Begleitpersonen »begleitfreie« Zeiten eingerichtet wurden. Insbesondere nach der Arbeit der Bewohnenden durften sich keine Begleitpersonen mehr im Haus aufhalten. Weiter wurde festgelegt, dass alle personenbezogenen Aktivitäten, wie beispielsweise gemeinsame Gespräche oder Hilfe bei administrativen Aufgaben nicht mehr im Büro, sondern in den Räumlichkeiten der Klientel stattzufinden hatten. Erst durch diese beiden Vorgaben war es möglich, den institutionellen »Büroeffekt« abzuschaffen und das eigene Zimmer als Teilhabeort entsprechend wertschätzen zu lernen.

Der zweite Institutionseffekt betraf die Mobilität der Nutzerinnen und Nutzer. Obwohl Bahnhof, Einkaufsmöglichkeiten oder auch die Arbeitsstellen der Klientel leicht zu Fuss zu erreichen waren, nahm die Mobilität der Klientel nicht zu. Grund war der angebotseigene Bus, der aus einem der früheren Angebote mitübernommen worden war. Alleine die Möglichkeit, den Bus zu nutzen, führte zu einer Weiterführung der institutionellen Praxis. Und erst als der Bus verkauft wurde, begannen die Klientinnen und Klienten die öffentlichen Verkehrsmittel selbstständig zu nutzen und ihren Arbeitsweg ohne Hilfe zu bewältigen. Heute ist es Praxis, dass die Bewohnenden des Appartementhauses das ganze Angebot des Hauses und des Quartiers nutzen. Der Arbeitsweg lädt zu neuen Entdeckungen ein. Einkaufsmöglichkeiten schaffen neue Begegnungsräume, und im Haus selber werden die Hilfen gemeinsam verabredet, weil Hilfe nicht immer da ist und entsprechend organisiert werden muss.

3.2 Leitkonzepte und Kulturentwicklung

Wie bereits mehrfach angesprochen, ist mit Blick auf die Weiterentwicklung institutioneller Praxen wie auch hinsichtlich möglicher Kooperationen die Auseinandersetzung mit Zielen grundlegend. Entsprechend bietet sich für die Entwicklung der Praxen die Arbeit mit Zielsetzungen oder Zielkonzepten an. Letztere verbinden definierte Ziele mit Handlungskonzepten und können dadurch unterstützend auf die Entwicklung einer Praxis wirken. Sie bleiben jedoch wirkungslos, wenn es nicht gelingt, sie an die institutionellen Sinn- und Bedeutungssysteme anzuschliessen, wie folgendes Beispiel zeigt:

In der Behindertenhilfe gibt die UN-Behindertenrechtskonvention den normativen Rahmen für alle Angebote und Leistungen vor. Die Konvention formuliert zentrale Zielsetzungen und Aufgaben, die insbesondere von allen behinderungsspezifischen Angeboten und Leistungen zu beachten und zu befolgen sind. Ihre Setzungen erhalten dabei besondere Gewichtung, weil Teilhabe als Menschenrecht definiert wird, das von allen unterzeichnenden Staaten umfassend gewährt werden muss. Es wäre entsprechend zu erwarten, dass die Vorgaben der Konvention relativ leicht und rasch Eingang in die professionellen Praxen finden. Aus Sicht der institutionellen Wirklichkeit sind viele der Setzungen jedoch kaum an die bestehenden Praxen anschlussfähig.

Eine zentrale Zielsetzung der Konvention ist, Personen mit Beeinträchtigungen normalisierte Teilhabemöglichkeiten zur Verfügung zu stellen. Personen mit Beeinträchtigungen dürfen nicht wegen ihrer Beeinträchtigung diskriminiert werden. Eine chancengleiche und mitbestimmte Teilhabe muss ermöglicht werden.

Solche Vorgaben setzen aufseiten der professionellen Angebote vorerst Reflexionsprozesse voraus. Die eigenen Angebote müssen mit Blick auf die Setzungen und Anforderungen kritisch reflektiert werden. Abweichungen müssen festgehalten werden, um Massnahmen zur Weiterentwicklung der bestehenden Praxen planen zu können.

Wie Praxisentwicklungsprojekte nun aber deutlich machen, gelingt den meisten Praxen schon diese kritische Reflexion nicht, und die Frage nach dem Normalisierungsgrad einer Teilhabemöglichkeit wird durch die Frage ersetzt, welche Teilhabemöglichkeiten für Personen mit Behinderungen »normal« sind. Nicht normalisierte Teilhabesituationen werden ausgeblendet oder es wird versucht, sie mit Blick auf die Beeinträchtigungen der betreffenden Personen zu rechtfertigen. Das System schliesst sich damit erfolgreich ab.

Zugänge werden jedoch möglich, wenn vorerst nicht die institutionelle Wirklichkeit beschrieben und bewertet werden muss. So fällt es der professionellen Begleitung beispielsweise einfach, die eigene Wohnung und das Zusammenleben mit anderen Menschen im Privatleben zu beschreiben. Die Arbeit mit Bildern ermöglicht eine (unbeschwerte) Auseinandersetzung mit Kinder-, Jugend- oder Erwachsenenzimmern. Die Beschreibung der eigenen Küchen und Wohnzimmer macht Aktivitäten, aber auch persönliche Bedeutungen deutlich.

Solche Beschreibungen unterschiedlicher, aber als normalisiert geltender Teilhabeorte können alsdann als Reflexionsort zur teilhabebezogenen Begutachtung von persönlichen Zimmern, Küchen oder Wohnzimmern von Personen mit Beeinträchtigungen (im institutionellen Kontext) genutzt werden.

Dabei geht es in einem ersten Schritt immer um die Wahrnehmung von Unterschieden, in einem zweiten Schritt um die Suche nach den Gründen für die Unterschiede in den Teilhabesituationen und in einem abschliessenden Schritt um die Frage, wie bestehende Praxis mit Blick auf die persönliche, normalisierte Teilhabe weiterentwickelt werden kann.

Der Einfalt institutioneller Praxis wird also über die bedeutungsvollen Teilhabeformen der Beteiligten eine mögliche, als normalisiert geltende Vielfalt an Teilhabeformen gegenübergestellt. Dies ermöglicht die Reflexion der persönlichen wie der eigenen Teilhabeformen und zeigt Wahlmöglichkeiten auf, die wiederum Entscheidungsprozesse in Gang zu setzen vermögen. Zentral wird hier nicht die (sofortige) Veränderung einer bestehenden Praxis, sondern die Auseinandersetzung mit persönlichen und institutionellen Sinn- und Bedeutungssystemen. Diese bilden die Grundlage für die anschliessenden teilhabebezogenen Entscheidungsprozesse, die ihrerseits letztlich die Praxen weiterentwickeln.

3.3 Arbeit mit Zielen und Wirkungen

Angebote und Leistungen einer professionellen Praxis verfolgen Zwecke und Ziele. Sie haben die Aufgabe, Wirkungen zu erzielen. Viele der aktuellen Zielkonzepte vermögen im Grunde die Versorgungslogik der professionellen Praxen aufzubrechen (vgl. Beck 1994). Letztlich ist dies aber immer auch von der Bereitschaft und dem Vermögen abhängig, die Wirkungen des eigenen Handelns zu messen.

Institutionelle Angebote fokussieren insbesondere sich selber und legen fest, wie die Angebote »richtig« genutzt werden. Organisationale Angebote sehen sich selber als Mittel, um bestimmte Ziele zu erreichen und bestimmte Wirkungen zu erzielen. Ein Wandel von einem zum anderen System ist jedoch nur möglich, wenn die institutionelle Systemlogik vorerst nicht aufgegeben werden muss, sondern Raum geschaffen wird, um Wirkung zu denken.

Um es mit dem Beispiel des Teilhabeortes »Küche« zu umschreiben, befasst sich die institutionelle Praxis normalerweise zuerst mit dem Ort und den Aktivitäten einer Küche und dann direkt mit den Erwartungen, welche die Teilnahme an diesem Ort an die Teilnehmerinnen und Teilnehmer stellt. Die vorhandenen oder auch fehlenden Handlungskompetenzen der Teilnehmenden definieren alsdann die notwendigen Hilfen zur Teilhabe oder gar die Berechtigung zur Teilhabe am Raum.

Eine neue Entscheidungsebene ergibt sich jedoch, wenn mit dem Raum und seinen Aktivitäten und Beziehungsformen auch die Frage nach der Wirkung der Teilhabe am Raum gestellt wird. Wird beispielsweise mit der Teilhabe in der Küche die Wirkung verknüpft, »dass die Teilnehmenden lustvolle Erfahrungen mit allen Sinnen machen können«, so ist eine entsprechende Ausrichtung der Aktivitäten, der Erwartungen oder auch der Hilfen zu erwarten. Wird andererseits die Wirkung definiert, »dass die Teilnehmenden einen optimalen Body-Mass-Index erreichen und erhalten können«, ist von anderen Teilhabeformen auszugehen.

Wie aktuelle Praxisentwicklungsprojekte deutlich machen, kann die Auseinandersetzung mit den Wirkungen von Angeboten und Leistungen als Grundlage für kooperative Entwicklungsprozesse angesehen werden. Denn die Wirkungen verweisen nicht nur auf die Ziele, sondern laden alle Beteiligten ein, ihre persönlichen Werte- und Sinnsysteme in die gemeinschaftlichen Auseinandersetzungen einzubringen. Dies wiederum fordert und fördert gemeinschaftliche (ziel- und wirkungsbezogene) Entscheidungsprozesse, die ihrerseits letztlich jede Praxis weiterentwickeln.

3.4 Qualitätsversprechen, Kriterien und Indikatoren

Soziale Arbeit an und für sich und insbesondere institutionelle Praxen bekunden eine nur schwer nachvollziehbare Mühe, sich messen zu lassen. Denn eine Praxis, die sich nicht misst oder messen lässt, kann sich auch nicht gezielt weiterentwickeln. Entwicklung bleibt blosse Veränderung, die jedoch keine zielebezogenen Effekte für und auf die Praxis bringt.

Der Schlüssel zum Messen liegt letztlich wieder im Verstehen der (institutionellen) Praxen. So zeigen die Erfahrungen aus Praxisentwicklungsprojekten, dass eine blosse Einführung von (ziel- und konzeptbezogenen) Indikatoren und Messgrössen in eine Praxis noch keine Entwicklungen in Gang setzt. Praxis muss Qualität benennen und für sich nachvollziehen können. Dabei ist gerade bei institutionellen Praxen besonders zu beachten, dass dieses Verständnis sich auf die eigene Praxis beziehen können muss. Denn anders als manche Einrichtungsleitung wissen die Teilnehmenden einer Praxis meist sehr genau, was ihnen an ihrer Arbeit wichtig ist.

In vielen Praxisentwicklungsprojekten hat es sich entsprechend bewährt, mit eben diesen Wichtigkeiten zu arbeiten. Diese können beispielsweise über sogenannte Qualitätsversprechen abgeholt werden. Geklärt wird also nicht gleich, wie und welche Qualitäten der professionellen Hilfe gemessen werden (sollen), sondern welche Qualitätsversprechen eine Praxis ihrer Klientel macht oder machen will. Solche Versprechen können und müssen kooperativ erarbeitet werden.

Als Beispiel für diese Art der Praxisentwicklung kann eine Werkstatt für Personen mit psychischen Beeinträchtigungen genommen werden. Die Teilnehmenden definierten hier als Qualitätsversprechen, »dass jeder, Klientel und Mitarbeitende, Wertschätzung für ihre Arbeit und Leistung erfahren«. Von diesem Versprechen aus liessen sich nun Phänomene und Kriterien benennen, an denen zu erkennen war, ob das Versprechen eingelöst wurde oder nicht. Persönliche Formen der Wertschätzung wurden diskutiert. Praxisbezogene Formen der Wertschätzung wurden evaluiert. Neben der Frage, was zu einer wertschätzenden Praxis gehört, konnte geklärt werden, wie Wertschätzung personen- und leistungsbezogen erfolgen soll und kann. Waren diese Grundlagenarbeiten geleistet, war es auch ein Leichtes festzulegen, wie die als wichtig erachteten Aspekte gemessen werden sollten.

3.5 Bewusste Formen der Begleitung

Ein weiterer Zugang der Praxisentwicklung setzt bei den Formen der Begleitung an. Er ist nicht ohne die ziele- und wirkungsbezogene Auseinandersetzung mit den Angeboten denkbar, vertieft aber das »Wie« in den notwendigen Kooperationen.

Mit der Versorgungslogik geht auch eine Logik der Betreuung einher. Betreuung fokussiert die Beziehung und die Zuständigkeit (für die Person). Differenzierte Formen der personenbezogenen Hilfen werden dadurch ausgeblendet, gleich wie die Qualitäten gelingender Kooperationen (Schönberger 1987; Jetter 1987). Eine betreuende Praxis kann aber durchaus reflektiert werden, wenn die zu leistenden Aktivitäten und die zu erzielenden Wirkungen bekannt und anerkannt sind. Als hilfreich erwiesen sich dabei Zielkonzepte oder wiederum ziele- und wirkungsbezogene Beschreibungen der professionellen Praxis.

Die Entwicklung der Praxis setzt wiederum an den Aktivitäten und vorgesehenen Hilfen in der institutionalisierten Praxis an. Dabei geschieht die Reflexion über die vertiefte Auseinandersetzung mit sozialen Rollen. Ein Beispiel soll das Vorgehen verdeutlichen:

> In einem stationären Angebot will und soll sich eine Klientin mit neuen Möglichkeiten der beruflichen Teilhabe befassen. Die Frau ist mit ihrer ak-

tuellen Arbeitssituation unzufrieden und hat auch schon Vorstellungen, welche Arbeit sie gerne machen würde. Am liebsten würde sie gleich ihre aktuelle Arbeit aufgeben.

Ausser der traditionellen Betreuung stehen für die professionelle Hilfe folgende Formen der Hilfe zur Debatte:

Assistenz

Unter Assistenz wird eine aktivitätenbezogene Hilfe verstanden, die von einer Person mit Hilfebedarf eingefordert wird. Die professionelle Begleitung übernimmt die Teilschritte einer Aktivität, die von der betreffenden Person nicht selber und nur mit Hilfe realisiert werden kann. Eine persönliche oder fachliche Beurteilung der geforderten Hilfe durch die professionelle Begleitperson ist nicht gefragt.

Im Beispiel könnte das heissen, dass die professionelle Hilfe notwendige Telefonate übernimmt oder für die betreffende Frau administrationsbezogene Abklärungen macht.

Begleitung

Anders als die Assistenz wird »Hilfe als Begleitung« in partnerschaftlicher Kooperation realisiert. Handlungsziele, Planung, Umsetzung und Reflexion sind wichtige Teile. Persönliche wie auch fachliche Beurteilungen der professionellen Begleitpersonen gehören mit zur Begleitung.

Im Beispiel könnte die Hilfe also die Frau bei einem Bewerbungsgespräch begleiten.

Beratung

Beratung gliedert sich in ein Vor-der-Aktivität, in die Aktivität selber und in ein Nach-der-Aktivität. Dabei ist die professionelle Hilfe als Beraterin vor und nach der Handlung aktiv. In der Handlungssituation ist sie jedoch nicht dabei. Anliegen werden also gemeinsam vor- und nachbesprochen, während die Aktivität dann Sache der Klientin beziehungsweise des Klienten ist. Beratung ist nur möglich, wenn auch »hilfefreie« Zeiten vorhanden sind.

Hier würde also die professionelle Begleitperson das Bewerbungsgespräch vorbesprechen und üben. Die Frau würde dann aber selber ans Bewerbungsgespräch gehen.

Fürsorge

Als Fürsorge werden Leistungen bezeichnet, die eine Person vor Gefahren für »Leib, Leben und Gesundheit« schützen sollen. Fürsorge bedeutet damit auch, einer Person Verantwortung über ihr Leben und Handeln zu entziehen, in welchem sie selber diese Verantwortung nicht oder nicht mehr übernimmt oder übernehmen kann. Fürsorgerische Handlungen richten sich also gegen bestimmte, gefährdende Teilhabeformen zugunsten gelingender Teilhabe. Ziel der professionellen Hilfe muss dabei immer sein, die Person in ihren Selbstbefähigungsprozessen zu unterstützen und (fürsorgerische) Hilfe, wenn immer möglich, überflüssig zu machen.

Im Beispiel könnte die professionelle Begleitung verhindern, dass die Frau ihre aktuelle Stelle kündigt, bevor nicht die notwendigen Abklärungen gemacht sind oder eine Anschlusslösung gefunden wurde.

Wie die Beispiele zeigen, ist die Wahl einer bestimmten Rolle und Kooperationsform einerseits von den definierten Zielen und Wirkungen der professionellen Angebote und Leistungen abhängig. Andererseits werden aber auch die vorhandenen personen- und angebotsbezogenen Ressourcen und Kompetenzen wichtig.

Die Auseinandersetzung mit angemessenen sozialen Rollen in der Kooperation fördert also die Auseinandersetzung mit den Anforderungen an die Praxis und auch mit den Möglichkeiten der Praxis. Dabei entsteht bei den professionellen Bezugspersonen wie bei den Leistungsnutzerinnen und -nutzern zudem eine rollenspezifische Identität, welche Sicherheiten ermöglicht und Veränderungsprozesse begünstigt.

3.6 Qualitätsmanagement

Die Entwicklung der Praxen ist nicht die alleinige Aufgabe der Praxen. Und Praxisentwicklung kann nicht an externe Beratung delegiert werden. Praxisentwicklung braucht Zeit und setzt den Einsatz entsprechender Mittel voraus. Praxisentwicklung kann nicht einfach nebenher gemacht werden, sondern erfordert die strukturierte Auseinandersetzung mit den Zwecken, Zielen und Wirkungen, die eine professionelle Praxis erfüllen und erzielen soll. Praxisentwicklung ist auf eine klare Strategie der Organisation angewiesen. Organisationale Routinen müssen durch Entscheidungssysteme abgelöst werden.

Praxisentwicklung ist in diesem Sinne auch Entwicklung der Organisation und die Entwicklung der Qualität der professionellen Angebote und Leistungen. Qualität muss zum Anliegen aller Beteiligten werden. Qualität darf nicht einfach an Handbücher und Checklisten delegiert werden.

Wie erfolgreiche Praxisentwicklungsprojekte zeigen, sind in die Entwicklung der Praxen und der Qualität der Leistungen alle Bereiche und Ebenen einbezogen. Dies gilt insbesondere auch für die Klientel. Entsprechende Mitwirkungs- und Mitbestimmungsmöglichkeiten und -organe müsse geschaffen und auch genutzt werden.

Praxisentwicklung braucht neben einer klaren Strategie auch ein gut organisiertes Monitoring. Neben Qualitätszirkeln sind hier Instrumente notwendig, mit denen insbesondere der Zusammenhang von Struktur- und Prozessqualität mit der Entwicklung der Ergebnis- und Erlebnisqualität aufgezeigt und nachgewiesen werden können.

Letztlich geht es jedoch nicht nur um die Entwicklung und nachhaltige Implementation von organisationalen Verfahren und Instrumenten. Es geht auch um die Weiterentwicklung der institutionellen Kulturen. Kulturen können verstanden werden und Kulturen wollen wertgeschätzt werden. Fehlt diese Wertschätzung oder wird die (institutionelle) Kultur ausser Acht gelassen, wird keine nachhaltige Entwicklung der Praxis möglich.

Literatur

Beck, Iris (1994): Neuorientierung in der Organisation pädagogisch-sozialer Dienstleistungen für behinderte Menschen. Zielperspektiven und Bewertungsfragen. Frankfurt am Main: Lang.

Greving, Heinrich (2000): Heilpädagogische Organisationen. Freiburg im Breisgau: Lambertus.

Greving, Heinrich/Tietz, Bianca (2000): Heilpädagogische Organisation im Wandel. Freiburg im Breisgau: Lambertus.

Heinl, Martin (1996): Ultramoderne Organisationstheorien. Management im Kontext des sozial- und naturwissenschaftlichen Paradigmenwechsels. Frankfurt am Main: Lang.

Herriger, Norbert (2006): Empowerment in der Sozialen Arbeit. Stuttgart: Kohlhammer.

Japp, Klaus Peter (1986): Wie psychosoziale Dienste organisiert werden. Widersprüche und Auswege. Frankfurt am Main: Campus.

Jetter, Karl Heinz (1987): Auf dem Weg zu einer Kooperativen Pädagogik. In: Franz Schönberger/Karlheinz Jetter/Wolfgang Praschak (Hrsg.), Bausteine der Kooperativen Pädagogik, Teil 1: Grundlagen, Ethik, Therapie, Schwerstbehinderte. Stadthagen: Bernhard-Pätzold.

Oberholzer, Daniel (1999a): Die Bedeutung und Möglichkeiten der Arbeit mit Kontingenzformeln in der sonderpädagogischen Praxis. In: Andreas Bächtold/Wilfried Schley (Hrsg.), Zürcher Reflexionen und Forschungsbeiträge zur Sonderpädagogik (S. 231–256). Luzern: Edition SZH.

Oberholzer, Daniel (1999b): Komplexitätsmanagement neuer Dienstleistungen. Bern: Haupt.

Oberholzer, Daniel (2011): Programm-, Personal- und Organisationsentwicklung zwischen System und Lebenswelt. In: Iris Beck/Heinrich Greving (Hrsg.), Gemeindeorientierte pädagogische Dienstleistungen. Stuttgart: Kohlhammer.

Reinhardt, Rüdiger (1995): Das Modell organisationaler Lernfähigkeit und die Gestaltung lernfähiger Organisationen. Frankfurt am Main: Lang.

Schönberger, Franz (1987): Kooperation als pädagogische Leitidee. In: Franz Schönberger/Karlheinz Jetter/Wolfgang Praschak (Hrsg.), Bausteine der Kooperativen Pädagogik, Teil 1: Grundlagen, Ethik, Therapie, Schwerstbehinderte. Stadthagen: Bernhard-Pätzold.

Schütz, Alfred/Luckmann, Thomas (2003): Strukturen der Lebenswelt. Konstanz: UVK (UTB).

Zwicky, Heinrich (2005): Organisation. In: Fachhochschule Aargau Nordwestschweiz, Wörter, Begriffe, Bedeutungen. Ein Glossar zur Sozialen Arbeit (S. 127–128). Brugg.

Autoren und Autorinnen

Jeremias Amstutz, M. A., wissenschaftlicher Mitarbeiter am Institut Beratung, Coaching und Sozialmanagement. Arbeitsschwerpunkte: Management in der Sozialen Arbeit, Social-Impact-Modell (SIM), Case Management.

Stefan Armenti, M. A., dipl. Sozialpädagoge, Vizepräsident der Kindes- und Erwachsenenschutzbehörde (KESB) Solothurn. Arbeitsschwerpunkte: Kindes- und Erwachsenenschutz, Macht- und Diskursanalyse im Sozialstaat, Professionalisierung der Sozialen Arbeit, Partizipation in der Sozialen Arbeit.

Agnès Fritze, lic. phil., dipl. Sozialarbeiterin, Prof. an der Hochschule für Soziale Arbeit FHNW, Leiterin des Instituts Beratung, Coaching und Sozialmanagement. Arbeitsschwerpunkte: Sozialmanagement, Social-Impact-Modell (SIM), Coaching und Beratung, internationale Soziale Arbeit.

Erika Götz, lic. phil., Psychologin FSP, Prof. an der Hochschule für Soziale Arbeit FHNW, Studienzentrum Fachstelle für Zulassung und Studierendenberatung. Arbeitsschwerpunkte: Führungs-, Team- und Personalentwicklung, Kommunikation und Verhandlung, Beratung, Coaching und Supervision.

Ursula Hochuli Freund, Dr. phil., Sozialpädagogin, Prof. an der Hochschule für Soziale Arbeit FHNW, Institut Professionsforschung und kooperative Wissensbildung. Arbeitsschwerpunkte: Soziale Arbeit als Disziplin und Profession, soziale Diagnostik, Methoden der Sozialen Arbeit, kooperative Prozessgestaltung.

Urs Kaegi, Dr. phil., Psychologe und Soziologe, Prof. an der Hochschule für Soziale Arbeit FHNW, Institut Sozialplanung und Stadtentwicklung. Arbeitsschwerpunkte: organisationaler Wandel, professionelle Kooperation, Führung im NPO-Bereich.

Ueli Merten, lic. phil. I, Sozialpädagoge, Prof. an der Hochschule für Soziale Arbeit FHNW, Studienzentrum Fachstelle für Zulassung und Studierendenberatung. Arbeitsschwerpunkte: Professionelle Kooperation in der Sozialen Arbeit, Teamarbeit und Teamentwicklung, Praxisausbildung.

Daniel Oberholzer, Dr. phil., Sonderpädagoge, Prof. an der Hochschule für Soziale Arbeit FHNW, Institut Professionsforschung und kooperative Wissensbildung. Arbeitsschwerpunkte: Teilhabeforschung, kooperative Praxis- und Organisationsentwicklung.

Marcello Schumacher, Psychologe FH, Prof. an der Hochschule für Soziale Arbeit FHNW, Studienzentrum Fachstelle für Zulassung und Studierendenberatung. Arbeitsschwerpunkte: Projektmanagement, Gesundheitsförderung und Prävention, Alter, Gesundheitspolitik, Sexual Health.

Erika Spiess, Dr. phil., Psychologin, Prof. an der Ludwig-Maximilians-Universität München, Lehrstuhl Wirtschafts- und Organisationspsychologie. Arbeitsschwerpunkte: Kooperation in sozialen Organisationen, interkulturelles Handeln, psychosoziale Gesundheit, Konsumentenpsychologie.

Beat Uebelhart, Master of Public Administration, Prof. an der Hochschule für Soziale Arbeit FHNW, Institut für Beratung, Coaching und Sozialmanagement. Arbeitsschwerpunkte: Sozialmanagement, Social-Impact-Modell (SIM), Social Business Plan, Netzwerk- und Versorgungsmanagement.

Peter Zängl, Dr. rer. soc., Prof. an der Hochschule für Soziale Arbeit FHNW, Institut für Beratung, Coaching und Sozialmanagement. Arbeitsschwerpunkte: Organisationssoziologie, Sozialmanagement, Social-Impact-Modell (SIM), soziale Gerontologie, Freiwilligenmanagement.

Das neue Grundlagenwerk

Ulrich Deller
Roland Brake

Soziale Arbeit

Grundlagen für Theorie und Praxis

UTB-M

2014. 290 Seiten, Kart.
19,99 € (D), 20,60 € (A)
ISBN 978-3-8252-3778-3

Das Überblicksbuch für Studierende in den ersten Semestern:
Die Autoren nehmen Soziale Arbeit als Ganzes in den Blick, stellen Zusammenhänge zwischen den Teilbereichen her und ermöglichen Studierenden, ein eigenes Verständnis professioneller Sozialer Arbeit zu entwickeln. Schritt für Schritt werden theoretische wie praktische Aspekte entfaltet. Somit erhält das Studium von Anfang an Struktur.

Jetzt in Ihrer Buchhandlung bestellen oder direkt bei:

Verlag Barbara Budrich •
Barbara Budrich Publishers
Stauffenbergstr. 7
D-51379 Leverkusen-Opladen

Tel +49 (0)2171.344.594
Fax +49 (0)2171.344.693
info@budrich.de

www.budrich-verlag.de

Theorie, Forschung und Praxis der Sozialen Arbeit

EFFINGER/BORRMANN/GAHLEITNER/KÖTTIG/
KRAUS/ STÖVESAND (HRSG.)
Diversität und Soziale Ungleichheit
Analytische Zugänge und professionelles
Handeln in der Sozialen Arbeit
Bd. 6 2012. 250 S. Kt.
24,90 €
ISBN 978-3-8474-0006-6

SCHNEIDER, ARMIN/ RADEMAKER, ANNA LENA/
LENZ, ALBERT/ MÜLLER-BARON, INGO (HRSG.)
Soziale Arbeit - Forschung - Gesundheit
Forschung: bio-psycho-sozial
Bd. 8 2013. 222 S. Kt.
24,90 €
ISBN 978-3-8474-0078-3

SCHNEIDER, ARMIN/STRECK, REBEKKA/EPPLER,
NATALIE (HRSG.)
Forschung, Politik und Soziale Arbeit
Bd. 5 2012. 179 S. Kt.
24,90 €
ISBN 978-3-86649-480-0

Die Bücher der DGSA-Reihe jetzt bestellen

In Ihrer guten Buchhandlung oder direkt bei

Verlag Barbara Budrich • Barbara Budrich Publishers
Stauffenbergstr. 7. D-51379 Leverkusen Opladen
Tel +49 (0)2171.344.594 • Fax +49 (0)2171.344.693 • info@budrich.de

www.budrich-verlag.de